दलित पैन्थर

दलित पैन्थर

सम्पादक
डॉ. शरणकुमार लिंबाळे

अनुवाद
डॉ. संजय नवले

वाणी प्रकाशन

वाणी प्रकाशन
4695, 21-ए, दरियागंज, नयी दिल्ली 110 002
फ़ोन : +91 11 23273167 फ़ैक्स : +91 11 23275710

शाखाएँ
अशोक राजपथ, पटना 800 004, बिहार
कॉफ़ी हाउस कैम्पस, महात्मा गांधी मार्ग, इलाहाबाद 211 001, उत्तर प्रदेश
महात्मा गांधी अन्तरराष्ट्रीय हिन्दी विश्वविद्यालय, वर्धा 442 001, महाराष्ट्र
सुल्तानिया रोड, मोतिया पार्क, भोपाल 462 001, मध्य प्रदेश

www.vaniprakashan.in
marketing@vaniprakashan.in
sales@vaniprakashan.in

DALIT PAINTHER
Edited by Dr. Sharan Kumar Limbale
Translated by Dr. Sanjay Navle

ISBN : 978-93-89012-21-7
Dalit Literature

प्रथम संस्करण 2019

मूल्य : ₹399

सिटी प्रेस, दिल्ली-110 095 में मुद्रित

वाणी प्रकाशन का लोगो मक़बूल फ़िदा हुसेन की कूची से

भूमिका

स्वातंत्र्योत्तर कालखण्ड में डॉ. बाबासाहब अम्बेडकर के महापरिनिर्वाण के उपरान्त दलित आन्दोलन को जुझारू शक्ल देने की कोशिश करने वाला संगठन है, दलित पैन्थर। दलित पैन्थर के आन्दोलन ने अनगिनत दलित युवकों के खून में विद्रोह के बीज बोये हैं। पैन्थर की आँधी ने मेरे भीतर की पारंपरिक लाचारी को जड़ से खत्म कर दिया और मैं भी निषेध का घोषणा-पत्र (हलफनामा) बन गया। पैन्थर्स के बुलंद नारे, विशाल जुलूस, तूफानी सभाएँ, पैन्थर्स द्वारा प्रतिक्रियावादी अभिजनों को दी गयी चुनौतियाँ तथा आन्दोलन में खुद को पूरी तरह से समर्पित कर देने वाले युवकों से मैं खुद को अलग नहीं कर सका।

दलित पैन्थर को लेकर मेरे मन में आदर की भावना का निर्माण हुआ। माँ से भी पैन्थर करीबी महसूस होने लगी। मैं आन्दोलन के संग कदम-से-कदम मिलाकर आगे बढ़ने लगा। आन्दोलन की सम्यक क्रान्ति का सपना मेरी जिन्दगी का लक्ष्य बन चुका था। आन्दोलन में काम करते वक्त कभी मेरी सीमाएँ, तो कभी आन्दोलन की सीमाएँ, कभी विचारधारा की सीमाएँ, समाज तथा अन्य कार्यकर्ताओं की सीमाएँ, इन सबके बावजूद पैन्थर की महानता का एहसास मुझे होने लगा। इन तमाम मामलों पर समग्रता से विचार होना जरूरी है, ऐसा मुझे कई दिनों से लगने लगा था।

'दलित पैन्थर' के बहाने अम्बेडकर के महापरिनिर्वाण के बाद तमाम दलित आन्दोलन, समाज, साहित्य, धम्म एवं राजनीति का भी जायजा लेना जरूरी है, ऐसी मेरी पिछले बहुत दिनों से इच्छा थी। 'दलित पैन्थर' इस संपादित ग्रन्थ के चलते वह कुछ हद तक पूरी हुई है, इसका मुझे सन्तोष महसूस हो रहा है। इस ग्रन्थ को पूरा करने के लिए जिन मान्यवरों ने लेखन सामग्री देकर सहयोग दिया, उनके प्रति आभार ज्ञापित करने के लिए मेरे पास शब्द नहीं हैं। सिर्फ उनकी लेखन सामग्री के कारण ही 'दलित पैन्थर' आकार ग्रहण कर सका जिसका तमाम श्रेय इस ग्रन्थ के लिए लेखन सामग्री देने वाले लेखक मित्रों को जाता है। दलित आन्दोलन के अध्ययनकर्ता, लेखक, पाठक, एवं कार्यकर्ताओं के लिए यह ग्रन्थ उपयुक्त साबित हो, ऐसी मेरी अपेक्षा है।

दलित पैन्थर से सम्बन्धित कार्यकर्ताओं के विचार इस ग्रन्थ में समाविष्ट किये हैं। पैन्थर के तमाम कार्यकर्ताओं के लेखों को इस ग्रन्थ में समाविष्ट करने की इच्छा को मैंने टाला है। ग्रन्थ में पुनरावृत्ति एवं नीरसता न आये, यह उद्देश्य इसके मूल में था। इसके अलावा दलित पैंथर्स के अनेक पहलुओं पर भी विचार हो, यह व्यापक दृष्टिकोण सामने रखकर अन्य मान्यवर अध्ययनकर्ताओं के लेख भी इस ग्रन्थ में समाविष्ट किये गये हैं।

–डॉ. शरणकुमार लिंबाळे

अनुवादक की ओर से

डॉ. शरणकुमार लिंबाले सम्पादित 'दलित पैन्थर' ग्रन्थ जब मेरे पढ़ने में आया, उसी समय मैंने निर्णय लिया कि इस महत्त्वपूर्ण ग्रन्थ का अनुवाद हिन्दी में होना चाहिए। 'दलित पैन्थर' संगठन निर्माण के बाद दलित समाज में चेतना जाग्रत हुई। उस चेतना से कुछ लोग मुखर होते हैं अर्थात् अपने विचार व्यक्त करने लगे। कुछ लोग लिखने लगे, उसका परिणाम यह हुआ कि दलित समाज में जागृति पैदा हुई। इस संगठन के आन्दोलन का महत्त्वपूर्ण परिणाम यह है कि सन् 1960 में मराठी में 'दलित साहित्य' की निर्मिति होती है। आगे मराठी, हिन्दी पाठक-लेखक, अनुवादक को यह लगने लगा कि यह महत्त्वपूर्ण दस्तावेज अन्य भाषा में आना चाहिए। शुरुआत में मराठी की अत्यन्त महत्त्वपूर्ण दलित आत्मकथा हिन्दी में अनूदित हुई। ये अनुवाद प्रसिद्ध अनुवादक डॉ. सूर्यनारायण रणसुभे और डॉ. दामोदर खड़से ने किये थे। जब हिन्दीभाषी पाठकों ने इन अनुवादों को पढ़ा तब उन्हें लगने लगा कि हमारे द्वारा भी इस पद्धति से अपना दुःख, दर्द, वर्णव्यवस्था के कारण भोगे हुए यथार्थ को लिखा जा सकता है। आगे हिन्दीभाषी प्रदेश में सन् 1990 के आसपास दलित साहित्य की निर्मिति हुई।

हिन्दी का क्षेत्र विस्तृत होने के कारण दलित साहित्य की दूर-दूर तक पहुँच हो चुकी है। अन्य प्रादेशिक भाषाओं के पाठक मराठी की अनूदित कृतियों के साथ-साथ हिन्दी दलित साहित्य को पढ़ रहे हैं, इसका परिणाम यह हुआ कि भारत की अनेक प्रादेशिक भाषाओं में दलित साहित्य की महत्त्वपूर्ण कृतियों का अनुवाद होने लगा और सृजनात्मक निर्मिति भी होने लगी। अब दलित साहित्य भारतीय दलित साहित्य के रूप में सामने आया। पूरे भारतवर्ष में सृजनात्मक दलित साहित्य एवं अनूदित दलित साहित्य पर चिन्तन होने लगा। संगोष्ठियों में चर्चा होने लगी। अब अगला पड़ाव था समीक्षा का। किसी भी प्रादेशिक भाषा में लिखे दलित साहित्य की समीक्षा करनी हो अथवा भारतीय दलित साहित्य की समीक्षा करनी हो तो 'दलित पैन्थर' के आन्दोलन को समझे बगैर समीक्षा नहीं हो सकती, ऐसा मेरा मत है। 'दलित पैन्थर' के अनुवाद के पीछे भी मेरी यही भावना है।

इस पुस्तक के अनुवाद के पीछे डॉ. शरणकुमार लिंबाले का मेरे प्रति विश्वास, डॉ. सूर्यनारायण रणसुभे की प्रेरणा एवं जयप्रकाश कर्दम का आग्रह स्पष्ट है। इस पुस्तक पर मैंने दो-ढाई वर्ष अध्ययन किया। बड़ी उम्मीद से देश के सर्वश्रेष्ठ प्रकाशक 'वाणी प्रकाशन' को सुझाव भेजा। 'वाणी प्रकाशन' के सम्पादकीय विभाग ने कुछ त्रुटियों की ओर संकेत किया और अन्ततः अनुवाद श्रेष्ठ हुआ। मेरे गुरु डॉ. सूर्यनारायण रणसुभे ने इस अनुवाद को बारीकी से देखा। उन्होंने भी अनुवाद के बारे में कुछ सुझाव दिये। उन सुझावों का पालन करते हुए अनुवाद कार्य पूरा हुआ। इस पुस्तक के पीछे मेरी भावना मात्र यह थी कि पूरे भारतीय साहित्य की नींव 'दलित पैन्थर' है। यह अनूदित कृति भारतीय पाठकों तक पहुँच जाये। इस महत्त्वपूर्ण अनूदित कृति 'दलित पैन्थर' को प्रकाशित करने का काम 'वाणी प्रकाशन' ने किया है। उनके प्रति अत्यधिक आभार।

-डॉ. संजय नवले
प्रोफेसर, हिन्दी विभाग,
डॉ. बाबासाहेब अम्बेडकर
मराठवाडा विश्वविद्यालय,
औरंगाबाद-431001, महाराष्ट्र
sanjaymnawale@gmail.com
Mo. : 09420542597

अनुक्रम

सम्यक क्रान्ति : हमारा संकल्प

•

डॉ. शरणकुमार लिंबाळे

डॉ. बाबासाहब अम्बेडकर के मरणोत्तर काल में अम्बेडकरी आन्दोलन का समर्थता से नेतृत्व करने वाले उग्र युवक संगठन के नाते 'दलित पैन्थर' सर्व परिचित है। स्वतन्त्रता के बाद दलितों के प्रश्नों पर सतत संघर्ष करने वाले संगठन के रूप में 'दलित पैन्थर' का उल्लेख करना पड़ेगा। डॉ. बाबासाहब अम्बेडकर की मृत्यु के बाद दलित आन्दोलन कुछ समय के लिए रुक सा गया ऐसा लग रहा था। दलित समाज बेचैन था। परन्तु 'दलित पैंथर' के उदय के कारण दलित आन्दोलन पुनः गतिमान हुआ दिखाई देता है।

1956 में दलितों का विराट धर्मान्त हुआ। दलित आन्दोलन को एक नया 'सांस्कृतिक' सन्दर्भ मिल गया। एक नये आदर्श का परिमाण मिल गया। परन्तु उसी वर्ष, धर्मांतर के बाद ढाई महीने में डॉ. बाबासाहब अम्बेडकर का महापरिनिर्वाण हुआ। बाबासाहब के आन्दोलन के नेतृत्व का उत्तरदायित्व रिपब्लिकन दल ने स्वीकारा। 4 अक्तुबर, 1957 में 'शेड्यूल्ड कास्ट फेडेरेशन' निष्कासित कर 'रिपब्लिकन पार्टी ऑफ इंडिया' नाम का दल स्थापित किया गया।

'दलित पैंथर' की स्थापना 9 जुलाई, 1972 को हुई थी अर्थात् आजादी के एक चौथाई शतक के बाद और डॉ. बाबासाहब अम्बेडकर के निधन के सोलह वर्ष के बाद दलित पैन्थर की स्थापना हुई है। इस पूरे कालखण्ड में दलितों पर अन्याय-अत्याचार होते रहे थे। तो दूसरी ओर इन जुल्मों का विरोध करने के लिए 'प्रभावपूर्ण' ऐसा संगठन दलितों के पास नहीं था। शिक्षा, विज्ञान-कानून, अम्बेडकरी विचारधारा और आन्दोलन के कारण दलित शिक्षित युवकों में आत्मसम्मान की भावना का निर्माण हो रहा था। दलितों के प्रश्नों को पच्चीस सालों में हल नहीं किया गया था। ऐसे समय डॉ. बाबासाहब अम्बेडकर के विचारों का रिपब्लिकन दल केवल सत्ता, स्वार्थ, लाचारी और गुटबाजी में फँसा था। अनटचऐबिलिटी के प्रश्न पर अलग ऑर्गनाइजेशन नहीं थी। जाति समाप्ति के प्रश्न पर प्रखरता से लड़ने वाले संगठन की उस समय आवश्यकता थी।

1956 के बाद प्रस्थापित साहित्य के विरुद्ध लिटल मॅगझिन के आन्दोलन ने जोर पकड़ा था। 'सत्यकथा' के साहित्य के विरुद्ध ये लोग विद्रोह की भाषा में बोल रहे थे। इसी लघु-अनियतकालिक आन्दोलन के माध्यम से राजा ढाले और नामदेव ढसाळ बोल रहे थे।

1956 के बाद दलित साहित्य की चर्चा प्रारम्भ हुई। डॉ. म. ना. वानखडे अमेरिका से वापिस आने के बाद उन्होंने विद्रोही साहित्य की चर्चा शुरू की। ब्लैक लिटरेचर, ब्लैक पैन्थर ऐसे विषयों पर और दलित साहित्य, आन्दोलन के सन्दर्भ में विचार व्यक्त होने लगे। इसी समय महाड में पहिला बौद्ध साहित्य सम्मेलन संपन्न हुआ। महाविद्यालयों में रिपब्लिक संगठन स्थापित होने लगे। इस संगठन के माध्यम से दलित विद्यार्थी सामाजिक प्रश्नों पर संघर्ष कर रहे थे। परन्तु इस आन्दोलन की अपनी सीमाएँ थीं। उनकी शक्ति महाविद्यालय के छात्रावास तक सीमित थी। दलित पैन्थर की स्थापना के पहले नामदेव ढसाळ (प्रजा समाजवादी) राजा ढाले (दलित युवक गठबंधन) भाई संगारे (कांग्रेस), गंगाधर गाडे, टी. एम. कांबळे (रिपब्लिकन विद्यार्थी संगठन) ये अलग-अलग संगठन थे। मुंबई के सिद्धार्थ विहार छात्रावास के विद्यार्थियों का पैन्थर में महत्त्वपूर्ण सहयोग है। महाराष्ट्र के अनेक दलित युवक इस छात्रावास में केन्द्रित हुए थे। इस पृष्ठभूमि पर 'दलित पैन्थर' का उदय अपरिहार्य घटना थी।

नामदेव ढसाळ, ज. वि. पवार, राजा ढाले, रामदास सोरटे, लतीफ खटीक, अविनाश महातेकर, प्रह्लाद चेंदवणकर, अर्जुन डांगळे, भाई संगारे, अनिल कांबळे, अरुण कांबळे, रामदास आठवले, गंगाधर गाडे, प्रीतमकुमार शेगावकर, टी. एम. कांबळे इन कार्यकर्ताओं ने दलित पैन्थर आन्दोलन को गतिशील किया। डॉ. बाबासाहेब के प्रति असीम श्रद्धा, दलित समाज के प्रति अपनापन, सामाजिक विषमता के विरुद्ध उठ खड़े युवकों के कारण 'दलित पैन्थर' संगठन कम समय में चर्चा में आया। पैन्थर के ऊर्जावान भाषण, भीड़ को सम्मोहित करने वाली तुफानी सभा, मारपीट, जुलूस, पुलीस केसेस् के कारण लोगों का ध्यान दलित पैंथर्स ने आकर्षित कर लिया था। जगह-जगह दलित पैन्थर की शाखाएँ स्थापित हुई थीं। पैन्थर की सभाएँ चर्चा में आने लगीं। पैंथर्स हिन्दुओं की देवी-देवताओं को गालियाँ देते थे। रिपब्लिकन दल के निकम्मेपन पर प्रहार किया जाता था। 'विद्रोह' पैन्थर का मुखपत्र ढसाळ और ज. वि. पवार चलाते थे। उसमें पैन्थर की उग्र भूमिका विशद की जाती थी। नामदेव ढसाळ, ज. वि. पवार, प्रह्लाद चेंदवणकर सहित अन्य कार्यकर्ताओं की कविता मराठी साहित्य में चर्चा का विषय रही। 'स्वतन्त्रता किस गधी का नाम?' 'हम रामराज्य के किस घर में रहते हैं?' ऐसे प्रश्न ढसाळ ने अपनी कविता के माध्यम से व्यक्त किये । 15 अगस्त, 1972 के 'साधना' में प्रकाशित राजा ढाले का लेख चर्चा का विषय रहा।

दलित पैन्थर के कार्यकर्ता राजनीतिक दृष्टि से अपरिपक्व भले ही हो परन्तु उनकी इच्छाशक्ति विलक्षण थी। सभी संतप्त, जवान युवक थे। वरली की दंगल, गीता का दहन, शंकराचार्य पर जूता फेंकना, शिवसेना के साथ हुई मारपीट के कारण लोगों का ध्यान दलित पैन्थर की ओर जाने लगा। पैन्थर के आतंक का निर्माण हुआ। अपने समाज पर अन्याय होता है। अपना कोई नहीं है, सौ दिन बकरी बनकर रहने के बजाय एक दिन बाघ बनकर मरें तो अच्छा है। ये लोग ऐसे विचारों के थे। उनका रिपब्लिकन दल से विश्वास टूट चुका था। विपक्ष, कांग्रेस और ट्रेड यूनियन पर ये लोग जोरदार प्रहार कर रहे थे। मुंबई से पैन्थर पूरे महाराष्ट्र में फैल रही थी।

दलित पैन्थर का उदय और उससे सम्बन्धित कुछ विचार :

अ) जाति व्यवस्था और दलितों पर अत्याचार के विरुद्ध चीढ़ से पैन्थर का जन्म हुआ–नागेश चौधरी।

ब) दलितों पर बढ़ते अत्याचारों के कारण दलित युवकों का असन्तोष और रिपिब्लिकन दल के पुराने नेताओं के बारे में भ्रम का टूटना इसमें से दलित पैन्थर की स्थापना हुई–नलिनी पंडित।

क) सभी रिपब्लिकन दल, विद्रोही अम्बेडकरवादियों से बेईमान हुए थे, इस कारण दलित युवकों के पैन्थर जैसे विद्रोही संगठन ने जन्म लिया–शरद पाटिल।

ख) नेता जनता से दूर जा रहे थे और जनता को नया नेतृत्व चाहिए था। दलित पैन्थर के उदय से ही जनता की आशा जग गयी–रावसाहेब कसबे।

दलित पैन्थर अर्थात् दलितों पर होने वाले अन्याय के विरुद्ध खुली प्रतिक्रिया है। अम्बेडकर की मृत्यु के बाद दिशाहीन हुए दलित समाज को पैन्थर चिनगारी जैसी लगने लगी। अपनी मुक्ति की आशा लगने लगी। दलित पैन्थर के उदय के कारण दलित युवकों के मन में विषम व्यवस्था के प्रति जो चिढ़ थी, उसे एक नया मंच मिला, उसी प्रकार दलित समाज में आन्दोलन का चैतन्य निर्माण हुआ था। इसे नकार नहीं सकते।

02

दलित पैन्थर संगठन मुख्यतः महार और बौद्ध युवकों का है। अन्य बहिष्कृत जातियों जनजातियों का भी इस संगठन में होना महत्त्वपूर्ण है। संगठन की ताकत बढ़ने के सिवाय संसदीय राजनीति में महत्त्व नहीं होता। केवल नवबौद्धों का आन्दोलन उभरने से समस्त बहिष्कृतों के प्रश्न छुटने वाले नहीं थे। अपना नाता किससे? अखिल बहिष्कृत समाज से अथवा केवल नवबौद्धों से? हम दलितों का प्रतिनिधित्व करने वाले हैं, आर्थिक दृष्टि से कमजोर मनुष्य की मुक्ति के बारे में हमारी भूमिका क्या है? आन्दोलन के नाते

पैन्थर का भूमिका निभाना जरूरी था। इस सन्दर्भ से दलित पैन्थर में मार्क्सवाद और अम्बेडकरवाद ऐसे दो प्रवाहों का निर्माण हुआ।

दलित पैन्थर में 'मार्क्सवादी' प्रवाह को उत्तेजना देने का काम कम्युनिस्ट मण्डली कर रही थी। पैन्थर की बढ़ती शक्ति का राजनीतिक स्वार्थ के लिए उपयोग करने की दृष्टि से कम्युनिस्टों द्वारा पैन्थर को हाथ में लेने के प्रयत्न चल रहे थे। तो कम्युनिस्टों का बौद्धिक हरावल डॉ. अम्बेडकर के विचारों का दोष दिग्दर्शन कर पैन्थर को मार्क्सवाद की दीक्षा देने का प्रयत्न हो रहा था...परन्तु अम्बेडकरवाद को स्पष्ट रूप से नकारे तो पैंथर्स नाराज होंगे । इस कारण वर्ण-लड़ाई और वर्ग के साथ लड़ाई इकट्ठी लड़नी चाहिए" ऐसा प्रतिपादन आग्रह के साथ किया जा रहा था।

नामदेव ढसाळ 'मार्क्सवाद' की बात कर रहे थे। तो राजा ढाले 'अम्बेडकरवाद' की बात कर रहे थे। दलित पैन्थर को दलित, शोषित, श्रमिक लोगों की लड़ाई लड़नी चाहिए ऐसी ढसाळ की भूमिका थी। दलित पैन्थर तत्त्व प्रणाली के अनुसार चलना चाहती थी। दलित पैन्थर को साम्यवाद से दूर रहना चाहिए। पैन्थर मूलतः बौद्धों का संगठन है। बाबा आढाव को अगर पैन्थर का नेतृत्व करना है तो उन्हें बौद्ध होना चाहिए। बुद्ध, अम्बेडकर के मार्ग पर सभी को चलना चाहिए। ऐसी राजा ढाले की भूमिका थी।

नामदेव ढसाळ ने सुनिल दीघे नामक नक्सली कार्यकर्ता के सहयोग से दलित पैन्थर का घोषणा-पत्र तैयार किया। इस घोषणा-पत्र को ढाले का विरोध था। इसका कारण यह है कि यह घोषणा-पत्र कम्युनिस्ट विचारवृत्ति से सम्बन्धित था। पैन्थर के मार्क्सवादी प्रवाह को कम्युनिस्ट विचारकों का समर्थन था। मार्क्सवादी प्रवाह द्वारा रखे गये अर्थ विचारों को विकल्प के रूप में अम्बेडकरवादी अर्थ विचार देने नहीं आया। दलितों के प्रश्नों के साथ अनेक रंग भर दिये। अम्बेडकरी विचारों के आधार पर शास्त्र का शुद्ध विश्लेषण कर आन्दोलन को अम्बेडकरी तत्त्व की नींव देने में उन्हें सफलता नहीं मिली। वैसे तो यह असफलता नहीं थी। यह उनकी सीमा थी।'

दलित पैन्थर में मार्क्सवाद और अम्बेडकरवाद' पद्धति पर वैचारिक संघर्ष शुरू हुआ। साथ ही साथ नेतृत्व की लालसा, व्यक्तिवाद, आरोप-प्रत्यारोप इस कारण पैन्थर टूटने के मार्ग पर चली। नागपुर में आयोजित पैन्थर के पहले अधिवेशन में ही राजा ढाले ने नामदेव ढसाळ को पैन्थर से निकालने की घोषणा का और पैन्थर टूट गयी। परिणाम यह हुआ कि ढाले और ढसाळ ऐसे दो गुट निर्मित हुए।

दलित पैन्थर का आन्दोलन ऊफान पर था। पैन्थर की राजनीतिक दहशत का निर्माण हुआ था। सामान्य पैंथर्स में इस टूट के कारण बेचैनी होना स्वाभाविक था। इधर दलित पैन्थर के कार्य का, नाम का राजनीतिक उपयोग होने लगा। इस कारण राजा ढाले ने अपने गुट का नाम बदलने का निश्चय किया। साथ ही साथ उन्होंने पैन्थर को खारिज करने की घोषणा कर दी।

जिन्होंने संगठन की अधिकृत भूमिका बाहर आने के पहले ही अलग-अलग दलों को समर्थन घोषित किया। ऐसे लोगों से यहाँ से आगे हमारा कोई सम्बन्ध नहीं है। दलित पैन्थर का नाम लेकर दलित पैन्थर की प्रतिमा कलंकित करने का इरादा यहाँ से आगे हम नहीं चलने देंगे। दलित पैन्थर का अस्तित्व अपने आप में है और उस अस्तित्व का उद्देश्य दलितों के दुःख को विश्व के सामने रखना था। यहाँ समर्थन का प्रश्न आता ही नहीं है।

परन्तु जिन्होंने समर्थन की भाषा शुरू की है उनसे हमारा कोई सम्बन्ध नहीं है। हमारा अस्तित्व स्वतन्त्र है-यह सिद्ध करने के लिए ही हम दलित पैन्थर संगठन को बर्खास्त करते हैं, और नये 'मास मूवमेंट' की घोषणा करते हैं। दलित पैन्थर के नाम से जो लोग घूम रहे हैं वे प्रतिगामियों के सहयोगी हैं। वे अम्बेडकरवाद के दुश्मन हैं। उनके साथ कोई भी अम्बेडकरवादी नहीं है। फिर भी दलित पैन्थर के नाम का दुरुपयोग यही लोग करते हैं। यह दुरुपयोग आगे नहीं होना चाहिए इसके लिए यह उपाय है।"

दलित पैन्थर बर्खास्त करने के कारण अनेक कार्यकर्ता गंभीर हो गये। कुछ लोग रोने लगे। कार्यकर्ताओं का संगठन पर जी-जान से प्रेम था। पैन्थर बर्खास्त करने के कारण आन्दोलन रुक-सा गया। फिर से एक बार सभी दिशाहीन हो गए। जिन्होंने कुछ आशा पल्लवित की थी, उन्होंने ही उसे नष्ट कर दिया।

03

पैन्थर के बर्खास्त होने के बाद फिर एक बार पैन्थर को संगठित करने का काम अरुण कांबळे, रामदास आठवले, दयानंद मस्के, बापूसाहेब पखिड़े, रमेशचंद्र परमार, गंगाधर गाडे, प्रीतमकुमार, भाई संगारे जैसे पैन्थर नेताओं ने किया। महाराष्ट्र के बाहर भी अनेक राज्यों में पैन्थर थी। महाराष्ट्र में निर्माण हुआ दलित पैन्थर भारतीय स्तर पर का संगठन है। इस कारण दलित पैन्थर का भारतीय दलित पैन्थर के रूप में नामकरण किया गया। इसके प्रथम अध्यक्ष अरुण कांबळे, दूसरे अध्यक्ष गंगाधर गाडे और तीसरे अध्यक्ष रामदास आठवले ने भारतीय दलित पैन्थर को नयी पद्धति से संगठित किया। मण्डल आयोग और नामविस्तार का आन्दोलन भारतीय दलित पैन्थर ने जिद से किया है। गाँव से लेकर राज्य तक और देश की राजधानी तक जुलूस निकाले। पैन्थर ने अपनी माँगें लोगों के और शासन व्यवस्था के सामने खुले रूप से रखीं। पैन्थर का जन्म मुंबई में हुआ और उसे मुंबई में ही बर्खास्त किया गया। परन्तु मुंबई के बाहर के असंख्य कार्यकर्ताओं ने कभी भी पैन्थर को बर्खास्त नहीं होने दिया। उनके मतानुसार दलित पैन्थर विद्रोह की एक जीवन्त भावना है।

दलित पैन्थर ने सर्व समावेशक भूमिका स्वीकार की है। दलित अर्थात् केवल नवबौद्ध नहीं है, जो सामाजिक सरोकारों से और आर्थिक दृष्टि से शोषित हैं वे हमारे हैं।

यह वैचारिकता पैन्थर की ओर से हर सभा में रखी जाने लगी। फिर भी पैन्थर पूर्णत: मार्क्सवाद मानने को तैयार नहीं है। अम्बेडकरवाद को ही वे अपना मानकर आन्दोलन को आगे ले जाते हैं। पैन्थर को मार्क्सवाद अधूरा लगता है। भारतीय दलित पैन्थर मार्क्सवाद का समर्थन नहीं करते वैसे वे बौद्ध धर्म के साथ भी चलते हुए नहीं दिखाई देते। मार्क्स का रक्त से सना क्रान्ति का मार्ग पैन्थर को स्वीकार्य नहीं है। सम्यक क्रान्ति यह भारतीय दलित पैन्थर का संकल्प है। परन्तु सम्यक क्रान्ति का विवरण अभी तक सामने रखा नहीं गया है। दलित पैन्थर ने रक्त से सने मार्ग और हिंसा को अस्वीकार किया है। फिर भी उनके अनेक शब्दों में वह भरी हुई दिखाई देती है। "मार्क्सवाद और अम्बेडकरवाद ये दोनों विचारधाराएँ विषमता विरोधी हैं। रूस और चीन का मार्क्सवाद भारत में जैसा का वैसा लेकर चलना ठीक नहीं है। भारत में मार्क्सवाद अम्बेडकरवाद के सिवाय अधूरा है।" ऐसा रामदास आठवळे ने एक चर्चा में मुझसे कहा था।

भारतीय दलित पैन्थर केवल महारों का अथवा नवबौद्धों का संगठन है इस कारण उसे जातीय संगठन कहना गलत है। पैन्थर में अधिकांशत: से महार और नवबौद्ध युवक हैं क्योंकि महार समाज संख्या से अधिक है। यह समाज अम्बेडकरी विचार और आन्दोलन के इतिहास से जुड़ा है। शिक्षा में यह समाज आगे है। धर्म में परिवर्तन के कारण महार समाज में पुरानी रूढ़ि-परम्पराएँ और गुलामी के विरुद्ध विद्रोह का निर्माण हुआ। महार समाज के अनेक लोग ब्रिटिश सेना में थे। इसका परिणाम यह हुआ कि अन्य बहिष्कृत जातियों की अपेक्षा महार समाज सभी स्तर पर नेतृत्व की भूमिका में रहा। दलित पैन्थर दलित समाज का संगठन है। इसका निर्माण दलितों पर होने वाले अन्याय के विरोध में रक्षण की भूमिका से हुआ है। इस कारण जिस समाज पर अन्याय होता है, उसे दलित समाज की ओर से खड़े रहना यह उसकी ऐतिहासिक जिम्मेदारी है। इस जिम्मेदारी के निर्वाह को जातिवाद नहीं कह सकते।

प्रभु रामचंद्र से लेकर छत्रपति शिवाजी महाराज तक के राजाओं का इतिहास 'गो ब्राह्मण प्रतिपालक' जैसा ही रहा है। महात्मा गांधी के रामराज्य में भी यही चलता रहा। इसका विरोध एवं 'हिन्दुस्तानी स्वतन्त्रता का निषेध करने के लिए' पैन्थर खड़ी रही। हिन्दू धर्म के अंतर्गत दलितों में अस्पृश्यता और दरिद्रता जानबूझकर निर्मित की गयी। शूद्रों को धर्माधिकार के रूप में नकारा गया था। ज्ञान से वंचित रखा गया था। सत्ता और प्रतिष्ठा शूद्रों के लिए नहीं थी। मात्र तीन वर्णों की सेवा करना इतना ही इनके लिए मान्य किया गया था। खेती, व्यापार, अर्थार्जन का हक छीन लिया गया था। शूद्र वेद पढ़े तो उनकी जिभ काटी जायेगी, ऐसी आज्ञा हिन्दू धर्मग्रन्थ ने जैसे दी है वैसे ही शूद्रों को गाँव के बाहर रहना चाहिए मिट्टी के बर्तनों का उपयोग करना चाहिए यह भी नियम था। कुत्ते और गधे यही उनकी धन-सम्पत्ति थी। शूद्रों को अर्थार्जन करने

की अनुमति नहीं थी। इस पद्धति के नियम तैयार कर शूद्रों को सामाजिक, धार्मिक, राजनीतिक, शैक्षिक, आर्थिक हकों से दूर रखा गया था।

दलित आन्दोलन का क्षेत्र विस्तृत है। केवल आर्थिक अथवा सामाजिक आन्दोलन तक वह सीमित ही नहीं है। जिनका अस्तित्व ही नकारा गया था ऐसे लोगों का आन्दोलन सर्वव्यापी होता है। 'मैं मनुष्य हूँ। यह उनका पहला उद्‌गार होता है। मुझे भी पढ़ाई की सुविधा मिलनी चाहिए। मुझे भी अन्न, आवास, निवास की सुविधा मिलनी चाहिए! मैं भी इस देश का सदस्य हूँ, इस नाते से मुझे भी राजकर्ता बनना चाहिए। इन माँगों को नकारोगे तो आपके विरुद्ध लड़ाई लड़ी जायेगी। इस पद्धति का स्वाभिमान उनमें जाग्रत हुआ है। इस स्वाभिमान में वेदना और विद्रोह है। वह नये समाज व्यवस्था की उम्मीद करता है। 'मेरा आदर्श समाज, समता, स्वतन्त्रता और भाईचारे पर आधारित होगा।'' यह उसकी माँग है। उसे किसी पर 'हुकूमत' नहीं करनी है। इस कारण यहाँ मार्क्स और अम्बेडकर इन दो के विचारों में अंतर होता है।

04

मराठवाडा विश्वविद्यालय को डॉ. बाबासाहब अम्बेडकर का नाम मिलना चाहिए, इसलिए भारतीय दलित पैन्थर ने कई बार आन्दोलन किए हैं। धरना, निषेध, जुलूस, मंत्री की कार को जाने नहीं देना, विधानसभा में कूदना ऐसे अनेक मार्गों से पैन्थर ने आन्दोलन किये हैं। पोचिराम कांबळे की नामपरिवर्तन विरोधियों ने हत्या की। डॉ. बाबासाहब अम्बेडकर के मरणोत्तर काल में 'विराट आन्दोलन के नाते नामपरिवर्तन के आन्दोलन की ओर देखना होगा। नामपरिवर्तन आन्दोलन के कारण दलित समाज में बहुत बड़ी मानसिक एकता तैयार हुई थी। इसका फायदा लेकर दलित आन्दोलन को बहुत बड़ी ताकत के रूप में खड़ा करना सम्भव था। परन्तु ऐसा हुआ नहीं। बावजूद इसके कि नामपरिवर्तन के प्रश्न पर दलित आन्दोलन में मतभेद दिखाई देते हैं। नामपरिवर्तन प्रश्न प्रो. जोंगेन्द्र कवाड़े ने अलग पद्धति से चलाया। भारतीय दलित पैन्थर ने प्रगतिशील और वाम आन्दोलन के साथ संगत कर नामपरिवर्तन का प्रश्न लोगों के सामने रखा। अरुण कांबळे ने 'भारतीय सदस्यत्व का सामुदायिक त्यागपत्र देने की घोषणा' की। तो रामदास आठवले ने 'हम हजारों की संख्या में धर्मपरिवर्तन करेगें' ऐसा कहा। इसी समय अन्य नेता 'बौद्ध विश्वविद्यालय स्थापित करें' कोंकण विश्वविद्यालय को डॉ. अम्बेडकर का नाम दे', ऐसी माँगें कर रहे थे।

'विश्वविद्यालय को डॉ. अम्बेडकर का नाम देना यह कोई अलग राज्य की माँग नहीं थी या भूमि के राष्ट्रीयकरण की माँग नहीं थी।

मराठवाडा विश्वविद्यालय को डॉ. बाबासाहब अम्बेडकर का नाम देने के जो कारण थे, वे इस प्रकार हैं–

1. मराठवाडा विभाग में 1949 में डॉ. बाबासाहब अम्बेडकर ने स्नातक तक शिक्षा की सुविधा देने वाला महाविद्यालय शुरू किया। उसका शुरुआती नाम 'पीपल्स एजुकेशन सोसायटीज कॉलेज था। बाद में इसका नामकरण 'मिलिंद महाविद्यालय' हुआ अर्थात् मराठवाडा विभाग में उच्च शिक्षा की शुरुआत डॉ. बाबासाहब अम्बेडकर ने ही की है। इसके बाद ही यहाँ शिक्षा का प्रसार प्रचार हुआ है।
2. महाराष्ट्र के अनेक विश्वविद्यालयों को अनेक बड़े पुरुषों के नाम दिए गये हैं। जैसा कि कोल्हापुर विश्वविद्यालय को शिवाजी विश्वविद्यालय, राहुरी कृषि विद्यविद्यालय को महात्मा ज्योतिबा कृषि विश्वविद्यालय, अकोला।
3. डॉ. बाबासाहब अम्बेडकर ने जीवनभर ज्ञानसाधना की है, उन्होंने मेहनत से, प्रतिकूल परिस्थिति में शिक्षा क्षेत्र की अतिउच्च उपाधियाँ सम्पादित की और अपने ज्ञान से तथा प्रतिभा से विश्व को प्रभावित किया। प्रज्ञा, करुणा तथा शील इन तीनों गुणों का संगम उनके व्यक्तित्व में हुआ था। संविधान के लेखन और अन्य कार्य से उनका राष्ट्रप्रेम कितना जबरदस्त था, यह सिद्ध हुआ है।

ऐसे सार्थक कारणों से बाबासाहब का नाम मराठवाडा विश्वविद्यालय को देने का दलित पैन्थर का आग्रह सब लोगों को स्वीकार था।

फिर भी नामपरिवर्तन का बहुत गलत पद्धति से विरोध किया गया। उन दिनों दलितों पर अन्याय अत्याचार किये गये। शासन के दोनों सभागृहों में विश्वविद्यालय नामपरिवर्तन का प्रस्ताव पारित करने के बाद अन्याय अत्याचार अधिक होते रहे। 'शासन का निर्णय हमें अमान्य है यह निर्णय अजनतान्त्रिक है, यह तर्क देकर दलित बौद्धों के घर को आग लगाना, उनकी फसलें नष्ट करना, महिलाओं पर अत्याचार करना, हल्लाबोल करना, दलितों को मारना इस प्रकार की घटनाएँ अधिक मात्रा में घटने लगीं।

मराठवाडा विश्वविद्यालय के नामपरिवर्तन की माँग होने के बाद उच्च वर्णियों द्वारा किया गया तांडव, गाँवों को, घरों को लगायी गयी आग, शासकीय और सार्वजनिक सम्पत्ति की हुई होली यह सब देखकर सवर्णों को मनुष्य से अधिक गलत पारम्परिक अस्मिता कितनी प्रिय है इसका साक्षात्कार हुआ।

'अक्करमाशी' इस आत्मकथा में नामपरिवर्तन के समय की वास्तविकता प्रकट हुई है। 'अबरान' इस पार्थ पोळके की आत्मकथा में नामपरिवर्तन का सन्दर्भ आया है। फ. मु. शिंदे ने नामापरिवर्तन पर 'सार्वमत' शीर्षक से एक कविता संग्रह प्रकाशित किया। नामपरिवर्तन के दंगों, आन्दोलन पर अनेक दलित कवि और लेखकों ने अपनी तीव्र प्रतियिा व्यक्त की है। नामपरिवर्तन से दलितों के समग्र जीवन और आन्दोलन को नयी दिशा मिली।

नामपरिवर्तन के लिए लगभग पंद्रह वर्षों तक दलितों का संघर्ष चल रहा था। 16 अप्रैल, 1980 को यशपाल सरवदे तत्कालीन मुख्यमंत्री शरद पवार की गाड़ी के आगे कूद गये। असंख्य जुलूस निकाले गये। आन्दोलन हुए। अनेक लोग जेल में गये। नामपरिवर्तन नहीं हो रहा यह देख नांदेड के गौतम वाघमारे ने 25 नवंबर, 1993 को आत्महदन किया। इसके बाद आत्महदन का सिलसिला ही शुरू हुआ। सरकार काँप उठी। तत्कालीन समाज कल्याण मंत्री रामदास आठवले ने नामपरिवर्तन के प्रश्न पर त्यागपत्र दिया। राज्य की दलित जनता नामपरिवर्तन के लिए आत्मदहन करने लगी। इस कारण 14 जनवरी, 1994 को मराठवाडा विश्वविद्यालय का नाम विस्तार किया गया। 27 जुलाई, 1978 को महाराष्ट्र शासन के दोनों सभागृहों में पूर्ण सहमति से नामपरिवर्तन का प्रस्ताव मंजूर हुआ था। नामविस्तार का विरोध न हो इसलिए शासन ने नांदेड में स्वामी रामानन्द तीर्थ मराठवाडा विश्वविद्यालय की स्थापना की और मराठवाडा विश्वविद्यालय के नाम का विस्तार कर उसके आगे डॉ. बाबासाहब अम्बेडकर का नाम जोड़ दिया। नामविस्तार के शिल्पी के नाते रामदास आठवले के राज्यभर में सत्कार हुए। नामविस्तार के कारण मराठवाडा और विदर्भ में कांग्रेस के विरोध में मतदान हुआ और 1994 की विधानसभा के चुनाव में कांग्रेस पर इसका असर हुआ। इस कारण शिवसेना भाजप सत्ता में आयी। इस शासन काल में नामपरिवर्तन के आन्दोलन के समय सवर्णों पर दर्ज हुए केसेस वापिस लिये गये।

05

भूमिहीनों का सत्याग्रह, नामपरिवर्तन का आन्दोलन, दलित साहित्य और दलित पैन्थर का उदय यह अम्बेडकर के बाद की महत्त्वपूर्ण घटनाएँ हैं। दलित साहित्य में जो विद्रोह है उसे पैन्थर ने प्रत्यक्ष कृति में लाया। नामदेव ढसाळ, राजा ढाले, उमाकान्त रणधीर, ज. वि. पवार, अरुण कांबळे, अर्जुन डांगळे इन जैसे कवियों, लेखकों ने पैन्थर को विस्तारित किया। इसके बाद दलित लेखक पैन्थर आन्दोलन से दूर हो गये ऐसा दिखाई देता है। मध्यवर्ग भी पैन्थर के बारे में उदासीन बन गया था। दलित मुक्ति सेना, समता सैनिक दल, बामसेफ, डी. एस. फोर, दलित युवक आघाडी, रिपब्लिकन युवक मास मूवमेंट, ढसाळ पैन्थर, साथ ही साथ अन्य संगठन के कारण दलित युवकों में दिशाहीनता आयी। बेरोजगार, गुंडे, मवाली, गुनहगार, पियक्कड़ ऐसे लोग आन्दोलन में आने के कारण आन्दोलन नष्ट होता है। कार्यकर्ता के स्वच्छ चरित्र पर ही आन्दोलन बना रहता है।

बाबासाहब के गरिमामय चरित्र के कारण उनका नेतृत्व लोगों को पसन्द था। परन्तु आज प्रत्येक नेता के बारे में आदर से अधिक शंकाएँ ली जाती हैं। 'मुझे उद्ध्वस्त (फना) होना है' इस आत्मकथा में मल्लिका शेख ने लिखा है कि पैन्थर नामदेव

ढसाळ ये आन्दोलन के आदर्श हो सकते हैं क्या? दलित पैन्थर में काम करने वाले कार्यकर्ता में दुर्गुण होने के बावजूद भी यह आन्दोलन बना रहा। इसका कारण यह है कि पैन्थर जनता की समस्याओं के बारे में प्रामाणिक रही। नाजुक आर्थिक व्यवस्था, प्रचार तन्त्र का अभाव और प्रशिक्षित कार्यकर्ताओं की कमी के बावजूद पैन्थर का आन्दोलन व्यापक बना रहा। इसका कारण यह है कि पैन्थर के कार्यकर्ता के मन में डॉ. बाबासाहब अम्बेडकर के बारे में अत्यधिक श्रद्धा और दलित समाज के बारे में अपनापन तथा विषम समाज व्यवस्था के विरोध में प्रखर विद्रोह रहा है। मानव चाँद पर गया परन्तु आज भी अस्पृश्य मनुष्य गाँव के कुएँ पर जा नहीं सकता। यह वास्तविकता है। मराठी साहित्य सम्मेलन में दक्षिण अफ्रीका में फाँसी दिए हुये काले कवि को श्रद्धांजलि अर्पित की जाती है, परन्तु महाराष्ट्र शासन द्वारा दोनों सभागारों में पूर्ण सहमति से पारित किये गये नामपरिवर्तन का प्रस्ताव साहित्य सम्मेलन में रखने के लिए दलित पैन्थर को जुलूस निकालकर माँग करनी पड़ती है। इस वास्तविकता को नजरन्दाज नहीं किया जा सकता। मुंबई में काले घोड़े के पास जुलूस रोका गया तब रामदास आठवले ने अपने भाषण में कहा था कि महाराष्ट्र की पाठ्य-पुस्तकों के पहले पन्ने पर जो प्रतिज्ञा होती है उस प्रतिज्ञा के प्रत्येक पूर्ण विराम की जगह प्रश्नचिन्ह निर्माण करने के बाद इस देश का सही चित्र समझ में आ जायेगा।"

"गुलाम को गुलामी का एहसास करा दें तो वह विद्रोह कर उठेगा', यह विचार दलित युवकों के मन में भरने का काम पैन्थर ने किया है। हजारों वर्ष के प्रस्थापित विषम समाज रचना में जीना है तो अन्याय सहते हुए मृत्यु को गले लगाना पड़ता है अथवा आन्दोलन से जुडकर दहशत के जोर पर न्याय खींच लेना पड़ता है। देश के गरीबों से जुड़कर सामाजिक क्रान्ति की दिशा में एक संयुक्त आन्दोलन उभारना जरूरी ही है। सोलापुर में पैन्थर की सभा में बोलते हुए टी. एम. कांबळे ने कहा था कि 'हमें आतंकवादी / दहशतवादी बनना आता है। हम शहर को आग लगा सकते हैं। केवल दहशत से ही प्रश्न छुट सकते हैं तो हमें भी दहशतवादी बनना पड़ेगा। परन्तु हमें युद्ध का मार्ग पसन्द नहीं है। हम बुद्ध के मार्ग से जाने वाले हैं।'

दलित पैन्थर का मुख्य संघर्ष परम्परागत विचार और संस्कृति से है। दलित पैन्थर ने सामाजिक अन्याय-अत्याचार के विरुद्ध आन्दोलन किये हैं। परन्तु आर्थिक और सामाजिक आन्दोलन की ओर वे 'दोयम' दर्जे के आन्दोलन के रूप में देखते हैं। आर्थिक और राजनीतिक आन्दोलन के महत्त्व को उन्हें स्वीकारना चाहिए। धर्म और जाति के नाम पर आन्दोलन करना रोक देना चाहिए। संगठन शक्तिशाली करना, संगठन को वैचारिक आधार देना, उसका क्रान्तिशील संगठन से नाता जोड़ना महत्त्वपूर्ण है। संगठित ताकत पर 'मनुष्य के नाते जीने के लिए उठ खड़े होने के लक्ष्य पर दलित पैन्थर को प्रतिबद्ध होना चाहिए। दलितों का आन्दोलन केवल बौद्धों का आन्दोलन

नहीं है अथवा डॉ. बाबासाहब अम्बेडकर केवल बौद्धों के नेता नहीं हैं। प्रस्थापितों के विरुद्ध प्रभावपूर्ण आन्दोलन अगर करना है तो बौद्धेतर दलित समाज को भी संगठित करके उनका भी विश्वास सम्पादन करना चाहिए।"

दलित पैन्थर ने आज तक दबाव की राजनीति की है। उसे रचनात्मक कार्य की जोड़ होनी चाहिए। एक ओर आन्दोलन करना चाहिए तो दूसरी ओर संगठन बाँधना चाहिए। केवल जाति व्यवस्था के विरुद्ध विद्रोह की भाषा बोलकर काम नहीं चलेगा, दलितों में जो जाति व्यवस्था है उसे भी नष्ट करना जरूरी है सिवाय इसके निचले तबके की जातियाँ इकट्ठी नहीं हो सकतीं। प्रतिक्रियावादी, पुनरुज्जीवनवादी, प्रतिक्रान्तिवादी विचार आज जोर-शोर से फैल रहे हैं। फूले, अम्बेडकर के विचारों की बदनामी हो रही है। ऐसे समय कला पथक, व्याख्यान, शिविर, पदयात्रा के माध्यमों से लोक शिक्षा करना जरूरी है।

06

'धर्म नियमों का उच्छेद और सजातीय विवाह पर रोक' यह विचार जाति के अंत के सन्दर्भ में डॉ. बाबासाहब अम्बेडकर ने रखा है। हिन्दू धर्म की समीक्षा और जाति-व्यवस्था विरोधी आन्दोलन इन दो स्तरों पर काम करना महत्त्वपूर्ण है। सैद्धांतिक और व्यवहारिक स्तर पर ये आन्दोलन चलने चाहिए।

धीरे-धीरे रोटी-बेटी व्यवहार जाति-जाति में हो रहे हैं। अस्पृश्यता नष्ट हो रही है, ऐसा लगता है। फिर भी जातीयता की भावना तीव्र होती जा रही है। किसी को अस्पृश्य कहना अर्थात् वह नीच अथवा हीन दर्जे का है। शूद्र और गुलाम है। ऐसा कहने की इनकी मूलतः प्रवृत्ति थी। परन्तु जातीय भावना द्वेष, स्पर्धा और शत्रुता पर आधारित है। जाति के एकत्रित मतों के कारण उस जाति को आगे राजनीतिक वरदान मिल जाता है। इस कारण जाति के नाम पर संगठन और नेतृत्व तैयार करना, जाति के नाम पर चुनाव लड़ना आज सहज हुआ है। जातिधर्माधिष्ठित राजनीति के कारण 'जातीयभावना' बढ़ती जा रही है। प्रत्येक जाति दूसरी जाति से राजनीतिक स्पर्धा रख रही है। इस स्पर्धा के कारण जातीय तनाव, दंगे आदि का निर्माण हो रहा है। 'मनुष्य को ही हम मानते हैं। जाति, पंथ हम मानते नहीं। गरीब भारतीय जनता के प्रश्न आर्थिक प्रश्नों पर आधारित हैं। आर्थिक प्रश्नों के विरुद्ध आन्दोलन उभारें तो प्रश्न छुटेगें। धर्म के विरुद्ध आन्दोलन हुए तो प्रश्न नहीं छूटेंगे।" यह भूमिका मुझे महत्त्वपूर्ण लगती है।

दलित पैन्थर के आर्थिक प्रश्नों पर आन्दोलन करने चाहिए। आर्थिक प्रश्नों पर आन्दोलन करने वाले अनेक संगठन हैं। परन्तु सामाजिक प्रश्नों की वे उपेक्षा करते हैं। दलित पैन्थर की विशेषता और उसका मूल संघर्ष सामाजिक विषमता के विरुद्ध है। इसमें ही पैन्थर की अलग पहचान है। बहिष्कृत और अस्पृश्य होने के नाते मनुष्य पर

होने वाले अन्याय के विरुद्ध पैन्थर की अलग पहचान है और इस अन्याय के विरुद्ध पैन्थर आवाज उठाती है। भारतीय समाज व्यवस्था में जाति और वर्ग अलग करने नहीं आते। इस कारण ही जाति अंत और वर्ग अंत की लड़ाई कठिन हो गयी है।

भारतीय दलित पैन्थर का नामपरिवर्तन का आन्दोलन और मण्डल आयोग का आन्दोलन मुझे सांस्कृतिक आन्दोलन लगता है। मण्डल आयोग और नामापरिवर्तन के बहाने दलित समाज में अपने हक के लिए संघर्ष करने की भावना उत्पन्न हुई साथ ही साथ दलितों को उनके प्रश्न समझाकर जनमत निर्माण करने का महत्त्वपूर्ण कार्य दलित पैन्थर ने किया है। आरक्षण का आन्दोलन मात्र आरक्षण के लिए नहीं होता उसके पीछे सांस्कृतिक सन्दर्भ भी होता है। नामपरिवर्तन का आन्दोलन भी वैसा ही था। नाम परिवर्तन के लिए साहित्य सम्मेलन पर भी पैन्थर जुलूस निकालती है। तब उन्हें इस बात का पता है कि साहित्य सम्मेलन में प्रस्ताव पारित होने से प्रश्न छूटने वाला नहीं है परन्तु बार-बार अपनी माँग लोगों के सामने रख कर अपने प्रश्नों के सन्दर्भ में चर्चा करवाना महत्त्वपूर्ण है। हम अपनी माँग पर अभी भी डटे हैं। इस बहाने समता, स्वतन्त्रता, न्याय और बंधुता विचार दूर तक ले जाना यह कार्य इस प्रतीकात्मक आन्दोलन से पैन्थर ने प्रभावपूर्ण रीति से किया है।

दलित पैन्थर ने अपनी आक्रामक भूमिका से दहशत बनाई थी। परम्परागत संस्कृति को धक्का देना काफी महत्त्वपूर्ण होता है। 'नामपरिवर्तन के आन्दोलन के कारण प्रबोधन का इतिहास सौ वर्ष पीछे गया है' अथवा सवर्ण और दलितों में खाई निर्मित हुई है, ऐसा सुनने में आता है। यह पूरी तरह से गलत है। सही अर्थों से प्रबोधन हुआ होता तो मनुष्यद्रोही, समाजद्रोही, जैसे जातीय दंगे निर्माण नहीं होते। प्रबोधन कभी भी पीछे नहीं जाता है। प्रबोधन किसने किया, कब किया इसका हिसाब तो एक बार दीजिए। दलित-सवर्णो में वर्षों से खाई है। इस खाई का निर्माण अब नहीं हुआ है। जो व्यवस्था है। दलित चुपचाप स्वीकार करें तो एक भी प्रश्न नहीं उठेगा। दलितों ने जब-जब हक की भाषा की है, तब-तब उन पर हमले हुए हैं। इन हमलों का स्वरूप, जो व्यवस्था है वह स्थायी रहे ऐसा होता है। 'दलितों को राष्ट्रीय प्रवाह में सम्मिलित होना चाहिए' यह भूमिका बौद्धिक दिवालियापन स्पष्ट करने जैसी है। सवर्णों का प्रवाह राष्ट्रीय प्रवाह है और दलितों का प्रवाह अराष्ट्रीय है क्या? समता, स्वतन्त्रता, बन्धुता और न्याय की माँगों के लिए होने वाले दलितों के आन्दोलन सहजीवन की माँग करने वाले होते हैं। यह सही है कि यहाँ की प्रस्थापित विषम व्यवस्था के विरुद्ध वे विद्रोह भाषा में बोलते रहते हैं उनके विद्रोह के पीछे एक समाजशास्त्र होता है।

"दलित पैन्थर की भूमिका में आक्रमकता दिखाई देती है। जिस देश में स्त्री की इज्जत सुरक्षित नहीं है उस देश के हम दुश्मन हैं यह कहने की हिम्मत काफी महत्त्वपूर्ण होती है। इससे होने वाले परिणामों का एहसास रखकर उसे भोगने की तैयारी भी होनी

चाहिए। कुछ लोगों को लगता है कि ऐसा उग्र आंतकवादी मार्ग अपनाकर दलितों की समस्या छूटने वाली नहीं है। बल्कि वह अधिक जटिल होगी। कदाचित चर्चा का यह अलग विषय होगा परन्तु यह आक्रामक मार्ग दलितों में आत्मविश्वास बढ़ने के लिए सहाय्यभूत होगा।'' पैन्थर के दबाव के कारण अन्याय करने वालों पर दबाव निर्माण हुआ है इसे नकार नहीं सकते।

'इस देश में सवर्ण हिन्दू बहुसंख्यक हैं, इसका कारण मतदान गुणवत्ता पर न होकर जाति पर आधारित होता है। इस कारण शासन, न्याय और विधिमण्डल पर सवर्ण हिन्दू की पकड़ है। लगभग सभी भूमि सवर्ण हिन्दूओं के कब्जे में है। इस देश के मीडिया व्यवसाय के मालिक सवर्ण हिन्दू हैं। इतना ही नहीं हवा, पानी, आकाश के साथ ही साथ अन्य प्राकृतिक शक्तियों पर भी सवर्ण हिन्दू का ही कब्जा है। अमरिका में निग्रो पर अन्याय-अत्याचार होते हैं। परन्तु कुएँ का पानी दलितों के स्पर्श से गंदा हो गया इस कारण से उन्हें बहिष्कृत कर उनके निष्पाप बच्चों को खाली पेट मारा नहीं जाता। मार्क्स ने जिस समय वर्ग का दर्शन रखा तब उसके सामने असंख्य जाति-जनजातियों से निर्माण हुआ हिन्दू समाज नहीं था। इस देश के दलितों की मुक्ति के लिए मार्क्स का दर्शन ठीक नहीं है। इस कारण दलित पैन्थर को दलितों के प्रश्नों का अध्यापन ठीक पद्धति से करना चाहिए। इस देश में प्राकृतिक आपत्ति कभी तो आती है परन्तु बौद्धिक अकाल तीन हजार वर्षो का है। इस देश में लोकतन्त्र के कंकाल का ढाँचा बाकी है। पूरे दलित समाज को साथ लेकर पैन्थर इस ढाँचे में प्राण फूँकने चाहिए।'

07

प्रो. जोगेन्द्र कवाडे ने नामपरिवर्तन का आन्दोलन तुफानी पद्धति से चलाया। नागपुर से औरंगाबाद तक नामपरिवर्तन लॉग मार्च उन्होंने निकाला था। बाद में नामपरिवर्तन की माँग के लिए पूरे महाराष्ट्र में लम्बे जुलूस निकाले गये। प्रो. जोगेन्द्र कवाडे की 'दलित मुक्ति सेना' यह पैन्थर जैसा ही उग्र संगठन है। 'तोड़ के दिया पाकिस्तान छीन के लेंगे दलित स्थान' यह घोषणा उस वक्त उन्होंने दी थी। परन्तु भारतीय दलित पैन्थर 'दलितस्तान' की भूमिका से सहमत नहीं थी। उसकी निष्ठा भारत पर ही है। आगे प्रो. कवाडे ने 25 जनवरी, 1984 को 'दलित-मुस्लिम अल्पसंख्यक सुरक्षा महासंघ' की स्थापना की। इस संगठन के नेता हाजी मस्तान थे। इस गठबंधन का पैन्थर ने विरोध किया था।

डॉ. अम्बेडकर के बाद दलितों को ताकतवर नेतृत्व नहीं मिला। दादा साहब कम्युनिस्ट हैं। ऐसा कहकर उन्हें आन्दोलन से दूर रखने का प्रयास किया गया तो 'बाबासाहब की मृत्यु के लिए माईसाहब कारणीभूत है। ऐसा प्रचार करके उनके

राजनीतिक जीवन का खून किया गया' अब माईसाहब अम्बेडकर पैन्थर के साथ है। प्रकाश अम्बेडकर ने राजनीति में प्रवेश किया, उनके साथ डॉ. अम्बेडकर की विरासत है। अकोला और नांदेड के चुनाव के कारण दलितों के नेता के नाते वे प्रसिद्ध हुए हैं। पैन्थर के बाद दलित आन्दोलन को प्रकाश अम्बेडकर के रूप में नया नेतृत्व मिल गया है। रिपब्लिकन दल के अन्य गुटों से भी ज्यादा वोट अम्बेडकर को मिले है। इस कारण वे अपने गुट को सही रिपब्लिकन दल मानते हैं। अन्याय के विरोध में युवकों द्वारा खड़ा किया गया आन्दोलन दलित पैन्थर है। परन्तु उन्हें इस आन्दोलन को आकार देना नहीं आया। इस आन्दोलन को तोड़ने के लिए राजनीतिक व्यवस्था को सफलता मिली यह इस आन्दोलन की त्रासदी है।" पैन्थर के बारे में प्रकाश अम्बेडकर का यह मत है। उन्हें ऐसा लगता है कि पैन्थर आन्दोलन में इतिहास जमा हुआ है। 'भारतीय दलित पैन्थर और दलित मुक्ति सेना इकट्ठे आकर प्रकाश अम्बेडकर के नेतृत्व को स्वीकारने की मान्यता 6 दिसंबर 1985 को दी गयी थी।' परन्तु ऐसा आगे कभी भी अस्तित्व में नहीं आया दिखाई देता।

किसी भी आन्दोलन में तात्विक कारणों से अथवा व्यवहारिक कारणों से गुट निर्माण होते हैं। वैचारिक मतभेद होकर संगठन टूट सकता है। साथ ही नेतृत्व की स्पर्धा के भी कारण संगठन में फूट पड़ती है। रिपब्लिकन दल, दलित पैन्थर और दलित साहित्यिक इनमें की दरार का दृश्य 'मार्क्सवाद या अम्बेडकरवाद, अथवा 'अम्बेडकर मार्क्स का समन्वय' इससे स्पष्ट होता है। ऐसी स्थिति में 'दूसरा तत्त्वात्मक विद्रोह' महत्त्वपूर्ण है।

रिपब्लिकन दल को यशवंतराव चह्वाण ने समाप्त किया और दलित पैन्थर को बाबा आढाव ने तोड़ डाला ऐसा आरोप सुनने में आता है। मात्र पैन्थर के बारे में बोलना होता तो बाबा आढाव ने सा. मनोहर (पुणे) में 'दो ढ और मार्क्सवाद' (दो ढ अर्थात् ढाले और ढसाळ) यह लेख लिखकर अपनी भूमिका स्पष्ट की।

"समता के आन्दोलन के अनेक सन्दर्भ स्पष्ट होते हैं। विषमता स्पष्ट होती है। श्रमिकों, देवदासियों घुमंतु, गाँव व्यवस्था में काम करने वाले, बलुतेदार, दलित, आदिवासी, स्त्री, शिक्षा से बाहर रहा युवक, स्वयं रोजगारी, बाढ़ग्रस्त ऐसे अनेक उदाहरण दिये जा सकते हैं। महात्मा फुले और अम्बेडकर ने इस देश की वर्ण व्यवस्था के विरुद्ध आवाज उठायी। आज की तिथि में धर्म, भाषा, प्रांत, जाति और लिंग आदि भेदों का विचार प्रमुखता से करना पड़ रहा है। फुले, अम्बेडकर के विचारों की आवश्यकता समाज को अब लग रही है। दलित पैन्थर को ऐसे आन्दोलनों में भाग लेना चाहिए ऐसा मुझे लगता है। कम-से-कम आज तो पैन्थर को संगठनात्मक विचार करना पड़ रहा है। दलित पैन्थर की तोड़-फोड़ मैंने की है ऐसा किसी का कहना है तो उसका उत्तर दलित पैन्थर ने ही दिया है। ऐसे अनुभवों के कारण मुझे काफी दुख होता है।" बाबा

आढाव का दुख समझ लेना जरूरी है। बाबा आढाव ने पैन्थर को तोड़ा और पैन्थर टूट गयी। क्या पैन्थर के नेता इतने कमजोर थे?

दलित आन्दोलन में अलग-अलग गुटों का निर्माण केवल नेतृत्व के कारण ही हुआ ऐसा स्पष्ट दिखाई देता है। सभी अम्बेडकरवादी हैं परन्तु कोई किसी का नेतृत्व मान्य करने को तैयार नहीं है। प्रत्येक व्यक्ति अपने आपको नेता मानता है। अपने आपको अम्बेडकरवादी कहने वाले सभी अम्बेडकरवादी गुटों की एक-दूसरे से पटती नहीं है। इतना ही नहीं इनमें कई बार मारपीट, तोड़फोड़ हुई है। दलितों के ऐसे अनेक गुटों में वाद-विवाद और संगठनात्मक कार्य चलता है। आज के दलित युवक को किसी एक गुट का कार्यकर्ता बनना पड़ता है। ये संगठन भी स्पर्धात्मक स्तर पर जीते रहते हैं। प्रत्येक संगठन का निर्णय दूसरों से अलग और विचित्र होता है। यह सब नामपरिवर्तन आन्दोलन और चुनाव के समय ही स्पष्ट हुआ है। एक गुट में बदनाम हुआ कार्यकर्ता संगठन छोड़कर तत्काल दूसरे संगठन में प्रवेश करता है और पदाधिकारी बनता है। ऐसी स्थितियों में लोगों की यह अपेक्षा है कि लोग ही आगे आये और लोगों को ही अपनी ताकत से इस गुटबाजी को समाप्त करना चाहिए। तत्त्व, त्याग और अस्तित्व के प्रश्नों के कारण सहजता से कोई नेतृत्व छोड़ना नहीं चाहता। प्रत्येक गुट के सदस्यों की यह जिम्मेदारी है कि वे अपने नेता को एक्य के लिए तैयार करें। सभी गुट इकट्ठे आने के बाद लोकतान्त्रिक पद्धति से नया नेता चुनना चाहिए। यही एक मार्ग शेष है। खुले दिल से दूसरों के नेतृत्व स्वीकारने की तैयारी दिखाने के सिवा दलित आन्दोलन में जो गुटबाजी है वह कभी समाप्त नहीं होगी।

08

दलितों का आन्दोलन राजनीतिक आन्दोलन है। इस कारण ही आज दलित पैन्थर एक राजनीतिक दल के नाते चुनाव लड़ रही है। राजसत्ता पर पकड़ बनाए रखकर परिवर्तन और समता प्रस्थापित कर सकेंगे। संसदीय मार्ग से प्रश्न लोकशक्ति की ताकत पर छूटते जायेंगे। 'दलितों की, श्रमिकों की सत्ता जब इस देश में आयेगी तभी इनके प्रश्न छूटेंगे। अल्पसंख्यकों के गठबंधन का दृष्टिकोण धर्म से सम्बन्धित नहीं होना चाहिए। राजनीतिक शक्ति बढ़ाने का दृष्टिकोण चाहिए।" देश में पचहत्तर प्रतिशत लोग दलित हैं। उनकी ताकत पर सत्ता मिलेगी इस आशावाद को लेकर पैन्थर चल रही है। यह भी सत्य है कि दलित पैन्थर समाज सेवा कर, पुलीसवालों की लाठियाँ झेले और रिपब्लिकन वाले राजसत्ता भोगे, यह पैन्थर को मान्य नहीं था। इस कारण 1977 में दलित पैन्थर राजनीति में प्रवेश करती है। इस सन्दर्भ में गंगाधर गाडे का मत देखने लायक है, वह इस प्रकार है-'दलित पैन्थर ने राजनीति में प्रवेश क्यों किया, इस प्रश्न के उत्तर के लिए उस समय रिपब्लिकन दल की कमियाँ कौन-सी थी, इसे देखना पड़ेगा।

आर. पी. आई. ने दलित समाज के प्रश्नों की ओर तथा इच्छाओं की ओर अनदेखा किया, ऐसे समय भ्रष्ट नेताओं को रोकना महत्त्वपूर्ण था। पैन्थर के आन्दोलन से जाग्रत हुई दलित जनता रिपब्लिकन दल के नेताओं को अपना वोट देती थी। इस कारण दलित पैन्थर को राजनीति में आना पड़ा। अपने पीछे कितना जनमत है इसे देखने के लिए चुनाव एक कसौटी होता है। दलित पैन्थर का राजनीति में प्रवेश करने से रिपब्लिकन वाले बेचैन हो जायेंगे और अपने आप एका के लिए तैयार हो जायेंगे। यह भी एक उद्देश्य उसके मूल में था।

चुनाव की राजनीति से नेतृत्व निर्माण होने के कारण ऐसे नेतृत्व के पास त्याग, सेवा, आन्दोलन और वैचारिकी नहीं रही। पैसा, गुंडे और जातीयता के नाम पर चुनाव लड़े जा रहे हैं। जिस व्यक्ति को समाज और आन्दोलन का पता भी मालूम नहीं है ऐसा व्यक्ति चुनाव के लिए खड़ा होता है और एक रात में किसी एक दल द्वारा पुरस्कृत नेता होता है। ऐसा रेडिमेड नेतृत्व दलितों के सिर पर बैठा है। सत्ताधीश और विरोधी दल के मेलजोल से, समाचार पत्रों के माध्यम से दलित, भूमिहीन, और खेतीदार मजदूर के प्रश्नों के लिए आज तक कितने दलित नेताओं ने आन्दोलन किये हैं?" यह प्रश्न पैन्थर के कमलेश यादव ने उठाया है। यह प्रश्न काफी महत्त्वपूर्ण है।

आज रिपब्लिकन दल एक ही जाति के अनेक गुटों में विभाजित है। देश में दलितों की राजनीति को मजबूती से आगे लेकर जाने वाला एक भी दल आज नहीं है। सभी दल अपने-अपने वर्ग और वर्ण में बंदिस्त दिखाई देते हैं। तमाम दलितों को एक मंच पर लाने वाला रिपब्लिकन दल होना चाहिए यह डॉ. अम्बेडकर का सपना पूरा नहीं हुआ है। दलित समाज राजकर्ता समाज नहीं हो सकता। उन्हें राजनीति के बारे में किसने शिक्षा दी? उल्टे उन्हें राजसत्ता से दूर रखा गया? उनके वोटों की शक्ति का सौदा करने के दाव-पेंच खेले जा रहे हैं।

डॉ. अम्बेडकर की रिपब्लिकन दल से सम्बन्धित अवधारणा और दलित समाज शासन करने वाला समाज होना चाहिए, उनका यह सपना पूरा नहीं हो पाया। 'भारत बौद्धमय करूँगा' उनकी यह प्रतिज्ञा भी अपूर्ण रही है। बौद्ध धर्म अपनाकर जातियाँ समाप्त होगी।" यह डॉ. बाबासाहब अम्बेडकर की भूमिका थी। जाति समाप्ति की लड़ाई के रूप में धर्मांतरण की ओर देखना महत्त्वपूर्ण है।

हम अल्पसंख्यक हैं। इस कारण हम पर अत्याचार होते हैं। यदि हमने धर्मपरिवर्तन किया तो हमें उस धर्म के लोगों का समर्थन मिलेगा' यह भावना इसके मूल में थी। धर्मापरिवर्तन से दलितों के प्रश्न हल नहीं हुए हैं। अब भी बौद्धों पर अत्याचार हो रहे हैं। बौद्धों में आर्थिक दरिद्रता है, इस कारण उन्हें नियमानुसार हक मिलने चाहिए, ऐसी पैन्थर के आन्दोलनों की भूमिका है। धर्मांतर के कारण दलितों के सांस्कृतिक जीवन में काफी कुछ फर्क पड़ा ऐसा भी नहीं है। बौद्ध धर्म के साथ ही साथ हिन्दू धर्माचरण

भी नवबौद्ध मण्डली करती रही है। उसका कारण यह है कि बाबासाहब के धर्मांतरण के बाद जितना धर्म प्रसार होना चाहिए था, उतना नहीं हुआ। एक तो धर्मांतरण के तुरंत बाद बाबासाहब की मृत्यु हुई और दूसरी ओर सर्वसामान्य लोगों को यह नयी धर्मप्रणाली, उपासना और आचार पद्धति की जानकारी देने वाली प्रचार यंत्रणा यहाँ नहीं थी। जो बौद्ध विहार हैं, उनमें पंचशील त्रिशरण अर्थात् प्रार्थना के आगे कुछ नहीं किया गया। ये बौद्ध विहार केवल प्रार्थना के मन्दिर न बनते हुए सांस्कृतिक केन्द्र बनने चाहिए। तब हिन्दू धर्म द्वारा धर्माधिकार नकारे हुए समाज को धर्माधिकार मिल जायेगा। धर्म और जाति ये दो भावनाएँ मनुष्य को एक सूत्र में बाँधने वाली शक्तियाँ हैं। इस कारण उसका संवर्द्धन करना और उसका राजनीतिक उपयोग कर लेना हितकारी होगा।

09

कलाकार और लेखकों से भारतीय जनता की बड़ी अपेक्षाएँ रही हैं। लोकसत्ता समाजवादी राष्ट्र के नाते भारत को खड़ा करने के लिए इन बातों की आवश्यकता है भी। जो आम आदमी के बारे में लिखते हैं। जो आम आदमी की बोली में बोलते हैं। वही सही लेखक होते हैं। दलितों का संघर्ष यह सांस्कृतिक संघर्ष भी है। दलित आन्दोलक जब प्रस्थापितों के विरुद्ध आन्दोलन करते हैं, उस समय दलित लेखकों को इन कार्यकर्ताओं का मनोबल बढ़ाना चाहिए। उनको प्रेरणा मिले इस पद्धति का लेखन करना चाहिए। मराठी साहित्य में, भारतीय वर्णवादी साहित्य में गंभीर वैचारिक गलतियाँ हुई हैं। इस बारे में दलित लेखकों को लिखना चाहिए।

दलित पैन्थर के आन्दोलन के कारण दलित साहित्य पर बहुत बड़ा प्रभाव हुआ है। पैन्थर में अनेक लेखक, कवि काम करते रहे। पैन्थर की उग्र भवनाएँ दलित साहित्य में व्यक्त हुई हैं। पैन्थर के आन्दोलन के कारण बड़ी संख्या में कविता लिखी गयी। इस समय की कविता भड़कीली, प्रचार की और गालियों से भरी हुई थी। इसका कारण यह था कि पैन्थर के कुछ युवा नेता जिस आक्रामक मुद्रा में मंच पर भाषण देते थे उसकी सही नकल कवियों ने की" दया पवार का यह मत उस समय की दलित कविता पर पैन्थर का कैसा प्रभाव इसे स्पष्ट करता है। पैन्थर कविता का दूसरा आयाम यह है कि, 'इस कविता का नायक व्यक्ति नहीं समाज है। समाज मन की बेचैनी इस कविता की लय बनती है। समाज की हलचल कविता की हलचल बनती है। इसका कारण यह है कि इस कविता की जड़ें जीवन के तल में जो विषमता है उसमें है। इस कविता का भाषिक विश्व भले ही सीमित हो फिर भी उसका अनुभव क्षेत्र प्रदेश की सीमा में न बैठने वाला है। इस कारण देश के किसी भी कोने का अत्याचार इस कविता द्वारा व्यक्त होता है।'

दलित साहित्य अम्बेडकरी विचार की सन्तान है। दलित साहित्य एक आन्दोलन है। आन्दोलन और साहित्य इस दलित आन्दोलन के दो पहलू हैं। आप दलित साहित्य और दलित आन्दोलन इसमें अन्तर कर नहीं सकतें ।

10

'अगर आन्दोलन लोकाधिष्ठित होता है तो नेता अपने आप मिल जाते हैं। जो आन्दोलन अल्पजीवी हुए अथवा प्रभावपूर्ण नहीं हो सके उन्हें जनमानस में स्थान नहीं मिलता। विचारों का आन्दोलन से कैसा सम्बन्ध होना चाहिए और आन्दोलन की दिशा कैसी होनी चाहिए यह प्रत्यक्ष काम करते समय स्पष्ट होता है। नेता और अनुयायियों के सम्बन्ध, संगठन के वैचारिक बन्धन निचले स्तर के कार्यकर्ताओं की दबी हुई आवाज, उनके साथ संवाद न होना इससे आन्दोलन किस दिशा में जा रहा है यह नहीं समझ में आता । आन्दोलन में हिस्सा लेने वाले लोगों की ओर क्रान्ति के साधन के रूप में न देखते हुए। उन्हें स्वतन्त्र अस्तित्व के रूप में देखना चाहिए।

आन्दोलन में हिस्सा लेने वाला कार्यकर्ता समाज को कुछ देना है इस भावना से कार्य करता है। संगठन में काम करते समय कार्यकर्ता को व्यक्तिगत सुख, व्यक्तिगत जीवन और व्यक्तिगत महत्त्वाकांक्षाओं को छोड़ना पड़ता है। थ्रिल, रोमांटिक कृति करने के लिए मिलेगी ऐसी अपेक्षा कार्यकर्ताओं की होती है। प्रत्यक्ष आन्दोलन में ऐसे थोड़े बहुत ही क्षण होते हैं। बाकी समय बहुत निष्ठा से काम करना पड़ता है। सारे सन्दर्भ देखकर काम करना पड़ता है।''

पैसों की मदद न होने के बावजूद भी आज पैंथर्स समाज के लिए काम करते हैं। आन्दोलन के सामने उनके भविष्य की समस्या है। आर्थिक समस्या और वैचारिक अपरिपक्वता, कार्यकर्ता को निराशा में ले जाने का खतरा होता है। यह अवस्था, यह बेचैनी, भ्रष्टाचार के पास ले जाने वाली होती है। इस कारण कार्यकर्ता के लिए काम के साथ-साथ अध्यापन भी महत्त्वपूर्ण होता है। कार्यकर्ताओं की प्राथमिक आवश्यकताएँ और आन्दोलन के बुनियादी प्रश्न अगर छूटते नहीं हैं, तो आन्दोलन सन्दर्भहीन होने का खतरा होता है। परिस्थिति का और समस्याओं का उचित आकलन निर्णयों के दूरगामी परिणामों का एहसास, सफलता, असफलता का विचार, संघर्ष की चर्चा प्रमुख कार्यकर्ताओं के साथ करते हुए सभी को मिलकर निर्णय लेना चाहिए। कार्यकर्ताओं पर निर्णय थोपना यह प्रवृत्ति गलत है।

दलित पैन्थर (ढ़साळ गुट) प्रमुख कार्यकर्ता एस. आर. गायकवाड का मत देखने लायक है। वह इस प्रकार है 'मुंबई के आदेश से सब कुछ चलता है। राजा बोले और दल हिले ऐसी अवस्था है। मुंबई का नेतृत्व वहन करने वाले हम कुली हैं। गाँव स्तर पर और जिला स्तर पर कार्यकर्ता दिन-रात मेहनत करता है। प्रसिद्धि, पैसा और प्रतिष्ठा

मुंबई के लोगों को मिलती है।' यह भी सच है कि पैन्थर के कार्यकर्ताओं में नेतृत्व के लिए स्पर्धा है। हर एक कार्यकर्ता अपने आप को रामदास आठवले समझता है। नया कार्यकर्ता निर्माण करने की अपेक्षा उसे नीचे खींचना अर्थात् पैन्थर का नेतृत्व अपने पास कैसे रहेगा इस ओर ही आज के कार्यकर्ताओं का ध्यान है। लोगों के प्रश्न हल करना किसी भी आन्दोलन का प्रमुख उद्देश्य होना चाहिए। आन्दोलन प्रश्नों के उत्तर का साधन होना चाहिए। लोगों के प्रश्नों की अपेक्षा आन्दोलन अगर महत्त्वपूर्ण हुआ तो नेतृत्व के लिए झगड़े, स्पर्धा, गुटबाजी, आरोप, प्रत्यारोप इसी प्रकार होते हैं। इन सभी का परिणाम यह होता है कि आन्दोलन टूटने लगता है।

अनुभवी कार्यकर्ता के विचारों, कल्पनाओं और सूचनाओं को ध्यान में लेकर ही निर्णय लेने चाहिए। असफलता का खतरा स्वीकारने की सामर्थ्य, असफलता मिलने के बाद काम करने की हिम्मत, समाजकार्य में रुचि, अलग-अलग ग्रन्थों का पठन, चर्चाएँ, ये गुण कार्यकर्ता में होने चाहिए। संगठन के नेता जब सामान्य कार्यकर्ता की प्रतिष्ठा और उनके विचारों का आदर करेंगे तब संगठन लोकतांत्रिक स्वरूप के बनते रहेंगे।

कार्यकर्ताओं को राजनीति के अलावा साहित्य, क्रीड़ा, नाट्य, संगीत आदि गुणों की ओर ध्यान देना चाहिए। कार्यकर्ताओं के व्यक्तिगत जीवन की समस्याएँ समझ लेनी चाहिए। प्रत्येक के विचार, कल्पना और योजनाएँ सभी सदस्य समझे इसके लिए हर समय बैठकें होनी चाहिए। आन्दोलन के खर्च का हिसाब सबके सामने ठीक समय पर रखना चाहिए।

नागपुर के दलित पैन्थर के एक कार्यकर्ता मधुकरराव दूधे का मत देखने लायक है। वह कहता है कि 'पैन्थर के नाम का उपयोग व्यक्तिगत स्वार्थ के लिए कर लेने की वृत्ति के कारण पैन्थर कार्यकर्ता अधिक भ्रष्ट हो रहा है।' दूधे का मत आत्मपरीक्षण करने के लिए मजबूर करता है। पैन्थर के नाम से ब्लैकमेलिंग करने वाले कार्यकर्ता को इसे गंभीरता से लेना चाहिए। आन्दोलन ओर वैयक्तिक चरित्र शुद्ध रखना चाहिए।

दलित पैन्थर यह युवा रक्त का संगठन है। पैंथर्स को दिन-रात मेहनत करनी चाहिए। खुद के घर में समस्याएँ ही समस्याएँ होते हुए भी, खुद के भविष्य के बारे में अनेक प्रश्नचिन्ह होते हुए भी पैंथर्स आन्दोलन में काम करते हैं। ऐसे समय इन प्रश्नों की ओर समाज को सहानुभूतिपूर्वक देखना चाहिए। दलित पैन्थर के कार्यकर्ता भाषण में गालियाँ देते हैं, वे गुंडे हैं, वे पैसे खाते हैं ऐसा प्रचार दलित पैन्थर को दलित समाज से तोड़ने के लिए कुछ लोग करते रहते हैं, पैन्थर को ऐसी प्रवृत्ति समाप्त करनी चाहिए। पैन्थर के दर्जनभर गुट हैं। इनमें से अधिकांश कुछ काम नहीं करते हैं। अपने-अपने गुट के नेता बनकर सचिवालय, पुलीस स्टेशन, तहसील कार्यालय, सभा-सम्मेलन के विरुद्ध जुलूस निकालकर अर्थपूर्ण व्यवहार कर वे जीते रहते हैं। बाबासाहब का कार्य केवल जुलूस निकालने के लिए और पेट भरने का धन्धा बन गया है, केशव मेश्राम के इस मत की उपेक्षा नहीं कर सकते।

11

आज के दलित आन्दोलन का चित्र निराशाजनक है ऐसा मैं नहीं कहूँगा। आज आन्दोलन हिम्मत से काम कर रहा है। सभी गुट और संगठन दलितों के प्रश्न लेकर मैदान में उतरे हैं। संपूर्ण समाज आन्दोलनमय हुआ है। छोटे-छोटे बच्चे, स्त्रियाँ और वृद्ध बड़ी संख्या में आशा से, लोकतन्त्र का मार्ग अपनाकर अपने प्रश्न, समाज और शासन के सामने रख रहे हैं। उनके प्रश्नों के उत्तर न मिले तो लोकतन्त्र पर से उनका विश्वास उठ जायेगा। 'मैं ही सबसे पहले संविधान जलाऊँगा" यह विद्रोह उनमें राजनीतिक असन्तोष निर्माण करेगा।

दलितों की अपेक्षा घुमंतु जनजातियों की समस्याएँ अलग है। उनके प्रश्नों की ओर पैन्थर ने अभी तक ध्यान नहीं दिया है। दलित महिला संगठन की ओर अभी भी इनका अनदेखापन है। कठिन प्रश्नों को लेकर कोई संगठन अकेला चलने लगा तो उसके परिणाम नहीं मिलते। इसलिए परिवर्तनवादी आन्दोलनकर्ताओं को इकट्ठे होकर काम करना चाहिए। आज यह दृश्य दिखाई देता है कि परिवर्तनवादी संगठन अपनी-अपनी पद्धति से अलग-अलग रास्तों पर काम करते हैं। आन्दोलन में काम करने वाले कार्यकर्ताओं के बीच जो निराशा है, गुटबाजी है, उसे समाप्त करना महत्त्वपूर्ण है अर्थात् सभी परिवर्तनवादी आन्दोलनकर्ताओं ने इकट्ठे होकर एक निश्चित भूमिका निभाने का, निर्णय लेने का यह समय है।

***

शरणकुमार लिंबाळे का प्रकाशित साहित्य

कविता संग्रह : उत्पाद (1982), श्वेतपत्रिका (1989), उद्रेक (2008)

कहानी संग्रह : बारामाशी (1988), हरिजन रथयात्रा (1988), दलित ब्राह्मण (2004)

उपन्यास : उपल्या (1989), हिन्दू (2003), बहुजन (2007), झुंड (2008), दंगल (2008)

आत्मचरित्र : अक्करमाशी (1984), राणीमाशी (1996), साहित्याचे निकष बदलावे लागतील (2005), ब्राह्मण (2007), दलित आत्मकथा एक आकलन (2008)

संपादन : दलित प्रेम कविता (1986), दलित चळवळ (दलित आन्दोलन) (1991), प्रज्ञासूर्य (1991), विवाहबाह्य सम्बन्ध : नवीन दृष्टिकोन (1994), ज्ञानगंगा घरोघरी (2000), शतकातील दलित विचार (2001), साठोत्तरी मराठी वाङ्मय प्रवाह (2007), गावकुसाबाहेरची कथा (2007), दलित पैन्थर : भूमिका आणि चळवळ (2008), रिपब्लिकन पक्ष वास्तव आणि वाटचाल (2008), सांस्कृतिक संघर्ष (2008)।

शरणकुमार लिंबाळे का अनूदित साहित्य

अंग्रेजी : द आउटकास्ट (2003), टुवर्ड्स एन एस्थेटिक्स ऑफ दलित लिटरेचर (2004), हिन्दू (2010), व्हाइट पेपर (2017), टेल ऑफ अनटचएबल्स (2017); **हिन्दी** : अक्करमाशी (1991), देवता आदमी (1994), दलित साहित्य का सौन्दर्यशास्त्र (2000), नरवानर (2003), हिन्दू (2004), दलित ब्राह्मण (2004), छुआछूत (2008), बहुजन (2009), दलित साहित्य : वेदना और विद्रोह (2010), झुंड (2012), प्रज्ञासूर्य (2013), गैर दलित (2017), दलित पैन्थर : भूमिका एवं आन्दोलन (2017); **कन्नड़** : आक्रम संतान (1992), दलित ब्राह्मण (2013), हिन्दू (2014), दलित साहित्य का सौंदर्यशास्त्र (2015),नरवानर (2017), बहुजन (2017); **गुजराती** : अक्करमाशी (2000), दलित साहित्य का सौंदर्यशास्त्र (2009); **पंजाबी** : अक्करमाशी (1996); **मलयालम** : अक्करमाशी (2005), हिन्दू (2005), बहुजन (2012), नरवानर (2017), झुंड (2017); **तमिल** : अक्करमाशी (2003), दलित साहित्य का सौंदर्यशास्त्र (2008), दलित ब्राह्मण (2015); **उर्दू** : दलित ब्राह्मण (2015), अक्करमाशी (2017); **तेलुगू** : अक्करमाशी (2017); **बंगाली** : दलित साहित्य का सौंदर्यशास्त्र (2017)।

सम्यक क्रान्ति : हमारा सं

दलित पैन्थर के जन्म की हकीकत

•

नामदेव ढसाळ

पैन्थर के जन्म की हकीकत बहुत बड़ी है। यह हकीकत ऐसी है कि 62-63 में मैं प्रजासमाजवादी दल में था। वहाँ मुझे प्राथमिक राजनीतिक शिक्षा मिली। ताड़देव का जनता केन्द्र दंडवते और उनके मित्रों के नेतृत्व में चलता था। जब मैं विद्यार्थी था, तब जनता केन्द्र के बांधकाम में मैंने मदद की थी। वहाँ मैंने मन लगाकर काम किया था। छात्र जीवन में वहाँ मुझ पर विशिष्ट संस्कार हुए हैं। वहाँ मैं काफी पढ़ता था। जनता केन्द्र के ग्रन्थालय में मराठी साहित्य के प्रतिष्ठित लेखकों की पुस्तकें भी मैंने पढ़ी थीं। ना. सी. फडके, खाण्डेकर इनका साहित्य मैंने पर्याप्त मात्रा में यहीं पढ़ा। 1956 के बाद साहित्य क्षेत्र में 'लिटिल मैगजींस' की बाढ़ आयी। इसके माध्यम से विद्रोह करने वालों का विद्रोह देखने में आया। 1958 के पहले मैं गाँव में था। 1956 के बाद दलित आन्दोलन की बाढ़ पुणे में पहुँच चुकी थी। दलित आन्दोलन की वैचारिक अवधारणा हमारे पास पुणे में देर से आयी। उस समय जोहार, येसकरी या रोटी माँगने का काम अर्थात् महारकी हमारी ओर थी। हम अस्पृश्य हैं, महार हैं अर्थात् कौन हैं? ये प्रश्न उभर कर आते थे। कुएँ के पास जाना नहीं? कितनी भी प्यास लगी हो तो भी पानी माँगकर पीना। उस व्यक्ति को समय है तो वह पानी देगा, नहीं तो निकल चला जायेगा। ऐसी स्थितियाँ उस समय थीं। स्कूली जीवन में इसका एहसास ज्यादा हुआ। मराठा और अन्य स्पृश्य जाति के लड़के शिक्षकों के सामने बैठते थे। हम अस्पृश्य पीछे बैठते थे। मेरी कुछ गलती हुई कि ढसाळ ऐसे जोर से शिक्षक आवाज देते थे। शहर में आने के बाद मैं प्रजासमाजवादी दल का काम करने लगा। मुझ पर राजनीतिक संस्कार हुए। मधु दंडवते और अन्य लोगों का मुझ पर स्नेह था। समाजवादी लोग थोड़ी-बहुत मात्रा में क्यों न हों दलितों का काम करते थे। मैं कामठीपुरा के जसराज भाई लेन की ठोर चॉल में रहता था। यहाँ प्रमुखता से महारों की बस्ती थी। उस समय मुझे रोमांटिक फिल्मों में रुचि थी तथा मैं एक लड़की के प्रेम में फँस गया था। वह प्रकरण बाद में मालूम हुआ। मुझे याद है 67-68 के समय 'गाइड' सिनेमा प्रदर्शित

हुआ था। उस समय बॉम्बे सेंट्रल झोपड़पट्टी को आग लग गयी। उस लड़की के घर के सामने ही यह झोपड़पट्टी थी। मैं और मधुकर सोनावणे आग बुझाने के लिए गये। संपूर्ण दिन मैंने वहाँ काम किया। पूरे दिन वह लड़की मेरे सामने ही थी। वह घर में जाने के लिए तैयार ही नहीं थी। मैं उसे समझाते-समझाते परेशान हो गया। मुझे आगे पढ़ना था, लेकिन वह लड़की कुछ भी सुनने के लिए तैयार नहीं थी। आखिर में उस लड़की को लेकर मैं कामठीपुरा के घर गया। मेरे पिताजी यह सब कुछ देख रहे थे। चॉल के लोग कह रहे थे कि यह लड़की यहाँ की नहीं है। यह मामला कुछ अलग है। लड़की के साथ मैं शादी करूँगा ऐसा मैंने पिताजी से कहा। नामदेव ढसाळ नाम के अस्पृश्य व्यक्ति ने नाबालिग लड़की को भगाया ऐसी चर्चा होगी। पिताजी के अनुसार पहले मुझे अपने पैरों पर खड़ा होना चाहिए। मैं उस लड़की को लेकर अपने गाँव गया। इस घटना के कारण मेरी पढ़ाई खत्म हुई। मैं बेचैन था। मैं अपनी मौसेरी बहन के घर गया। वहाँ के लोगों ने मुझे काफी तंग किया। उधर मुंबई में जनता केन्द्र का काम सुभाष सुर्वे देख रहे थे। इस घटना के बाद वे हमारे रिश्तेदारों से मिले। रिश्तेदारों ने कहा उससे गलती हुई होगी अज्ञान के कारण उसने ऐसा किया होगा। परन्तु उन्होंने कहा कि लड़की नाबालिग है। इस कारण उसे रिमांड होम में भेजना पड़ेगा। पुलीस को जानकारी देनी चाहिए। इस पद्धति का बहुत बड़ा संकट मेरे सामने था।

वह लड़की और मैं गाँव जाते समय चार घण्टे साथ में थे। उस समय मेरे मन में कुछ नहीं आया। कुछ समय के लिए जब युवक-युवती इकट्ठे आते हैं तो शरीर की भूख मिटाते हैं। परन्तु उस समय मेरे मन में पाप नहीं आया। मन में उसके प्रति आकर्षण था। लड़की के रिश्तेदार गाँव आये। लड़की का भाई समझाने आया। तुम लोगों का एक-दूसरे से प्रेम है। वापस शहर जाओ। मुझे यह सब भयानक लग रहा था। मुंबई जाने के बाद लोग मुझे मारेंगे। मैंने शहर में एक्जीक्यूटिव इंजीनियर के ऑफिस में चपरासी का काम किया था। वहाँ दांडेकर नाम के एक रसिक अधिकारी थे। मैं कविता करता था। उन्हें पढ़कर दिखाता था। शायद उन्हें मेरी कविता अच्छी लगती थी। कांबळे हेड क्लर्क मुझसे जलता था। दांडेकर को मैंने सारी घटना बतलाई। उनका मुझ पर विशेष स्नेह था। वहाँ बर्वे नामक ट्रेसर था। उसका वहाँ की एक लड़की से लफड़ा था। मुंबई जाने के बाद कुछ तो विपरीत स्थितियाँ निर्माण होगी ऐसा डर था। फिर भी मैं मुंबई गया। पिताजी को मालूम था कुछ तो होगा। उन्होंने मुझे घर रहने नहीं दिया। रात को मैं टैक्सी चलाता था। रात एक से लेकर सुबह चार तक ससून डॉक के आस-पास टैक्सी चलाता था। मैं टैक्सी चलाना सीख गया और वह लड़की दूसरे के साथ शादी करके चली गयी। बाद में मैं उसे एक बार ही मिला। मैंने अपनी कविताएँ उसे समर्पित की और उसे एक फूल दिया। काफी मजेदार यह रोमांटिक प्रसंग है। वहाँ मैंने यह प्रकरण खत्म कर दिया साथ ही साथ घर भी छोड़ दिया। उस लड़की के कारण

मैं बौखला गया था। अब मैं अपनी टैक्सी चला रहा था। पैसा काफी आने लगा। साहित्य के संस्कारों का उपयोग हुआ। मुझ पर लिटिल मैगजीन के राजा ढाले, भाऊ पाध्ये इनका आकर्षण था। मैं कविता कर रहा था। एक दिन मुंबई मराठी ग्रन्थ संग्रहालय में कवि सम्मेलन हुआ। उसके अध्यक्ष अनंत काणेकर थे। मैं उस वक्त विद्रोही था। मेरी भावनाएँ जातिवादी थीं। ऐसा लोगों को लगता था। सम्मेलन में मैंने कविता पढ़ी और उस सम्मेलन पर छा गया। वहाँ 'सत्यकथा' के सम्पादक पटवर्द्धन थे। उन्होंने मुझे बुलाया। अब तक मैंने तीन चार हजार कविताएँ लिखी हुई थीं। वह सब लेकर मैं कवि सम्मेलन में गया था। उन्होंने वे सारी कविताएँ अपने पास रख ली। उनमें से पाँच कविताएँ 'सत्यकथा' के लिए रख ली। अब प्रश्न यह है कि हम दलित पैन्थर की ओर कैसे आए। इसी पृष्ठभूमि पर मैंने चैत्यभूमि से गांडूबागीचा तक जुलूस निकाला था। उसमें कवि नारायण सुर्वे थे। सत्यकथा में कविता प्रसिद्ध होने के बाद मैं चर्चा में आ गया था। मैंने छंदात्मक कविता लिखी थी। मेरा वह रोमांटिक समय था। मैंने एक लघुपत्रिका निकालना तय किया। मेरी साहित्यिक यात्रा इस पद्धति से शुरू हुई। ज. वि. पवार मेरे सहसम्पादक थे। हमें पैसा मिलने लगा। दलितों की स्थिति पर मैं काफी व्यथित हुआ था। हम घूमते थे, लोगों से मिलते थे। नेरूलकर, कमलाकर सुभेदार हमारा काम करने लगे थे। समता जुलूस हमने निकाला। सौ-दो सौ पैन्थर का जुलूस निकाला। बाबूराव बागूल पैन्थर के सदस्य थे। हम ढाले के पास गए। इंदापुर-बावडा की उस समय की घटना के कारण हम व्यथित हुए थे। हमने दलित युवा मोर्चा स्थापित किया। चर्नी रोड पर एक हजार युवकों को लेकर युवा मोर्चा की स्थापना की। दलित मोर्चा का प्रकरण यही रुक गया। हम काफी बेचैन थे। मन में सतत लग रहा था कि समाज में जबरदस्त प्रतिक्रिया निर्मित होनी चाहिए। ऐसी प्रतिक्रिया दलित युवा मोर्चा के बैनर तले निर्मित होनी चाहिए। ऐसा लग रहा था। एक जुलूस के बाद उस पद्धति की प्रतिक्रिया आयी थी। परन्तु वह कॉन्टिन्यू नहीं हुई। इसी दरम्यान मैंने ढाले का लेख छापा। इस लेख की काफी चर्चा हुई। उस लेख में उन्होंने बाबूराव बागूल से लेकर सदा कन्हाडे तक सभी को निशाना बनाया था। राजा ढाले के इस आन्दोलन में आने तक साहित्य के क्षेत्र के लोगों का राजा दलित है, यह मालूम नहीं था। लिटिल मैगजीन का ग्रुप ही इतना बड़ा था कि उसमें जाति का विचार नहीं किया जाता था अर्थात् वह जातिविहीन साहित्यिक आन्दोलन था। जाति धर्म के अलावा आप क्या लिखते हैं? वह लेखन कितना महत्त्वपूर्ण है? इसे देखा जाता है। ढाले ने हमारे 'विद्रोह' के माध्यम से दलित होने का परिचय देने की शुरुआत की। वे उस समय कहते थे कि मैं विद्यार्थी जीवन में 'प्रबुद्ध भारत' में जातक कथा लिखा करता था। अण्णाभाऊ साठे की यादों में भी वे कहते थे। जाति के बारे में मुझे अभिमान है, इसीलिए मैं काम करता हूँ ऐसा वे कहते थे। मैंने ढाले के साथ दोस्ती की। उसके साथ दोस्ती करने में और निभाने में

मुझे काफी मशक्कत करनी पड़ी। यह सब मैंने अनुभव किया है। 'विद्रोह' के तीसरे अंक से उसके जीवन का नया परिचय हुआ। मैं उसे अक्सर कहता था कि हम मिलकर कुछ तो करेंगे तो वह कहता था जाने दो, साहित्य वगैरह, फिर भी साहित्य के क्षेत्र में कुछ करने की उसकी इच्छा थी। एक साहित्य सम्मेलन हुआ था महाड में बाबूराव बागूल और उनके मित्रों ने इस सम्मेलन का आयोजन किया था। मैंने पूरे शरीर पर 'विद्रोही' के अंक बाँध लिए। राजा ढाले, मैं, साथ ही साथ मिलकर या जयंत नेरूरकर इनमें से कोई एक मेरे साथ था। कौन था मुझे याद नहीं। भीमराव शिरवाळे 'सत्यकथा' का स्टोरी राइटर था। वह राजा ढाले के रूम में रहता था। ऐसे चार-पाँच लोग मिलकर हम महाड गये। 'लिटिल मैगजीन' के दलित आन्दोलन के लोग आए, ऐसा कहकर राजा ढाले, बाबूराव बागूल और उनके मित्रों ने मेरे साथ अस्पृश्य जैसा व्यवहार किया। हमारा मजाक उड़ाने लगे। मैंने उन्हें निरूत्तर किया। उस सम्मेलन में हम उनके मजाक का विषय बन रहे थे। सम्मेलन के लिए पानतावणे आये थे। वे राजा ढाले पर खुश थे। उस समय मैं 204, चरनी रोड, पर जॉर्ज फर्नांडीज के दल में काम करता था। उन्हें मैंने कहा, 'इंदापुर बावडा' के प्रकरण के बारे में क्या करना है? तब उन्होंने कहा कि हम ट्रेड यूनियन वाले हैं। जाति के प्रश्नों पर हमें डायरेक्ट कुछ करने नहीं आता। उस पर मैंने कहा कि आपके यूनियन में बैकवर्ड क्लास के तीन-चौथाई लोग हैं। इस कारण इस प्रश्न के लिए स्वतन्त्र ऑर्गेनाइजेशन की आवश्यकता क्यों है? इस पर उन्होंने कहा अपनी संयुक्त समाजवादी पार्टी लोहिया को मानती है। लोहिया का 60×40 का सिद्धांत प्रसिद्ध है। उसमें उनका सप्तक्रान्ति का मुद्दा है। ऐसा कहकर उन्होंने हमारी बोलती बंद की। हमें जो कुछ समझना था समझ लिया और मन ही मन में कहा 'साला गांडू दिखता है।' उस समय वहाँ मधु दंडवते के भाई बाळ दंडवते थे। वे काफी स्नेह से समझाते थे और कहते थे कि 'जाने दो जॉर्ज को अब समय नहीं है। कभी तो इकट्ठे बैठेंगे' अण्णा साने गंभीर विचार करने वाले व्यक्ति थे। ट्रेड यूनियन के वे पुराने नेता थे। दिगंबर सातव, महाबळ शेट्टी जैसे युवक भी वहाँ थे। रमेश समर्थ टाइपिस्ट थे। वे हमारी लिटिल मैगजीन यूनियन में थे। वे प्रमाण से अधिक फेंटास्टिक थे। एक ओर हम चरस पीते थे। वे चरस पीते समय फेंटास्टिक आवाज निकालते थे। फा फू खा खू...। हम साहित्यिक लोगों में एकत्र होने पर काफी गपशप होती थी।

मुझे सतत लगता था कि ऑर्गेनाइजेशन होनी चाहिए। मैंने ज. वि. पवार को कहा पैन्थर शब्द मात्र हम सुनते हैं। अब हम 'दलित पैन्थर' निकालेंगे? ज. वि. ने कहा हमें रिस्पॉन्स कितना मिलेगा? हमें इसलिए राजा चाहिए परन्तु वह तो दलित के युवक मोर्चा में है।

फिर हमने जॉर्ज के यहाँ एक बैठक ली। उस बैठक के लिए ज. वि. पवार उपस्थित था। जॉर्ज के लोग हमें प्रतिसाद नहीं दे रहे थे। यह हमारे ध्यान में आया।

ज. वि. पवार मेरे 'विद्रोह' का सम्पादक था। साथ ही साथ फायनैन्सर भी था। मैं खाली समय में गिरगाँव के उसके बैंक ऑफ इंडिया में जाता रहता था। एक दिन मैंने काफी गुस्से में उसको कहा कि दलितों पर अत्याचार की इतनी ही घटनाएँ हो रही हैं। उसकी प्रतिक्रिया के रूप में मैं 'दलित पैन्थर' स्थापित कर रहा हूँ। यह मुझे टंकण करके दें। ऐसा मैंने उसे कहा–उन्होंने मुझे टंकण करके दिया। नीचे मेरा नाम लिखा बाद में ज.वी. पवार का। मैंने उस पर हस्ताक्षर किए। ये सब कुछ होने के बाद रमेश समर्थ के साथ मैं चाय पीकर आया। ज. वि. पवार को भी हस्ताक्षर करने को कहा। उसने भी कुछ विचार न करते हुए हस्ताक्षर किए। आज भी मुझे साफ-साफ याद है कि 'दलित पैन्थर' की पहली न्यूज 'नवा काळ' में दूसरे ही दिन आयी।

समता जुलूस निकालने के कारण मुझे मालूम हुआ कि राजनीतिक काम करने के बाद न्यूज पेपर में नाम आता है। 9 जुलाई का दिन होगा। मैं और ज. वि. पवार संस्थापक थे। मैं जिस ठोर चॉल में रहता था वहाँ रामदास सोरटेबुवा ट्रेड यूनियन के नेता थे। अम्बेडकर के सहयोगी कामगार नेता मडकेबुवा के संस्कार में तैयार हुए सोरटेबुवा के लड़के को अर्थात् रामदास सोरटे को वहीं संस्कार मिले थे। उनके पिताजी मराठा मंदिर के पीछे मैदान में जो ट्रेड यूनियन था उसमें थे। सोरटे बाद में लाल निशान दल में गये। रामदास सोरटे को हमने अपने साथ लिया। उसने कहा कि ठोर चॉल के और कुछ लोगों को साथ में लेना चाहिए। बाद में मारुति सोरटे के चचेरे भाई को भी हमने लिया। कसबे, खरात, उमाकांत रणधीर जैसे नाम हमने जोड़ दिए।

प्रचार की शुरुआत की। प्रचार के लिए हम जॉर्ज फर्नांडीस के ट्रेड यूनियन से मेगाफोन लाये। सभा में कमलाकर सुभेदार, लतीफ खटीक सम्मिलित हुए। लतीफ खटीक शिक्षक था। समता मोर्चे के कारण हम एकत्र आए थे। मेरी कविता के कारण वह मुझ पर बेहद प्यार करता था। ढाले पास के ही सिद्धार्थ होटल में रहता था। कभी कभी मैं उसके पास जाता रहता था। इस स्नेह के कारण वह पैन्थर की एक्टिविटीज में आने लगा। एक्टिविटीज चलाने के लिए अन्य लोग चाहिए इस कारण अर्जुन डांगळे, प्रह्लाद चेंदवणकर ये लोग हमारे साथ आये। मेरे फुफा ने बारिश के लिए रेनकोट लिया था। हमारे ठोर चॉल में पच्चीस-पच्चीस लोग एक कमरे में रहते थे। चॉल के पीछे काफी गंदगी थी। नरक जैसी स्थितियाँ थीं। वहाँ से हमने प्रचार को शुरुआत की। मध्य मुंबई में जहाँ अधिक संख्या में दलित रहते हैं वहाँ हम अपनी सभाएँ आयोजित करते थे। सभा में मैं, ज. वि. पवार और रामदास सोरटे प्रमुखता से बोलते थे। उमाकांत रणधीर म्युन्सीपाल्टी में काम करता था। खरात भी नौकरी करता था। वे लोग अधिक इन्टरेस्ट नहीं लेते थे। रणधीर अब अपने आप को संस्थापक समझता है। परन्तु वह उस वक्त भागकर जाता था। ज. वि. पवार हर रोज बैंक छुटने के बाद आता था। कंधे पर मेगाफोन लगाकर हम घूमते थे। हमें उतनी राजनीतिक मैच्युरिटी नहीं थी। फिर भी

हम बोलते थे। हमने किसी भी प्रकार की पॉलिटिकल फिलोसॉफी स्वीकार नहीं की थी। अत्यंत जोशपूर्ण, अत्यंत करुण भाषण हम तीन-चार लोग करते थे। उस वक्त हम कहते कि अपने समाज पर अन्याय हुआ है। हमारा कोई रक्षक नहीं है।

विरोधी दल के लोग भी अपने नहीं है। समाज के संगठन से लोग सौदेबाजी करते हैं। ऐसा हम कहते रहते थे। आगे ये भी कहते थे कि हम लोगों को कुछ तो करना चाहिए। ये भीमशक्ति है, वह जीवंत रखनी चाहिए। उसका विश्व बदला है। अब वह ठंड रहकर नहीं चलेगी। इस समय लोगों का समर्थन अच्छा मिलने लगा था। प्रचार करते-करते हम कामठीपुरा की बस्ती में आये। उसके बाद सात रस्ता के रिफ्लेक्स मिल के चॉल में आए। वहाँ के दो नंबर के चॉल में मेरा भाषण बहुत प्रभावपूर्ण हुआ। वैसे ही ज. वि. पवार का भाषण भी प्रभावपूर्ण हुआ। ढाई-तीन सौ लोग उपस्थित होंगे। इसे कॉर्नर मीटिंग भी कह सकते हैं। लोगों ने डॉ. बाबासाहब अम्बेडकर के नाम की घोषणाएँ दी। इससे हमें और शक्ति मिली अर्थात् हमें प्रतिसाद अच्छा मिलने लगा। वहाँ के भाई संगारे पहले कांग्रेस में थे। बी. डी. झुटे को मदद करते थे। हमारा सारा कार्यक्रम देखकर वह काफी प्रभावित हुआ। वहाँ से आगे वह प्रचार के लिए हमारे साथ आया। वास्तव में उसके साथ हमारी कुछ भी चर्चा नहीं हुई थी। सभा का एक भाषण सुनकर वह हमारे साथ आया था। वहीं अर्थात् लव्हलेन में हमारी मुलाकात हुई। अविनाश महातेकर हमने उससे बोलने की विनती की। उसने बहुत प्रभावपूर्ण भाषण दिया। वहाँ सात-आठ सौ लोग कॉर्नर मीटिंग के लिए एकत्र होकर आये थे। रात आठ का समय था। उन्होंने ग्रन्थालय में बैठक बुलाई थी। बैठक पर मेरा प्रभाव रहा। प्रचार के लिए जाने के बाद लोग यह प्रश्न पूछने लगे। आगे कैसे होगा?

यह सब दलित पैन्थर के बैनर तले हो रहा था। ज. वि. पवार जहाँ रहते हैं अर्थात् वाप्टी रोड कामठीपुरा, गली नंबर एक में वहाँ कोंकण के महार और बौद्धों की सिद्धार्थ नगर नाम की बस्तियाँ हैं। ये बस्ती भी एक अजीब-सा प्रकार है। वहाँ म्यूनिसिपलिटी का एक सभागृह हैं। वहाँ हमने एक बैठक बुलाई। वह बैठक काफी चर्चा में रही। वहाँ डॉ. नारायण गायकवाड नाम का व्यक्ति रिपब्लिकन क्रान्तिदल नाम का संगठन चलाता था। वहाँ उसका काफी बोलबाला था। हमारी बैठक देखकर वह भी दंग रह गया। हमारे प्रचार की पद्धति ऐसी थी कि थाली बजाकर लोग इकट्ठे करते थे। बारिश होती थी फिर भी हमारी सभाएँ चलती थीं। आगे हमने राजा ढाले को भी आमंत्रित किया। शायद वह आकर गया था ऐसा मुझे लगता है। हम तेरह लोग संस्थापक थे। हमने मिलकर कुछ करने का प्रयास किया। प्रत्यक्ष काम के लिए कोई भी नहीं था। जगजीवन राम ने दलितों के आन्दोलन में रहकर सत्ता में काम किया। अम्बेडकर के बाद दलितों के सबसे बड़े नेता जगजीवनराम थे। बाबू जगजीवनराम पर हमारा बहुत गुस्सा था। बाबासाहब अम्बेडकर की पूरी राजनीति कांग्रेस के विरोध की राजनीति थी।

दलित आन्दोलन का सबसे ज्यादा नुकसान अगर किसी ने किया तो वह जगजीवनराम ने किया। उस भडुवे को सबक सिखाने की हमारी इच्छा थी। ज. वि. पवार, मैं, रामदास सोरटे, कसबे हमने तैयारी की। रणधीर आता नहीं था। अपने आपको वह एक्स्ट्राऑर्डिनरी समझता था। एक दिन प्रचार के लिए ताड़देव की झोपड़पट्टी में हम गये थे। वहाँ से आते समय मुझमें और सोरटे में कुछ कहा सुनी हुई। उसने आगे पीछे न देखते हुए मेरे कान के नीचे दे मारी। वृत्ति से मैं मूलतः काफी उग्रवादी था। मैंने कभी किसी की मार नहीं खायी थी। जब कभी मार खाने का समय आया तब मैंने बहुत कुछ अलग किया था। मुझे बहुत गुस्सा आया था। उसे माँरू या उसका खून करूँ, ऐसा लग रहा था। ज. वि. पवार ने मुझे पकड़कर कहा कि 'नामदेव प्लीज', अब तू कुछ नहीं करेगा। नहीं तो हमारा सारा खेल यहीं समाप्त होगा'। क्या हुआ मुझे मालूम नहीं मैं इतना गुस्सेवाला आदमी फिर भी चुप रहा । मैंने कहा 'ठीक है, आपने मुझे मारा, परन्तु हम जिनके लिए काम करते हैं उनके लिए मैंने मार खायी है। फिर भी कहता हूँ कि आपने काफी गलत काम किया है'।

बाद में रामदास सोरटे को भी काफी फील हुआ। उसने गलती मानी। आगे हम बहुत अच्छे दोस्त हो गये। हमने पैन्थर की ओर से जगजीवनराम के विरोध में प्रदर्शन करने का निश्चय किया। तिलक भवन में वह आए थे। भाई संगारे के लोग और हमारे कामठीपुरा के लोग मिलाकर कुल चौसठ लोग पकड़े गए। पहली बार दलित पैन्थर वालों की गिरफ्तारी हुई थी। भाई संगारे के उस समय का सलाहकार बाबा आढाव था। वह उस समय पुलीस खाते में था। 1972 का वर्ष होगा। सात रस्ता के चॉल नंबर चार के एक व्यक्ति ने खून किया था। वह आजन्म कारावास भोग रहा था। वहाँ हमें चौसठ लोगों को बैरिक में रखा। हमारे एक व्यक्ति से उसका अच्छा परिचय हुआ। दूसरा एक वार्डन आया और उसने बीड़ी माँगी। हममें से एक को उस पर गुस्सा आया। उसे कहा, तेरे को क्यों बीड़ी देना, हम ऐसे हैं, हम वैसे हैं। गवर्नमेंट का ऐसा करेंगे। बोलने वाले को यह मालूम नहीं था कि यह वॉचमेन, वार्डन गुन्हेगारों में से ही होते हैं। भीतर इतनी मारामारी हुई कि सब भयभीत हुए। वार्डन ने आलार्म किया सभी वार्डन और सिपाही एकत्र हुए। चौसठ लोगों का और उनका युद्ध हुआ। वहाँ इंगले नामक जेलर थे। उन्होंने दोनों को समझाया। दो-तीन दिनों बाद हमारी जमानत हुई। हमें छोड़ा गया। हमारे पास कुछ भी योजना नहीं थी। काम शुरू किया और प्रतिसाद मिलता रहा। बाहर आने के बाद मैं राजा ढाले के पास गया। उसे मैंने कहा कि मैं लोगों को जेल से छुड़ाकर लाया हूँ। उनका सत्कार करेंगे। वह तुम्हारे हाथों से हो। लोगों को तुम्हारे हाथों से पुष्पमाला पहननी है। राजा ढाले हमारे साथ नहीं आता था। हमारी इच्छा थी कि राजा ढाले हममें सम्मिलित हो जाए। मैंने तय किया कि स्वतन्त्रता दिवस हमारे लिए 'काला' दिन है। इसे लोगों तक पहुँचायेंगे।

उधर राजा ढाले ने 'साधना' में एक लेख लिखा 'काळा स्वतन्त्रता दिवस' (काला स्वतन्त्रता दिन) मूलतः यह शीर्षक तो मेरा ही था। राजा ढाले ने इसे उठाया था। मैंने उसे इस बारे में पूछा तो कहने लगा, तुम्हें बोलने का हक नहीं है। राजा ने कहा, "क्या मनाना और क्या नहीं' यह हम तय करेंगे। संगठन हमारा है, तुमको क्या लेना-देना है, हमारे संगठन से? फिर तुझे बोलने का हक नहीं है।" बाद में उसने' 'झण्डा' का सन्दर्भ निकाला। 'राष्ट्रध्वज गांड में डालो'। साधना में छपा राजा ढाले का लेख काफी चर्चा में रहा। दुर्गाबाई भागवत 'साधना' की ट्रस्टी थी। वह काफी चिड़ गयी। उन्होंने ट्रस्टी को त्याग-पत्र दिया। राजा ढाले के उस लेख के विरुद्ध कोर्ट में केस दर्ज किया था। हमने पन्द्रह अगस्त को काला स्वतन्त्रता दिवस मनाया। उस समय महाराष्ट्र शासन अधिवेशन पुणे में होता था। वसंतराव नाईक मुख्यमंत्री थे। हमने साधना में एक गोष्ठी का आयोजन किया। पैन्थर के सभी लोगों ने संगोष्ठी में उपस्थित रहने का निश्चय किया। गोष्ठी में राजा ढाले भी उपस्थित था।

इस गोष्ठी के लिए मुंबई से हम तीन-चार हजार लोग लेकर गये। मैं, राजा ढाले, ज. वि. पवार मिलकर गये थे। उस गोष्ठी में ना. ग. गोरे का भाषण प्रमुख था। मेरे पहले ना. ग. गोरे बोले थे। उन्हें हमारे भाषणों और स्टाइल के बारे में जानकारी थी। उन्होंने कहा कि यह सब 'एक्स्ट्रिमिस्ट' लोगों जैसा चल रहा है। नक्सलवादी लोगों जैसा यह सब चल रहा है। 'नक्सलवाद लोकतन्त्र के लिए कितना भयानक' इस विषय पर उन्होंने भाषण दिया। ना. ग. गोरे के बाद मैं बोलने के लिए खड़ा रहा। मैंने ना. ग. गोरे की धुलाई की। ना. ग. गोरे रोने लगे। 'हमने जीवनभर काम किया और हमारी इस पद्धति से.....' बाबा आढाव ने उनको समझाया। जाने दो वे बच्चे ही हैं। कुछ भी हो लेकिन ये बच्चे प्रामाणिक हैं।' बाद में हम शनिवार बाड़े की ओर गाजे-बाजे के साथ निकले। पुणे में हमारे विरुद्ध वातावरण तैयार हुआ था। हम शनिवार बाड़े से जाते समय रास्ते में आर. एस. एस. की चड्डी पहनकर एक ब्राह्मण जा रहा था। वह आया और कहने लगा 'राष्ट्रध्वज गांड में डालते हो क्या?' हमारे साथ तीन हजार लोग थे। पुलीस उस व्यक्ति से कहने लगी, आप अकेले हो ये तीन हजार थे। आपका गुस्सा हम समझ सकते हैं। वह कुछ सुनने के मूड में नहीं था। वह कहने लगा 'इन लोगों को यहाँ से जाने नहीं दूँगा। हमारे लोग चुप नहीं बैठे। इस पद्धति का वहाँ वातावरण था। उद्घोषणाएँ करते हुए तीन हजार लोग काउन्सिल हॉल पर आये। कुछ लोगों ने भाषण दिया। मैंने भी भाषण दिया। मेरा भाषण काफी उग्र स्वरूप का था। मुख्यमंत्री वसंतराव नाईक किस स्वभाव का है, ये मैंने अपने भाषण में कहा। उसका देवयानी चौबळ नाम की महिला के साथ लफड़ा था। वह मैंने खुले आम कहा। क्या बोलना और क्या नहीं बोलना इसका ज्ञान हमें नहीं था।

मुख्यमंत्री के विरोध में मैंने काफी कुछ कहा। वहाँ एल.आई.बी. (पुलीस) के लोग उपस्थित थे। वसंतराव नाईक के बारे में मैंने जो कुछ कहा उसके विरुद्ध पुलीस

ने केस तैयार किया। जुलूस डिस्टर्ब हुआ था। लोग जा रहे थे। मैं लतीफ खटीक को लेकर स्टेशन के पास आया। वहाँ एक ने मुझसे पूछा 'आप की एक पुस्तक प्रकाशित हुई है क्या? अच्छी कविता करते हो, आइये। उसके बारे में बोलेंगे ऐसा कहकर वह हमें पुलीस स्टेशन लेकर गया। मुझे लगा कि कविता के बारे में उन्हें कुछ चर्चा करनी है लेकिन उन्होंने पूछा कि आपने मुख्यमंत्री के बारे में क्या कहा? मैंने कहा कुछ नहीं ऐसा ही थोड़ा बहुत कह दिया है। उन्होंने कहा आपने जो कुछ कहा उस पर केस दर्ज हुआ है। अब आपको हिरासत में लिया गया है। उधर सब लोग निकल गये थे। हम दोनों ही वहाँ रह गये थे। मुझ अकेले को उठाकर बंडगार्डन भेज दिया गया। मेरे साथ मोरेश्वर वाणी था। उसने वह सारा प्रकरण बाबा आढाव से कहा। रात को बाबा आढाव आया। वह मुझे जमानत पर छुड़ाकर ले गया। ऐसी है हमारी पहली हिरासत की कहानी। 153 ए और अन्य दो धाराएँ लगाकर मुझे हिरासत में लिया गया था। इस घटना के बाद ढाले अंतर्मुख हुए। बाद में हमने कई सभाओं का आयोजन किया। ये सारी सभाएँ काफी चर्चा में रहीं। उस समय बाल ठाकरे मुंबई के सबसे बड़े नेता थे। वे हिन्दुओं के नेता थे। उनका और हमारा परिचय शुरू हुआ। हमारी घोषणाएँ रहती थी। गीता, ग्रन्थ हम जलायेंगे। उसके बाद जो सभाएँ हुई वह लाखों की संख्या में हुई। देखते-देखते पूरे शहर में पैन्थर पहुँच गयी। लगभग सौ जगह शाखाएँ निकाली गयी। उसी समय हम पुणे में आये। उसके बाद राजा ढाले और हम एकत्र आये। अब वह पैन्थरमय हो चुका था। पुणे को भी हमने हाथ में लिया। शिवसेना ने पैन्थर की सभा पर हमले किये। वरळी, नायगाँव हर जगह मारपीट होने लगी। सभा में कोई तो एक ऐसा बोलता था उसके रिएक्शन से सारा बहुजन समाज रिएक्शन देता था। सारे समाचार-पत्रों में उसकी ही चर्चा रहती थी। आठ दिन तक मैं मोदीखाना में रहा।

उस समय मोदीखाना में गंगाधर जाधव रहता था। वह अब अम्बेडकर नाम लगाता है। भारतीय दलित पैन्थर के लोग मेरे लिए रोटी माँगकर लाते थे। मैं भिक्षुकों जैसा रहता था। इसी पुणे में अनिल कांबळे नाम का रिक्शा ड्राइवर रहता था। वह स्वभाव से स्पोर्टमेन था। यह सब देखकर वह काफी भावुक हुआ था। वह मुझे कहता था। यहाँ विहार में क्या रहते हो? मेरे घर चलो। वह पैन्थरमय हुआ था। उसके घर जाने के बाद उसने मेरे लिए काफी कुछ किया। उसी समय मैंने पुणे में पैंथर का विस्तार किया। अनिल कांबळे और मैंने काफी मेहनत की। पुणे में पैन्थर की बहुत बड़ी फौज तैयार हुई। अरुण कांबळे, चन्द्रकान्त काळे, राम आटले, तात्या खरात, सदा भोसले पुणे के इन लोगों को लेकर हम नासिक गये। नासिक जाते समय इगतपुरी में बहुत बड़ी मारपीट हुई। नासिक में हमारा बहुत जोर शोर से स्वागत हुआ। साठ- सत्तर वर्ष के बूढ़े लोग सभा में आते थे। राजा ढाले के पैर छूते थे। राजा ढाले एम. ए. तक पढ़ा हुआ व्यक्ति है। साहित्य में उसका नाम है। सभा में वह सबसे आखिर में बोलता था।

उसके पहले मैं बोलता था। मेरे पहले भाई संगारे, संगारे के पहले अविनाश महातेकर, महातेकर के पहले ज. वि. पवार ऐसे पाँच लोग हम सभा में बोलते थे। बोलते समय पंढरपुर के मंदिर में बुद्ध की नक्काशी कैसी है, इसे हम लोगों को बताते थे। लोगों को थ्रिल लगता था। पंढरपुर का मंदिर पहले बुद्ध का था ऐसा लोगों को लगता था। हमने नासिक जीत लिया। इसी बीच चुनाव घोषित हुए। मुझे लगता है कि वह आर. डी. भंडारे की सीट थी। रोझा देशपांडे, जनसंघ के वसंत कुमार पंडित खड़े थे। पैन्थर का उन दिनों काफी नाम हुआ था। जहाँ हम सभाएँ लेते थे, वहाँ हम पर केस दर्ज होते थे। विस्फोटक भाषण और दंगे के कारण हम पर धारा 153 ए लगायी गयी।

अगर सौ सभाएँ मुंबई में हुई तो सौ केस हम पर दर्ज हो जाते। बाद में कोर्ट कचहरी की शुरुआत हुई। काफी जगह मैं वान्टेड था। मैंने इसके बारे में कभी अधिक विचार नहीं किया। बुलाने पर भी में कोर्ट नहीं जाता था। पुलीस के हाथों में लगता ही नहीं था। मैं अचानक सभा में उपस्थित रहता था। सभा में जाने के बाद पुलीस मुझे हाथ लगा नहीं सकती, मैं यह तकनीक लेकर घूमता था। यह सबसे गंदा बोलता, हैरान-परेशान करता। पुलीस परेशान हो जाती थी। सब अधिकारी हिन्दू थे। चेम्बुर का उदाहरण देने लायक है। वह इस पद्धति का है - सुरेश मथुरे अब बड़ा अधिकारी हुआ करता है। तब वह कनिष्ठ निरीक्षक था। वह पॉलिटिकल ब्रांच में था। वह हमें कहता था आप हमारे धर्म ग्रन्थ को जलाते हो क्या? आप लोग हरामी हो, अब तुम्हें मैं ठीक करता हूँ।' उसे मैं कहता था' मिस्टर मथुरे, आपने पॉलिटिकल एक्शन लिया है, अगर आपने हमें गालियाँ दी तो मारपीट होगी। मैं तो मारपीट से घबराता नहीं। तुम्हारा हाल क्या होगा सोचो।' उसने पैन्थर के बारे में क्या किया। 253 ए से बेल मिलती है। उसने आइडिया लगाया कि वह शनिवार को हमें पकड़ता था, इतवार छुट्टी रहती थी। सोमवार या मंगलवार को वह हमें छोड़ता था। चुनाव में विरोध करने के कारण राजा ने मुझे टालना शुरू किया। वरली में हमने बहिष्कार करना तय किया। उधर राजा ढाले ने अलग-पद्धति से संपर्क किया। ज. वि. पवार का मुझ पर विश्वास था। अविनाश महातेकर को एक दो समय मैंने काफी कुछ कहा था। उसके प्रेम प्रकरण के बारे में मैं उसको बोल चुका था। मुझे कारण मालूम नहीं है। लेकिन ये लोग मुझे टालने लगे थे अर्थात् राजा ढाले मुझे क्रिटिसाइज करने लगा। उस समय भी सीधे-सीधे भूमिका लेने की राजा की हिम्मत नहीं थी। परन्तु राजा मुझ से उतना ही प्रेम करता था। लेकिन वह अपने-आपको विद्वान मानता था। लोगों को वैसा दिखाता। वह लोगों को कहता था। यह ग्रेट कवि है। हमारा बहुत बड़ा विश्व निर्माण हुआ था। हमारे पास कुछ भी साधन नहीं थे। पीछे कोई राजनीतिक शक्ति नहीं थी। अनुभव भी अधिक नहीं थे। ऐसी बर्निंग सिच्युएशन में एक शब्द भी अगर हम निकालते तो प्रचंड विस्फोट होता था। इस विस्फोट का इम्पोर्टेन्ट प्वॉइन्ट है, वरली की दंगल।

चुनाव के बारे में सभी लोगों के साथ बात हुई। अंदर बाहर रहने का हमें कुछ नहीं लगता था। सरकारी नौकरी करने वालों को अलबत्ता काफी परेशानी होती थी। मुंबई कांग्रेस के अध्यक्ष रजनी पटेल थे। काकासाहेब मेंदगे कांग्रेस के सेक्रेटरी था। उन्होंने पैन्थर का साथ, सहकार्य लेने की बात कही। चुनाव पर बहिष्कार करने का निर्णय हमने लिया था, क्योंकि देहातों में दलितों पर अन्याय-अत्याचार होता है। चुनाव दलितों को न्याय देने का माध्यम नहीं है। दलित संख्या से कम होने के कारण उनके प्रतिनिधि चुनकर नहीं आते। इस कारण हमने बहिष्कार का निर्णय लिया है। दूसरी ओर हम हमारा महत्त्व दिखाना चाहते थे। यह हम सबने इकट्ठे बैठकर निर्णय लिया था। इस कारण वरळी के चुनाव का हमने बहिष्कार किया। उसका मसौदा तैयार करने की जिम्मेदारी राजा ढाले पर थी। उसी समय डॉ. बनसोडे ओर प्रेमानंद आवळे, ये लोग राजा ढाले के पास गये। उन्होंने कहा कि आपको काकासाहेब मेंदगे ने बुलाया है। काकासाहब मेंदगे कांग्रेस के बहुत बड़े नेता और प्रसिद्ध वकील थे। उनके साथ बैठक हुई। वहाँ राजा को कहा गया 'आप अस्पृश्यता के बारे में काम करते हैं। सत्ताधारी दल दलितों के विरोध में नही है। आपको मदद करने की हमारी इच्छा है। आप लोगों पर जो केसेस हैं, उन्हें वापस लिया जायेगा। आप हमें चुनाव में मदद करें। इस विषय पर पहली बैठक हुई। बैठक होने के बाद राजा ढाले ने कहा कि नाम्या के बगैर यह होने वाला नहीं है। बारगेनिंग करना है अथवा कुछ बोलना है तो नामदेव ढसाळ आवश्यक होता है। मेरे पास सब लोग आए। उस वक्त मैं टोटल एंटी गवर्नमेंट था।

मैंने कहा "आप लोग जो कर रहे हैं वह गलत है, ऐसा करने से हम सब समाप्त हो जायेंगे।" मुझे समझाते हुए वे मुझे उनकी किसी एक बैठक में ले गये। वहाँ मैंने काकासाहेब मेंदगे को काफी सुनाया। मैंने कहा, "काका आप कम्युनिस्ट पार्टी छोड़कर कांग्रेस में गये हो। आपकी राजनीतिक यात्रा ठीक है, परन्तु हम लोग अस्पृश्य लोगों के लिए काम करते हैं। हमें क्यों उस खाई में लेकर जा रहे हो। उन्होंने कहा, "तुम जैसा समझते हो वैसा नहीं है। मेरी इमेज के बारे में राजा ढाले अक्सर बोलता रहता था। उसे एक आदत थी, कि लोगों की कमियों पर उँगली रखने की। मैं उस समय सभी व्यसनों के अधीन था। देशी हो या और कुछ हो, लेता ही था। उस पर चरस, बाद में कोकिन। ये ढाले हेलन की तस्वीर देखकर हस्तमैथुन करता था। राजा ढाले एक रात में थोड़े ही सज्जन हुआ है? उसे भी देशी चाहिए होती थी। वह हमारे मूवमेंट में आने के बाद से चरित्र संपन्न मनुष्य जैसा व्यवहार करने लगा। निर्व्यसनी हूँ ऐसा दिखाने लगा। वह अपने आपको विद्वान समझता था। लोगों से कहता था कि "अरे, ये नाम्या, उस औरत के पास गया था।" साले आप लोग सुधरेंगे नहीं। पाँच-पच्चीस लोग बैठे हुए रहते थे हमारी ओर आदर और आशा के साथ देखते थे। 'नामदेव ढसाळ' काफी अच्छा वक्ता है अथवा भाई संगारे ग्रेट। तब राजा भीतर की गोपनीय बातें लोगों के सामने लाता था।

चुनाव का वातावरण था। तीनों ने तय किया कि नाम्या को इस व्यवहार से दूर रखना है। मैं तो एंटी गवर्नमेंट था। मैं पागलों जैसा सोता था। मुझे आज भी एक घटना याद है–हमने एक जुलूस निकाला था।

जुलूस वसंतराव नाईक के सामने जाने के बाद नाईक ने कहा कि "अरे यह क्या पागलों जैसा कर रहे हो। मुझे कहो तुम्हें क्या चाहिए? मैंने कहा, मुझे विधानसभा को बारूद से उड़ाना है।" नाईक मात्र हँसे। उस समय उनकी हँसी का अर्थ मैं समझा नहीं। एक दिन राजा ढाले आया, मुझे चलने के लिए कहा। हँसते-हँसते उसने मुझे दो-चार गालियाँ दी। हँसते-हँसते गालियाँ देते हुए अपना स्नेह बढ़ाने का उसका स्टाइल था। वह हमारा नेता था । वह मुझे लेकर गया तिळक भवन। पवार कांग्रेस दल के सचिव थे, और गृहमंत्री भी थे। ढाले ने कहा 'चल, हमें शरद पवार ने बुलाया है। तुझे आना ही चाहिए।' ज. वि. पवार, मैं, ढाले मुझे लगता है कि ज. वि. नहीं था। ढाले मुझे लेकर वहाँ गये। भाई संगारे साथ था। उस समय हम हीरो थे। महार माँग के नेता थे। अत्यंत मुँहफट और एक्सिट्रमिस्ट ऐसे हम लोग थे। ऐसी ही हमारी इमेज हुई थी। सही अर्थ से हम दलित साहित्य के लोग थे। हम सब तिलक भवन गये। राजा ढाले मुझे भीतर लेकर नहीं गया। शायद उस समय पैसों का लेन-देन हुआ होगा, ऐसा कहें तो गलत नहीं होगा। राजा ढाले से मैंने कहा पवार ने हमें बुलाया था, हम पर केसेस हैं, वे उसे वापस लेना चाहते हैं 'मुझे जो समझना है वह मैं समझ गया।' उस प्रकरण में मैं अकेला अलग-थलग पड़ गया था। वे सब मेजॉरिटी में थे। हम पाँच लोग नेता थे। पाँच में से चार एक ओर और मैं अकेला दूसरी ओर। संगठन के विस्तार में उमाकांत रणधीर हमारे साथ नहीं था। कभी तो हमारे भाषण सुनने आता था। बाद में कसबे हमसे दूर गया। खरात गया। रामदास सोरटे गया। बीच-बीच में प्रह्लाद चेंदणकर और अर्जुन डांगळे आकर जाते थे। जिनके पास साहित्यिक मूल्य कम है उन से राजा ढाले अधिक दोस्ती नहीं करता था। इस कारण अर्जुन डांगळे और प्रह्लाद चेंदणकर का हमारे मंच पर अधिक आना जाना नहीं था। अर्जुन डांगळे और अन्य लोगों से मेरी मित्रता थी और उनसे संवाद रहता था। मेरे मन में कभी ऐसा नहीं आता था कि उनके साहित्यिक मूल्य कम हैं, इस कारण उनसे दोस्ती नहीं करनी है।

हमारे लोगों का देहातों में आप बहिष्कार करते हों तो चुनाव का हम बहिष्कार करेंगे, ऐसा हमने कहा था। मुझे लगता है कि जनवरी 1974 की बात है। चार-दस तारीख होगी। सभा का नियोजन था। उस समय मैं वॉन्टेड था। सभा में आने से पहले मुझ पर चार-पाँच पुलीस स्टेशन के वारंट्स थे। चेंबूर पुलीस स्टेशन का एक वारंट था। दूसरा वारंट भोईवाडा पुलीस स्टेशन का था। तीसरा विक्रोळी का था। मैं पुलीस स्टेशन गया ही नहीं। मैं पुलीस के हाथ नहीं लगता था। पहले से ही पैन्थर को पैसों की दिक्कतें रहती थी। कभी डिब्बे घुमाकर, रसीद पुस्तकें छापकर पैसे इकट्ठे करते

थे। लोग पैसे देते थे। अब सभाएँ अच्छी होने लगी अर्थात् सभी साधनों से युक्त। स्टेज अच्छा रहता था। मुझे संशय होने लगा। कुछ तो हुआ है अथवा किया गया है। वे तीन-चार जन मुझसे अनेक सन्दर्भ छुपाते थे। इनमें से किसी की मुझे कहने की हिम्मत नहीं थी, कि कांग्रेस वालों से पैसे लिए हैं और सभा हुई। मैं हर सभा में सेकेंड लास्ट वक्ता रहता था। एक सभा में एक मजेदार घटना घटी। थत्ते नामक बूढ़ा जिसने विजय तेंदुलकर को आड़े हाथों लिया था। हम हिन्दूओं को गालियाँ देते हैं, यह सुनकर "हमारे मंच पर आकर वह बैठा था। उसने हम में से किसी से सभा मंच पर बैठने के बारे में पूछा नहीं था। हमारे लोग कहने लगे यह मंच पर कैसे आकर बैठा है? उसे उतार दो मंच से नीचे लोग कहने लगे। हमने कहा अगर वह कुछ विरुद्ध नहीं बोलता तो बैठने दो। वह बूढ़ा कहने लगा, आप लोग बहुत अच्छा काम करते हो। मुझे दो मिनट बोलने दो। मैं आपके कार्य के लिए पैसों की मदद घोषित करने वाला हूँ। मुझे बोलने दो। ऐसा कहने के बाद किसी ने उसकी इन्सल्ट नहीं की। उसी समय अनिल बर्वे का प्रकरण पुणे में चर्चा में था। उसे नक्सली घोषित करके अंदर डाला गया था। अभी-अभी छुटकर वह बाहर आया था।

मेरी और अनिल बर्वे की जेल से छुटकर आने के बाद पहचान हुई। उसके छुटकर आने के बाद मिठाइयाँ बाँटी गयीं। इन्हीं दिनों मार्क्स, लेनिन को पढ़ने की मैंने शुरुआत की थी। मार्क्सवाद यानी क्या? पैन्थर के हर जुलूस में, कार्यक्रम में बाबा अढाव उपस्थित रहते थे। मेरे घर कामठीपुरा में माँ के पास आकर बाबा आढाव कहते थे, "साळुबाई, तुम्हारा लड़का ग्रेट है।' बाबा के बोलने में काफी अपनत्व रहता था। बाबा आढाव हमारी पुस्तकों पर भी खुश रहते थे। मेरा कविता संग्रह 'गोलपिठा' सिरहाने लेकर सोते थे, ऐसा कहूँ तो अतिशयोक्ति नहीं होगी। इतना प्रेम मुझ पर बाबा आढाव का है। राजा ढाले का हुसेन दलवाई से संपर्क था। हुसेन पर हम चिड़ते थे, क्योंकि हम कामगार संगठन में थे। राजा ढाले धीरे-धीरे समाजवादी लोगों में आया। वरळी का सन्दर्भ हमारी सभा में काफी चर्चा का रहा। मैं सभा में अनिल बर्वे को लेकर गया था। अनिल बर्वे 'रणांगण' निकालता था।

इन दिनों वह अमर शेख का दामाद हुआ करता था। उसने कहा 'मुझे जरा हॉट हिट इशू चाहिए इशू दोंगे तो नाम्या और मैं तुम्हारी सभा में आते हैं।' इस कारण उसे मैं सभा में लेकर गया था। पुलीस मुझे वहाँ ढूँढ़ रही थी। मैं सेकेंड लास्ट बोला। मैंने कहा 'इस देश के लोग ऐसे हैं-नीचे भी दाढ़ी बढ़ाते हैं और ऊपर भी। इनके बाप-दादा हिमालय में जाकर दूसरी वेशभूषा करते हैं। ऐसा मैं भयंकर बोलता रहा। मैदान में टेन्शन का निर्माण हुआ। भाषण करके मैं गायब हो गया। मेरे बाद अनिल बर्वे ने भाषण किया। अंतिम वक्ता राजा ढाले था। राजा ढाले बोलने लगा तो चारों ओर से पत्थरबाजी होने लगी। मैंने अनिल बर्वे को कहा मुझ पर काफी केसेस हैं- मैं वान्टेड

हूँ। मैं तेरे घर जाता हूँ। रात को ससुराल में रहा। मैंने सात-आठ लोगों को कह रखा था कि कुछ भी हुआ तो आप मुझसे कहो। रात ढाई-तीन बजे लोग यह कहने आए कि राजा ढाले आखिरी वक्त थे। काफी मारपीट हुई। उसे पकड़ लिया गया जिससे कि इधर भी मारपीट शुरू हुई। हम उससे मिलने गये तो राजा ढाले दूसरी जगह गया था। राजा ढाले को पुलीसवालों ने मारा था। तब मैं वहाँ नहीं था। उसके सिर पर चोट आयी थी। उँगली पर चोट आयी थी। उसे कोर्ट में लेकर गये थे। मैंने देखा कि काफी लोगों को मार पड़ी थी। मैं बेचैन हुआ। गुस्सा काबू के बाहर हो गया। मुझसे रहा नहीं गया। मैं सबेरे चार बजे मैदान पर गया। सभी दलों के जितने बूथ थे, सब मैंने जला दिए। अलग जगह हमारी बैठक हुई। उस बैठक में मेरा साडू आया था। वह ट्रांसफर होकर आया था। मुझे वह क्रान्तिकारी लगा। यह बैठक शिवड़ी कैम्प में हुई।

राजा ढाले को अब पुलीस वाले नहीं छोड़ेंगे, उसके निषेध में बहुत बड़ा जुलूस निकालेंगे । उस सभा में जितने लोग बोले उन पर केस दर्ज हुए थे। राजा ढाले पकड़ा गया। मैं, भाई संगारे, ज. वि. पवार हम सब बाहर रहें। बाहर से हमने दस जनवरी को जुलूस का नियोजन किया। हमारी भागदौड़ शुरू हुई। जुलूस नायगाँव से शुरू हुआ। जुलूस शुरू हुआ तो जो-जो वॉन्टेड थे वे सब आए। अर्जुन डांगळे ने बहुत अच्छा नियोजन किया था। प्रह्लाद चेंदवणकर और हम बाकी लोग बाहर थे। उन्होंने पोस्टर लगाने का काम किया। परळ के पास जो नया ब्रिज बना हुआ है- वहाँ हिन्दमाता टॉकीज के पास जुलूस में मैं शामिल हुआ। जुलूस बड़ा था। हमने जो कुछ किया उसमें राजनीति नहीं थी। सरकार अत्यंत जातिवादी है। उस सभा में जो भाषण हुए वे सभी शासन के अगेन्स्ट थे। राजा ढाले ने जो कोई शरद पवार से कमिटमेंट किया होगा। बिल्कुल उसके विरुद्ध सभा में हुआ था। उसका कारण हमने जो भाषण दिए अविनाश महातेकर, भाई संगारे, और मैं, उसका सन्दर्भ पकड़कर राजा ढाले आगे बोलता रहा। दादासाहब रूपवते उस समय मंत्री थे, वे और उनके सहयोगी चुपके से हमारा भाषण सुनने आए थे।

शिवसेना और अन्य लोगों को उस सभा में काफी कुछ कहा गया। इस कारण मारपीट हुई। राजा ढाले अकेला पकड़ा गया, उसे पुलीस ने बहुत पीटा और जेल में बंद किया। फिर दंगा शुरू हुआ। दस जनवरी को जुलूस आयोजित किया गया। जुलूस आगे सरकता गया। परळ से लालबाग तक का हिस्सा शिवसेना का गढ़ माना जाता है। वहाँ शिवसेना की बड़ी ताकत है। हमारा गुस्सा अधिक था। हम आगे चलते रहे। हमें लगा कोई रोकेगा नहीं। पुलीस ने अपने कुछ लोग हमारे जुलूस में छोड़ दिए। आठ-दस हजार का जुलूस अत्यंत क्षुब्ध था। भयानक टेन्शन। काफी संख्या में लोग इकट्ठा हुए थे। जुलूस सिग्नल पार करके आगे आया। के. ई. एम. अस्पताल के सामने अम्बेडकर रोड पर मारामारी शुरू हुई। वही भागवत जाधव हुतात्मा हुआ।

मेरे हाथ में लाठी थी। लतीफ खटीक के हाथ में कुछ नहीं था। वह काफी चिड़ गया था। उसे काफी टेन्शन थी। जैसे-जैसे शिवसेना का एरिया आने लगा, टेन्शन बढ़ने लगी। पुलीस के तीन डिवीजन तैयार थीं उधर से हम पर पत्थरबाजी होने लगी। हम पर हमला करने का नियोजन बंडू शिंगरे ने किया था। उस आयलैंड से जुलूस लेकर चलो, ऐसा मैं कहता था। जुलूस उसके पास से गया। पत्थरबाजी चल रही थी। हमने निश्चय किया था कि कुछ भी होने दो अपने ही रास्ते से जाएँगे। मनुष्यवध होने नहीं देंगे। बीच के आयलैंड से जायेंगे। हमारे जुलूस की रक्षा करना पुलीस का काम था। इस बीच कुछ लोग इधर-उधर घुसने लगे। मेरे हाथों में बड़ा लकड़ी थी। लोग इतने थे कि किस-किस को रोके? हम पाँच लोग ही प्रमुख थे। लोगों को समझाते थे। परन्तु किसी की सुनने की मानसिकता नहीं थी।

वातावरण ऐसा बना कि मानो युद्ध शुरू हुआ हो। भागवत नामक लड़का हमसे पन्द्रह-बीस फिट की दूरी से चाल के नीचे से चल रहा था। ऊपर से किसी ने उस पर बड़ा पत्थर दे मारा। मैं यह सब खुद देख रहा था। भागवत गिर गया। बेहोश हुआ। उसके भाई ने उसे उठा लिया। जुलूस पर लाठीचार्ज शुरू हुआ। हजारों लोग, बाल-बच्चे जहाँ रास्ता मिलता था, उधर भागने लगें। हम मैदान छोड़कर भागने वाले नहीं थे। हममे से अविनाश महातेकर, भाटेकर भाग गए। परन्तु मैं, भाई संगारे, ज. वि. पवार, लतीफ खटीक और प्रह्लाद चेंदवणकर वहीं खड़े रहे। मैं कह रहा था उनका यहाँ होल्ड है। यह उनका एरिया है। हम उधर न जाए। उनके पास मैटेरियल है। हमारे पास मात्र लाठियाँ हैं। यह सब मेरे नियंत्रण के बाहर गया था। वहाँ बलसारा नामक पुलीस अफसर था। मैं कुछ सुनने के मूड में नहीं, यह देखकर उस पुलीस ऑफिसर ने लाठी से मेरे कन्धों पर ऐसा कुछ मारा कि वह लाठी टूट गयी। उसने मुझे ऐसा मारा कि आज भी वह हिस्सा दर्द देता है। 1974 से 84 दस वर्ष हुए, आज भी दुखता है। मुझे उस समय कुछ समझ में नहीं आ रहा था। मैं जिंदा हूँ या नहीं यह भी समझ में नहीं आ रहा था। उस पुलीस ऑफिसर ने मुझे उठाया। ज. वि. पवार और भाई संगारे उधर गाड़ी में बैठे। 'जुलूस के बारे में चर्चा करनी है, आप भी चलिए। उसके पहले ज. वि. पवार और भाई संगारे को घेर लिया। लतीफ खटीक को मारते हुए लाया गया और हम चारों को पुलीस स्टेशन ले गये। एक सौ चौसठ लोग और हम चार नेताओं को हिरासत में लिया गया। मुझे भाई संगारे और ज. वि. पवार को एक कमरे में रखा गया। तीन पुलीस वाले ऊपर आए और कहने लगे, "तुम्हारे माँ की तुम हमारे धर्म ग्रन्थ को गालियाँ देते हों? भोसड़ी के! मैं उस समय चिनार सिगरेट पीता था। लोग मुझे जेल में मिलने आते थे तो साथ में मेरे लिए चिनार सिगरेट लाते थे। मैं चिनार पीते बैठा था। भाई बाजू में खड़ा था, पैरलल ज. वि. बैठा था। दो-तीन अफसर आए और कहा-मादरचोद बाजू हटो। मैं बाजू हटने वाला नहीं था। मैं वैसा ही बैठा रहा।

गुस्से में वे मुझ पर टूट पड़े। पचास-साठ लाठियाँ मुझ अकेले पर पड़ी। यह सब देख भाई संगारे को काफी गुस्सा आया। वह कहने लगा-'यह क्या कर रहे हो।' ऐसा भाई के कहने के बाद एक ने ऐसे लाथ उसकी छाती में मारी कि भाई के सामने आकाश घूमने लगा। भाई को लगा-अब खेल खत्म। उसे लगा अब मर गये। इतनी जोर से लाथ बैठी थी छाती पर। भाई की यह अवस्था देखकर ज. वि. पवार कहने लगा-मुझे मत मारों। पुलीस ने हमें काफी मारा। सबको नीचे लाया गया। पुलीस ने हम सबको काफी पीटा। रात के दस बजे के आस-पास मृणाल गोरे और चार-पाँच लोग हमसे मिलने आए। हमें पुलीस ने काफी मारा था। हम काफी गुस्से में थे। पुलीस अफसर ने कहा कि विरोधी दल के लोगों को मिलने नहीं देंगे।

गृहमंत्री का उस प्रकार का आदेश है। वैसे तो विरोधी दल की कोई कीमत नहीं होती। मृणाल ने बहुत भागदौड़ की और हम तक पहुँची। पुलीस ने जो हमें मारा था वह मृणाल ने देख लिया। उसने हमारा मेडिकल ट्रीटमेंट करने के लिए कहा। हमें मेडिकल ट्रीटमेंट के लिए भेजा गया। रात को यह खबर कानों पर आयी कि जिस लड़के के सिर पर जुलूस में ऊपर से पत्थर फेंका गया था, वह मर गया। हमारा माथा ठनका। हमने खाना छोड़ दिया। दो दिन कुछ नहीं खाया। मुझे आज तक यह बात समझ में नहीं आयी कि 'अनटचएबिलिटी के सन्दर्भ में कम्युनिस्ट पार्टी ने समाज में कभी भी कुछ काम नहीं किया। परन्तु समाजवादी पार्टी जितनी इसमें इंटरेस्टेड थी उससे भी ज्यादा ये इंटरेस्टेड थे, विशेषतः जी एल. रेड्डी और तारा रेड्डी। तारा रेड्डी हमें समझा रही थी कि आप खाना खाइए। खाली पेट रहना अच्छा नहीं है। बाद में हम खाने के लिए तैयार हुए और खाना खाया। पुलीस के बंदोबस्त में उस लड़के की प्रेतयात्रा' निकाली गयी। वह हुतात्मा हुआ। हमारे लोगों में वह पहला 'हुतात्मा' हुआ। वरळी दंगा उधर चल रहा था। दंगे में लोग मारे जा रहे थे। बंदुकें चलायी जा रही थीं। युद्ध का स्वरूप आया था। पैन्थर की भागवत जाधव के लिए एक सभा हुई। सभी विरोधी दलों ने, जनसंघ ने भी उसे आर्थिक मदद की। इकट्ठे हुए सभी पैसे ज. वि. पवार के पास रखें। वहाँ से 'पैन्थर' का नाम विश्वभर में चर्चित हुआ।

बाल ठाकरे की सभा पर अटैक करने की योजना हमने तैयार की। एक समय तो हम शिवसेना के नेता वामनराव महडिक के घर हजारों की संख्या में जा रहे थे, पुलीस ने वहाँ जाने के लिए विरोध किया। कल्याण में नगर निगम के लिए एक परिसंवाद हुआ था। वहाँ शिवसेना का प्रतिनिधि बोलने वाला था। मैं और राजा ढाले भी बोलने वाले थे। वहाँ हमने बाळ ठाकरे को आड़े हाथों लिया। वहाँ से बोलकर बाहर आए तो कल्याण में हम पर पथराव हुआ। वहाँ कैमरा लगाया गया था। कार्यक्रम के लिए हम हजारों लोग लाए थे। उनकी पावर कितनी है और हमारी पावर कितनी है, यह उन्होंने देखा। तबसे दलित पैन्थर एक शक्ति है यह बाळ ठाकरे की समझ में आया।

ढाले ने उस समय घोषणा की कि हम गीता का दहन करेंगे। तब मैंने ढाले को कहा कि जो बातें सिम्बॉलिक हैं वह करने से क्या फायदा है? उसने कहा कि तुम चुप बैठो। बाद में वह माटुंबा लेबर कैम्प में रहने गया। मैं अक्सर पुणे में रहता था। उसने मेरे खिलाफ लोगों के कान भरना शुरू किया। उसने जब कहा कि गीता दहन का कार्यक्रम करना है। तब मैंने कहा, दो-तीन सौ लोगों में नहीं- पाँच अथवा दस लाख लोगों की उपस्थिति में गीता जलाओगे तो मैं आऊँगा। अगर ऐसा है तो मेरी तैयारी है। जब मैं पुणे में था तब इन लोगों ने कार्यक्रम का आयोजन किया। मुझे टेलिग्राम भेजा। कम फॉर गीता। मुझे जो समझना था, वह मैं समझ गया। उधर उसने गीता जलाई। दो-ढाई सौ लोगों पर केस दर्ज हुआ।

हममें और शिवसेना में मार-पीट होने लगी। अल्पसंख्यक बहुसंख्यकों पर भारी पड़ गये। जहाँ दलितों की संख्या अधिक थी वहाँ दलितों का नुकसान अधिक नहीं हुआ परन्तु जहाँ दलित संख्या से कम है, वहाँ दलितों का नुकसान हुआ। 1980 तक बाल ठाकरे की और हमारी दोस्ती नहीं हुई थी। तब तक मारामारी होती रही। उनके पिताजी प्रबोधनकारक ठाकरे बहुत बड़े व्यक्ति थे। बाबासाहब अम्बेडकर के एक समय के वे सहयोगी रहे थे। तेरह वर्ष उस व्यक्ति ने नंगे पैर से अस्पृश्यों के लिए कार्य किया। ढाले और हम में अनबन शुरू हुई। इसी समय 74-75 में कामगारों की हड़ताल शुरू हुई तब इंदिरा गांधी पुणे आने वाली थी। पुणे की पॉलिटिकल सिच्युएशन अलग थी। किसी भी मंत्री को और नेता को शहर में आने नहीं देने का हमारा निर्णय हुआ था। इंदिरा गांधी के बारे में भी हमने ऐसी ही भूमिका की थी। वसंतदादा पाटिल कांग्रेस के अध्यक्ष और मंत्री थे। उन्होंने समाचार-पत्र में दिया कि कांग्रेस कार्यकर्ता तैयारी से आए।

'मराठा' समाचार-पत्र उस समय निकलता था। 'मराठा' में हमने खबर दी कि इंदिरा गांधी देश की प्रधानमंत्री है। उनके कार्य के बारे में मत व्यक्त करने का अधिकार नागरिकों के नाते हमें भी है। यह अधिकार कोई छीन लेता हो तो दलित पैन्थर के लोग आते समय अपने साथ हॉकी-टिक्स और लाठियाँ लेकर आए। पुणे में जाने के बाद मैंने काफी मजबूत काम किए थे। शान्ताराम दिवेकर जैसे अत्यंत जातिवादी मराठा, राजनीति में काम करने वाले व्यक्ति हमारे आन्दोलन में आ गये थे। यह तय हुआ था कि इंदिरा गांधी की सभा होने नहीं देंगे। पैन्थर इसमें प्रमुख थी। संभाजीराव काकडे, शान्ताराम दिवेकर का गॉडफादर था। हमारे मूवमेंट को सपोर्ट देने का उसने निर्णय लिया। मैंने और दिवेकर ने पश्चिम महाराष्ट्र का दौरा किया। इंदिरा गांधी की सभा होने नहीं देनी है, यह संदेश देने हेतु हम घूम रहे थे। प्रो. अरुण कांबळे उस समय शायद बी. ए. में पढ़ता था। उस समय वह कविता भी लिखता था। उस समय उस गधे ने लेनिन पर कविता लिखी थी। मैं उसे ढूँढ़ते-ढुँढ़ते गया। मेरा मित्र अरुण पाटील उधर ही रहता था। उसने मुझे अरुण कांबळे कहाँ रहता वह दिखाया। हमारा एक कार्यकर्ता

झेंडे या धेंडे सांगली का था। उसे लेकर मैं अरुण कांबळे के यहाँ गया। लोगों को कार्यक्रम में लेकर आने-जाने के लिए हमने उसे दो-तीन हजार रुपये दिए। उस वक्त का हमारा खर्च किया फायनान्सर शान्ताराम दिवेकर ने। शान्ताराम का व्यवसाय पुणे में था। वह फुले-शाहु अम्बेडकर पर बहुत जोर-शोर से बोलता था। इस कारण पुलीस उसके पीछे पड़ गयी। वह तीन दिन गायब रहा। मैं टैक्सी ड्राइवर था। मैं थोड़ा ही इनके हाथों लगने वाला था?

जिस दिन कार्यक्रम था उस दिन मैंने सुबह साढ़े दस बजे टैक्सी स्टार्ट की। उन दिनों मुंबई, पुणे सोलह रुपये टैक्सी का टिकट था। वहाँ से मैं भाई संगारे, अविनाश महातेकर टैक्सी से गये। मुझे लगता है कि ज.वि. पवार भी हमारे साथ था। संचेती हॉस्पिटल के पास से गये। उस समय वहाँ के कॉर्पोरेटर थे पाडोळे। बहुत मुँहफट आदमी। परन्तु अम्बेडकरी आन्दोलन का पुराना कार्यकर्ता था। उसे बोलने के लिए कहने के बाद वह सबको आड़े हाथ लेता था। उस समय कांग्रेस का विभाजन नहीं हुआ था। कांग्रेस एक थी। पाडोळे से इंदिरा गांधी पर बोलने को कहा तो वह बोला, 'इस बाई को मैं देख लूँगा। उसे अक्ल क्या चीज होती है वह सिखाऊँगा। मैं बहुत बुरा आदमी हूँ। फाड़ डालूँगा। ऐसा वक्तव्य था उस बूढ़े का। वह रहता था दापोडी में। बॉम्बे-पुणे रोड पर ही उसका घर था। उसके घर गये। वहाँ पुलीस हाजिर। मुझे पाडोळे ने पुलीस के बारे में कहा। हम वापस आए। वरळी दंगे में हमने सब कुछ किया था। पेट्रोल बम तैयार करते थे। उसे मॉलोयेव्ह कॉकलेट कहते हैं। वह' सब हमारे लोगों को मालूम था। बोतल लेकर उसमें पेट्रोल भरकर बालू, चूना डालकर बोतल बंद करके फेंकनी पड़ती है। ऐसा हमने वरळी दंगे में किया था। वरळी दंगे में हम हीरो थे। अपने बचाव के लिए हम दरवाजे में बिजली का करंट छोड़ते थे। हम सचेतता से आगे जा रहे थे। पुणे का अनिल कांबळे बहुत स्ट्राँग आदमी। सांगली से पहलवान लोग आए थे। गाड़ियों में लोग भरे हुए थे। पाँच लाख के मॉब को हम पाँच हजार लोगों ने आकाशवाणी के पास भगा दिया। काफी मारपीट हुई। डी. सी. पी. पैर पकड़ने लगे। कहने लगे-आप गलत कर रहे हैं। उन्होंने अश्रु गैस से फायर किया। लोगों को लगा फायरिंग हुई है। सब लोग भागने लगे।

डेढ़ मिनट में इंदिराजी की गाड़ी ब्रिज से जाने लगी थी। उबाळे नामक ऑफिसर बुद्धिमान था। उसने रास्ता बदला। प्रधानमंत्री के जीवन में पहली बार रास्ता बदलना पड़ा होगा। यह सब पैन्थर के कारण हुआ था। उनकी हँसी हुई। राजा ढाले हम पर नाराज हुआ। कहने लगा-प्रधानमंत्री एक स्त्री है। स्त्री दलित ही होती है। उसका एक स्वभाव है बीच-बीच में वह ऐसा विचित्र बोलते रहता है। मैंने कहा दलित पैन्थर के लिए एक मुखपत्र चाहिए। मैंने पुणे से मुखपत्र शुरू किया। राजा ढाले को लगा कि मुझसे पूछे बिना आप लोगों ने यह कैसे शुरू किया? हमने जो अंक निकाला था, वह

उसे मान्य नहीं था। मैंने कहा कि हमें अब भूमिका लेनी होगी, क्योंकि तब तक राजा ढाले ने बुद्धिज्म शुरू किया था। हम कहते थे कि 'भगवान बुद्ध' इतने ग्रेट थे कि उन्होंने कभी किसी पर तानाशाही नहीं की। आदेश नहीं किया। जो आँखों को दिखाई देगा, जो कानों से सुना जायेगा और जीने के लिए जो जरूरी, उसे स्वीकारने की स्वतन्त्रता देने वाला वह व्यक्ति था। अगर हम उनके उत्तराधिकारी हैं तो 'ऑर्डर' कैसे दे सकते हैं। जो बुद्धिस्ट वही पैन्थर। वह कहने लगा कि नाम्या का जो चल रहा है वह इसके अगेन्स्ट है। उसका कारण यह है कि वह मार्क्सवाद पढ़ता है। उसी समय मैं प्रेम में पड़ गया था। मैं अपनी पत्नी के प्रेम में पड़ गया था।

वरळी के दंगे में मुझे हिरासत में लिया गया तब अनिल बर्वे की पहचान हुई थी। हम एक-दूसरे की कविता पढ़ते थे। इधर चर्चा चल रही थी। इसने उस कम्युनिस्ट लड़की के साथ प्रेम सम्बन्ध जोड़े हैं। जब तक हमारी शादी नहीं हुई तब तक हममें अनबन नहीं थी। मैं शादी कर रहा हूँ, इन लोगों के कानों में गयी। मेरी पत्नी को यह लोग कहने लगे कि इसकी श्योरिटी नहीं है। ढाले के डायलॉग अक्सर ऐसे रहते थे। इसी दरम्यान मैंने शादी की। सभी लोग आए। शिरीष पै, विशेषतः अहिल्या रांगणेकर ये सभी लोग आए थे। मेरी शादी काफी मजेदार रही। जेब में पाँच पैसे नहीं थे। मित्रों ने पैसे दिए। बर्तन लाए गये। मेरी फुफी ने कहा कि अब तुम्हारी शादी हुई है। मैं तुम्हें यहाँ रहने नहीं दूँगी। दो-तीन हजार रुपये देकर मैं वांद्रे में किराए का घर लिया। सत्येन के यहाँ रहता था। सत्येन का इतिहास मुझे मालूम था। काफी रोमांटिक, जोरदार सैक्रीफाइस। हमारे वकील कम्युनिस्ट, सोशलिस्ट विचारों के थे। उनका नाम कमलाकर सावंत। अब वे नक्सली दल के अध्यक्ष हैं। सुनिल दिघे मेरा मित्र है। वह अक्सर मेरे साथ रहता था। वह सेंट्रल लाइब्रेरी में बैठता था। उस समय उस पर अनेक केसेस थे। उसके बाद शुरू हुआ ऑटिफोरम में कम्युनिस्ट, पुलीस मुझे पकड़कर ले गयी।

विक्रोळी, चेम्बूर के प्रकरण में। बाद में मुझे छोड़ दिया गया। उसी दिन गिरनी कामगारों की हड़ताल के बारे में ओव्हल मैदान में बड़ी सभा का आयोजन किया गया था। यह सर्वदलीय सभा थी। सभी दलों को निमंत्रण दिया था। उसमें पैन्थर को भी निमंत्रण मिला था। राजा ढाले को लगता था कि नामदेव ढसाळ कामगारों के बारे में अधिक बोलता है। तो उसे अधिक समय देना चाहिए। मेरे से पहले कुछ लोग बोले थे। मेरे बाद डांगे वगैरह बोलने वाले थे। उस सभा में डांगे से मेरा परिचय किसी ने तो करा दिया। हम दोनों की फोटो पत्रकार ने खींच ली। फोटो हस्तांदोलन करते समय का था। अधिकतर लेफ्ट विचारों के लोग वहाँ थे। वाम सिद्धांत रखने वाले अधिकतर लोग होने के कारण मैंने कहा-'हम दलित सही अर्थों में कम्युनिस्ट हैं, ऐसा डॉ. बाबासाहब अम्बेडकर ने कहा है। वैसे कम्युनिस्ट होना मामूली बात नहीं है। उनका सबसे बड़ा नेता डांगे था। उसके बाद हमारी एक बैठक हुई थी सिद्धार्थ विहार में। मुझे वेश्याओं

की ओर जाने की आदत थी। उस समय मुझे व्हि. डी. हुआ था। सभी पैसे राजा ढाले और ज. वि. पवार के पास थे। हम अव्यवहारी, हम नालायक। इस कारण हमें पैसे नहीं दिए जाते। हजारों रुपये मिले वे सब राजा ढाले और ज. वि. पवार के पास थे। उसका हिसाब उन्होंने लोगों को कभी नहीं दिया। अगर दिया भी होता तो वह सही नहीं था। एक दिन मुझसे रहा नहीं गया। मेरे शरीर में एक गाँठ आयी थी मुझे ट्रीटमेंट की जरूरत थी। मैंने कहा-मेहनत हम करते हैं फिर भी हमें पैसे देते नहीं हो। एक दिन मैंने राजा ढाले के कमरे से पैन्थर के लिए दो सौ त्रियालीस रुपए लिए। राजा ढाले के साथ हम भुसावल गये थे। मैं और भाई संगारे। वहाँ से बुलढाणा गये। वहाँ हमारे साथ राजा ढाले ने नौकरों जैसा व्यवहार किया। हम इतना काम करते हैं तो भी इसकी बॉसिंग। यह करो, वह करो, और पैसे उसके पास। वह पत्राचार करता था, संदेश भेजता था, सब वह अकेला करता था। हमें कुछ मालूम होने नहीं देता था। मैंने उसे सिद्धार्थ विहार की बैठक में कहा कि 'यह नहीं चलेगा।' उसने कहा मादरचोद, यहाँ से तू चला जा।' उसके ऐसा कहते ही मेरे हाथ में जो ताला था, उसे मैंने फेंककर मारा और कहा, 'भोसडी के, ऐसा क्यों कहते हो।' एक तो मैं इस क्षेत्र में तुझे लाया हूँ। यह मेरी मेहरबानी है तुझ पर। उसे मारने के बाद उसके ध्यान में आया कि नामदेव ढसाळ कोई सहज, सरल व्यक्ति नहीं है। फिर उसने शुरू किया कि 'यह कम्युनिस्ट है।' मैंने उस समय दलित पैन्थर का एक घोषणा-पत्र तैयार किया था। मैंने घोषणा-पत्र सुनिल दिघे की सहायता से लिखा था।

1974 की यह बात है। उसने घोषणा-पत्र पढ़ा और उसे स्वीकृति दी। घोषणा-पत्र छपने के लिए ले जाते समय वह कहने लगा कि, यह जो घोषणा-पत्र है, वह कम्युनिस्ट पद्धति का है। वह नहीं चलेगा। मैंने कहा, "अरे, तुने ही इसे स्वीकृति दी है। दलित पैन्थर केवल महारों का संगठन बनकर नहीं चलने वाला। आज तुम्हारे पास पैसा नहीं है, संस्था में लोग अधिक नहीं है। अम्बेडकर के बाद के नेताओं ने इंडिविजुअल बार्गेनिंग की है। गवई को कार्यकर्ताओं के लिए देशी दारू की दुकानें कैसे मिलेंगी इसमें इंटरेस्ट था, परन्तु नाइन्थ शिड्युल के अनुसार तीन करोड़ एकड़ जमीन दलितों को मिले इसलिए हाउस में कानून पारित कर लेना है। तो सरकार को विनती करने अथवा सरकारी दल में कॉन्शस्नेस तैयार करने के लिए उन्होंने कुछ किया नहीं। ऐसा होते हुए तुने यह क्या चलाया? हम लोगों को इकट्ठा काम करना चाहिए। अगर मनुष्य शक्ति तैयार करनी है तो जितने अनटचेबल्स हैं, महारेतर अस्पृश्य उन्हें पहले ऑर्गनाइज्ड करना चाहिए। आज यह समय की माँग है। तब वे कहते थे कि ये माँग कब आई?" चमार कब आए? उन्होंने महात्मा गांधी का नेतृत्व स्वीकारा है। वे बदमाश हैं।" मैंने कहा,' अरे, जो कुछ भी हुआ होगा वह अज्ञानता से हुआ होगा अथवा अम्बेडकर हिन्दू धर्म के धर्मद्रोही, उसके साथ गये तो हमें कुछ नहीं मिलेगा।

इसी डर से वे अम्बेडकर के आन्दोलन में नहीं आये होंगे। परन्तु आज सिचुएशन अलग है। मातंग के हाथों से उत्पादन का साधन निकल गया। कारण उस समय खेती करने की जो पद्धति थी उसके लिए रस्सी की आवश्यकता रहती थी। वह काम मातंग करते थे। आज गरवारे की नायलॉन की रस्सी बाजार में आयी है। इस कारण मातंग पर इसकी मार पड़ गयी। चर्मकार चप्पल जूते बनाते थे। आज बाटा के जूते, चप्पल बाजार में आए हैं। चमारों पर उसकी मार पड़ रही है। यह बदलाव जो हुआ वह पच्चीस-तीस वर्षों में हुआ। इसे हम ध्यान में लेने वाले हैं क्या? तब उसने कहा-'तू बड़ा विद्वान है।' तुझे क्या अकल है भैनच्चोद।' उसने अपनी इमेज विद्वानों जैसी करा ली थी। सही अर्थ से वैसा कुछ भी नहीं था। उसे नॉलेज नहीं थी। उसके पास संगठन कौशल भी नहीं था। वह अत्यंत द्वेषी मनुष्य था। उसे कठपुतलियाँ चाहिए थीं। काम करने वाला मनुष्य नहीं। कुशल संगठक त्रुटियों को दुरूस्त करता है। इसका स्वभाव वैसा नहीं था। वह सामने वाले व्यक्तियों की कमियों को खोजते रहता था। कमियाँ मिली कि उसकी चर्चा करते रहता था। मनुष्य को नर्वस करते रहता था। घोषणा-पत्र के बारे में मैंने कहा एक बार मेजोरिटी से घोषणा-पत्र स्वीकार किया गया है, अब वह छपेगा ही। उसे नकारने वाला तू कौन होता है? मैंने घोषणा-पत्र छाप डाला। 'विद्रोह' के मुखपत्र में छापा। फिर उसने रिव्होल्ट शुरू किया। राजा ढाले की तानाशाही और दादागिरी से अन्य लोग भी नाराज थे। एक दिन हम सब लोग इकट्ठे बैठे और विचार किया कि राजा ढाले का जो चल रहा है उसे रोकना है या नहीं?

मैं, भाई संगारे, ज. वि. पवार, अविनाश माहतेकर ने निश्चित किया कि राजा ढाले का विरोध करना है। आश्चर्य की बात थी कि उस बैठक के बाद वे लोग राजा ढाले के पक्ष में गये। सीधे-सीधे दो ग्रुप होने लगे। उन्होंने अधिवेशन किया। उस अधिवेशन में मैं नहीं गया। नागपुर का वह पैन्थर का पहला अधिवेशन था। राजा ढाले ने तब तक इतना कुछ कर रखा था कि मैं उसके स्ट्रांगली अगेंस्ट था। मुझे अनुभव होने लगा कि मेरे विरुद्ध वातावरण का निर्माण किया गया है। वास्तविकता यह थी कि नामदेव ढसाळ की शैली पर लोग खुश थे। उसने मेरे विरुद्ध भयानक षड्यन्त्र शुरू किया था। मैं चलने लगता तो लोग उधर से रोटी फेंक कर मारते थे। यह सब उसके इशारे पर ही हो रहा था। मैं काफी डिस्टर्ब हुआ। मैं मार्क्सवादी अथवा कम्युनिस्ट दल का व्यक्ति नहीं था अथवा उस ग्रुप का नहीं था। मैं एकदम न्यूट्रल था। परन्तु पॉलिटिकल फिलोसॉफी की जानकारी आपको होनी चाहिए। उसका अध्ययन किया। हमारी जो भूमिका है वह मैंने घोषणा-पत्र में ली है। राजा ढाले का व्यवहार बचकाना था। अब उसका बचकाना गया है। अब वह हमारी ही भूमिका लेकर अलग शब्दों में बोल रहा है। आज भी उसके दिमाग में यही है कि दलित पैन्थर की समस्या सुपर स्ट्रक्चर की है। बेसिक प्रश्नों पर बोलने के लिए तैयार नहीं। दलितों का सबसे बड़ा प्रश्न आर्थिक

प्रश्न है। उसे अगर आर्थिक स्थायित्व दिया जाए तो बाकी क्या है? अनटचएबिलिटी? आज कानून ही पारित हुआ है।

1953 के बाद कानून पारित हुआ है। कानून प्रत्यक्ष रूप से अमल में लाया नहीं जाता । उसमें की कमियाँ अलग हैं। उसके लिए अलग पद्धति से काम करना चाहिए। उसमें बौद्धधर्मीय लेने चाहिए। अन्य अनटचऐबल्स हैं वे सभी हिन्दू हैं। अगर उन्हें अपने साथ लें तो धर्म के नाम पर वे अपने साथ नहीं आएँगे। आर्थिक शोषण के निकष पर वे अपने साथ आ सकते हैं। परन्तु यह सब कुछ उसकी समझ में आता नहीं था। बाद में उसने अधिवेशन कर नामदेव ढसाळ को पैन्थर से निकाल दिया है, ऐसा कहा। फिर हमने पुणे में बैठक ली। उस बैठक में मैंने पाँच घंटे भाषण दिया। राजा ढाले क्या है, इसे मैंने बतलाया। फिर दो ग्रुप हुए। नामदेव ढसाळ-दलित पैन्थर। राजा ढाले-दलित पैन्थर। बाद में उसने काफी हंगामा किया। उसी समय गवई भाइयों का प्रकरण आया। उन लोगों को लेकर वह घूमने लगा। हर सभा में भाषण देते समय मेरे विरुद्ध बोलता था। आँखें निकाल दूँगा। उसने कुछ किया नहीं यह बात अलग है। वसंतराव नाईक ने उसे जमीन दी । यह कैसी विचित्रता है। लोगों से इकट्ठे किए पैसों से कुछ लोग दारू पीते थे। मैं प्रो. कम्युनिस्ट मानकर गवई मेरी ओर आए ही नहीं। हम उनके पास बातचीत के लिए गये तो हमारे साथ उन्होंने ठीक से बात भी नहीं की। कार्यकर्ता होने के कारण काम करना मेरे स्वभाव में था। इस कारण मैं काफी डिस्टर्ब था। मैं काफी दारु पीने लगा। मेरी कुछ आदतें छूट गयी थी, वह फिर शुरू हुई। घर में तू-तू, मैं-मैं होने लगी, क्योंकि घर में उत्पादन का दूसरा साधन हीं नहीं था। फिर से टैक्सी चलाना शुरू करना अब सम्भव नहीं था। मैं दुगुनी शक्ति से खड़ा रहा। कभी लगा ही नहीं कि राजा ढाले ऐसा करेगा। अगर यह मुझे पहले ही मालूम होता तो मैं यह होने ही नहीं देता। परन्तु मेरी राजनीति कभी जहरीली नहीं थी। उसका कारण मुझ पर साहित्यिक संस्कार होंगे। मुझे राजा ढाले जैसी राजनीति कभी नहीं आयी।

मैं सतत कामठीपुरा की संस्कृति से अटैच रहा। मेरा विश्वास था कि राजा ढाले कभी जीतेगा नहीं। मुंबई की पैन्थर उसने मेरे खिलाफ खड़ी कर दी। कामठीपुरा और पुणे की ताकत पर मैंने फाईट की। अब हम सॉलिड मेजोरिटी में हैं। बाद में यानी 77-78 में राजा ढाले ने शुरू किया कि नामदेव ढसाळ के कारण पैन्थर बदनाम हुई। पैन्थर की जगह पर उसने मास मूवमेंट शुरू की। आज राजा ढाले मास मूवमेंट में नोवेहर ही है। अनटचएबिलिटी का प्रश्न सुपरस्ट्रक्चर वाला प्रश्न है। नामपरिवर्तन के प्रश्न पर हमने अलग भूमिका ली थी अर्थात् राजा ढाले के प्रश्न से हम प्रभावित हुए थे। बाद में मैंने नामपरिवर्तन के बारे में अत्यंत यथार्थवादी भूमिका ली थी, कि जब मेजोरिटी अपने अगेंस्ट जाती है तब मायनोरिटी के लोगों ने दो कदम पीछे आने का निर्णय लेना चाहिए। मैंने कोंकण विश्वविद्यालय के प्रस्ताव को मान्यता दी। उस समय

भी हमें खामियाजा भुगतना पड़ा। हम काफी पावरफुल लोग थे। मेरे जो मार्गदर्शक थे-सुनिल दिघे जैसे नक्सली लोग थे। उनकी और हमारी जयप्रकाश के कारण पटती नहीं थी। उनका कहना था कि जयप्रकाश के मूवमेंट हमें आने चाहिए। मैंने कहा कि जयप्रकाश नारायण के समाजवादी दल में मैं पहले था। उनके दल में मुझे इंटरेस्ट नहीं है। जयप्रकाश नारायण प्रो. अमेरिकन है। मैंने दिघे से कहा कि, तू कम्युनिस्ट होकर भी तुझे उनके प्रति प्रेम है तो ठीक है। हमें उसमें इंटरेस्ट नहीं है। दिघे मुझे छोड़कर गया। अनटचएबल के प्रश्न पर स्वतन्त्र ऑर्गनाइजेशन हो, उसमें हमें काम करना है। हमारा जो पावरफुल ग्रुप था, अनबन होने के बाद भी राजा ढाले को हम चैलेंज कर सकते थे। उतने पॉलिटिकल मैच्योर्ड लोग हम लोगों में थे।

उन्हें मार्क्सवाद, समाजवाद, डिक्टेटरशिप की बेसिक जानकारी थी। बाद में सुनिल दिघे और मेरा झगड़ा हुआ। तब सुनिल दिघे ने शान्ताराम दिवेकर को हमसे अलग किया। हमारे पास पैसों की कमी रहती थी। टिकट के लिए भी पैसे नहीं रहते थे। हमारे पास लोग तो काफी थे। साधन-सामग्री न होते हुए भी हम कुछ न कुछ करते रहते थे। शरद पवार और संभाजीराव काकडे इनकी खानदानी दुश्मनी थी। काकडे ने ऑफर दिया कि शरद पवार ने जिन जमीनों पर कब्जा किया है, उसका सर्वे आपको करना होगा। उसके बदले में दस कार्यकर्ताओं को मोपेडे दिए जायेंगे। साथ ही साथ तीन-तीन हजार रुपये भी। मैंने कहा यह ऑफर लैंडलॉर्ड और शुगर फैक्टरी वालों का है, उनकी माँग स्वीकारी नहीं जायेगी। मैं सुनिल दिघे को लेकर सोमेश्वर फैक्टरी पर गया। दिघे की भूमिका पर मैं नहीं आ रहा। इसे देख उसने हमारे ग्रुप के कुछ लोगों को अपनी ओर कर लिया और कहा कि संभाजी काकडे का काम करो। अनिल कांबळे जैसा हमारा मित्र उनमें चला गया। आपात्काल में एक बड़ा प्रश्न निर्माण हुआ रिव्हायव्हल या सर्व्हायव्हल? उस समय मुझ पर कम-से-कम चार सौ पचासी केसेस थे। हम सब पर केसेस थे। ढाले पर भी। मेरी कम्युनिस्ट होने के नाते पुलीस स्टेशन के दफ्तर में पहचान थी। आपात्काल में हमारा कोई इंटरेस्ट नहीं था। मैं सीधे इंदिरा गांधी के पास गया। मैं और लतीफ खटीक। उधर मेरे लड़के आशुतोष का जन्म हुआ था। मैं वहाँ गया।

बांद्रा छोड़कर मैं यहाँ आया था। बांद्रा में हमने काफी बुरे दिन गुजारे थे। हम रद्दी बेचते थे। ॲम्बॅसी के माध्यम से जो लिटरेचर आया था वह बेचकर हम अनाज लाते थे। इतनी विपरीत स्थितियाँ थी। हमारे जो प्रकाशक थे नारायण आठवळे इन्होंने मुझसे एक आर्टिकल लिखकर लिया 'संघ पर प्रतिबंध की आवश्यकता या अनावश्यकता?' मैंने लिखकर दिया। संघ पर प्रतिबंध नहीं लगना चाहिए। सरकार पर प्रतिबंध चाहिए। वह 'प्रभंजन' में छपा। उसके पचहतर रुपये मिले। दो दिनों से हम खाली पेट थे। पचहत्तर रुपये का हमने अनाज लिया। मेरी पत्नी को शुरुआती दिनों में काफी तकलीफें

उठानी पड़ी। मैं यह सब समझता था, मैं काफी बेचैन होता था। मुझे अक्सर लगता था कि हमने यह सब कुछ खड़ा किया और यही लोग हमारा विरोध कर रहे हैं। इसका कारण यह था कि मेरी अपनी भूमिका स्पष्ट थी, ब्रॉड थी। इस कारण मैं कहता था कि समाजवाद हो अथवा कोई भी राजनीतिक वैचरिकता हो, गठबंधन पर विचार करना चाहिए। जनप्रश्न पर अगर फ्रंट खड़े रहे तो उस पर विचार करना चाहिए। आपको मोस्टली उनके पास जाना चाहिए। ढाले और मैंने फिर 78 में पैन्थर तोड़ दी। तो ढाले और पैन्थर की रामायण ऐसी है। सबसे महत्त्वपूर्ण बात यह कि टूट-फूट होने के बाद सुनिल दिघे को हमने वकील के तौर पर रखा था।

वह मुझे बिना बताए नागपुर गया था। नागपुर में हमने हमारे गुट की सभा करने का निश्चय किया था। वहाँ राजा ढाले ने गेम खेला। उसने लोगों से कहा कि नामदेव ढसाळ बैठक के लिए आने वाला है। उसने मुझे मारने के लिए लोग भेजे हैं। मैं नागपुर गया ही नहीं। पैसों का अडजेस्टमेंट नहीं हुआ। उस समय शंकरराव शिवणेकर--दादू मारूति इंदरीकर के सहयोगी थे। उनकी मौसी मुझे नागपुर जाने के लिए पैसे देने वाली थी। उसने पैसे नहीं दिए। मेरे से पहले सुनिल दिघे वहाँ पहुँचा। रात में उस पर गेम हुई। नागपुर की झोपड़पट्टी में उस पर गेम हुई। उसका पैर तोड़ डाला तलवार से। उन्होंने सुनिल दिघे से पूछा कि बोल नामदेव ढसाळ कहाँ है? किधर है वह गांडू? मैं पुणे निकल गया। इधर मेरे घर खबर भेजी गयी कि तुम्हारे लड़के का मर्डर हुआ है। उसी समय मेरी माँ पागल हो गयी। वह आज भी पागल है। बांद्रा में एक तालाब है। गवर्नमेंट कालोनी में। तालाब में मेरी पैन्ट जैसी एक पैन्ट तैर रही थी पानी में। मेरी माँ तालाब की ओर जाती थी और जोर-जोर से बोलती थी-तू यही मरा है क्या? ढाले अत्यंत विषैला व्यक्ति है। साहित्य क्षेत्र का व्यक्ति ऐसा हो सकता है क्या? और बुद्ध दर्शन। बुद्ध के बारे में विश्व भर में कितना प्रेम है। द्वेष से द्वेष नहीं मिटता कहने वाला व्यक्ति। अत्यंत भौतिक दृष्टिकोण का इंडियन फिलॉसॉफी में पहला व्यक्ति बुद्ध है। ढाले अपने आपको बुद्ध का अनुयायी समझता है। इसे मारना, उसे मारना, बदनाम करना यही काम करता था वह। ऐसा यह दलित पैन्थर का इतिहास है। इससे काफी कुछ सीख सकते हैं। मैं जो कह रहा हूँ यह जानकारी एकतरफा लगेगी। परन्तु सारी घटनाओं का मैं गवाह हूँ। जो हुआ है उसे मैंने कहा। राजा ढाले अब मिलता है। उसकी और मेरी फिर से मैत्री हुई है । मैं निर्लज्ज। मैं कई बार उसकी ओर गया। वह कहता है, अब हम अच्छा काम करेंगे। अब वह अच्छा बोलता है। बीच में उसने कहा था-मिलकर काम करेंगे। सब छोड़ देंगे। परन्तु मैं पैन्थर कैसे छोड़ सकता क्योंकि पैन्थर शुरू ही की मैंने। राजा ढाले का निर्णय जिन लोगों को मान्य नहीं था, उन लोगों ने उसकी ही लाइन आगे कैरीऑन की। वह भारतीय दलित पैंथरवाले। वह गंगाधर गाडे और शेगावकर, जो मराठवाडा में फेमस हैं। वह गंगाधर गाडे आज भी मुझे याद है।

1973 में कुमार सप्तर्षि ने मराठवाडा में छात्रवृत्ति के प्रश्न पर आन्दोलन खड़ा किया था। गंगाधर गाडे रिपब्लिकन स्टूडेंट फेडरेशन का था। उसे कुमार सप्तर्षि ने उखाड़ फेंका, क्योंकि औरंगाबाद मराठवाडा का सेंटर है। वहाँ पीपल्स एजुकेशन सोसायटी का मिलिंद कॉलेज और छात्रावास है। कम-से-कम तीन-चार हजार विद्यार्थी वहाँ पढ़ते हैं। मुझे और राजा ढाले को गंगाधर गाडे ने वहाँ बुलाया था। गंगाधर गाडे को दो समय की रोटी मिलना मुश्किल था। उसने दो झोपड़पट्टियाँ अपने कब्जे में ली थी। एक झोपड़पट्टी को पच्चीस रुपये से पच्चीस हजार रुपये तक उसने बेचना शुरू किया था। राजा ढाले ने ऐसे लोग मेरे विरुद्ध में उपयोग किये थे। मैं क्या, मैं तो मवाली ही था। मैं तो किसी से घबराता नहीं था। मृत्यु से भी नहीं। राजा ढाले ने जिस किसी उद्देश्य से यह षड्यंत्र किया उससे वह खुद ही बर्बाद हुआ। आज वह नोवेहर है। दलितों के प्रश्न पहले जैसे थे आज भी वैसे ही हैं। पिछले पचास वर्षों में अम्बेडकरी संकल्पना से जिस मनुष्य में बदलाव हुआ, सात करोड़ जनता का भाग्य और जीवन प्रकाशमान हुआ ऐसा कहा जाता है। वह सात करोड़ की जनसंख्या अब अट्ठाईस करोड़ हुई है। उसमें बीस करोड़ लोग शिक्षित हैं। शिक्षित समाज के प्रमुख लोग सरकारी नौकरी में है। बाकी अस्सी प्रतिशत लोग वैसे ही हैं। उनके पास जमीन नहीं है। उत्पादन के साधन नहीं हैं। अनेक प्रकार के प्रश्न हैं। देहातों में समाज आज भी बिखरा हुआ है। महाराष्ट्र में थोड़ा अलग दृश्य होगा अथवा वहाँ के दलित शहरों में जाकर बसे हुए हैं। अन्य जगह उनकी स्थिति कैसी है? आज उत्तर प्रदेश का चित्र देख सकते हैं। मजेदार बात यह है कि यह जो लड़ाई है उसके बारे में पार्लमेंटरी संरक्षा कानून अम्बेडकर ने दिया है। अब सही अर्थ में भौतिक शोषण के विरुद्ध लड़ना है।

अम्बेडकर संविधान मसौदा समिति के अध्यक्ष थे फिर भी उन्हें जो करना था, उसे वे नहीं कर सकें, क्योंकि जिस कांग्रेस का राज था, उनकी मेजोरिटी संविधान समिति में थी। इस कारण अम्बेडकर ने जो सजेशन्स दिए थे वे उसी रूप में संविधान में नहीं आ सकें। आज भी भारतीय संविधान हमें सभी दृष्टि से आजादी देता है। टाटा, बिरला सरकारी कोष से अधिक पैसे लेते हैं। अपने पास के थोड़े बहुत पैसे मिलाकर कारखाना खड़ा करते हैं और मालिक बन जाते हैं। इस पृष्ठभूमि पर हम दलित लोग विघटनवादी पद्धति से विचार करेंगे या नहीं। हमें एक बार अपनी ही जाँच-पड़ताल करनी चाहिए। अक्सर बहुसंख्यक, अल्पसंख्यक इस पद्धति की रिफ्ट को सालों साल चलाने लगते हैं। कभी न कभी अल्पसंख्यकों को मिनिस्ट्री में जाना चाहिए। यह क्रिया लोकतन्त्र में होनी चाहिए। परन्तु अपने यहाँ आज लोकतन्त्र की जो संकल्पना है वह पूँजीवादी शासन संस्था की है। आज विरोधी दल निष्क्रिय हैं। जनमानस में उनका कुछ नहीं रहा। सभी क्रांतिकारी दल और राजनीति करने वाले लोगों के परिवर्तन का माध्यम चुनाव ही है। ऐसा लोगों को लगता है। सबसे बड़े चैलेंजेज हैं– सबसे अधिक दरिद्रता, सबसे

अधिक दु:ख दलित मनुष्य के जीवन में हैं। पार्लिमेंटरी ढाँचे में आपके पास मनुष्य बल नहीं होगा तो आपको कोई पूछता नहीं। महाराष्ट्र में विधानसभा की दो सौ अठासी सीट हैं। वहाँ आपके दो तीन प्रतिनिधि गये तो आपकी वैल्यू नहीं है। कम-से-कम आपकी संख्या के अनुपात में वहाँ आपके प्रतिनिधि जाने चाहिए। महाराष्ट्र की जनसंख्या के 1/6 लोग अनटचऐबल हैं। उनमें पिचासी लाख बौद्ध धर्म से हैं। उन बौद्धों में कितने रिफ्टस हैं? विदर्भ के बौद्ध अलग। उनमें भी खोब्रागडे अलग और गवईवाले अलग हैं। हमारे पश्चिम महाराष्ट्र में महार और पानमहार, सोमवंशी और बिगर सोमवंशी हैं।

अम्बेडकर का बुद्ध वहाँ है जहाँ दुख है। उस दुख का निराकरण करने आ सकता है। उसके कारणों को खोजकर उन्हें नष्ट करना चाहिए। ऐसी संकल्पना लेकर भी लोग कुछ नहीं करते। इन लोगों का इंटरेस्ट शंकराचार्य को मारने में है। हिंदू संस्कृति जलानी चाहिए। यह विषय अब पुराना होता जा रहा है। उस पर ही हम पुनर्विचार कर रहे हैं। अम्बेडकर ने उस समय मनुस्मृति जलाई तो वह सिम्बॉलिक था। अम्बेडकर ने हमें एक विशिष्ट प्वॉइंट पर लाकर खड़ा किया है और कहा है कि तुम्हारा शोषण करने वाला यह सिस्टम है। वह समाप्त होना चाहिए। धर्मांतर के बाद अम्बेडकर ने रिपब्लिकन दल की घोषणा की थी। मेहनतकश और मजदूरों को दल चाहिए था। सही अर्थों में विरोधी दल ही रूलिंग पार्टी को अपोज करेगा।

1937 में जो ब्लैक एक्ट हुआ, कामगारों के विरुद्ध काला कानून उसमें डांगे के बाद अम्बेडकर का काम है। अम्बेडकर ने उस समय इन लोगों से कहा है कि ब्लैक एक्ट का आपने विरोध किया परन्तु केवल राजनीतिक ईर्ष्या के कारण आप लोग सत्याग्रह करने वाले हों तो वह मुझे मान्य नहीं है। इस कारण अम्बेडकर और डांगे के रिलेशन टूट गये। अम्बेडकर किसी भी प्रगतिशील विचारों के विरुद्ध नहीं है। कम्युनिज्म के बारे में उनके मन में शंकाएँ थीं। 1922 में बाबासाहब शिक्षित होकर राजनीति में आते हैं। 1917 को रूसी क्रान्ति हुई। पश्चिमी विचारों की दृष्टि से वह प्रयोग ही था और उसके बारे में प्रत्येक विचारक शंकाएँ रखने वाला ही था। अम्बेडकर ने कम्युनिज्म के बारे में जो संदेह किया वह व्यावहारिक दृष्टि से किया है। कम्युनिस्टों ने भी डॉ. बाबासाहब अम्बेडकर को पूँजीवादी नेता कहा है। कम्युनिस्टों ने अनटचएबिलिटी का प्रश्न कभी सिरियन माना ही नहीं। उनका इतना ही कहना था कि वर्ग विशेष की लड़ाई में अनटचएबिलिटी टूट जायेगी। इधर डायलेटिक के बारे में डांगे लोगों को हिस्टॉरिकल मेटेरियल के बारे में सिखाएगा, पॉलिटिकल इकोनॉमी के बारे में सिखायेगा और घर जाकर गणपति की पूजा करेगा। उधर कहेगा कि हमारे कम्युनिस्टों का विश्व बदल गया है। जिसे अपना समाज दुरुस्त करना नहीं आता, वह विश्व को क्या पढ़ायेगा? सभी विरोधी दल आज दिशाहीन हैं। अनटचएबिलिटी के प्रश्न पर वे क्या काम करते हैं? आज भी अनटचएबिलिटी के प्रश्न पर स्वतन्त्र पद्धति से काम करना

चाहिए। दया और सहानुभूति के दृष्टिकोण से नहीं। मूल्यात्मक बदलाव के लिए काम करना चाहिए। दलित और सवर्ण के बीच जो माध्यम है उसकी खोज करनी चाहिए। मैं अक्सर कहता रहा हूँ कि दलित और सवर्ण इन दोनों की सद्‌बुद्धि को जाग्रत करके अपृश्यता का प्रश्न हल किया जा सकता है। यह जाग्रति किस कारण करनी है तो दोनों का भी भौतिक शोषण होता है, उसके विरुद्ध दोनों को लड़ना चाहिए। इसके लिए एक अच्छा दल, अच्छा संगठन निर्माण हुआ तो उसमें हम काम करने की लिए तैयार हैं। परन्तु शत्रुत्व की भावना से, एस्टीमेट पद्धति से और बौद्धिक विवेचन की पद्धति से अनटचएबिलिटी का प्रश्न छूटने वाला नहीं है।

अब दलित आन्दोलन में जो बातें हुई हैं। उनमें दलित स्थान की माँग आगे आयी है। परसो हाजी मस्तान ने दलित, मुस्लिम ऐक्य की घोषणा की जो अम्बेडकरी सेना को जोड़ने वाली है। डॉ. अम्बेडकर की सभी पद्धतियों के आन्दोलन देखें, सामाजिक, राजनीतिक, सांस्कृतिक, जो भी कुछ उन्होंने किया और जो कुछ लिखा वह सब आप देखें तो ध्यान में आएगा कि इस देश पर उनका काफी प्रेम था। इस देश में हर बात के लिए उन्हें तकलीफ सहनी पड़ी। उन्होंने कभी दुष्ट भावना से काम नहीं किया। इतने बड़े और अच्छे नेता थे अम्बेडकर। अच्छे विचारों का मार्गदर्शक हमें मिला तो भी हम अंधे जैसा व्यवहार करते हैं। फिर से नये की प्रतीक्षा करते हैं। यह किसलिए? सब कुछ हमारे पास है। हमें फिर से जागना चाहिए। जनता इतिहास बदलती है। ऐसा आज तक का इतिहास है। पढ़े लिखे लोगों को समस्याओं का हल करना चाहिए। जातिवाद धार्मिक पद्धति से छूटने वाला नहीं है। अस्पृश्यता का प्रश्न तो धर्म के स्तर पर कभी भी छूटने वाला नहीं है। धर्मांतर के बाद कितने नये कॉन्शसनेस तैयार हुए। इसे किसी को तो देखना चाहिए। बुद्ध धर्म के प्रचार के लिए यहाँ कहीं भी सेंट्रल केन्द्र नहीं है। संस्था नहीं है। सेंट्रल इन्स्टीट्यूट कभी भी नहीं है। भिक्षु संघ है, उसकी रचना गणराज्य टाइप है। मनुष्य के इतिहास के ट्राईज का जो काल है। उस काल की वह गणसंप्रदाय की कल्पना है। उस काल की जो भिक्षू पद्धति है वह आज नहीं चलेगी। आज विश्व बदल गया है। नयी पद्धति से कुछ बातें क्रिएट करनी चाहिए और उसका प्रसार करना चाहिए। अपने सेंट्रल इंस्टीट्यूट चाहिए और सर्वसामान्य मनुष्य के प्रश्न और जीवन के प्रश्नों की मुठभेड़ करें ऐसा भिक्षू के संघ का काम चाहिए परन्तु ऐसा यहाँ दिखाई नहीं देता। इस कारण मुझे लगता है कि धर्मांतर के पच्चीस वर्ष के बाद जो लोग हम देखते हैं वे फिर से ईश्वर, धर्म, पूजा, करने लगे हैं। अब लोगों ने नया काम शुरु किया है। बुद्ध के आगे नारियल चढ़ाना, धूपबत्ती, अगरबत्ती लगाना शुरू किया है। यह क्या है? अम्बेडकर के बाद उन्होंने किए हुए धर्मांतर का अन्वयार्थ लगाने वाले व्यक्ति आज नहीं के बराबर है। अम्बेडकर का चरित्र जिस व्यक्ति ने लिखा धनंजय कीर उनके दो हीरो हैं। एक सावरकर हैं। सावरकर के जीवन का प्रथमार्थ जो है अत्यंत विज्ञाननिष्ठ

है। बाद में ट्रेडिशनल है। उनके हीरो अम्बेडकर भी हैं और सावरकर भी। ओरिजनल अम्बेडकर उनके चरित्र लेखन में आते ही नहीं।

दलित अभ्यासकों को इस क्षेत्र में शोध करना चाहिए। तो ऐसा है पैन्थर का इतिहास। वैसे देखा जाए तो पॉलिटीकल मैच्योरिटी न होते हुए भी, कुछ अनुभव न होते हुए भी हमने बहुत काम किया है। आगे पैन्थर में काफी कुछ होता रहा। विशेषतः सुपरस्ट्रक्चर के आन्दोलन तुरन्त खड़े रहे। नामपरिवर्तन की बात लीजिए किसी वस्तु को अम्बेडकर का नाम दिया तो वह बड़ी हो जायेगी ऐसा नहीं। इस कारण पार्लियामेंटरी पद्धति से आपको प्रश्न छुड़वाने हैं तो मनुष्य बल आपके पास होना चाहिए और एस्टीमेट पद्धति से जाना है तो स्टेट को चुनौती देनी पड़ेगी। कंधे पर बंदूक लेकर तथा शिक्षा के अस्त्र का उपयोग कर। अम्बेडकर का दर्शन है, वह जाग्रत मनुष्य का तत्त्व दर्शन है। वह टूटना नहीं चाहिए। ब्लडसेड का उन्होंने तिरस्कार किया था। खून खराबा न करते हुए कुछ चेंज करने आते हैं क्या? अम्बेडकर के निर्वाण के बाद लोगों का पोलरायजेशन होना चाहिए वह किसी ने नहीं किया। दलित पैन्थर ने काफी काम किया। उसने मात्र ग्रुप के प्रेशर के नाते काम किया। प्रश्नों पर काम नहीं किया। इन प्रश्नों पर काम करना है तो मनुष्यबल चाहिए। सभी अनटचऐबल्स को इकट्ठा करना और सवर्णों में जो ऐसे हैं, जिनकी रोटी का प्रश्न दलितों जैसा है। ऐसे सवर्णों को साथ लेकर जो क्रिया होनी चाहिए, वह होने के सिवाय पार्लियामेंटरी राजनीति में हमारी कीमत नहीं बढ़ेगी। हमारा प्रतिनिधित्व नहीं बढ़ेगा अथवा क्रान्तिकारी पद्धति से जाने का निश्चय करें तो भी वहाँ मनुष्य बल के अभाव में जा नहीं सकते। इस दृष्टि से आगे विचार करना महत्त्वपूर्ण है। ऐसा नहीं किया तो हमारी प्रगति कभी भी नहीं होगी। आज नहीं तो कल कोई न कोई यह विचार करेगा। आज तक का इतिहास ऐसा ही है और आज तक के मनुष्य का इतिहास भी ऐसा ही है कि मनुष्य को जो कठिन लगता है उसे वह फेंक देता है। उसके जीने के लिए जो उपयोगी है, वह उसे स्वीकार करता है। यह सबसे महत्त्वपूर्ण बेसिक स्थायी भाव मनुष्य का है। मैं उस बारे में काफी आशावादी हूँ।

आज दलित आन्दोलन का कम्युनिस्टिक होना अथवा सोशलिस्टिक होना ये बातें एक ओर रखकर सबसे पहले मनुष्य बल कैसे जोड़े इसे देखना चाहिए। साथ ही साथ रचनात्मक कामों से उसे जोड़ना चाहिए। दलित पैन्थर का नुकसान हुआ, इसका कारण यह है कि हमने प्रेशर की पॉलिटिक्स का काम ज्यादा किया। रचनात्मक काम किया ही नहीं, क्योंकि आज हमारे बीस प्रतिशत शिक्षित लोग सरकारी नौकरियों में हैं तो पाँच प्रतिशत लोग क्लास वन में हैं। डेढ़ प्रतिशत लोग क्लास दो में हैं। तेरह-चौदह प्रतिशत लोग क्लास तीन में हैं और चौंतीस प्रतिशत लोग क्लास चार में है अर्थात् आप इसके पूर्व में भी वहीं थे, आज भी वहीं हैं, झाड़ू लगाने वाले। तो इन सभी बातों पर अत्यंत गम्भीरता से विचार होना चाहिए।

दलित पैन्थर के उदय का इतिहास

•

प्रह्लाद चेंदवणकर

मेरे काव्य-संग्रह 'आर्डर... आर्डर' के लिए विजय तेंदुलकर द्वारा प्रस्तावना लिखने के पूर्व मैं अपना मनोगत लिखकर मुक्त हुआ था। 'नवाकाळ' इस दैनिक के सम्पादक नीलकंठ खाड़िलकर ने अपने अग्रलेख में मेरे मन की बात के कुछ वाक्य मेरे सामने रखकर मुझसे पूछा था-वाह, क्या आप भी दलित पैन्थर के संस्थापकों में से एक हैं? तो फिर, आप अब भी चुप क्यों हैं? बोलिए, सन् 1972 में, दलित युवकों द्वारा स्थापित दलित पैन्थर के मूल संस्थापक कौन-कौन थे? दलित पैन्थर की स्थापना के मूल में कौन से कारण, ध्येय, उद्देश्य और तत्त्व थे? क्या दलित पैन्थर सिर्फ एक बाढ़ थी? आगे चलकर दलित पैन्थर के अनेक टुकड़े हुए, वे (टुकड़े) क्यों, और किसने किए?

इन सभी प्रश्नों के उत्तर अनेक लोग अनेक तरीके से दे सकेंगे, मैं भी अपने तरीके से उत्तर देने का प्रयास करने वाला हूँ।

लेकिन उपर्युक्त प्रश्नों के उत्तर देने वाले को एक बात टालकर नहीं चलेगी कि दलित पैन्थर की स्थापना के मूल बीज दलित साहित्य के आन्दोलन में छिपे हैं। इतना ही नहीं तो जो कोई भी दलित पैन्थर के मूल संस्थापक कहलाते हैं, उनमें से निन्यानबे प्रतिशत लोग 'दलित साहित्यिक' हैं। इसका अर्थ ऐसा भी नहीं कि, उस समय के सभी दलित साहित्यकार दलित पैन्थर के मूल संस्थापक थे, क्योंकि उस संघर्ष में 'आप लड़िये, हम आपके कपड़े सँभालेंगे', इस प्रवृत्ति के कुछ दलित साहित्यकार भी थे।

कहने का मुद्दा यह कि, दलित पैन्थर के उदय के मूल के कारण, उद्देश्य और प्रेरणा खोजनी हो तो, उसके लिए प्रथम दलित साहित्य के आन्दोलन का पूर्ण रूप से जायजा लेना पड़ेगा, उसके अलावा कोई विकल्प नहीं है।

इस प्रकार का जायजा लेने के लिए सन् 1958 से 1972 इन बारह वर्षों की कालावधि में दलित साहित्य की यात्रा और इतिहास की जानकारी प्राप्त करनी होगी। लेकिन यह जानकारी हासिल करते समय डॉ. बाबासाहब अम्बेडकर द्वारा चलाया गया मानव मुक्ति के आन्दोलन को भुलाया नहीं जा सकता, क्योंकि अम्बेडकरी आन्दोलन

अगर नहीं हुआ होता तो दीन-दलित पददलित व्यक्तियों को ज्ञान का प्रकाश ही दिखाई नहीं दिया होता।

कहने का मुद्दा यह है कि दलित युवकों का साहित्यकार बनने के पहले साक्षर होना जरूरी था और इस प्रकार का अवसर प्राप्त होना भी उनके लिए बेहद जरूरी था।

वैसा मौका डॉ. बाबासाहब अम्बेडकर ने ही सन् 1954 में 'पीपल्स एजुकेशन सोसायटी' की स्थापना कर, उस सोसायटी के बैनर तले मुंबई में सिद्धार्थ कॉलेज और औरंगाबाद में मिलिंद कॉलेज खोलकर, दलित युवकों के लिए ज्ञान-विज्ञान के द्वार पूरी तरह से खोल दिए।

सिद्धार्थ और मिलिंद कालेज में सैकड़ों दलित युवक शिक्षा ग्रहण करने लगे, स्नातक, द्विस्नातक होने लगें, शेरनी का दूध पीकर बाहर निकालने लगे। इन युवकों ने खुद के माता-पिता, रिश्तेदारों का दुख, दैन्य, दरिद्रता अपनी आँखों से देखा था, कानों से सुना था, इतना ही नहीं तो स्वयं उसे भोगा भी था, अनुभव किया था, उसके जहर को पचाया था। उस दुख की दाहकता को वे जानते थे। इसलिए ही उस दुख, दरिद्रता एवं अन्याय के विरुद्ध उनका खून खौलने लगा था। मन सुलगा हुआ था। यहाँ की जातिवादी विषमता की सामाजिक व्यवस्था की विषबेल को समूल उखाड़ फेंकने के लिए उनका मन बेचैन हुआ था, क्योंकि यही लोग उनके उत्पीड़न और दुख के मूल कारण हैं, यह बात अम्बेडकरी आन्दोलन ने उनको सिखाई थी।

ऐसे शिक्षित बेचैन, विद्रोही युवकों का मन अपनी वेदनाओं को, संवेदनाओं को, कथाओं और व्यथाओं को शब्दबद्ध करने के लिए छटपटा रहा था।

ऐसे वक्त दलित-बौद्ध समाज के प्रतिष्ठित नेता और 'पीपल्स एजुकेशन सोसायटी' के वर्तमान सदस्य सचिव घनश्याम तळवटकर सामने आएँ, क्योंकि वे स्वयं साहित्यिक थे, कवि थे, उस दौर के नाटकों में उन्होंने किरदार भी अदा किए थे।

उस वक्त उनके केबिन में आयोजित बैठकों में बाबूराव बागूल, प्रो. यादवराव गांगुर्डे, प्रो. रमाकांत यादव, कवि चोखा कांबळे, दिनेश लखमापुरकर आदि लोग नियमित रूप से उपस्थित रहा करते। निग्रो साहित्य के अध्ययनकर्ता और महान विचारक डॉ. म. ना. वानखडे भी कभी-कभार वहाँ आया करते। वे औरंगाबाद के मिलिंद कॉलेज में प्राचार्य थे। इन सभी की भेटगाँठ के फलस्वरूप 'आकार' नामक दलित कवियों के एक प्रतिनिधि काव्य-संग्रह ने आकार ग्रहण किया।

घनश्याम तळवटकर द्वारा स्थापित किये गये 'दलित साहित्य संघ' की ओर से समारोह का आयोजन मुंबई के मोरबाग रोड स्थित बंगाली हाईस्कूल के हॉल में तत्कालीन सांसद बी. सी. कांबळे की अध्यक्षता में 2 मार्च, 1958 को किया गया। घनश्याम तळवटकर इस समारोह के स्वागताध्यक्ष थे। सुप्रसिद्ध उपन्यासकार शाहीर अणणाभाऊ साठे समारोह के उद्घाटनकर्ता थे।

'पृथ्वी' शेषनाग के माथे पर टिकी हुई नहीं है, बल्कि वह दलितों की हथेली पर टिकी है' ऐसा क्रान्तिकारी विचार उद्घाटनकर्ता होने के नाते अण्णाभाऊ साठे ने लोगों के समक्ष रखा।

सन् 1967 में घनश्याम तळवटकर की अध्यक्षता में स्थापित हुई महाराष्ट्र बौद्ध साहित्य सभा की ओर से 16 और 17 दिसंबर को दादर के मुंबई मराठी ग्रन्थ संग्रहालय के सभागार में साहित्य सम्मेलन आयोजित किया गया था। प्रस्तुत साहित्य सम्मेलन के अध्यक्ष थे प्राचार्य म. भ. चिटणीस और स्वागताध्यक्ष थे घनश्याम तळवटकर।

प्रस्थापित मराठी साहित्य को नकारने वाले विद्रोही कथाकार बाबूराव बागूल उस समय चर्चा में थे उनके 'जब मैंने जाति चुरायी' और 'मृत्यु सस्ती हो रही है' इन कहानी संग्रहों ने मराठी साहित्य के क्षेत्र में खलबली मचा दी थी।

आज तक मराठी साहित्य ने जिनकी ओर कभी ध्यान नहीं दिया था उनके व्यापक जीवन की वह कथा, व्यथा और वेदना थी, वह उनका आक्रोश भी था।

हृदय लहूलुहान करा देने वाली ये कहानियाँ पढ़कर पढ़ा-लिखा दलित युवक बेचैन हो रहा था। उसी प्रकार महाराष्ट्र के कोने-कोने में सैकड़ों, हजारों युवक बेचैन हैं, इसका एहसास मराठी साहित्य को सन् 1971 में महाड में संपन्न हुए बौद्ध साहित्य सम्मेलन के वक्त हुआ।

इस साहित्य सम्मेलन के अध्यक्ष बाबूराव बागुल थे। उन्होंने अध्यक्षीय वक्तव्य में दलित साहित्य को ठोस दिशा प्रदान की, इतना ही नहीं उन्होंने दलित इस जाति वाचक शब्द को एक नया और व्यापक अर्थ भी प्रदान किया, ऐसा कम-से-कम मुझे तो लगता है।

बाबूराव बागूल के अध्यक्षीय वक्तव्य का महत्त्वपूर्ण अंश मैं यहाँ उद्धृत कर रहा हूँ।

बाबूराव बागूल कहते हैं –

'व्यक्ति' दलित साहित्य का केन्द्र बिंदू है। यह व्यक्ति अन्याय, अत्याचार, शोषण और पीड़ा के विरुद्ध न्याय माँगने वाला है। वह तमाम समाज परिवर्तन की माँग करने वाला है। यानी वह सर्वांगीण क्रान्ति का जयघोष करने वाला है। वह समता, स्वतन्त्रता, विश्वबंधुता और सम्यक क्रान्ति का हिमायती है। उसका दुश्मन हिन्दुओं के धर्मग्रन्थों में अर्थात् वेद और पोथियों-पुराणों में छुपा है। वह अदृश्य है। उसको ढूँढ़कर निकालना चाहिए। उस पर कठोर प्रहार करना चाहिए, क्योंकि उसने ही निर्माण की है, यह चातुर्वण्याधिष्ठित विषम समाज व्यवस्था और इस विषम समाज व्यवस्था से ही जन्मी है 'जाति'। यह 'जाति' है मनुष्य के हृदय में। उसे वहाँ से निकालना है तो मनुष्य का मन परिवर्तित होना आवश्यक है और इसलिए ही जिन धर्मग्रन्थों और पोथियों-पुराणों ने समाज में जातीयता की विषबेल बिजायित किया है, उन धर्मग्रन्थों की विचारपूर्वक खबर लेनी चाहिए।"

बागूल के उपरनिर्दिष्ट भाषण ने मेरे जैसे अनेक शिक्षित दलित युवकों को प्रभावित कर दिया।

इसी सम्मेलन के एक परिसंवाद में डॉ. म. ना. वानखडे ने अमेरिका के नीग्रो साहित्य के बारे में बताया। यह जानकारी कम-से-कम मैं तो पहली बार ही सुन रहा था।

अमेरिका में गोरी चमड़ी का व्यक्ति उसी देश के कृष्णवर्णीय नीग्रो व्यक्ति के साथ पशु से भी हीन बरताव करता है, इसकी विस्तार से जानकारी देकर डॉ. वानखडे ने भारत के अस्पृश्यों को सवर्ण हिंदुओं द्वारा मिलने वाले अमानवीय बरताव का, नीग्रो समस्या साथ कैसा साम्य है, इसे तुलनात्मक रीति से बतलाकर विश्वास लिया कि अमेरिका के कृष्णवर्णीय नीग्रो द्वारा निर्माण किए गए नीग्रो साहित्य का भारत के अस्पृश्यों द्वारा निर्माण किये गये दलित साहित्य से किस प्रकार का करीबी रिश्ता है। इस बात को भी उन्होंने उदाहरण सहित विशद किया।

अमेरिकी नीग्रो व्यक्ति अब जाग्रत हुआ है। अन्याय के विरुद्ध विद्रोह कर उठा है। 'कृष्ण वर्ण है सौंदर्य का प्रतीक है' (Black is beautiful) ऐसी घोषणा देकर वह अपने न्याय के लिए, सत्ता, सम्पत्ति और प्रतिष्ठा हासिल करने के लिए गौर-वर्णीय अमेरिकियों के विरोध में सर पर कफ़न बाँधकर सड़क पर उतरा है उसने क्रुद्ध नीग्रो युवकों का 'ब्लैक पैन्थर' यह लड़ाकू संगठन स्थापित किया है। वह लिख भी रहा है और लड़ भी रहा है। दलित साहित्यकारों को भी शायद उसी राह से जाना पड़े, ऐसी सूचना भी डॉ. म. ना. वानखडे ने उस समय दी थी।

इसी परिसंवाद में बोलते हुए मराठी साहित्य के आलोचक वा. ल. कुलकर्णी ने भी एक बहुत ही महत्त्वपूर्ण बात बतलायी वह यह कि, दलित साहित्य का निर्माण होते समय पारंपरिक मराठी साहित्य की इमारत में दरारें पड़ गयी तो भी कोई आपत्ति नहीं है, क्योंकि वैसी दरारें पड़ना अनिवार्य है। लेकिन फिर भी सभी को मिलकर दलित साहित्य का उत्स्फुर्तता से स्वागत करना चाहिए।

महाड के दलित साहित्य सम्मेलन के समापन के बाद मुंबई, पुणे, नासिक, औरंगाबाद, नागपुर, नांदेड आदि स्थानों से आए दलित साहित्यकार अपने-अपने ठिकानों पर बेचैन मन से ही लौटे। लगभग उसी समय महाराष्ट्र के अनेक देहातों में दलितों पर होने वाले अमानवीय अन्याय-अत्याचारों की खबरें मुंबई के समाचार-पत्रों में हर रोज छपकर आया करती थी। पुणे के करीब 'बावडा' गाँव में गाँव वालों ने दलित बौद्धों का बहिष्कार कर दिया था।

मराठवाड़ा के एक गाँव में एक दलित महिला को नग्न करके उसका जुलूस निकाला गया था।

नागपुर से पच्चीस किलोमीटर दूर स्थित एरणगाँव में रामदास नारनवरे इस बौद्ध युवक माता-पिता और पत्नी को जबरदस्ती खींचकर ले जाया गया और देवी माता के सामने उसकी नरबलि दी गयी।

उपरोक्त खबरों को पढ़कर और सुनकर युवा दलित साहित्यकारों के सिर भड़क उठे। कनपटियाँ गर्म होने लगी और उनके अंतस की आग कलम से निकलने वाले शब्दों के जरिये व्यक्त होने लगी थी। ये शब्द बंदूक से निकली गोलियों की तरह अपने दुश्मनों को निशाना बना रहे थे। उस समय लिखी गयी अधिकांश दलित कविताएँ, कहानियाँ और लेख दलित समाज की प्रक्षुब्ध भावनाओं का कोलाहल था। डॉ. बाबासाहब अम्बेडकर के महापरिनिर्वाण के पश्चात् बिखरा हुआ दलित समाज फिर से एक बार एकजुट होकर अन्याय-अत्याचार के खिलाफ बगावत करने के मिजाज तक पहुँच गया था।

वह देख रहा था भारतीय रिपब्लिकन दल के नेताओं की ओर, लेकिन वे तो अपने-अपने स्वतन्त्र खेमों में बँट चुके थे। उनके मुख पर त्रिशरण थे, परन्तु वास्तव में वे महज अपने-अपने नाम के बैनर लेकर चलते हुए उदरभरी बने हुए ही दिख रहे थे।

संयुक्त महाराष्ट्र समिति के टिकट पर चुनाव लड़ते हुए जो रिपब्लिकन नेता 'कांग्रेस जलता मकान है, ऐसा बाबासाहब अम्बेडकर ने कहा है' ऐसा जनता को आग्रहपूर्वक कह रहे थे, वे नेता, समिति की टूट-फूट होने पर, कांग्रेस के उसी जलते मकान में नरम गद्दीवद्दियों पर लुढ़कते हुए दिखाई दे रहे थे और हम कैसे सही जगह पर हैं, इसका व्यवहारवादी तात्विक विश्लेषण भी अत्यंत मासूमियत से करते हुए दिखाई दे रहे थे।

इसी सन्दर्भ में 5 सितंबर, 1972 को मुंबई के 'नवा काळ' दैनिक में तत्कालीन सांसद आर. डी. भंडारे का एक भाषण छपकर आया था वह अत्यंत मार्मिक है- 'बाबासाहब के ध्येयवाद को कृति में उतारने के साधन के रूप में हमने कांग्रेस में प्रवेश किया है।' ऐसा वक्तव्य सांसद आर. डी. भंडारे ने दादासाहब रूपवते के सत्कार समारोह में दिया।

उन्होंने कहा, "रिपब्लिकन दल में सम्मानजनक स्थान नहीं मिल पाया इसलिए दादासाहब ने कांग्रेस में प्रवेश किया यह समझ साफ़ गलत है।"

आगे उन्होंने ऐसा भी कहा, "बाबासाहब का ध्येयवाद अमल में लाने के लिए रिपब्लिकन दल यह साधन बहुत ही अपर्याप्त है। सत्ता हासिल करना इस दल को सम्भव नहीं और सत्ता के सिवाय ध्येय साध्य नहीं किया जा सकता। इसलिए हमने साधन बदल दिया, साध्य नहीं।"

है न मुँहतोड़ जवाब? (यह वाक्य मेरा है।)

कांग्रेस प्रवेश को लेकर ऐसी डींगे हाँकने वाले यही नेता, तत्कालिन मंत्री महोदय शंकर पाटिल के भाई-शहाजी पाटिल द्वारा अपने गाँव बावडा में दलित बौद्धों पर जो

बहिष्कार हुआ था, उसके विरोध में मुँह से चूँ तक प्रकट नहीं कर रहे थे। यह देखकर दलित साहित्यकार क्रुद्ध होकर उनके विरोध में स्पष्टता से बोल रहे थे। लिख रहे थे। लगभग इसी समय बाबूराव बागूल ने 'आम्ही' सामाजिक 'पीपल्स एजूकेशन सोसायटी' के घनश्याम तळवटकर की मदद से शुरू किया था। 'आम्ही' का पहला अंक सही मायने में ठसाठस भरा हुआ एक दीपावली का अंक था। इसी अंक में मेरी 'एक कप चाय का' यह आगे बहुत मशहूर हुई कविता प्रकाशित हुई थी।

वडाळा में अम्बेडकर कॉलेज के सिद्धार्थ छात्रालय में 'आम्ही' का कार्यालय सजाया गया था। वहाँ हम सभी होनकार युवा साहित्यिकार इकट्ठा होने लगे। बाबूराव बागूल के साथ चर्चा करने लगे। इस चर्चा में मैं स्वयं, उमाकांत रणधीर, नामदेव ढसाळ, राजा ढाले, अर्जुन डांगळे, दया पवार, ज. वि. पवार, आदि बहुत से युवक सम्मिलित हुए थे।

लगभग उसी समय मैं अपनी हैसियत के मुताबिक समाजिक कार्य कर ही रहा था। मैं जिस गोदी में नौकरी करता था, मैंने वहीं 'शेड्यूल्ड ट्राइब वेलफेयर एसोसिएशन' नामक संस्था स्थापित की थी और मैं उस संस्था के 'महासचिव' के रूप में कामकाज देख रहा था।

उसी प्रकार मैं ही हमारे विकास में चर्मकार समाज के एक कार्यकर्ता श्री. पुगांवकर द्वारा स्थापित किये गये गटई कामगार संगठन का भी महासचिव था। मुझे गटई कामगारों के संगठन का काम करता देखकर 'ये साला बौद्ध है या चमार?' ऐसा कुत्सित सवाल लोग मेरी पीठ पीछे किया करते थे। लेकिन इस सवाल पर मुझे गुस्सा आने के बजाय उन सवालकर्ताओं पर ही दया आने लगी थी। लेकिन मैं जब-जब विचार करता गया, तब ऐसे सवाल करने वाले लोगों का कोई दोष न होकर, दोष अगर होगा ही तो, वह यहाँ की सामाजिक व्यवस्था का है, इसकी मुझे गारंटी हो गयी, क्योंकि यहाँ की समाज व्यवस्था ने जहाँ हमारे महान संत और महापुरुषों को भी जातियों में बाँटा हो, वहाँ मेरे जैसा आम कार्यकर्ता कैसे छूट सकता है?

यह सब बतलाने का कारण यह है कि, मुझे चर्चा के चरखे में अटकलों की अपेक्षा फील्डवर्क में अधिक रुचि थी।

बाबूराव बागूल को भी जब इसका एहसास हुआ, तब 'आम्ही' के सहसम्पादक का दायित्व उन्होंने मुझे सौंपा। मैंने भी खुशी से इस दायित्व को स्वीकार किया। 'आम्ही' के बहाने दलित और प्रगतिवादी साहित्यकारों से परिचय होने लगा, उसमें चर्चा करने के अवसर मिलने लगे।

हम सभी लोग छात्रालय की कैन्टीन में, तो कभी नायगाँव के मुंबई मराठी ग्रन्थ संग्रहालय की सीढ़ियों पर, तो कभी दादर बंबखाने के सामने के ईरानी होटल में, तो कभी वा. वी. भट के अभिनव प्रकाशन की बैंचों पर अथवा घनश्याम तळवटकर की प्रशस्त कैबिन में नयी कविताओं पर, नयी कहानियों-उपन्यासों पर चर्चा किया करते

थे। समाचार-पत्रों में छपकर आने वाली अन्याय-अत्याचार की खबरों को लेकर जोर शोर से बोला करते थे। लेकिन प्रत्यक्ष कुछ कृति की जाये, ऐसे विचार रखते थे।

दादर बंबखाने के सामने वाले ईरानी होटल में देर रात तक बाबूराव बागूल लिखते हुए बैठा करते थे। हम हमेशा वहाँ जाया करते थे। वहीं पर कवि नारायण सूर्वे, प्रो. नेरूरकर, डॉ. सदा कहाडे, कवि श्रीकृष्ण पोवळे, सतीश काळसेकर और विजय तेंदुलकर आदि साहित्यिकार आया करते थे। सर्वांगीण और सम्यक क्रान्ति के विषय से लेकर आज के ताजे दम के कवियों की कविताओं तक तमाम विषयों पर घंटों चर्चाएँ चलती।

एक दिन, इसी ईरानी होटल में बैठकर हम दलित साहित्यकारों ने तत्कालीन मुख्यमंत्री वसंतराव नाईक की सरकार को आगाह करने वाला 'पहला' सख्त पत्रक निकाला यही पत्रक आगामी दलित पैन्थर के आन्दोलन का आगाज सिद्ध हुआ।

इस पत्रक में हम दलित साहित्यकारों ने महाराष्ट्र सरकार को आगाह किया था कि, देहातों में उच्चवर्गीयों की ओर से दलित समाज पर होने वाले अमानवीय अन्याय-अत्याचार को अगर सरकार तुरंत कार्रवाई करके नहीं रोकेगी तो हम दलित साहित्यकारों को कलम छोड़कर हाथ में हथियार उठाने पड़ेंगे और उसके अंजामों की सारी जिम्मेदारी सरकार पर रहेगी।

उपरोक्त पत्रक पर राजा ढाले, नामदेव ढसाळ, प्रह्लाद चेंदवणकर, अर्जुन डांगळे, उमाकांत रणधीर, ज. वि. पवार, रामदास नरोटे ने हस्ताक्षर किये थे।

उस दिन बाबूराव बागूलदादर नहीं आये थे इसलिए उनके हस्ताक्षर लेने के लिए हम सभी माटुंगा स्थित उनके घर गये। उनको हमने पत्रक दिखाया, लेकिन हमारे पत्रक की भाषा बहुत ही सख्त और आक्रामक है, वह थोड़ी सी बदलनी पड़ेगी ऐसा आग्रह उन्होंने किया। हमने उनकी राय को नकारा इस कारण बाबूराव बागूल ने उस पत्रक पर हस्ताक्षर करने से मना कर दिया, तब उस पत्रक पर बाबूराव बागूल के हस्ताक्षर लिये बगैर ही हम सभी गुस्सा होकर उनके घर से बाहर आये और नवा काळ, लोकसत्ता, महाराष्ट्र टाइम्स, नवशक्ति आदि अखबारों की कचहरियों की ओर निकल पड़े। वह पत्रक बाद में अनेक अखबारों में छपकर आया।

हम केवल वह पत्रक छापकर ही नहीं रुके।

हमने वड़ाळा के सिद्धार्थ छात्रालय के दलित छात्रों की सहायता से 15 अगस्त, 1971 के दिन मुख्यमंत्री वसंतराव नाईक के मलबार स्थित निवास पर जुलूस निकालने का निर्णय लिया और उस दृष्टि से तैयारी भी करने लगे। मैं खुद और ज. वि. पवार मिलकर कुलाबा के ससून हॉल की करीबी दलित बस्तियों से लेकर फलटन रोड पुलीस स्टेशन के पास के रमाबाई अम्बेडकर नगर तक की दलित बस्तियों तक, भूख-प्यास भूलकर छोटी-मोटी सभाएँ लेते गये, देहात में होने वाले अन्याय-अत्याचार के खिलाफ़ उनके दिलों में आग पैदा करते गये। वड़ाळा के अॅन्टॉप विलेज, बाप्टी रोड,

कामठीपुरा की ढ़ोर चॉल, ताडदेव स्थित उषाकिरण इस ऊँची इमारत की तलहटी में बसी झोपड़पट्टियों में ज. वि. पवार, उमाकांत रणधीर, रामदास सोरटे, अर्जुन डांगळे, नामदेव ढसाळ, राजा ढाले और मैं देर रात तक भाषण दिया करते थे। 15 अगस्त के जुलूस में बड़ी संख्या में लोग शामिल हों इसलिए हम कोशिश कर रहे थे।

ठोर चॉल में रहने वाले रामदास सोरटे के पिता किसी यूनियन के कार्यकर्ता थे। उनके घर पर एक माईक और एक भोंपू था। ये दो वस्तुएँ लेकर रामदास सोरटे सभा स्थल पर हम सभी लोगों से पहले हाजिर हुआ करता था। किस दिन, कहाँ पर और कितने बजे सभा है इसकी एक सप्ताह तक की समय तालिका हम पहले ही तैयार करके रखा करते थे।

इस प्रकार हममें से हरेक ऐसा भूतों की तरह जनजागरण के लिए हाथ-पाँव मार रहा था। लेकिन ऐसी कोशिश करते समय, अपनी जेब से पैसे खर्च हो रहे हैं, भूखा भी रहना पड़ रहा है, इसकी फिक्र किसी को नहीं थी। किसी भी तरह से लोगों के सामने हम हाथ नहीं फैलायेगें, यह हमने मन में तय किया था, क्योंकि बाबासहब अम्बेडकर के महापरिनिर्वाण के पश्चात् रिपब्लिकन दल की सभी इकाइयों ने किसी न किसी बहाने दलितों से पैसों की लूट-खसोट की थी, और उसका किसी भी प्रकार का हिसाब न देते हुए उसे हजम भी किया था। इस कारण ही उन नेताओं ने लोगों का विश्वास गँवाया था।

15 अगस्त, 1971 के दिन सुबह दस बजे, छात्र युवा संगठन के बैनर तले, वडाळा के सिद्धार्थ छात्रालय से हमारा जुलूस निकला। जुलूस दोपहर दो के आस-पास मालाबार हिल पर आ पहुँचा। इस जुलूस को लेकर जो अपेक्षा की गयी थी उससे कम मात्रा में यानी केवल चार-पाँच सौ लोग ही थे। लेकिन लोगों ने हम युवा कार्यकर्ताओं की अपील को थोड़ा-सा क्यों न हो प्रतिसाद दिया, यह देखकर हमारा उत्साह दुगुना हो गया।

"इस जुलूस की खबर 'नवाकाळ' छापेगा?" मुझसे राजा ढाले ने पूछा, "क्यों नहीं छापेगा? 'नवाकाळ' हमारा ही अखबार है।" मैंने आत्मविश्वास के साथ जवाब दिया, क्योंकि उस समय 'नवाकाळ' के उपसम्पादक दत्ताराम बारस्कर के साथ मेरी अच्छी दोस्ती थी।

जिस पददलित व्यक्ति तक प्रसिद्धी का झरोखा अब तक नहीं पहुँचा है, उन तक वह पहुँचना चाहिए 'नवाकाळ' दैनिक की इस नीति से मैं परिचित था। इसलिए जुलूस का समापन होने के बाद राजा ढाले को लेकर मैं 'नवाकाळ' की कचहरी में गया। निळुभाऊ खाडिलकर से राजा ढाले का परिचय करा दिया।

"दलित युवकों के आन्दोलन को मैं जरूर छापूँगा, आप अपने जुलूस की खबर मुझे लिख कर दीजिए।" खाडिलकर ने हमसे कहा।

वैसे हमने जुलूस की खबर खाडिलकर को दे दी और वहाँ से बाहर निकले। 'नवाकाळ' ने उस जुलूस की खबर विस्तृत रूप से छापकर हम दलित युवकों के आन्दोलन को प्रेरणा दी ऐसा कहने में कोई हर्ज नहीं।

15 अगस्त के जुलूस के बाद भी हम लोग सिद्धार्थ छात्रालय के 'आम्ही' के दफ्तर में मिला करते थे। दलित साहित्य के साथ ही दलित आन्दोलन का भी विचार किया करते थे। तकरीबन इसी समय नामदेव ढसाळ का पहला कविता संग्रह 'गोलपिठा' गाजे-बाजे के साथ आया और तमाम महाराष्ट्र में प्रचंड खलबली मचाकर गया।

'गोलपिठा' गाजे-बाजे के साथ आया ऐसा कहने की वजह ऐसी है कि, उसके लोकार्पण समारोह में दुर्गाबाई भागवत और राजा ढाले के बीच तकरार हुई।

हुआ यह कि, 'गोलपिठा' लोकार्पण समारोह की प्रमुख अतिथि थीं, दुर्गाबाई भागवत। 'गोलपिठा' काव्य-संग्रह पर बोलते हुए उन्होंने कहा कि घर में जिस प्रकार संडास बाथरुम की जरूरत होती है, उसी प्रकार समाज स्वास्थ्य के लिए समाज को वेश्याओं की जरूरत होती है। लेकिन इन वेश्याओं को समाज में सामाजिक प्रतिष्ठा मिलनी चाहिए, क्योंकि वह समाज की जरूरत पूरी करती हैं।" दुर्गाबाई भागवत के उपरोक्त कथन की राजा ढाले ने कड़ी निंदा करते हुए अपने भाषण में कहा, "वेश्याओं को सामाजिक प्रतिष्ठा दीजिए; क्योंकि वे समाज की जरूरत पूरी करती है, ऐसा कहने वाली दुर्गाबाई भागवत को वेश्याओं को वेश्या ही रखना है। यह उनका 'पतितोद्धार' है ऐसा जिन्हें लगता है, वे खुद क्यों यह व्यवसाय नहीं करती?" (तालियाँ) ढाले ने आगे ऐसा भी कहा कि, केतकर ने वेश्या व्यवसाय पर एक ग्रन्थ लिखा है। संस्कृत में भी इस विषय पर ग्रन्थ है। प्रतिष्ठित स्त्रियों को यह व्यवसाय करना चाहिए; उसका स्तर बढ़ाना चाहिए, वेश्या विद्वान, सुसंस्कृत हो, ऐसा इन संस्कृत ग्रन्थों में कहा गया है। (तालियाँ ही तालियाँ)

ढाले का पूरा भाषण दुर्गाबाई की ओर मुखातिब होते हुए, बार-बार हाथों से इशारा करते हुए चला था। इस कारण रूसी मेहता सभागार में हास्य और तालियों की बारिश में दुर्गाबाई भागवत का 'एकमात्र' चेहरा देखने लायक हुआ था। उपरोक्त लोकार्पण-समारोह में ढाले का भाषण भाऊपाध्ये ने उनके खास अंदाज और टेडी शैली में लिखकर रविवार के नवशक्ति में प्रकाशित किया और 'राजा ढाले अब वास्तव में नेता बनने वाले हैं' ऐसा भविष्य कथन भी कर डाला। वह भविष्य कथन बाद में तुरंत ही सत्य साबित हुआ।

15 अगस्त, 1972 भारतीय स्वतन्त्रता रजत महोत्सवी दिवस।

लेकिन यह दिन हमने 'काला स्वतन्त्रता दिवस' के रूप में ही मनाने का निश्चय किया, क्योंकि विगत पच्चीस वर्षों के कालखण्ड में गाँव के बाहर की झोपड़ियों में ही घना अंधकार छाया हुआ था। दलितों का दुख, दैन्य, दरिद्रता अब भी समाप्त नहीं हुई

थी। इसके विपरीत उन पर आपराधिक अन्याय और अत्याचार हो रहे थे। इन अन्याय और अत्याचारों को सहन न करते हुए सीना चौड़ा कर, जान पर खेलकर, अन्याय-अत्याचार का कड़ा मुँहतोड़ मुकाबला किया जाना चाहिए, इस विचार का प्रचार और प्रसार करने के लिए अँधेरे में सड़ रहें, विवश हुए दलित युवकों की कलाई में ताकत और छाती में हिम्मत लाने के लिए बगावत करना हमको जरूरी महसूस हो रहा था।

15 अगस्त, 1972 के स्वतन्त्रता दिवस पर दलित बस्तियों में काली झंडियाँ और दलित युवक अपनी शर्ट पर काला फीता लगा ले, ऐसा प्रचार करने के लिए हम तमाम इलाकों में प्रचार सभाएँ करते हुए घूम रहे थे। 'साधना' साप्ताहिक के सजग पत्रकार डॉ. अनिल अवचट को हमारे इस 'काले स्वतन्त्रता' दिवस की गंध पुणे में आयी और सनसनीखेज विशेषांक की तैयारी दिमाग में रखकर, वे मुंबई आकर सिद्धार्थ छात्रालय में हमसे मिले।

डॉ. अवचट ने उनका मनोदय हमें बतलाया और हमारे सामने लेखन सामग्री की माँग रखी। हमने उनको लेखन सामग्री देने की बात मंजूर की, लेकिन हमने एक शर्त रखी कि, हमारे द्वारा दी गयी सामग्री में थोड़ा भी उलटफेर न करते हुए छापा जाए।' हमारी शर्त डॉ. अनिल अवचट ने तुरंत मंजूर कर ली।

हम में से प्रत्येक ने अपनी-अपनी हैसियत के अनुसार डॉ. अवचट को लेखन सामग्री दी।

इसी दरमियान मुझ पर एक अत्यंत दुखद घटना आ पड़ी, मेरे पिता नाम मलू सोंडे को लकवा मार गया। उनको वडाळा के बी. पी. टी. अस्पताल में भर्ती कर दिया गया। उनको बिस्तर से हिलते और बैठने भी न बनता। उनकी वाणी भी चली गयी। चौदह और पंद्रह अगस्त को उनकी हालत बहुत ही नाजुक थी और इस कारण मुझे दिनरात उनकी खाट के पास बैठे रहना पड़ा। सोलह तारीख की दोपहर लगभग बारह के आस-पास उनकी प्राण ज्योति बुझ गयी।

मेरे पिता चले गये और मेरे हाथ पाँव ढीले पड़ गये। परिवार का कोई बुजुर्ग आदमी काल के गाल में अचानक समा जाने पर दिल को कितनी असंख्य यातनाएँ होती हैं, सारी दुनिया कैसे उजाड़, उदास और सुनसान लगने लगती है, इसका उस दिन मुझे एहसास हुआ। मेरे पिता मेरा प्रेरणास्रोत थे। 'मेरा लड़का बहुत पढ़ा-लिखा है' इलाके के लोगों से बतियाते हुए मुझ पर वे नाज करते थे। मुझ पर उन्हें ऐसा गर्व करना चाहिए इसलिए मैंने दुनिया से कुछ हट कर दिखाने के लिए बड़ी दृढ़ता से दलित आन्दोलन के घमासान में स्वयं को समर्पित कर दिया था।

15 अगस्त 1972 को स्वतन्त्रता का रजत महोत्सवी दिवस, 'काला दिन' के रूप में बस्तियों में मनाया जा रहा था, लेकिन मेरे पिता काल से टक्कर ले रहे थे। उस दिन मैं पिता के साथ था। लेकिन 16 अगस्त, 1972 के दिन पिता का देहांत हुआ और वह

दिन मेरे परिवार के लिए 'काला दिन' साबित हुआ। 23 अगस्त, 1972 को माझगाँव स्थित मेरे कमरे के सामने वाली खुली जगह में पिता का जलदान विधिवत् संपन्न हुआ।

इस अवसर पर बाबूराव बागूल, ज. वि. पवार, नामदेव ढसाळ, दत्ताराम बारस्कर, दिनेश लखमापुरकर, अर्जुन डांगळे, राजा ढाले, महादेव शिंदे आदि साहित्यिक मित्रों ने मेरे पिता को श्रद्धांजलि अर्पित करने वाले भाषण दिए। जलदान विधि का कार्यक्रम संपन्न होने पर हम सभी माझगाँव डॉक के पास दलित आन्दोलन सम्बन्धी विचार विनिमय करने के लिए जमा हुए। दो-तीन घंटे हम में तू-तू मैं-मैं हुई। ढाले और ढसाळ ने बाबूराव बागूल की नर्म नीति की कड़ी निंदा की। माहौल बहुत ही गर्म हुआ। अंततः बिना फैसले के बैठक समाप्त हुई और हर कोई अपने-अपने घर के लिए निकल पड़ा।

यह सब विस्तार से कहने की वजह ऐसी है कि, 23 अगस्त, 1972 तक तो 'दलित पैन्थर' नाम की कोई भी संस्था किसी ने भी स्थापित नहीं की थी। लेकिन हम जिस दलित युवक गठबंधन नाम से दलित समाज में जनजागरण का कार्य कर रहे थे, उसी युवक गठबंधन का रूपांतर आगे 'दलित पैन्थर' इस लड़ाकू संगठन में हुआ।

उसके बाद ऐसा हुआ कि -

डॉ. अनिल अवचट द्वारा संपादित किये गये 'साधना' साप्ताहिक के स्वतन्त्रता रजत महोत्सवी विशेषांक में उनका सम्पादकीय छोड़ दे तो बाकी सब कुछ दलित साहित्य ही था। इसलिए ही यह विशेषांक 'दलित साहित्य विशेषांक' के रूप में ही अधिक मशहूर हआ, चर्चित हुआ, क्योंकि उसमें दलितों पर गाँव-गाँव में होने वाले अन्याय-अत्याचार के खिलाफ बगावत कर उठे क्रुद्ध दलित युवकों की बुलंद आवाज थी। यह बुलंद आवाज बुलंद करने वालों में राजा ढाले, अर्जुन डांगळे, दया पवार, प्रह्लाद चेंदवणकर ये लोग मुंबई से और त्र्यंबक सपकाळे जैसे मराठवाडा के लोग थे।

कवि त्र्यंबक ने कांबळे की कविता में कहा था,
हे ईश्वर,
तुम्हारे सामने मनुष्यता पर
तुम्हारे चमचों ने
किए हैं बलात्कार
फिर भी तुम मौन, नपुंसक!

....

हम गॉड मेकर!
देते हैं चेतावनी तुम्हें
निग्लिजन्स ऑफ ड्यूटी की,
'युवर सर्व्हिसेस आर नॉट रिक्वायर्ड।'

साधना के रजत महोत्सवी अंक में छपे राजा ढाले के लेख ने एक प्रचंड खलबली मचा दी।

'काला स्वतन्त्रता दिवस' इस लेख के निम्नलिखित मजमून से तमाम महाराष्ट्र की फिरकापरस्त प्रवृत्तियों का दिमाग खौल उठा। यह एक तरीके से अच्छा ही हुआ, क्योंकि इस कारण ही दलितों को 'हरिजन' कहकर सहानुभूति जताने वाले अभिजनों की सहानुभूति फॉकलंड के 'भड्डुओं' की इतनी भी ऊँची नहीं है, यह नंगा सच बाहर आया।

ढाले के लेख का मजमुन कुछ ऐसा था –

'लोगों की सहानुभूति प्राप्त करने के लिए स्वयं को दलित कहलाना अलग और वास्तव में दलित उपेक्षित के रूप में जीना और आन्दोलनों में आगे रहना यह अलग।' ब्राह्मण औरत की साड़ी को गाँव में हाथ नहीं लगाया जाता। हाथ लगाया जाता है वह बौद्ध स्त्री को ही, और इसमें सजा कौन-सी, तो पचास रुपये जुर्माना। साला, राष्ट्रगान का अपमान किया तो तीन सौ रुपये जुर्माना। साला, राष्ट्रध्वज यानी सिर्फ कपड़ा, विशिष्ट रंग में रंगा हुआ प्रतीक। उस प्रतीक का अपमान हुआ तो तीन सौ रुपये जुर्माना, और सोन्रा गाँव की प्रत्यक्ष में जीती-जागती स्त्री की साड़ी उतारने पर पचास रुपये जुर्माना। ऐसे राष्ट्रध्वज का अपमान और ऐसा राष्ट्रध्वज क्या किसी की गाँड़ में डालना है? राष्ट्र लोगों से बनता है। राष्ट्र के लोगों का दुख बड़ा या प्रतीक के अपमान का दुख बड़ा क्या है? हमारी इज्जत की कीमत एक साड़ी की कीमत के बराबर है। इस गुनाह को इसलिए राष्ट्रध्वज के अपमान के लिए होने वाली सजा से कड़ी सजा होनी चाहिए। क्या नपुंसक लोगों में राष्ट्र प्रेम होता है?

उपरोक्त कथन के विरुद्ध सबसे पहले जोरदार हल्ला मचाया वेश्याओं के प्रति सहानुभूति जताने वाली दुर्गाबाई भागवत ने, क्योंकि राजा ढाले ने, उसी लेख में एक जगह दुर्गाबाई भागवत के बारे में लिखा था-'वेश्याओं को सामाजिक प्रतिष्ठा प्राप्त करा दीजिए, क्योंकि वे समाज की जरूरत पूरी करती हैं, ऐसा कहने वाली दुर्गाबाई को वेश्याओं को वेश्या ही रखना है। यह पतितोद्धार है, ऐसा जिनका विचार है वे खुद यह धंधा क्यों न करें?"

अपने बारे में ऐसा गंदा उल्लेख करने वाले राजा ढाले को अच्छी तरह से आड़े हाथों लिया जाये, ऐसा दुर्गाबाई के मन में आना सहज और स्वाभाविक ही था। राष्ट्रध्वज के अपमान को मुद्दा बनाकर ढाले और साधना साप्ताहिक के विरोध में उन्होंने जहर उगलना शुरू किया। बस्स, दुर्गाबाई चिढ़ गयी इसलिए पुणे के अभविपवाले चिढ़ गये, जन संघ वाले भी चिढ़ गये, फिर हम क्यों पीछे रहे, ऐसा कहते हुए कांग्रेस वाले चिढ़ गये और देखा-देखी तमाम पुणे, साधना साप्ताहिक के विश्वस्तों पर और सम्पादक पर टूट पड़ा। 'साधना' पर जुलूस निकाला गया। यदुनाथ थत्ते की प्रेतयात्रा निकाल कर टिटकी जलायी गयी।

इतना सब कुछ होने के बाद यदुनाथ थत्ते जैसा साने गुरुजी का भक्त, बेचारा त्याग-पत्र न दे तो क्या करे? उन्होंने फौरन त्याग-पत्र दे दिया और जो छापना नहीं चाहिए था, गलती से छप गया इसका दायित्व उन्होंने कबूल किया।

लेकिन इतने पर भी सनातनी ब्राह्मणी प्रवृत्तियाँ शांत नहीं हुई, तब सौजन्यमूर्ति (एस. एम.) जोशी को जाहिर माफी माँगनी पड़ी। लेकिन ऐसी माफी माँगते समय उन्होंने फिरकापरस्तियों को थोड़ी बहुत क्यों न हो, कड़ी चेतावनी दी, यह भी कुछ कम नहीं था। (देखिए सन्दर्भ : साधना साप्ताहिक के दि. 15 अगस्त, 1972 से 9 सितंबर, 1972 के अंक)

इस तमाम कहानी की व्याख्या करने का इतना ही कारण है कि जिस उत्साह से, जीवटता और विशिष्ट प्रयोजन से डॉ. अनिल अवचट ने 'साधना' का स्वतन्त्रता रजत महोत्सवी अंक प्रकाशित किया, उसे 'साधना' के ही सम्पादक और विश्वस्तों ने पूर्णतः मटियामेट कर डाला। मानवता का दर्शन करने वाले साने गुरुजी को फिर एक बार उन्होंने बाल-बच्चों के घेरे में कैद कर डाला।

लेकिन कुछ क्रुद्ध, दलित युवकों की बुलंद आवाज, जो तहे दिल से निकली थी, उसे दबाना इतना आसान काम नहीं था।

जिस 'साधना' साप्ताहिक ने दीन-दलितों के और नव बौद्धों के दुखों को, आँसुओं को और आक्रोश को जग जाहिर करने की हिम्मत दिखाई थी उनकी कचहरी पर रूढ़िवादियों द्वारा हमला करना, उनको नेस्तनाबूत करने का प्रयास करना यानी हम दलित साहित्यकारों की या दूसरे रूप में देखा जाये तो तमाम दलित समाज की आवाज हमेशा-हमेशा के लिए दबा देने का प्रयास किया जाना, ऐसा ही इसका अर्थ है। लेकिन हमारी बुलंद आवाज बड़ी आसानी से कोई दबा ही नहीं सकता था। कोई जलता पलिता उलटा करने पर उसकी ज्वाला जैसी दोहरी गति से उफनकर ऊपर आती है, उसी प्रकार दलित युवकों की आवाज परंपरानिष्ठों के दबाव की परवाह न करते हुए ऊपर आयी, आकाश को छूने लगी, क्योंकि प्रत्यक्ष पुणे में जाकर झुंडशाही को करारा जवाब देने के लिए हम मुंबई के सौ-डेढ़ सौ युवक पुणे आ गये।

तड़के सुबह घोषणा देते हुए हम शिवाजीनगर से 'साधना' कचहरी तक पैदल पहुँचे। (वह दिन शायद 3 अथवा 4 सितंबर, 1972 का होगा) उस समय प्रत्येक कार्यकर्ता की कलाई में ताकत, सीने में हिम्मत, आवाज में जोश था। हम 'साधना' की कचहरी में पहुँचे, वहाँ नानासाहब गोरे और यदुनाथ थत्ते ने हमारा स्वागत किया।

थोड़ा-सा नाश्ता और चाय लेने के बाद एक छोटी-सी मीटिंग हमने की और दोपहर साधना कचहरी से सर्किट हाउस तक जुलूस निकालने का निर्णय लिया गया।

इसी के चलते उसी दिन दोपहर के बाद इस ऐतिहासिक जुलूस का प्रारंभ हुआ। यहाँ पर एक बात अत्यंत ठोस रूप से और साफ़-साफ़ बता देनी चाहिए, वह यह कि,

हम अब प्रत्यक्ष आन्दोलन में उतरे थे। इस कारण दलित युवा मोर्चा के बदले कोई अच्छा-सा नाम हमारे संगठन को हो, ऐसा सभी को महसूस हो रहा था।

'दलित पैन्थर' यह नाम किसे सूझा, कब और कहाँ सूझा, यह प्रश्न उतना महत्त्वपूर्ण भले ही न हो, फिर भी महाड के सम्मेलन में डॉ. म. वा. वानखडे ने नीग्रो साहित्य और ब्लैक पैन्थर के बारे में जो लंबा-चौड़ा भाषण दिया था, वह हम दलित युवकों के लिए स्फुर्तिदायी और मार्गदर्शक सिद्ध हुआ। इस कारण ही जब हमारा जुलूस शनिवारबाडा के सामने आया और नामदेव ढसाळ ने जब एक सिनेमा के पोस्टर को काला रंग पोतकर उस पर लाल रंग के अक्षरों में 'दलित पैन्थर' ऐसे अक्षरों वाला बैनर लहराया तब हम सभी ने इसका उत्स्फुर्तता से तालियाँ बजाकर स्वागत किया। 'दलित पैन्थर' जिंदाबाद जैसे जयकारों से शनिवारबाडा का परिवेश झकझोर कर रख दिया।

इसलिए जो दलित साहित्यकार प्रारंभ से प्रत्यक्ष आन्दोलन में कूद पड़े थे, वे सभी दलित साहित्यकार नामदेव ढसाळ, ज. वि. पवार, राजा ढाले, प्रह्लाद चेंदवणकर, अर्जुन डांगळे, उमाकांत रणधीर, उसी प्रकार जो साहित्यकार नहीं थे लेकिन सभा सम्मेलनों में बोलने वाले भाई संगारे, लतीफ खटीक ये और रामदास सोरटे, जयदेव गायकवाड (पुणे) और प्रत्यक्ष आन्दोलन में कार्य करने वाले अन्य कार्यकर्ता ये सभी लोग उस समय (यानी शनिवारबाडा के पास दलित पैंथर का बैनर लहराया गया तब) वहाँ व्यक्तिगत रूप में हाजिर थे। उन सभी को मैं 'दलित पैन्थर' के मूल संस्थापक के रूप में मानता हूँ।

हाँ, तो कहने का तात्पर्य यह कि, साधना कचहरी से निकले हुए हम युवकों के जुलूस से पुणे में हड़बड़ी मचा दी। जुलूस में हमारी घोषणाएँ थी-

बोल दलित, बोल, हल्ला बोल,
जातिवाद पर हल्ला बोल,
पुलीस राज पर हल्ला बोल।
जमींदार पर हल्ला बोल।
बोल मेरे भैय्या बोल, हल्ला बोल।
पूँजीवादी व्यवस्था पर पर हल्ला बोल...

ऐसी घोषणाओं के जल्लोष में, दलित पैन्थर की ध्वजा फहराता हुआ हमारा जुलूस रूढ़िवादियों के मुहल्ले-मुहल्ले से घूमता-चक्कर काट रहा था। बादलों से बुंदा-बाँदी हो रही थी और इधर दमदार उद्घोषणाएँ हो रही थीं। उस दिन मुख्यमंत्री वसंतराव नाईक सर्किट हाउस पर उतरे थे लेकिन उनको मिलने की या प्रतिवेदन देने की कोई जरूरत नहीं है, ऐसा हमने पहले ही तय किया था। हमारा जुलूस सर्किट हाउस की कुछ दूरी पर ही रोका गया। वहाँ नामदेव ढसाळ ने अत्यंत गंदी गालियों से भरा भाषण करके जुलूस का समापन किया। इस जुलूस की फलनिष्पत्ति ऐसी कि, मुंबई-पुणे

के दलित साहित्यकार और दलित युवा कार्यकर्ता अब दलितों पर उच्चवर्णीयों द्वारा किए जाने वाले, अन्याय-अत्याचार का मुकाबला प्रत्यक्ष रूप में करने के लिए सिर पर कफन बाँध कर सड़क पर आया था, यह बात तमाम अखबारों में छप गयी और तमाम महाराष्ट्र के दलित समाज में नवचेतना की हवा सरसराने लगी। मुंबई-पुणे की तरह ही औरंगाबाद, नागपुर, परभणी, नांदेड, नासिक, सतारा, सांगली आदि और अन्य इलाकों के जिस किस सुशिक्षित युवा को लिखने का मन कर रहा था, वह युवा कवि-लेखक स्वप्निल कथा-कविता लिखना छोड़कर दलित पैन्थर के रूप में रास्ते पर प्रत्यक्ष आन्दोलन में उतरने लगा।

इस तरह दलित पैन्थर का नेतृत्व खुद-ब-खुद मुंबई के दलित साहित्यकारों की ओर आ गया।

इतना कुछ कहने के बाद अब एक सवाल बचता है वह यह कि, उस समय दलित पैन्थर के समक्ष लक्ष्य क्या था? यदि था तो, वह कौन-सा था?

इसका जवाब ऐसा है कि, शुरुआती दौर में पैन्थर नेताओं के समक्ष एकमात्र विचार था, दलित-बौद्धों पर उस समय होने वाले अनन्वित अत्याचार, बहिष्कारों पर प्रतिबंध लगाना, ऐसा प्रतिबंध लगाने के लिए सरकार पर दबाव लाना, अत्याचारी उच्चवर्णीय समाज के मन में दहशत पैदा करना, जो दलित बौद्ध, गैर गरीब स्त्रियाँ और पुरुष गाँव के गुंडों की गुंडागर्दी के सामने और पाटिल, जमींदार, महाजनों के उपद्रवों के आगे हताश हो रहे हैं, उनका मनोबल बढ़ाना। उनको 'मारेंगे अथवा मरेंगें' इस संघर्ष के लिए खड़ा करना। वैसे देखा जाये तो ये बातें हम अपनी कहानियों, कविताओं के जरिये कर ही रहे थे। लेकिन अब उसको सभा, सम्मेलन, जुलूस, भीत्तिपत्रक आदि की प्रत्यक्ष कार्रवाई से जोड़ दिया गया। इसका अर्थ यह है कि हमारा दलित साहित्य अब केवल अखबार, मासिक अथवा नियतकालिक पत्रिकाओं तक ही सीमित न रहते हुए वह सीधे दलित समाज के घरों में बिल्कुल उनके चुल्हे तक पहुँच गया था। इस कारण बहुत ही कम अवधि में दलित पैन्थर भी दलित समाज की तरह ही प्रगतिशील लोगों में पूरी तरह से दावानल की तरह फैल चुका था।

कल परसों तक अपनी कविता, कहानी, कोई लेख अथवा कोई उपन्यास अच्छा कैसा होगा, इतना ही विचार करने वाले दलित साहित्यकार हजारों की सभाओं में धाक जमाने लगे, नेता के रूप में घूमने लगे, प्रसिद्धि के प्रवाह में बहने लगे।

दलित पैन्थर की इस प्रकार की वृद्धि को, लोकप्रियता को कुछ लोग 'यह एक बाढ़ है' ऐसा कहते होंगे तो मैं उनसे सहमत हूँ। लेकिन 'यह बाढ़ लक्ष्यहीन थी, दिशाहीन थी,' ऐसा अगर कोई कहता होगा तो वह अलबत्ता सरासर गलत है, क्योंकि उनका ऐसा कहना यानी दलित पैन्थर के बारे में समाष्टि रूप से विचार न करने का नतीजा है।

सीमित क्यों न हो, लक्ष्य का पालन करते हुए दलित पैन्थर को उस समय अनेक मुसीबतों का मुकाबला करना पड़ा, क्योंकि दलित पैन्थर की बढ़ती ताकत के कारण अनेक अखिल भारतीय राजनीतिक दलों के मुँह से लार टपकने लगी थी। उसमें प्रमुखता से अखिल भारतीय रिपब्लिकन दल के सभी गुट थे, उसी प्रकार समाजवादी और प्रजासमाजवादी दल भी थे। अखिल भारतीय कम्युनिस्ट दल को 'दलित पैन्थर' अपने ही बैनर तले आएगा ऐसा महसूस हो रहा था, तो अखिल भारतीय कांग्रेस दल 'दलित पैन्थर' को अपनी मुट्ठी में बंद करने के लिए उत्सुक थे। परन्तु 'दलित पैन्थर' के रूप में हमें किसी भी राजनीतिक दल के खूँटे से बाँध लेना स्वीकार नहीं था अथवा किसी को बाँधने भी नहीं देना है, यह हमने मन से पक्का निर्णय कर लिया था।

न जाने इसलिए ही -

अखिल भारतीय रिपब्लिकन दल के कुछ कार्यकर्ताओं का कहना था कि, दलित पैन्थर आर. पी. आई. के नेताओं को गालियाँ न देते हुए, उनको इकट्ठा लाने का कार्य करें और फिर खुद उस अखण्ड रिपब्लिकन दल के एक प्रभावपूर्ण युवा संगठन के रूप में सामाजिक कार्य करता रहे। आर. पी. आई. के कार्यकर्ताओं की उपरोक्त सूचना वैसे विधायक थी, उचित थी, लेकिन विधिवत् रूप से उसे अमल में लाने जैसा उस समय माहौल नहीं था। दादासाहब रूपवते 'कैबिनेट मंत्री' के रूप में कांग्रेस में अच्छी तरह से स्थान जमा चुके थे, तो आर. डी. भंडारे को इंदिरा जी ने राजसंन्यास देकर बिहार का राज्यपाल बना दिया। गवई और खोब्रागडे इन दोनों में छत्तीस का आँकड़ा था, तो बी. सी. कांबळे खुद के दुरुस्त गुट को अन्य नादुरुस्त (?) अथवा (तंदुरुस्त) गुटों का स्पर्श होने देने के लिए इच्छुक नहीं थे।

इस कारण रिपब्लिकन दल के सभी गुट पहले इकट्ठे आना और फिर भंडारे द्वारा राज्यपाल पद का त्याग करना और दादासाहेब रूपवते का मंत्रिपद को लताड़कर आर.पी.आई. से सम्बन्ध जोड़ना सम्भव नहीं था। इस कारण कभी भी अखण्ड होने की संभावना न दिखने वाले रिपब्लिकन दल की पनाह में एक युवा संगठन के रूप में दलित पैन्थर के काम करने की कोई भी वजह नहीं थी। दलित पैंथर अपने बलबुते पर बढ़ रही थी। लेकिन किसी संगठन की जिन्दगी में ऐसी कोई एक घटना घटित हो जाती है, जिससे उस संगठन का वटवृक्ष गगन को छू लेता है। दलित पैन्थर की यात्रा में भी ऐसी ही एक असाधारण घटना घटित हुई। किंबहुना घटना जैसी दलित पैन्थर को भारत में भी ऐसी ही एक असाधारण घटना के रूप में घटित हुई। वह घटना है-सन् 1967 में मध्य मुंबई चुनाव क्षेत्र में सम्पन्न हुआ लोकसभा का उपचुनाव।

सांसद आर. डी भंडारे की बिहार के राज्यपाल के रूप में नियुक्ति हो जाने के कारण उन्होंने संसद की सदस्यता से त्याग-पत्र दे दिया इस कारण यह उपचुनाव होना था। इस उपचुनाव को अनन्य साधारण महत्त्व प्राप्त हुआ था, इसकी दो प्रमुख वजहें थीं।

पहली वजह थी मिल कामगारों की निरंतर बयालीस दिन चली हड़ताल। यह हड़ताल मिल कामगारों की माँगों को लेकर कम्युनिस्ट दल के नेतृत्व में चली थी।

दूसरी एक महत्त्वपूर्ण वजह थी दलितों पर होने वाले अन्याय-अत्याचार के लिए सत्ताधारी कांग्रेस दल को जिम्मेदार मानकर उसके विरुद्ध चलाया गया दलित पैन्थर का जबरदस्त विरोधी प्रचार।

उपर्युक्त दो वजहों से मध्य मुंबई चुनाव क्षेत्र का माहौल एकदम कांग्रेस विरोधी बन गया था और ताकतवर कांग्रेस दल को क्या इस चुनाव में पराजय का सामना करना पड़ेगा, यह डर दिल्ली के कांग्रेस हायकमांड को सताने लगा था।

इसलिए कांग्रेस हायकमांड के आदेशानुसार मुंबई प्रदेश कांग्रेस ने रिपब्लिकन दल के दोनों गुटों और शिवसेना के साथ चुनावी-गठबंध बना लिया था। कांग्रेस उम्मीदवार को फिर भी सफलता की पूरी गारंटी नहीं हो रही थी, क्योंकि मध्य मुंबई के दो-तिहाई मतदाता दलित समाज से थे और उन सभी पर दलित पैन्थर का जबरदस्त प्रभाव था। दलित पैन्थर के नेता जिनको 'वोट दो' कहेंगे उन्हीं को वे वोट देंगे ऐसा कांग्रेस को महसूस हो रहा था और इसलिए कांग्रेस ने सीधे-सीधे दलित पैन्थर की कार्यकारिणी से संपर्क स्थापित किया।

कांग्रेस के टिकट पर लड़ रहे उस समय के प्रत्याशी बैरिस्टर रामराव आदिक ने उनका एक खास आदमी, एडवोकेट प्रेमानंद आवळे को हमारे पास भेज दिया। वडाळा के फाईव्ह गार्डन पर उस रात हमारी एक खास मीटिंग चल रही थी, वहाँ पर हमारी टोह लेते हुए वह हमसे आकर मिला।

उपचुनाव के सन्दर्भ में कुछ महत्त्वपूर्ण चर्चा आपके साथ करनी है, वह इस खुले में करने की अपेक्षा आवळे के घर पर करे तो बेहतर होगा, ऐसा उसने हमसे कहा।

हम सभी एक-दूसरे का मुँह ताकने लगे। आखिर चर्चा ही तो करनी है ना, कोई एतराज नहीं, ऐसा सभी का विचार था और आवळे के कुर्ला स्थित निवास पर हम गए। उस समय रात के ग्यारह बज चुके थे।

चर्चा को प्रारंभ करते समय आवळे ने कहा, बैरिस्टर रामराव आदिक को दलित पैन्थर द्वारा समर्थन घोषित करने पर पैन्थर के विस्तार के लिए जरूरी बातों की मदद कांग्रेस की ओर से दी जायेगी। तत्कालीन मुख्यमंत्री वसंतराव नाईक ने यह संदेश भेजा है, ऐसा आवळे ने हम लोगों को बताया। पैन्थर के नेताओं पर दर्ज किये अनेक मुकदमें खारिज करने के लिए प्रयास किए जाएँगे, इतना ही नहीं तो, 5 जनवरी, 1974 के दिन वरळी के अम्बेडकर मैदान पर होने वाली दलित पैन्थर की सभा का सारा खर्चा देने का आश्वासन भी कांग्रेस की ओर से आवळे ने हमको दिया। आवळे की सारी बात हमने बड़ी शान्ति से सुन ली।

लेकिन, किसी भी अंतिम फ़ैसले की वह घड़ी नहीं थी। 5 जनवरी की जाहीर सभा को अब भी तीन-चार दिन बचे थे। 'हम अपना फैसला आपको बाद में सुनायेंगे' कहकर हम उनके घर से बाहर निकल पड़े।

हम सभी लोग कुर्ला रेलवे स्टेशन की ओर पैदल ही निकल पड़े। वहाँ से डांगळे उनके घर चेंबूर गये, मैं हार्बर ब्रैंच रेल से मेरे घर रवाना हुआ, तो ढाले, ढसाळ, खटीक और ज. वि. पवार ये चारों वडाळा छात्रालय की दिशा की ओर निकल पड़े। हम सभी ने एक-दूसरे से रूखसत लेते हुए, हरेक ने अपना अपना इरादा जाहिर किया कि, कांग्रेसी सत्ता के चरागाह में चरने वालों में धनिक और फिरकापरस्त लोग गाँव-देहातों की दीन-दलित जनता पर अन्याय और अत्याचार कर रहे हैं। ऐसे कांग्रेस के प्रत्याशी को मध्य मुंबई के उपचुनाव में हरगिज समर्थन नही देंगे।

5 जनवरी, 1974 का दिन, वरळी के अम्बेडकर मैदान पर दलित पैन्थर की विशाल सभा प्रारंभ हुई।

अम्बेडकर मैदान के आस-पास पुलीस की कड़ी सुरक्षा व्यवस्था का इंतजाम किया गया था, क्योंकि वरळी पुलीस लाईन के करीबी इलाके में और दलितेतर बस्तियों में दलित पैन्थर विरोधी घोषणाएँ देने वाले, उसी प्रकार हिंदू देवी-देवताओं की हँसी उड़ाने वाले राजा ढाले का निषेध करने वाले बड़े-बड़े बैनर जनसंघ की ओर से लगाए दिख रहे थे। इस कारण दलित पैन्थर की सभा पर बहुत बड़ा तनाव छा गया है, ऐसा दिखाई दे रहा था।

कांग्रेस को समर्थन दें या तटस्थ रहें, ये दो ही विकल्प दलित पैन्थर के समक्ष थे, क्योंकि दलित पैन्थर राजनीति से दूर रहने वाला एक सामाजिक संगठन था। इसलिए उपचुनाव की राजनीति में न पड़ते हुए दलित पैन्थर ने तटस्थता की भूमिका अपनाने का फैसला किया। लेकिन, रामराव आदिक का विचार था कि उन्हीं को दलित पैन्थर का समर्थन मिलेगा और वे ही चुनाव में बड़ी आसानी से जीत हासिल करेंगे। बिल्कुल यही आशंका जनसंघ और हिन्दू महासभा के प्रत्याशियों को भी महसूस हो रही थी। इसलिए उन्होंने दलित पैन्थर के विरोध में जबरदस्त दहशत का माहौल तैयार किया वह स्पष्ट रूप से दिखाई दे रहा था और कुछ समय बाद अचानक विस्फोट हुआ, क्योंकि दलित पैन्थर की विशाल सभा में राजा ढाले बोलने के लिए खड़े हुए, तभी पुलिसिया वर्दी में दो-चार लड़के अकस्मात मंच पर चढ़े और उनमें से एक ने राजा ढाले पर लाठी से धावा बोल दिया। ढाले का सिर फट गया और सभा में प्रचंड खलबली मच गयी। इसी गड़बड़ी का लाभ उठाकर हमलावर भीड़ से भाग गये। लेकिन हड़बड़ी में भाग रहे लोगों पर एक छोर से पथराव हो रहा था, तो दूसरे छोर से पुलीस वालों ने भीड़ तीतर-बितर करने के लिए लाठीचार्च शुरू किया था।

राजा ढाले का कुछ भी गुनाह न होते हुए भी उन्हें जख्मी हालत में ही पुलीस वालों ने गिरफ्तार कर हवालात में बंद कर दिया।

पुलीस की इस जबरदस्ती और अत्याचार के कारण वरळी का दलित समुदाय अत्यंत क्रुद्ध हुआ जिसका नतीजा हुआ कि वरळी में बहुत बड़ा दंगा-फसाद मच गया। उसकी गूँज मुंबई में भी सुनायी दी।

वरळी का दंगा-फसाद नियोजनबद्ध तरीके से सुलगाने में जातिवादी लोग और उनका समर्थन करने वाली हिंदुत्ववादी पुलीस और सरकार की कड़ी आलोचना करने के लिए 10 जनवरी, 1974 को नायगाँव में एक जुलूस निकाला जाये और उसका नेतृत्व मैं और अर्जुन डांगळे करे यह निर्णय ज. वि. पवार ने मेरे घर आकर बताया।

मैं और अर्जुन डांगळे दोनों भी अर्द्ध-सरकारी सेवक होने के कारण जाहीर सभाओं से भाषण देने की बात को टाल रहे थे। लेकिन उसकी भरपाई के रूप में ढाले-ढसाळ के विस्फोटक भाषण मैं 'नवकाळ' दैनिक में विस्तार से छापकर लोगों तक पहुँचाने का कार्य कर रहा था और दलित पैन्थर के विस्तार को योगदान दे रहा था।

लेकिन अब स्थिति इतनी बदल चुकी थी कि दलित पैन्थर के नेता होने के कारण हमें अपनी जिम्मेदारी से पल्ला झाड़ना सम्भव नहीं था, क्योंकि ढाले को पुलीस वालों ने हवालात में बंद कर दिया था, तो ज. वि. पवार, भाई संगारे और नामदेव ढसाळ की गिरफ्तारी का वारंट जारी किया गया था। इस कारण वे तीनों भी फरार हो गये थे। इसलिए मैं और डांगळे ही नायगाँव के जुलूस का नेतृत्व करें, यह ज. वि. पवार का कहना हमने तुरंत मान लिया।

10 जनवरी, 1974 चिलचिलाती धूप ।

दस-दस, बीस-बीस लोगों के समूहों में दलित युवक दलित पैन्थर के जुलूस के लिए नायगाँव के कामगार कल्याण केन्द्र के मैदान में इकट्ठा हो रहे हैं। कोई दलित पैन्थर का झंडा अपने कंधों पर लेकर उछालते हुए आ रहा है, तो कोई दलित पैन्थर का कपड़े का बैनर फहराते हुए आ रहा है, हजारों लोगों का जन समुदाय घोषणाओं का जल्लोष करते हुए जुलूस के लिए तैयार हुआ है।

जुलूस में शामिल होने के लिए युवकों की तरह महिलाएँ बच्चे और प्रौढ़ लोग भी बड़ी संख्या में हाजिर हुए थे। मैदान के बाहर जुलूस निकल पड़ा तो पुलीस वालों ने जुलूस में शामिल होने वाले प्रत्येक कार्यकर्ता की कड़ी तलाशी ली और उसके बाद ही उनको जुलूस में शामिल होने दिया।

वरळी का दंगा फैलाने वाले फिरकापरस्त, पुलीस और निठल्ली महाराष्ट्र सरकार का निषेध करने के लिए निकला हजारों का जुलूस बहुत ही अनुशासित माहौल में निकला था। नायगाँव के प्रमुख मुहल्लों से वह मुड़ा और फिर मुंबई मराठी ग्रन्थ

संग्रहालय की परिक्रमा करता हुआ डॉ. बाबासाहब अम्बेडकर रोड से परळ की दिशा में आगे-आगे बढ़ रहा था।

जुलूस का अगला सिरा शायद परळ के लक्ष्मी कॉटेज इस लंबी-चौड़ी इमारत के पास होगा तो अंतिम सिरा परळ नाके के करीबी पेट्रोल पंप के पास होगा। उसी समय नामदेव ढसाळ, भाई संगारे, ज. वि. पवार और लतीफ खटीक अचानक कहीं से आयें और जुलूस में शामिल होकर जोर-जोर से उद्घोषणाएँ करने लगे। उनके अचानक आगमन से जुलूस के कार्यकर्ताओं का उत्साह दुगुना हो गया और पहले से भी ऊँची आवाज में वे उद्घोषणाएँ करने लगे। लेकिन....

उसी समय पास-पड़ोस की इमारतों से हमारे जुलूस पर सोडा वॉटर की बोतलें और पत्थरों की धुवाँधार बरसात होने लगी। जमीन पर फटने वाली बोतलों के काँच और पत्थरों के टुकड़े किसी के पाँव पर, किसी के घुटनों पर, तो किसी के मुँह पर बरस रहे थे। जिस पर वे बरस रहे थे वह लहूलूहान हो रहा था। इस कारण जुलूस में शामिल कुछ कार्यकर्ता संतप्त हुए। ऊपर से नीचे फेंके गये पत्थर उठाकर सामने वाली इमारतों की ओर उछाल रहे थे। देखते ही देखते जुलूस का माहौल मारपीट में बदला देखकर पुलीस वालों ने लोगों को डंडे से पीटना शुरू किया।

उस समय मैं, ज. वि. पवार, लतीफ खटीक और अन्य साठ-सत्तर पैंथर्स के साथ जुलूस के मुँहाने पर थे और उप-आयुक्त बलसारा ने हमारे आस-पास पुलीस वालों का घेरा बना दिया था।

जहाँ से जुलूस पर पथराव हो रहा था, उस लक्ष्मी कॉटेज की ओर मैं बलसारा का ध्यान आकर्षित करते हुए चिल्लाकर कह रहा था कि, 'ओ जी, आप हमारे लोगों को क्यों पीट रहे हैं? उधर देखिए वहाँ से सोडा वॉटर की बोतलें और पत्थर फेंके जा रहे हैं। उधर जाकर उन्हें कब्जे में लीजिए, उन्हें पीटिए।'

बलसारा ने मेरी ओर गुस्से से देखते हुए गाली-गलौच की और मानो जैसे कि दंगा मैंने ही भड़काया है, ऐसा जताते हुए रिवॉल्वर मेरे पेट पर तान दिया।

लेकिन मैंने इस ओर अनदेखा करते हुए बार-बार उनका ध्यान जहाँ से पथराव हो रहा था, उस लक्ष्मी कॉटेज की ओर आकर्षित कराने का प्रयास कर रहा था। तब उन्होंने मुझे मेरे पास ही खड़े पुलीस वाले को सौंपा। उस ईमानदार (?) पुलीस वाले ने उसके पास की लाठी, चमड़े की बेल्ट से मुझे बुरी तरह से पीटा और फिर मेरी गर्दन पकड़कर मुझे उठाया और जैसे कोई गाड़ी में सामान पटकता है, वैसे मुझे पुलीस की गाड़ी में पटक दिया।

इस निषेध जुलूस में एक बहुत ही बुरी घटना घटित हुई, वह यानी पैन्थर भागवत जाधव के सिर पर बड़ा-सा पत्थर गिरा यहाँ के फिरकापरस्तों ने उनकी हत्या कर दी (इस खून का अब तक सुराग नहीं मिल पाया।)।

ढसाळ, संगारे, खाटीक, ज. वि. पवार और अन्य पचहत्तर पैंथर्स को पुलीस ने गिरफ्तार करके हवालात में बंद कर दिया। दूसरे दिन कोर्ट में हमें ले जाया गया। कोर्ट ने हमारी जमानत खारिज की और हमें दो सप्ताह तक पुलीस कस्टडी में रखने का आदेश दिया।

'वाह रे, सत्यमेव जयते!' ऐसा कहते हुए हम सभी ने सोलह रातें नायगाँव के पुलीस लॉकअप में अन्य अपराधी कैदियों, पिस्सुओं और खटमलों की साथ में गुजारी तब कही जाकर कोर्ट ने (सतरहवें दिन) हम सभी की जमानतें मंजूर करने की दया जताई।

इन सभी बातों से हमें थोड़ी बहुत परेशानी भी हुई यह सही है, फिर भी वरळी का दंगा और दस जनवरी के निषेध जुलूस पर हुआ पुलीसवालों का अत्याचार इन बातों से कांग्रेस सरकार और उसके प्रत्याशी के विरुद्ध मध्य मुंबई का मतदाता गुस्से में था और उसने लोकसभा उपचुनाव का बहिष्कार कर अपना गुस्सा जाहिर किया, निषेध दर्ज किया। इस कारण कांग्रेस दल को हमेशा प्राप्त होने वाले वोट नहीं मिल पाये और जो परिणाम होना था वही हुआ।

कांग्रेस के ताकतवर उम्मीदवार बैरिस्टर रामराव आदिक की अपमानजनक पराजय हुई और चुनाव जीतने की जिनकी बिल्कुल भी संभावना नहीं थी ऐसी कॉमरेड रोझा देशपांडे (दक्षिणपंथी कम्युनिस्ट) भारी बहुमत से चुनकर आयी।

दक्षिणपंथी कम्युनिस्ट दल को प्राप्त हुई यह विजय मात्र केवल दलित पैन्थर के आन्दोलन और बयालीस दिन चली मिल कामगारों की हड़ताल का ही परिणाम थी। प्रत्यक्ष हमारा वाम अथवा दक्षिणपंथी कम्युनिस्टों के साथ कुछ भी सम्बन्ध नहीं था।

परन्तु कांग्रेस की पराजय का दलित पैन्थर ही जिम्मेदार है और दलित पैन्थर कम्युनिस्टों के लिए अनुकूल संगठन है, ऐसा अफवाह नियोजनबद्ध तरीके से फैलाई गयी।

अफवाह फैलाने वालों में अथवा ऐसा प्रचार करने वालों में प्रमुखता से पूँजीवादी वर्ग के पक्षपाती समाचार-पत्र, रिपब्लिकन दल के सभी गुट और शिवसेना थी, क्योंकि कांग्रेस की पराजय यानी शिवसेना और रिपब्लिकन दल की भी पराजय थी। अतः प्रस्तुत उपचुनाव में कांग्रेस-शिवसेना और रिपब्लिकन दल (दोनों गुट) ऐसा गठबंधन था।

विशेषतः रिपब्लिकन दल के गवई और भैयासाहब अम्बेडकर, ये दोनों गुट और कांग्रेस में जाकर मंत्री और राज्यपाल बने हुए दादासाहब रूपवते और आर. डी. भंडारे और तत्सम अन्य अनेक नेता और कार्यकर्ता इनको तो दलित पैन्थर एक चुनौती ही महसूस होने लगी, क्योंकि उनके स्थान और सामाजिक अस्तित्व को पैन्थर के कारण खतरे का एहसास हुआ था।

उस समय कांग्रेस दल को भी दलित पैन्थर की बढ़ती लोकप्रियता से चिंता सताने लगी थी, क्योंकि मुंबई की यह आँधी अगर तमाम महाराष्ट्र में और उसके बाद धीरे-

धीरे तमाम भारत में फैल गयी तो दलित समाज एकजुट होकर खड़ा होगा। वैसे अगर दलित पैन्थर के बैनर तले वे इकट्ठा हुए तो कांग्रेस की 'एन ब्लॉक' वोट कांग्रेस की पकड़ से हमेशा के लिए फिसल जाएँगी और उनको वैसे फिसलने देना दिल्ली कांग्रेस हाईकमान को लाभदायक नहीं था।

इसलिए दलित पैन्थर का तुफान यदि तैयार ही हुआ तो उसे हमेशा-हमेशा के लिए दबाने के लिए अथवा जहाँ उसका निर्माण हुआ वहीं पर शांत करने के लिए कांग्रेस में शामिल वर्तमान दलित नेता और रिपब्लिकन दल के विविध गुटों में एकता स्थापित करने का, अर्थात् रिपब्लिकन दल में ऐक्य स्थापित करने का षड्यंत्र कांग्रेस हाईकमान ने रचा। उसके अनुसार 18 अथवा 19 जनवरी, 1974 के दिन मुंबई के विधायक निवास में रिपब्लिकन नेताओं की एक गोपनीय मीटिंग कांग्रेस हाईकमान के आदेशानुसार आयोजित की गयी थी, ऐसा कुछ जानकार लोग आज भी बताते हैं। (हम उस समय पुलीस लॉकअप में थे, इस कारण उस मीटिंग की जानकारी हमें प्राप्त होना सम्भव नहीं था, क्योंकि ऐसी गुप्त मीटिंगों की खबरें अखबारों में छपना दुर्लभ ही था।)

दलित पैन्थर का खात्मा करने का बीड़ा उठाकर उस बैठक में उपस्थित उपरोक्त नेता मण्डली निकल पड़ी, ऐसा कहते हैं।

रातोंरात लाखों रुपयों का फंड इकट्ठा किया (अथवा लिया) गया। दलित पैन्थर विरोधी पोस्टर्स तैयार करके मुंबई की दीवारों पर चिपकाए गये और रिपब्लिकन दल के सभी बिखरे गुटों में एका होगा, ऐसी घोषणा कॉर्नर मीटिंग में की जाने लगी और एक रात यथार्थ में रिपब्लिकन एका के लिए एक लाख लोगों का जुलूस निकाला गया। वह दादर चैत्यभूमि पर आया। वहाँ पर एक सभा संपन्न हुई और सभी दलितों ने डॉ. बाबासाहब अम्बेडकर की प्रतिमा को साक्षी मानकर एकता की शपथ ली।

पिछले अनेक सालों से जिनमें छत्तीस का आँकड़ा था, वे सभी रिपब्लिकन नेता इकट्ठे आए देखकर रिपब्लिकन जनता को असीम आनंद होना स्वाभाविक ही था। उन्होंने रिपब्लिकन एका का उत्स्फुर्तता से स्वागत किया। (उस समय मैं औरंगाबाद में आयोजित हुए अस्मितादर्श के प्रथम अधिवेशन में उपस्थित था। वहीं रेडियो पर रिपब्लिकन एका की खबर सुनने को मिली।)

यहीं से सही अर्थों में दलित पैन्थर की लोकप्रियता का क्षरण होने लगा और कांग्रेस हाईकमान की बड़ी होशियारी से खेला हुआ दाँव सफल हुआ, ऐसा कहना पड़ेगा, क्योंकि जिस दलित-बौद्ध समाज ने दलित पैन्थर की ताकत बढ़ायी थी, वही समाज, अब दलित पैन्थर भी खुद का अलग अस्तित्व न रखते हुए रिपब्लिकन एका का स्वागत करें और यह एका सदा के लिए बना रहे इसके लिए दलित पैन्थर के रिपब्लिकन दल के युवा संगठन के रूप में इसके आगे भी सामाजिक कार्य करते रहना चाहिए, ऐसी अपेक्षा की जाने लगी। विगत अनेक सालों से नेतागणों के विभाजन के

कारण झुलसकर निकले दलित समाज की उसमें कोई गलती थी ऐसा भी नहीं था; लेकिन वह घटित होना अब असम्भव बन गया था।

क्योंकि अब बहुत देर हो चुकी है।

ढसाळ-ढाले को अनपेक्षित रूप से मिली व्यापक शोहरत और इसके साथ उनके पास बड़ी आसानी से आए अनेक प्रलोभनों के कारण वे अपनी नेतागिरी की धुँध से बाहर निकलने के लिए तैयार ही नहीं थे, क्योंकि रिपब्लिकन दल की एका के कारण दलित पैन्थर की ताकत रत्ती भर भी कम नहीं हुई है, ऐसा ही वे मान रहे थे और वह कुछ अंशों में सही भी था, क्योंकि नयी पीढ़ी ने ही दलित पैन्थर को सिर पर लिया था तथा दलित पैन्थर की आवाज उनकी आवाज थी। रिपब्लिकन एका हुआ तो भी पैन्थर खत्म नहीं होगी, ऐसा देखते हुए ढसाळ और ढाले इन नेताओं में अलगाव का बीज बोने का षड्यन्त्र पैन्थर विरोधियों ने शुरू किया। उसमें महाराष्ट्र टाईम्स जैसे समाचार-पत्र, शिवसेना का मार्मिक, रिपब्लिकन नेताओं के साथ ही प्रजा समाजवादी भी शामिल थे।

वास्तविक, पी.एस.पी. वालों ने ही उनके 'साधना' साप्ताहिक द्वारा दलित पैन्थर को जन्म दिया था। दलित पैन्थर के विकास के लिए उनके 'युवक क्रान्ति दल' ने युवा संगठन के लिए काम किया था। लेकिन दलित पैन्थर अब अपने कोई काम की रही ही नहीं, बल्कि उसकी कम्युनिस्टों के हाथों की कठपुतली बनने की संभावना ही अधिक हैं; तब ऐसे दलित पैन्थर को अब खत्म कर देना ही उचित रहेगा, ऐसा पी.एस.पी. वालों को महसूस हो रहा था। इसलिए डॉ. अनिल अवचट ने 'मनोहर' साप्ताहिक के एक अंक में नामदेव ढसाळ और राजा ढाले के साक्षात्कार को छापा और ढसाळ कम्युनिस्ट है और ढाले अम्बेडकरवादी है, इसे जताने के लिए कलम खर्च कर डाली। महाराष्ट्र टाईम्स ने तो ढसाळ के ओवल मैदान के एक भाषण का, 'अम्बेडकर ने ऐसा कहा था...' यह सन्दर्भ जानबूझकर हटाकर 'मैं असली मार्क्सिस्ट कम्युनिस्ट हूँ,' ऐसा ढसाळ के नाम से छापा।

उसके बाद ऐसा हुआ-

ओवल मैदान पर अभिजन और उच्च विद्याविभूषित, लेकिन वाम विचारधारा को कुछ युवक-युवतियों द्वारा मनुस्मृति का दहन कर वह दिन सॉलिडरिसी डे (एकता दिवस) के रूप में मनाया था। उन युवा-युवतियों के समक्ष ढसाळ ने भाषण दिया। उस भाषण में उन्होंने कहा कि डॉ. बाबासाहब अम्बेडकर ने एक बार कम्युनिस्टों को संबोधित करते हुए कहा था कि ऊँचे महलों में रहने वाले आप अभिजन लोग कम्युनिस्ट कैसे हो सकते हैं? इस देश के दुखी, दरिद्र, पीड़ित और हजारों सालों से मानवता से वंचित हुए हम जैसे दलित लोग ही सही मायने में सच्चे मार्क्सिस्ट कम्युनिस्ट हैं।

लेकिन ढसाळ के भाषण में डॉ. बाबासाहब अम्बेडकर के भाषण का जो सन्दर्भ था, सन्दर्भ को हटाकर महाराष्ट्र टाईम्स ने ढसाळ को यानी कि दलित पैन्थर को

'कम्युनिस्ट' घोषित करने का प्रयास किया। इस खबर का आधार लेकर ही मार्मिक वालों ने 'मार्मिक' के एक अंक में एक व्यंग्य चित्र छापा और 'ओ हो, ऐसा है क्या? यह हमारे ध्यान में इसके पहले कैसे नहीं आया?' ऐसा उसके नीचे लिखा। बस, शिवसेना को 'दलित पैन्थर यह एक कम्युनिस्ट विचारधारा का संगठन है' यह मुद्दा मिल गया और जो कोई दलित है वह कम्युनिस्ट है, ऐसा आरोप लगाते हुए शिवसेना दलितों पर वार पर वार करने लगी।

इस कारण मध्य-मुंबई के उपचुनाव के बहाने से वरळी नायगाँव में दलित-विरोधी, शुरू हुआ दंगा फिर एक बार जबरदस्त रूप से भड़क उठा। जैसे मनुष्य मानवता को ही भूल गया हो? ऐसा महसूस हो रहा था, इस पद्धति से दलितों पर खूनी हमले होने लगे। तब दलितों को भी उसी प्रकार का खतरनाक रुख अपनाकर हमलों का प्रतिरोध करना पड़ा। फिरकापरस्तों ने हर जगह दलितों के मुहल्लों को आग लगानी शुरू की तब दलित बच्चे बूढ़ों से लेकर सभी एकजुट होकर सड़क पर उतर आये और फिरकापरस्तों का बड़ा प्रतिरोध किया। दलितों ने जब-जब अन्याय-अत्याचार के विरोध में चौक-चौक में तथा मुहल्लों-मुहल्लों में शिवसेना और हिन्दू महासभा और जनसंघ के लोगों से कड़ा मुकाबला करना प्रारंभ किया, तब कहीं उनके ध्यान में आया कि हरेक दलित व्यक्ति को कम्युनिस्ट ठहराकर पीटना उतना आसान काम नहीं है। इसलिए वर्तमान स्थिति पर विचार करने के लिए शिवसेना के शाखा प्रमुखों और नगरसेवकों की एक मीटिंग-2 फरवरी, 1974 के दिन संपन्न हुई। उसका ब्यौरा महाराष्ट्र टाईम्स के तीन फरवरी के अंक में छपकर आ गया वह निम्न प्रकार-

'मुंबई-शनिवार नवबौद्धों को सभी प्रकार की सुरक्षा प्रदान की जायेगी, ऐसा शिवसेना के शाखा प्रमुखों और नगरसेवकों की आज की मीटिंग में निश्चित हुआ है, ऐसा कहा गया। सेना प्रमुख बाळासाहब ठाकरे ने बैठक में मार्गदर्शन किया। सभी दलित पैंथर्स कम्युनिस्ट नहीं हैं। अन्य पैंथर्स को समझाकर उनमें सामाजिक समता के लिए जो प्रयास कर रहे हैं, उनके बारे में उन्हें मदद करनी चाहिए, ऐसा विचार भी इस मीटिंग में रखा गया, ऐसी जानकारी प्राप्त हुई है।'

उपरोक्त समाचार से यही सिद्ध होता है कि महाराष्ट्र टाईम्स और शिवसेना ने दलित पैंथर्स को कम्युनिस्ट करार देकर वरळी-नायगाँव के दलितों पर (मतदाताओं पर) जबरदस्ती की थी।

इसका प्रभाव दलित पैंथर्स के कार्यकर्ताओं पर भी हुआ, क्योंकि ढसाळ कम्युनिस्ट है, अंबेडकरवाद को आगे कर वह कम्युनिज्म झाड़ रहा है, और राजा ढाले ही सही अम्बेडकरवादी है, ऐसा विचार वे करने लगे। उसी समय 'आम्ही' मासिक का 1974 का दीपावली अंक प्रकाशित हुआ। उसमें नामदेव ढसाळ द्वारा लिखा गया 'दलित पैंथर्स' का घोषणा-पत्र छपा था। लेकिन उस घोषणा-पत्र को राजा ढाले और उनके समर्थकों

ने कम्युनिस्ट अनुकूल घोषणा-पत्र करार दिया। नागपुर में आयोजित दलित पैन्थर के पहले ही अधिवेशन में वह घोषणा-पत्र खारिज किया गया, वह खारिज होने वाला है, इसकी कानाफूसी पहले ही हो गयी थी। इस कारण मैं, ढसाळ, डांगळे, लतीफ खटीक उस अधिवेशन में नहीं गये।

यहीं से ढसाळ और ढाले ये दो गुट दलित पैंथर्स में निर्मित हो गये।

यानी कि कांग्रेस, शिवसेना, रिपब्लिकन और पी. एस. पी. ने दलित पैन्थर में फूट डालने के षड्यंत्रों में सफलता पा ली और दलित आन्दोलन के समुद्र में जो अनेक छोटे-छोटे टापू पहले से ही अन्य जगहों पर बिखरे पड़े थे, उसमें दलित पैन्थर के दो और टापूओं की बढ़ोतरी हुई, क्योंकि एका की नौटंकी खत्म होने पर थोड़े ही दिनों में रिपब्लिकन दल में दरार पड़ गयी।

दलित पैन्थर के आन्दोलन का पूरा इतिहास मैंने यहाँ इसलिए रखा, जिससे कि दलित साहित्य के कारण ही दलित पैन्थर का जन्म हुआ, लेकिन दलित साहित्य पहले से ही प्रगतिवादी भूमिका लेकर खड़ा है, उस प्रगतिवादी भूमिका को जो स्वयं को अम्बेडकरवादी कहलवा लेते हैं, वे ही लोग कड़ा विरोध कर रहे हैं, इसे देखकर हैरानी होती है।

दलित पैन्थर अत्याचारी शक्तियों का सिर कुचलती है

•

ज. वि. पवार

दलित पैन्थर समाज परिवर्तन के लिए उत्सुक सामाजिक बदलाव के लिए तत्पर खौलते खून वाले युवकों का क्रान्तिकारी संगठन है। सामाजिक चौखट तोड़ने की दुर्दम्य आकांक्षाओं से प्रेरित हुए संगठन को ठोस भूमिका लेकर सड़क पर क्यों उतरना पड़ा यह समझ लेना जरूरी है। इसे समझ लेने की मानसिकता में फिरकापरस्त, रूढ़िवादी शक्तियों का न होना हम समझ सकते हैं। लेकिन जो लोग गुजरे पच्चीस सालों से स्वयं को प्रगतिवादी विचारधारा के पुरोधा होने के नारे लगाकर अलग-अलग बैनरों तले इकट्ठा होकर प्रस्थापितों के विरुद्ध आन्दोलन खड़ा कर रहे थे; वही लोग पैन्थर के विरोध में खड़े होने लगते हैं, तब उनके निराधार समाज परिवर्तन की घोषणाओं पर तरस आने लगता है।

डॉ. बाबासाहब अम्बेडकर के विद्रोह से नाता स्थापित करने वाले युवकों की पीढ़ी ने जब किसी भी पूर्वाग्रह को न स्वीकारते हुए फिरकापरस्तों का नंगा नाच देखा तब यह पीढ़ी इस फिरकापरस्ती व्यवस्था से उकता गयी। उनकी आँखों के सामने ही उनकी माँ, बहनों को नग्न किया जा रहा था, उनके नितंब पर लातों से प्रहार हो रहे थे। उसने कभी तो पढ़ा हुआ होता है-ऐसे ही एक वस्त्रहरण के समय कृष्ण मदद के लिए दौड़ा आया था। आज वही कृष्ण लज्जावश शर्मिंदा होते नहीं दिखाई देता और फिर वह युवक आग-बबूला हो उठता है। कृष्ण महाठग, रामायण महाभारत स्त्रियों की इज्जत की रक्षा के लिए घटित ही नहीं हुआ, ऐसी चुनौती की भाषा बोलते हुए वह इतिहास की ओर मुड़ता है।

ऐसे अन्याय, अत्याचारों को दलित तबका पिछले साढ़े तीन हजार सालों से बरदाश्त करता आया है, बगैर किसी प्रतिकार के। उसे देवता अथवा नियति की कल्पनाओं के पाटों के बीच पीसा गया। पाप-पुण्य, पुनर्जन्म की परिधि में बेबस चक्कर काटने के लिए विवश किया गया। डॉ. बाबासाहब अम्बेडकर ने इस मिट्टी की मूरत में प्राण

फूँककर संघर्ष के लिए सड़क पर खड़ा किया। वह इन्सान बन गया दूसरे भी इन्सान बने इसके लिए वह जिद्द करने लगा। लेकिन एक वर्ष में 1177 लोगों का नरसंहार देखकर, छोटे-मोटे पचास गाँवों के किए गये बहिष्कारों की खबरें सुनकर, सैंकड़ों बलात्कारों की घटनाएँ पढ़कर, नारनवरे जैसे अनेक युवकों की बलि, अनेकों के कुल्हाड़ी से किए गये टुकड़े-टुकड़े, हजारों को गाँव के बाहर खदेड़ा गया, कुँओं में मिलाया गया मल और झोपड़ियों को आधी रात में लगायी आग और आग से जान बचाने के लिए बूढ़ों में मची भगदड़, कोमल अर्भकों के पेट में भाले घुसेड़कर उनको उस आग में तड़पते हुए मरने के लिए विवश कराने वाली परंपराओं का अनुभव कर यह युवक हथियारों से लैस होकर सड़क पर आ गये। एक चरमसीमा की, खूनखराबे की भाषा बोलता है। वह पैन्थर बनता है।

दलित पैन्थर का जन्म व्यथाओं की गर्भ से हुआ। समय की माँग के रूप में यह संगठन खड़ा हुआ। यह व्यथा दमित-शोषितों की होने के कारण वह दमित-शोषितों में सर्वमान्य होने लगी। सही रूप में देखा जाये तो उनका भविष्य अभी भी निर्धारित होना है, स्कूलों कालेजों से उनको स्नातक होना है; उन पर इन अत्याचार-निर्मूलनों की जिम्मेदारी आ पड़ने की कोई जरूरत नहीं थी, उनकी भावनाओं का विस्फोट होने के पहले किसी के द्वारा तो यह कार्य अपने हाथों में लेने की जरूरत थी। दलित युवकों ने इस आस से अपनी नजर जब पुरानी यादों की ओर डाली तब उन्हें अंधकार ही अंधकार दिखाई दिया। एक भी राजनीतिक दल आत्मीयता से सामाजिक विषमता के विरुद्ध आवाज नहीं उठा रहा था, बीच-बीच में उपवास, सत्याग्रह जैसे कार्यक्रम वे हाथ में लेते हैं, लेकिन समाचार-पत्रों द्वारा इन कार्यक्रमों पर एक कॉलम लिखने के बाद कृत्यकत्य होने के आनंद में वह सब कुछ भूल जाता है। सामाजिक चौखट जैसी के वैसी ही रह जाती है। कोई भी राजनीतिक दल किसी भी सामाजिक समस्या को हल करने के लिए कोई कार्यक्रम हाथों में नहीं लेता। अपने दल का वजूद बनाये रखने के लिए यह नाटक होता है। चुनावों पर ध्यान केंद्रित कर तय किए गये कार्यक्रमों और उनकी सीमाएँ हम समझ सकते हैं। लेकिन विचारक भी जब ढीली नीति अपनाते हैं तब बेचैनी बढ़ती जाती है। भारत और अन्य देशों में बुनियादी फर्क एक ही है। अन्य देशों में समाज परिवर्तन के लिए वहाँ के विचारकों ने देह त्याग किया। अनेकों को जेल भुगतनी पड़ी, अनेकों ने देशत्याग भी किया। भारत में राजनीतिक स्वतन्त्रता के लिए फाँसी चढ़ चुके लोगों के अनेक उदाहरण दिखाई देते हैं, लेकिन व्यक्ति स्वतन्त्रता के लिए फाँसी चढ़े लोगों का एक भी उदाहरण नहीं दिखाई देता, और इसलिए ही यह परंपरा दिनोंदिन चलती रहती है।

इस अन्यायी परंपरा को बनाये रखने में विचारक भी अपना हाथ बटाँते हैं इसी का दुःख है, जैसे-मंदा पाटणकर मामले में समाजसेवकों के पास पिस्तौल देकर स्त्रियों

की रक्षा के लिए सरकार मदद करे, ऐसा विचारक कह सकते हैं। लेकिन जब दलित स्त्रियों को नंगा कर लताड़ा जाता है तब इन विचारकों का दिमाग गिरवी रखा रहता है। ऐसे वक्त 'दलित युवकों को पिस्तौल दीजिए' ऐसा अथवा दूसरा कोई विकल्प सुझाने में कोई अगुवाई नहीं करता। इसका एकमात्र कारण यानी मंदा पाटणकर उच्चवर्णीय स्त्री थी। फिरकापरस्ती का ऐसा प्रचार करने वाले तमाम विचारकों पर किसी मैदान में ले जाकर जाहिर रूप से कोड़े बरसाने चाहिए। जब विचारक विचार करने में असमर्थ साबित होता है तब तो कम-से-कम तमाम नारी जाति का एकजुट होकर आन्दोलन चलाना जरूरी था। कश्मीर से लेकर कन्याकुमारी तक नारी जाति एक ही है। उसकी इज्जत को इस प्रकार श्रेणीबद्ध करने की कोई जरूरत नहीं है।

लेकिन डॉ. बाबासाहब अम्बेडकर सभी विचारकों में श्रेष्ठ । कथनी और करनी का समन्वय होना ही चाहिए, यह उनकी भूमिका रही है और इसलिए ही वे 'जान चली जाये तो भी बेहतर' इस अविर्भाव से सड़क पर उतरें। महाड, काळाराम मंदिर सत्याग्रह किया लेकिन उनके महापरिनिर्वाण के पश्चात उनकी विरासत की दुहाई देने वाले लोग ही आपस में लड़ने लगे। अम्बेडकरी आंदालन से नाता बताने वाला रिपब्लिकन दल अलग-अलग खेमों में बँट गया। सामाजिक जीवन के टुकड़े-टुकड़े हुए। राजनीतिक दरारें पड़ने लगी। सामाजिक, राजनीतिक और धार्मिक जीवन विशृंखलित हुआ और इस कारण ही किसी रामदास नारनवरे की हत्या की जाती है, तब यह खेमाभिमानी लोग रामदास किस खेमे का था, इस पर विचार करते हैं। वह अगर अपने खेमे का नहीं होगा तो इस घटना को नजरअन्दाज किया जाता है। अन्य दल जैसे चुनाव पर ध्यान रखकर कार्यक्रम निर्धारित करते हैं वैसे ही रिपब्लिक दल बर्ताव करने लगा। परिणामस्वरूप रिपब्लिकन दल शस्त्रविहीन हुआ और उसने अम्बेडकरी आन्दोलन का गला घोंट दिया।

अम्बेडकरी आन्दोलन को खत्म करने का षड्यन्त्र खुद बाबासाहब अम्बेडकर जीवित थे तभी रचा गया था। बाबासाहब के महिमा मण्डित नेतृत्व में सभी दलित तबके एक होकर कार्य कर रहे थे। चमार, मातंग आदि जाति-जमाति के लोग भी सामाजिक समता का झंडा लेकर सड़क पर उतरे थे। महात्मा गांधी ने पहचाना था कि, अगर तमाम दलित समाज एक बैनर तले आ जाए तो एक न एक दिन जरूर परिवर्तन की माँग करेगा। महात्मा गांधी मन से कट्टर हिन्दू थे। सामाजिक चौखट को खरोंच भी न आए, ऐसी उनकी मंशा थी। सामाजिक चौखट पर हमला करके उसे जर्जर करने के लिए प्रवृत्त हुए डॉ. बाबासाहब अम्बेडकर को देखते ही परंपरावादी महात्मा गांधी ने विघटन के लिए तथाकथित महारेतरों को डॉ. बाबासाहब अम्बेडकर के बैनर तले से हटाकर 'हरिजन' यह प्यारी गाली देकर आन्दोलन खत्म करने का नीच प्रयास किया। महात्मा गांधी ने दलितों को कितना भी विघटित किया तो भी यह शोषित समाज फिर एक बार

इकट्ठा होगा, इस आशा से डॉ. बाबासाहब अम्बेडकर ने सन् 1952 में रिपब्लिकन दल का मसौदा तैयार किया और महार, चमार, मांग, ढोर, कातकरी, आदिवासी आदि के अधिकारों की रक्षा करने के लिए एक मंच का गठन किया। बाबासाहब के बाद रिपब्लिकन दल एकजातीय, एकधर्मीय दल बन गया और वह जातीयता की बेड़ियाँ तोड़ने में अग्रसर सिद्ध हुआ। दलित पैंथर को सन् 1952 की भूमिका मंजूर है। तमाम आन्दोलन का यही अधिष्ठान है। दलित पैन्थर भी अट्ठाईस करोड़ लोगों के भविष्य पर विचार कर रही है। यदि यह अट्ठाईस करोड़ जनसंख्या का पददलित वर्ग एकजुट हुआ तो, वह परिवर्तन माँगने लगेगा, तब ही यह देश 'देश' के रूप में रहेगा।

देहातों में आज जो अन्याय-अत्याचार हो रहे हैं वह केवल बौद्धों पर ही नहीं; चमार, मातंग आदि पर भी हो रहे हैं। इन सभी प्रकार के अन्यायों के विरुद्ध दलित पैन्थर आवाज उठाती है, जिस गाँव में अन्याय हुआ उस गाँव में जाती है। वहाँ के दलितों को अभय देती है। किसी नंबरदार को जिम्मेदार मानकर उसे माफी माँगने के लिए मजबूर करती है। यदि फिर से 'इस तरह का अन्याय हुआ तो दंड नीति का अवलंब किया जायेगा' ऐसी कड़ी चेतावनी पैन्थर देती है। पैन्थर अत्याचारी शक्तियों का सिर कुचलती है और इस कारण ही बातूनी वृत्ति का अभाव रहे साहसी और युवा खून की आवाज में अनेक बौद्धेत्तर स्वयं की आवाज मिला रहे हैं। सर्वहारा वर्ग के भविष्य के विचार की दृष्टि से यह एक क्रान्तिकारी कदम है। विट्ठल साठे जैसा मातंग समाज का कार्यकर्ता अपनी तमाम ताकत के साथ दलित पैंथर में प्रवेश करता है, यह इसी का प्रतीक है।

महाराष्ट्र की ही नहीं तो तमाम देश की आज की स्थिति देखें तो एक बात बड़े स्पष्ट रूप से जान पड़ती है कि मराठा समाज के हाथों में आज क्षत्रियों का भविष्य है। हिंदुस्तान में यह समाज बहुसंख्यक होने की वजह से सरपंच से लेकर मंत्री तक उसी का नंबर लगता है। चुनाव जीतने के बाद पाँच सालों में लाखों रुपये प्राप्त किये जा सकते हैं, यह आदर्श उस समाज के सामने है। लेकिन एक दौर में सत्यशोधक समाज के रूप में यह समाज 'वैचारिक' क्रान्ति की ध्वजा लेकर उतरा था। महर्षि शिंदे के बहुजन समाज से स्थापित किए आन्दोलन द्वारा समाज मथकर निकला था और इस कारण ही इन लोगों की कर्तृत्वशक्ति की ताकत ने और अम्बेडकरी आन्दोलन ने चौबीस वर्ष की अवधि में आश्चर्यजनक मुकाम हासिल की। अगर इन लोगों का आदर्श आज के हुक्मरानों ने रखा होता तो देश का नक्शा निश्चित रूप से बदला हुआ होता।

इस अन्याय की ओर ब्राह्मण वर्ग तटस्थ होकर देख रहा है। उसको समग्र परिवर्तन की जरूरत नहीं है, और परिवर्तन क्या होता है। इसको समझा जाए इतना मराठा समाज के पास विवेक नहीं है। परिणामत: दलित समाज अधर में लटका हुआ है। दलितों पर होने वाले अत्याचार दूर करने के लिए और कुल मिलाकर देश का भविष्य उज्जवल

बनाने के लिए मराठा समाज का ज्ञान मार्ग पर चलना बेहद जरूरी है। बहुजन समाज के बाबा आढाव जैसे किसी एक के विवेकी होने से बात बनने वाली नहीं है; बल्कि कुर्सी का मोह न रखते हुए स्वयं का कार्यक्रम लेकर दलितों की ओर चलना चाहिए।

साम्यवादी लोग इसी मिट्टी के मनोरंजन के खिलौने हैं। उन्होंने यहाँ साम्यवाद को स्थापित करने के लिए पच्चीस साल जद्दोजहद की। मंच पर धर्मातित भूमिका अख्तियार करने वाले साम्यवादियों ने कारखानों से बाहर निकले मजदूरों को स्वजाति का ध्यान दिलाने वाली बस्तियाँ ध्वस्त की होती तो जातीयता के नाम से हजारों समस्याएँ आज खड़ी ना होती। दस-बीस रुपयों के लिए मजदूर को मालिक की मर्जी हासिल करनी पड़ती है। मजदूर दो आने का ऋण निकालकर गणेश उत्सव के लिए गाँव लौटता है तब यह साम्यवादी कार्यकर्ता 'गणेशोत्सव यह एक ढोंग है' ऐसा कहने में अचकचाने लगता है। वास्तविक साम्यवाद को दोनों समझ नहीं पाए। समझ गये होते तो कारखानों में सत्यनारायण की पूजा का आयोजन नहीं किया जाता। कोई भी धार्मिक भावना को ठेस पहुँचाने की हिम्मत नहीं करता। इसके उदाहरणस्वरूप मुंबई के गिरगाँव को देखा जा सकता है। यह गिरगाँव श्रमिकों का, कल तक इसका नेतृत्व साम्यवादियों की ओर था। आज उसका नेतृत्व अत्यंत कट्टर हिन्दू कहलाने वाली शिवसेना की ओर है। शिवसेना हिन्दुत्ववाद का खुले रूप में प्रचार करती है। साम्यवादियों ने इन गिरगाँव वालों को विज्ञाननिष्ठा सिखाई होती तो आज लाल का रूपांतरण भगवे में इतनी आसानी से हुआ ही न होता।

समाज को झकझोर कर दबे-कुचलों को एकता के सूत्र में बाँधने वाले दलित पैन्थर के विरोध में अनेक लोग खड़े होंगे, क्योंकि जातीयता की बीमारी पर मरहमपट्टी उन्हें पूरी तरह से नामंजूर है। यह बीमारी पुरानी है। यह हमारी नस-नस में समायी है। उसे नष्ट करने के लिए हम ऑपरेशन के लिए तैयार है। इस कार्य के लिए हम किसी का भी सहयोग लेने के लिए तैयार है। लेकिन इस सन्दर्भ में शत्रु-मित्र की शिनाख्त होना जरूरी है।

यह देश अपना है। इस देश पर वास्तविक अधिकार हमारा है। पूरब की ओर से आए लोगों ने इस देश को बदनाम किया है। उन्होंने फिरकापरस्ती का कलंक लगा दिया उसकी प्रतिमा विद्रूप कर दी। शक्ल-सूरत पूरी तरह से बदल डाली। यह विद्रूपता हमें बेचैन करती है इसलिए ही यह कलंक धो डालने के लिए हम सड़क पर उतरे हैं। बाबासाहब के मतानुसार इस देश को रेत के ढेर का रूप प्राप्त हुआ है। रेत के दो कणों में आत्मीयता नहीं होती। एक कण का दूसरे कण से कोई रिश्ता नहीं होता। उसी प्रकार भारत में एक जाति के सुख-दुख से दूसरी जाति का कोई लेना-देना नहीं है। इन दोनों कणों को जोड़ने का काम सीमेंट करता है। हम भी यही करने वाले हैं। खून के छिड़काव से एक जाति को दूसरी जाति से आबद्ध करेंगे। एकसंघ करेंगे। तमाम

समाज एकसंघ नहीं हुआ, वह ऐसे ही बस्ती-बस्तियों में अटका पड़ा रहा तो इस देश को कोई भविष्य नहीं है।

दलित पैन्थर दलितों की है। उसे महसूस होता है कि देश की प्रत्येक स्त्री की इज्जत महफूज रहनी चाहिए। फिर वह स्त्री किसी भी जाति की क्यों न हो, उसकी इज्जत का वर्गीकरण न किया जाए। दलित पैन्थर की यह स्पष्ट भूमिका है कि दलित स्त्री की साड़ी को हाथ लगाने वालों के हाथ कलम किये जायेंगे, लेकिन कल को किसी ब्राह्मण स्त्री की साड़ी को भी अगर कोई हाथ लगाएगा तो उसके भी हाथ कलम करने में दलित पैन्थर ही आगे आएगी।

जातीयता जैसी पुरानी बीमारी पर प्रहार करने के लिए तमाम वाम आन्दोलन एकजुट होकर सड़क पर उतरने चाहिए। लेकिन इन सभी वामपंथियों को वर्ण विग्रह का आन्दोलन सर्वप्रथम अभिप्रेत है। वे हमें खड़ा कर रहे हैं। वे हमारा साथ दें। जो साथ नहीं देंगे उनकी प्रगतिशीलता कागज पर ही बची रहेगी। राजनीतिक दल का विचार करते हुए दलित पैन्थर को वर्तमान दौर में तो रिपब्लिकन (सभी गुटों-उपगुटों सहित) दल, समाजवादी, किसान-मजदूर और साम्यवादी दल, ये सभी मित्र महसूस होते हैं। इनमें से बहुत से लोग हम पर कीचड़ उछाल रहे हैं। फिर भी वे हमारे मित्र ही हैं। उनको आज ना कल अपनी गलतियों का एहसास हो जायेगा। वे हमारे दुश्मन न होने के कारण उनके लड़ने में कोई मतलब नहीं है। मित्रदलों में आपस में बखेड़ा निर्माण होकर संघर्ष को क्या बढ़ावा मिलेगा ही ऐसा डर लगने लगता है। लेकिन मित्रदलों में हम संघर्ष बढ़ने नहीं देंगे। उनका भी बखेड़ों को खड़ा कर विवाद में उलझे रहना उचित नहीं है। मित्र बनाने के बाद शत्रुओं की ओर अँगुली निर्देश करना महत्त्वपूर्ण है। जहाँ तक राजनीतिक दलों का सवाल है तो सत्ताधारी कांग्रेस, जनसंघ, हिन्दू महासभा, शिवसेना व धर्म के नाम पर राजनीति करने वाली मुस्लिम लीग हमारी दुश्मन है। उसी प्रकार राष्ट्रवाद की डींगे हाँकने वाला राष्ट्रीय स्वयं सेवक संघ और तमाम जटाधारी, भोंदू आचार्य रजनीश और दत्ता बाळ जैसे गिरोह भी हमारे दुश्मन ही हैं। इन पाखंडियों के पाखण्डीपन पर सिर्फ भाई माधवराव बागल द्वारा ही हमला करना काफी नहीं है। अनेक भाई बागल की तरह बनने चाहिए, क्योंकि फिरकापरस्ती का समर्थन करने वाले अनेक संगठन आज अस्तित्व में हैं। जाति-धर्म के नाम पर बड़े गर्व से विचरण कर रहे हैं।

पैन्थर को इन सब को उखाड़ फेंकना है। यहाँ किसी भी जाति-धर्म के सम्मेलन आयोजित नहीं किए जाए, ऐसी हमारी मंशा है। नारियल चढ़ाये बगैर राजनीतिक दल चुनाव प्रचार शुरू नहीं कर सकते। इस कारण यह सवाल बहुत ही उलझन भरा बन गया है। बारीकी से मुंबई महानगरपालिका का चुनाव-परिणाम देखे तो परंपरावादी शक्तियाँ सिर उठा रही हैं यह स्पष्ट रूप से दिखाई देगा। जनसंघ जैसा हिंदुत्ववादी, परंपरावादी दल ताकतवर बनने की लालसा रखे हुए है। पुणे में पैन्थर ने शंकराचार्य

को जूते दिखाये तब पैन्थर के विरोध में खड़ा हुआ संगठन शंकराचार्य के रक्षक के रूप में सामने आता दिखाई देता है। पिछले दिनों हमने एक बार गीता दहन की चुनौती दी थी। तब भी यह संगठन गीता क्यों जलाते हो' ऐसी वैचारिक चुनौती हमें नहीं दे सका।

ऐसे हालातों में सर्वहरा वर्ग इकट्ठा होकर परिवर्तन माँगने के लिए आन्दोलन खड़ा करेगा ऐसी आशा है। परंपरावादी शक्तियों के सिर उठाते ही उन्हें कुचलने का कार्य वामपंथियों को करना है। आपसी मतभेदों को खत्म किया जायेगा तो ही नयी हवा बहनी शुरू होगी। जाति-धर्महीन समाजिक रचना का निर्माण हुए बगैर, अर्थात् गाँव के बाहर के लोग गाँवों में आए बगैर यह सम्भव होगा ऐसा नहीं लगता।

दलित पैन्थर ने आज तक अनेक कार्य किए है। ब्राह्मणगाँव, भूगाँव, संगमनेर, पेठ आदि गाँवों में जाकर 'जिम्मेदार' लोगों को चेतावनी दी, और छोटे-बड़े तीस मामलों का निपटारा किया। गाँवों में जाकर प्रत्यक्ष भेंट देने की परिपाटी के कारण महाराष्ट्र के लगभग सभी जिलों में पैन्थर की शाखाएँ निर्मित हुई हैं। सिर पर कफ़न बाँधकर आज अनेक लोग सड़कों पर उतर आए हैं।

छात्र और उनके भविष्य के बारे में पैन्थर उदासीन है। स्कूल-कॉलेज की शिक्षा और प्रत्यक्ष जीवन के बीच की बड़ी दरार को खत्म करने के लिए पैन्थर शिक्षा पद्धति में अमूलचूल परिवर्तन की माँग करती है। स्कूल-कॉलेज के पाठ्यक्रम से रामायण-महाभारत को हटाना चाहिए। देवी-देवताओं के नाम पर दी जाने वाली छुट्टियों के अलावा डॉ. बाबासाहब अम्बेडकर, महामना फुले, आगरकर, शाहु महाराज, शिंदे आदि के नाम पर छुट्टियाँ दी जाए।

शिक्षा पद्धति में परिवर्तन यानी निश्चित क्या? इसको लेकर ठोस कार्यक्रम पैन्थर के पास है। पर वह कार्यक्रम मंजूर नहीं होगा, क्योंकि आमतौर पर केन्द्र और राज्य सरकार के शिक्षामंत्री ब्राह्मण होते हैं। सचिव ब्राह्मणेतर, विशेषतः दलितवर्गीय बनेंगे, तब ही यह छवि मिट जायेगी। लेकिन कुछ निश्चित स्थानों पर प्रवेश के लिए दलितों पर प्रतिबंध होता है यह तो हमारा दुख है। बाबासाहब ने दलित समाज को 'हुक्मरानों की जमात बनों' यह संदेश दिया। लेकिन परंपरावादी शासनकर्ता बाबासाहब के महापरिनिर्वाण के पश्चात् दलित समाज को सड़कें साफ कराने का काम सौंपकर बाबासाहब से प्रतिशोध ले रहे हैं। वास्तविक शहर को सुंदर रखने का ठेका केवल दलितों ने ही नहीं लिया। अल्प शिक्षित किसी ब्राह्मण को भी यह काम करना पड़ेगा। नौकरियों के भीतर की जातीयता को समाप्त करने की पैन्थर की मनोकामना है।

कल-परसों तक आम दलित जनता पर अन्याय हुआ करता था। आज जो जवान जान की बाजी लगाकर सीमा पर लड़ते हुए देश की रक्षा करता है, उस पर भी अन्याय हो रहा है, उसे भी जाति का एहसास हो यहाँ तक उसके साथ क्रूर बर्ताव किया जाता है। सेना में भी जाति के नाम पर वर्गीकरण किया जाता है। सैनिक की कोई भी जाति न

हो। देश की सुरक्षा यह ही एकमात्र लक्ष्य उसके समक्ष हो। लेकिन महार प्लाटून–मराठा प्लाटून ऐसे जातिसूचक नाम रखे जाते हैं। सीमा के भीतर जैसा वह बस्ती–बस्तियों में विभाजित किया जाता है, वैसे ही वह सीमा पर भी जाति–जाति में विभाजित किया जाता है। जातिसूचक नाम रखने के अलावा भीमू कांबळे जैसे वीर के नाम पर प्लाटून होगी तो प्रेरणा मिलेगी। जवान अपने गाँव लौटने पर बड़े सम्मान से जीवन जिये। यदि इसी प्रकार के अन्याय अगर जवानों पर होते रहे तो एक दिन वे हम किसके लिए लड़ रहे हैं, यह सवाल पूछेंगे।

दलित पैन्थर के कारण समाज आन्दोलनमय बना

•

भाई संगारे

दलित पैन्थर की स्थापना से लेकर मैंने पैन्थर के आन्दोलन में काम किया है। लेकिन आगे चलकर हम लोगों में दरार पड़ी और पैन्थर विभाजित हुई। नेतृत्व के सवाल को लेकर पैन्थर के आन्दोलन में मतभेद हुए। वैचारिक मतभेदों के कारण पैन्थर विभाजित नहीं हुई। वह एक वहम है। सही देखा जाये तो पैन्थर के आन्दोलन का नेता कौन बने? नेतृत्व की इस लालसा के कारण पैन्थर के नेताओं में दुश्मनी पैदा हुई। 'मैं ही सच्चा नेता हूँ मेरे साथ आन्दोलन है। आन्दोलन की सारी बागडोर मेरे हाथों में हो।' इस भावना के चलते पैन्थर के आन्दोलन में नेतृत्व प्रतियोगिता शुरू हुई जिसके चलते पैन्थर का विभाजन हुआ।

राजा ढाले ने 'मास मूवमेंट' की स्थापना की, तो ढसाळ ने दलित पैन्थर में रहकर काम किया। इस विभाजन का ही नतीजा है कि आन्दोलन नेतृत्वहीन हुआ। ऐसे हालात में विकल्प के रूप में जो नया नेतृत्व उदित हुआ, उसे समाज ने सिर आँखों पर बिठाया और वही भारतीय दलित पैन्थर है। ढसाळ-ढाले और मुझमें मतभेद होने के बाद, पैन्थर आन्दोलन का नेतृत्व दूसरों के पास चला गया। यह नेतृत्व भारतीय दलित पैन्थर के आन्दोलन को आगे नहीं बढ़ा सका। वह बहुत ही टुच्चा साबित हुआ। हमारे विकल्प के रूप में लोगों ने रामदास आठवले आदि को स्वीकारा। लेकिन उन्होंने जनता की आशा-आकांक्षाओं को पूरा नहीं किया सिर्फ नामपरिवर्तन के सवाल पर ही अनेक सालों तक लड़ते रहने के कारण यह आन्दोलन सिर्फ इसी के इर्द-गिर्द घूमता रहा है। केवल नामपरिवर्तन के प्रश्न पर ही दलित समाज को और कितने दिनों तक ठगा जायेगा? नामपरिवर्तनके अलावा अन्य सवालों की ओर भारतीय दलित पैन्थर ने ध्यान नहीं दिया। हमने पैन्थर के आन्दोलन के शुरुआती दौर में धाक जमायी थी, उसी का लाभ परवर्ती नेताओं ने उठाया है। आज पैन्थर आन्दोलन रुका-सा महसूस होता है। इस कारण फिर से एक बार मैं, ढसाळ, ढाले, एकजुट होकर आन्दोलन में काम करने का विचार कर रहे हैं।

दलित पैन्थर की स्थापना के पूर्व दलित युवक शिवसेना जैसे परंपरावादी, फिरकापरस्त संगठन में काम कर रहे थे, वे भी दलित पैन्थर में शामिल हुए। दलित युवकों की प्रबल लड़ाकू ताकत के रूप में दलित पैन्थर का सिक्का जम गया। लेकिन आज भारतीय दलित पैन्थर नीली और भगवी ध्वजा को एक जगह लाने का स्वप्न देख रही है। भीम सैनिक और शिवसैनिकों में एकता होनी चाहिए, ऐसा रामदास आठवले जैसे पैन्थरवादी नेता कर रहे हैं। लेकिन पैन्थर का जन्म ही शिवसेना जैसे फिरकापरस्त संगठन के विरोध में हुआ है। शिवसेना और दलित पैन्थर में एकता नहीं हो सकती 'जय भवानी जय शिवाजी' कहकर दलितों की झोपड़ियों को खाक करने वाले शिवसैनिक पैन्थर के दोस्त कैसे बन सकते हैं?

आज का पैन्थर आन्दोलन केवल अजगर-सा पसर गया है। इस आन्दोलन को दलित समाज की और उसकी समस्याओं की समझ है। डॉ. बाबासाहब अम्बेडकर के विचारों से ईमानदार रहना, पैन्थर की भूमिका रही है। लेकिन हाल ही का नेतृत्व समाज को गुमराह करने वाला है। पैन्थर की स्थापना के वक्त यानी सन् 1972 के आन्दोलन में शामिल कार्यकर्ता आज तटस्थ हैं। ऐसे कार्यकर्ता को समर्थ और समझदार नेतृत्व की जरूरत है। हम यानी कि ढसाळ, ढाले और मैं, परसों एक सभा में इकट्ठा हुए थे। तब हमारी सभा में बहुत बड़ा जनसमुदाय उपस्थित था। आन्दोलन को फिर से हमारे नेतृत्व की जरूरत है।

हममें दारर पड़ने के कारण हम आन्दोलन से बाहर कर दिए गये। आन्दोलन से बाहर जाने के बाद का अनुभव हमारे साथ है। आंदोलन की अपेक्षा समाज बड़ा है। हममें दारर पड़ने के कारण समाज में एकता नहीं रह पायी। पुनरूज्जीवनवादी विचार बढ़ रहे हैं। परंपरवादी संगठनों की बाढ़ आ गयी है। दलितों पर संगठित रूप से क्रूर हमले हो रहे हैं। पहले किसी एक दलित पर अन्याय हुआ करता था। लेकिन आज सामुदायिक रूप में सभी दलित बस्तियों पर हमले हो रहे हैं। फिर से एक बार पैन्थर स्थापना पूर्व की भीषण स्थितियाँ निर्माण हुई हैं। यदि इन फिरकापरस्तों के हमलों का करारा जवाब देना हो तो संगठित होकर लड़ना यह एक ही विकल्प बचा है। दलित विरोधी गठबंधन मजबूत होते वक्त हमारा पैन्थर के आन्दोलन से दूर रहना, समाज हित की दृष्टि से उचित नहीं है। अब स्वार्थ की राजनीतिक छोड़ देना जरूरी है। दुश्मन कौन और शत्रु कौन? इसकी पहचान हम करें। तब ही हम समाज प्रवाह में टिक पाएंगे।

दलित पैन्थर की स्थापना हुई, उसका बहुत बड़ा प्रभाव महाराष्ट्र के सामाजिक जीवन पर हुआ। दलित पैन्थर के कारण संघर्ष और स्वाभिमान का एहसास हुआ। बाबासाहब के देहावसनोपरांत दलित आन्दोलन को दादासाहब गायकवाड ने समर्थ नेतृत्व प्रदान किया। लेकिन उसके बाद दलित आन्दोलन को उचित नेतृत्व नहीं मिल पाया। दलित पैन्थर के कारण दलित समाज आन्दोलनमय बना। बाद में दलित के

नाम को लेकर से छोटे-मोटे आन्दोलन हुए उसका जननबीज है, यह दलित पैन्थर का आन्दोलन। दलित पैन्थर ने बेजान हुए दलित समाज में चेतना जगायी। अंगारों के रूप में विद्रोह दलित समाज में धधक रहा है, इसका एहसास दुश्मन को करा देने का काम दलित पैन्थर ने किया है। दलित कलाकारों और लेखकों की कलम को धार देने का काम दलित पैन्थर ने किया है। जहाँ-जहाँ अन्याय होगा वहाँ जाकर दलित पैन्थर ने अत्याचार करने वालों को कुचल डाला। इस कारण दलित पैन्थर आम आदमी का सहायता केन्द्र बना हुआ दिखाई देगी।

आन्दोलन में लीडिंग पार्ट महत्त्वपूर्ण होता है। मिट्टी में जान फूँकने का काम, समाज को संघर्षमय बनाने का काम नेता की ओर से होता है। इस कारण नेतृत्व को समस्याओं का एहसास और उसकी व्यापकता का अच्छी तरह से आकलन होना जरूरी है। समस्याओं को आन्दोलन का जामा पहनाने की कुव्वत नेता में होनी जरूरी है। लेकिन पैन्थर का नया नेतृत्व बांझ साबित हुआ है। हमारे विभाजन का इतिहास देखकर में बेचैन हो जाता हूँ। जोगेंद्र कवाडे जैसा दलित शख्त दलित आन्दोलन को हाजी मस्तान के खूँटे से बाँध रहा है। बाबासाहब के ग्रन्थ 'थॉट्स ऑन पाकिस्तान' के विचारों की कवाडे को समझ ही नहीं है। विगत दस-पंद्रह सालों से दलित पैन्थर ने परिवर्तन के सवाल में ही आन्दोलन को उलझाए रखा है। प्रकाश अम्बेडकर का नेतृत्व मात्र घराणेशाही है। आज दलित समाज का प्रबोधन होना जरूरी है। नये कार्यकर्ता बनने चाहिए। फिर से नये सिरे से आपसी मतभेदों को त्याग कर संगठित होना जरूरी है। तभी आन्दोलन का उज्ज्वल भविष्य होगा।

दलित पैन्थर से बाहर आने पर मैंने 'प्रैक्टिकल सोशोलिज्म' नामक संगठन की स्थापना की है। दलित पैन्थर कहने पर किसी एक विशिष्ट जाति के संगठन का बोध होता है, लेकिन प्रैक्टिकल सोशोलिज्म संगठन किसी भी एक विशिष्ट जाति का नहीं है। जाति के प्रश्नों के अलावा अन्य प्रश्नों पर भी मैंने आंदोलन किए हैं। इस कारण मेरा अन्य प्रगतिवादी आन्दोलनों से सम्बन्ध स्थापित हुआ है। मेरा अनुभव क्षेत्र बढ़ा है। मुझे अन्य आन्दोलनों के साथ मिलकर काम करना सम्भव लगा है। आज मैं प्रैक्टिकल सोशोलिज्म इस संगठन में हूँ, लेकिन मुझे लगता है तमाम लोगों के संगठित होकर शत्रु से मुकाबला करने की जरूरत है।

(शब्दांकन अरुण म. कांबळे)

नामपरिवर्तन के कारण आन्दोलन को प्राप्त नये आयाम

•

अरुण कांबळे

डॉ. बाबासाहब अम्बेडकर के इरादों के अनुरूप मजबूत विरोधी दल के रूप में रिपब्लिकन दल अंकुरित नहीं हो पाया, वह एकजातीय ही रहा। गठबंधन और विभाजन की अवसरवादी राजनीति में रिपब्लिकन दल की बर्बादी हुई। रिपब्लिकन दल दलित समाज के बुनियादी सवालों पर मजबूत नेतृत्व नहीं दे सका। यही इस दल की राजनीतिक ट्रैजेडी है। इसी दौर में नये उत्साह से दलित साहित्य प्रकाशित हो रहा था। दलित साहित्य के कारण नयी समझ और नये रास्ते नजर आने लगे थे। यह वही दौर है जब दलितों पर होने वाले अन्याय-अत्याचार में बढ़ोतरी हुई थी। पेरूमल कमिटी और ब्राह्मण-बावडा की घटनाओं के कारण दलित युवकों में आक्रोश उत्पन्न हुआ था। ऐसी संघर्षमय स्थितियों में दलित पैन्थर का उदय हुआ। वह सामाजिक स्तर की सामुदायिक हुँकार थी। प्रत्येक की अपनी ही भावनाएँ व्यक्त हो रही हैं, ऐसा ही महसूस हो रहा था। स्थापना के समय पैन्थर का स्वरूप भी स्पष्ट नहीं था। यह आन्दोलन धीरे-धीरे व्यापक होता गया। सन् 1970-74 में पैंथर की स्थापना हुई, तब मैं मुंबई में नहीं था। लेकिन जब पैन्थर की स्थापना हुई तब मैंने सांगली में पैन्थर की एक शाखा शुरू की थी। पैंथर्स की स्थापना का श्रेय किसी एक व्यक्ति को नहीं जाता, बल्कि स्थापना के पूर्व हो रहे समग्र सांस्कृतिक बदलाव की ओर जाता है। इसमें प्रमुखता से दलित साहित्य का योगदान अधिक है। इसी दौर में मैं भी लिखा करता था।

दलित पैन्थर की जब स्थापना हुई तब हजारों की संख्या में युवकों ने पैन्थर में प्रवेश किया, हरेक को पैन्थर अपने मन के भीतरी असन्तोष के लिए एक समर्थ मंच महसूस हो रहा था। सभी युवक बेदरकार थे। विचारों से अलग लेकिन एकदिल से काम करने वाले युवकों का संगठन के रूप में शुरुआती दौर के दलित आन्दोलन की ओर देखा जा सकता है।

पैन्थर लोगों के आन्दोलन का आक्रामक और लड़ाकू रूप सामने आया, वह भी वरळी दंगे के कारण। वरळी का दंगा शिवसेना और दलित पैन्थर में हुआ था। उस वक्त वाम ताकतों ने पैन्थर का समर्थन किया था। वरळी दंगे के कारण दलित पैन्थर को बड़ी ताकत मिली। भागवत जाधव और रमेश देवरूखकर के बलिदान से यह संगठन खड़ा रहा। इस दंगे के कारण दलित युवकों को अपनी प्रतिकार क्षमता का एहसास हुआ, प्रत्यक्ष आन्दोलन का अनुभव प्राप्त हुआ। दलित पैन्थर इस दंगे के बाद 'लड़ाकू संगठन' के रूप में पहचानी जा रही थी। इस कारण युवक नये जोश के साथ पैन्थर की ओर आकर्षित हुए। रिपब्लिकन दल का स्वरूप ऐसा नहीं था ।

वरळी दंगे के बाद के काल में, ताकतवर पैन्थर के आन्दोलन में दरारें पड़ गयी। जिससे पैन्थर अलग-अलग खेमों में बँट गयी। पैन्थर के विभाजन का कारण कोई तात्विक था, ऐसा नहीं है। नामदेव ढसाळ अवसरवादी राजनीति करने वाला नेता था। उसकी कोई स्पष्ट वैचारिक भूमिका नहीं थी। उस पर नक्सलवादियों का प्रभाव था। उसके स्वभाव में अनेक बुराइयाँ थीं। ढसाळ कवि था। इस कारण उसे प्रसिद्धि मिली। आन्दोलन के फैलने के दौर में जिस ठोस निर्णय और मजबूत नीति की जरूरत होती है, वह उसके पास नहीं थी। दलित पैन्थर का घोषणा-पत्र सिर्फ 'निमित्त' है। यह घोषणा-पत्र पहले सभी ने मंजूर किया था, लेकिन विभाजन के कारण बाद में उसे अमान्य घोषित किया गया। राजा ढाले ने ढसाळ की कम्युनिस्टवादिता का विरोध किया। ढाले ने अपनी भूमिका 'एकनिष्ठ कम्युनिस्ट' इस ग्रन्थ में प्रस्तुत की है। सन् 1974 के नागपुर अधिवेशन में ढसाळ को संगठन से हटाया गया। उस वक्त मैं ढाले के साथ था। अविनाश महातेकर, ज. वि. पवार, भाई संगारे और रामदास आठवले हम सभी एक साथ ही थे। आगामी दौर में बनी हुई नेतृत्व की प्रतियोगिता और आपसी द्वेषभाव के कारण संगठन में विवाद बढ़े, जिसके चलते अगली बार भाई संगारे और अविनाश महातेकर को भी संगठन से निकाल दिया गया।

जून, 1975 में आपात्काल घोषित हुआ। आपात्काल का मैंने विरोध जताया था। आपात्काल में इंदिरा गांधी ने अनेक संगठनों पर पाबंदियाँ लगा दी थीं और अनेक कार्यकर्ताओं, नेताओं को जेल में बंद किया गया था। दलित पैन्थर पर भी प्रतिबंध लगा दिया जायेगा और मुझे भी जेल में डाला जायेगा, यह डर राजा ढाले को महसूस होने लगा था। इस कारण आपात्काल में ढाले पूरी तरह निष्क्रिय बन गये थे। उस वक्त महाराष्ट्र के मुख्यमंत्री की कुर्सी पर शंकरराव चह्वाण जैसा मराठा व्यक्ति था। वरळी दंगे की पूछताछ जारी थी। यदि मैं सरकार के विरोध में चला गया तो वरळी दंगे का दोषारोपण मुझ पर किया जायेगा, यह डर राजा ढाले को महसूस होने लगा था। इसी बीच ढाले ने दलित पैन्थर बर्खास्त कर दी और 'मास मूवमेंट' की स्थापना की। किसी से भी बिना पूछे उन्होंने यह निर्णय ले लिया। इतना ही नहीं तो, किसी से

भी बिना पूछे पत्रिका पर हम सभी के नाम छाप दिए। खुद रामदास आठवले ने इन प्रतिवेदनों को बाँटा है। हमने दलित पैन्थर की बर्खास्तगी का विरोध किया और पैन्थर आन्दोलन को आगे जारी रखा।

सन् 1976 में औरंगाबाद में हमने बैठक का आयोजन किया। इस बैठक की अध्यक्षता मुझे सौंपी गयी। दलित पैन्थर बर्खास्त न करते हुए पैन्थर को नया मोड़ दिया, और पैन्थर आन्दोलन फिर से एक बार मजबूत करने का प्रयास किया गया। इसमें हम नाकाम साबित हुए। औरंगाबाद की बैठक में हमने जो निर्णय लिये वे पैंथर की बनावट में बहुत ही महत्त्वपूर्ण साबित हुए हैं। वे निर्णय निम्न प्रकार थे –

1. बुनियादी व्यवसायों का राष्ट्रीयकरण किया जाए।
2. बौद्धों को केन्द्र सरकार की सहुलियतें मिलनी चाहिए।
3. जातीयवाद को बढ़ावा देने वाला साहित्य पाठ्यक्रम से हटा दिया जाए।
4. 10 + 2 + 3 वाला दलितद्रोही पाठ्यक्रम बंद किया जाए।
5. दलितों पर होने वाले अन्याय, अत्याचार खत्म होने चाहिए। दलितों पर अन्याय न हो इसलिए गतिशील (घुमंतू) न्यायालय एवं गतिशील घुमंतू पुलीस व्यवस्था कार्यान्वित की जाए।
6. मराठवाडा विश्वविद्यालय का 'डॉ. बाबासाहब अम्बेडकर विश्वविद्यालय' ऐसा नामपरिवर्तन किया जाए।

ऐसी मुख्य माँगों वाला दस सूत्री कार्यक्रम हमने किया। उस वक्त महाराष्ट्र के मुख्यमंत्री वसंतदादा पाटिल थे। हमारे प्रतिनिधि मण्डल ने उनसे भेंट की। मराठवाडा विश्वविद्यालय के नामपरिवर्तन की माँग उन्हें पसंद आई। लोगों की ओर से यदि नामपरिवर्तन की माँग की गयी तो मराठवाडा विश्वविद्यालय का नामपरितर्वन किया जा सकेगा, ऐसा आश्वासन मुख्यमंत्री ने हमें दिया और हम नामपरिवर्तन के सवाल को लेकर कार्य करने लगे। मराठवाडा विश्वविद्यालय का डॉ. बाबासाहब अम्बेडकर विश्वविद्यालय नामपरिवर्तन हो, इसलिए औरंगाबाद में दलित पैन्थर ने जुलूस निकाला। जिसमें युक्रांद नामक संगठन भी शामिल हुआ। मराठवाडा विश्वविद्यालय के कार्यकारी मण्डल में नामपरिवर्तन का प्रस्ताव पारित हुआ, जिससे पैन्थर के आन्दोलन को और अधिक ताकत प्राप्त हुई। इस प्रस्ताव के कारण दलित पैन्थर की आशाएँ पल्लवित हुईं, लेकिन परंपरावादियों ने इस नामपरिवर्तन को विरोध किया। जगह-जगह पर नामपरिवर्तन के विरोध में दंगे हुए। अन्याय-अत्याचार की अनेक वारदातें घटित हुईं। दलितों की झोपड़ियाँ जलाई गयी। कुछ स्थानों पर हत्याएँ भी हुई। मराठवाडा के गाँव-देहातों तक दंगों की हवा जा पहुँची। अम्बेडकर के विकल्प के रूप में मौलाना आजाद और रामानंद तीर्थ ये दो नाम आगे किए गये।

सन् 1976 से 86 इस दशक में दलित पैन्थर ने नामपरिवर्तन के निमित्त तमाम महाराष्ट्र भर में संगठन का जाल बुना। हजारों जुलूस निकालकर पैन्थर ने अपनी माँग लोगों के समक्ष रखी। नामपरिवर्तन के कारण आन्दोलन को नया आयाम प्राप्त हुआ। नामपरिवर्तन आन्दोलन हमारी अस्मिता का प्रतीक था। वह हमारी मुक्ति का आन्दोलन था। नामपरिवर्तन आन्दोलन दलितों का स्वतन्त्रता पश्चात् के दौर का सबसे बड़ा आन्दोलन था। इस आन्दोलन में अन्य जाति-जनजातियों का सहभाग था। आदिवासी, घूमंतू-विमुक्त नामपरिवर्तन के सवाल को लेकर हमारे साथ सड़क पर उतरे थे। नामपरिवर्तन के आन्दोलन में दलित्तेतर समतावादियों का सहभाग था। नामपरिवर्तन के लिए सन् 1977 में पैन्थर ने मुंबई में जुलूस निकाला और सन् 1979 में औरंगाबाद में किया सत्याग्रह, ये दो घटनाएँ पैन्थर के इतिहास की बहुत ही महत्त्वपूर्ण घटनाएँ हैं।

दलितों के अधिकतर आन्दोलन वैसे देखा जाए तो सफल नहीं हो पाए हैं, वही हाल नामपरिवर्तन आन्दोलन का भी हुआ। लेकिन नामपरिवर्तन आन्दोलन के कारण बड़े पैमाने पर शक्ति निर्मित हुई। समतावादी आन्दोलन हुआ। आम आदमी बड़े पैमाने पर आन्दोलन में कूद पड़े। लाखों की संख्या में लोग जेलों में बंद हुए। यह इस आन्दोलन का यश कहा जायेगा। नामपरिवर्तन के कारण पैन्थर तमाम दलितों के लड़ाकू संगठन के रूप में पहचानी गयी। लेकिन दलितों के अन्य संगठन नामपरिवर्तन के सवाल पर तटस्थ रहे और दलित पैन्थर नामपरिवर्तन के प्रश्न पर आन्दोलन करती रही। मानो नामपरिवर्तन का सवाल, पैन्थर आन्दोलन का प्राण-बिंदु साबित हुआ। इसका परिणाम हुआ कि, पैन्थर आन्दोलन नामपरिवर्तन में अटका रहा। नामपरिवर्तन के सवाल पर आन्दोलन को कितनी हद तक जकड़े रखें, इस बात को नेता नहीं समझ पाए। सिर्फ इसी सवाल पर लंबे दौर तक आन्दोलन में ध्यान देने के कारण अन्य महत्त्वपूर्ण सवालों पर पैन्थर की नजर ही नहीं गयी। इसे कबूल करना ही पड़ेगा।

नामपरिवर्तन सवाल के कारण पैन्थर में आई स्थितिशीलता मण्डल आयोग के आन्दोलन से समाप्त होगी, ऐसा महसूस हुआ था। मण्डल आयोग पर अमल किया जाए, इसके लिए पैन्थर ने महाराष्ट्र के विधानभवन पर पहला जुलूस निकाला। नामपरिवर्तन और मण्डल आयोग के मुद्दे पर आन्दोलन करना, हमारे कुछ सहयोगी मित्रों को मंजूर नहीं था सिर्फ नामपरिवर्तन का आन्दोलन ही आगे ले जाया जाए, ऐसा उनका इरादा था। क्योंकि नामपरिवर्तन आन्दोलन का नेतृत्व दलित पैन्थर ने किया था। मण्डल आयोग का नेतृत्व बाबा आढाव ने खुद किया था। (क्योंकि दलित पैन्थर ने नामपरिवर्तन आन्दोलन का नेतृत्व एस. एम. जोशी को देने से इन्कार कर दिया था।)

डॉ. बाबासाहब अम्बेडकर ने महाड का सत्याग्रह और काळाराम मंदिर प्रवेश सत्याग्रह चलाया। लेकिन उसी सवाल पर वे बार-बार आन्दोलन करने नहीं बैठे। एक ही सवाल पर आन्दोलन करके बैठने से आन्दोलन रुक जाता है, और लोगों की सहानुभुति

में कमी आती है तथा कार्यकर्ताओं का उत्साह भी कम हो जाता है। इस बात का नेतृत्व को एहसास होना जरूरी है। महाड के पेयजल के तालाब का सत्याग्रह और काळाराम मंदिर प्रवेश का सत्याग्रह, इन दो आन्दोलनों को बाबासाहब ने नया और व्यापक विकल्प दिया था-वह यानी धर्मांतर। लेकिन पैन्थर आन्दोलन में ऐसा कुछ घटित नहीं हुआ। नेतृत्व परिपक्व नहीं था, शिक्षित तबका सरकारी सेवाओं में अटका था और आन्दोलन में बनिए तबके की बढ़ोतरी हुई। इस बनिए तबके को आने से रोकना मुश्किल बन गया था। हताश हुए अनेक युवक आन्दोलन में शामिल हुए थे। गुंडागर्दी को प्रोत्साहन देने वाले कुछ नेता हममें भी थे। पैन्थर आन्दोलन को नया आयाम देने का मेरा इरादा था। संघर्ष के साथ ही रचनात्मक कार्य किये जाने चाहिए, ऐसी मेरी भूमिका थी। इसलिए डॉ. अम्बेडकर विश्वविद्यालय की घोषणा की। लेकिन यह घोषणा हमारे कुछ मित्रों को पसंद नहीं आयी। नामपरिवर्तन को विकल्प के रूप में डॉ. बाबासाहब अम्बेडकर अंतर्राष्ट्रीय विश्वविद्यालय की स्थापना की जा रही है, ऐसा आभास कराने का प्रयास किया गया, और मेरा पैन्थर में विरोध होने लगा। वास्तविक रूप में देखा जाए तो निजी स्तर पर मैंने सभी से चर्चा की थी, और अम्बेडकर विश्वविद्यालय को सभी का समर्थन था। लेकिन मेरे ही प्रयास का विरोध क्यों हुआ यह बात ही मेरे समझ में नहीं आई। मुझे बदनाम करके आन्दोलन से हटाने के प्रयास किए गये।

जब शरद पवार मुख्यमंत्री थे तब दलित पैन्थर का एक विशाल जुलूस नागपुर में निकाला गया था। इस जुलूस के परिणामस्वरूप महाराष्ट्र सरकार ने डॉ. बाबासाहब अम्बेडकर ग्रन्थ प्रकाशन समिति की स्थापना की। इस समिति में मैं पहले से ही सदस्य हूँ। समिति द्वारा प्रकाशित किए गये बाबासाहब के निबंध 'रिडल्स इन हिन्दूइज्म' के चौथे संस्करण को लेकर बवाल मच गया। अमरावती के लोगों ने नागपुर खण्डपीठ की ओर से इस निबंध के विरोध में रिट दायर की थी। ये खबर महाराष्ट्र टाईम्स में छपकर आई थी और तुरंत ही माधव गडकरी ने लोकसत्ता में 'रिडल्स' के विरोध में लिखा। इस कारण माहौल गर्म हुआ। 'रिडल्स' के निमित्त से फिर से एक बार सवर्ण और दलितों में उग्र संघर्ष छिड़ेगा, ऐसा डर बना रहा। दोनों ओर से मोर्चे और माँगें की जाने लगी। इस कारण डॉ. बाबासाहब अम्बेडकर ग्रन्थ समिति की बैठक हुई। इस बैठक में मैंने अम्बेडकरवादी विचारों का जोरदार समर्थन किया। रिडल्स के सामान्य अल्पविराम, पूर्णविराम भी हटाने का अधिकार हमें नहीं है, ऐसी भूमिका मैंने अपनाई। लेकिन हम लोगों में से ही कुछ लोगों ने बाबासाहब के विचारों से विसंगत आचरण किया। हम सरकार के साथ हैं, सरकार ही सर्वश्रेष्ठ है, अम्बेडकर ने मन की उद्विग्नता की अवस्था में 'रिडल्स' का लेखन किया है। वे आज जिन्दा होते तो ऐसा लेखन न करते, ऐसी भूमिका हमारे कुछ वरिष्ठ लोगों ने अपनाई। इन सभी का परिणाम ऐसा

हुआ की, मुख्यमंत्री शंकर राव चह्वाण ने 'रिडल्स इन हिन्दूइज्म' इस परिशिष्ट को ही हटाने का निर्णय लिया।

'रिडल्स' मामले में दलित आन्दोलन को मिली सफलता महत्त्वपूर्ण थी। 'रिडल्स' के कारण जनता और नेताओं में एकता की भावना निर्मित हुई, और यहीं से भारतीय दलित पैन्थर ने दलित एकता परिषदों को आयोजित करना शुरू किया।

तमाम दलित जनता को एकसाथ लेकर हमें आगे बढ़ना चाहिए। तभी मूलतत्त्ववादी, धर्मांध, फैसिस्ट, परंपरावादी विचारों को हम पराजित कर सकेंगे। देश के अस्तित्व का सवाल यानी आम जनता के अस्तित्व का सवाल है। हम सबसे पहले व्यक्ति को महान मानते हैं। आज देश में प्रतिगामी, प्रतिक्रांतिवादी विचार बड़े पैमाने पर फैल रहे हैं, ऐसे वक्त में दलित आन्दोलन का अधिक व्यापक बुनियाद पर खड़े रहे बगैर भविष्य नहीं है, ऐसा मुझे महसूस होता है।

(शब्दांकन : अरुण म. कांबळे)

कार्यकर्ताओं का त्याग ही आन्दोलन का प्राण

•

रामदास आठवले

भारतीय दलित पैन्थर दलित युवकों की 'लड़ाकू ताकत' है। भारतीय दलित पैन्थर ने कार्यक्रमों के जरिये दलित समाज का विश्वास हासिल किया। शुरुआती दौर के पैन्थर का आन्दोलन भावनात्मक रूप का था, लेकिन आज की दलित पैन्थर मजबूत कदमों पर खड़ी है। आज की पैन्थर महाराष्ट्र के बाहर काम कर रही है। दलित पैन्थर यह संगठन अखिल भारतीय स्तर पर कार्य कर रहा है। हमने दलित पैन्थर का 'भारतीय दलित पैन्थर' नामकरण किया है। संगठन संख्यात्मक बल पर, उसी के साथ उचित दिशा लेकर खड़ा है। हमारा आन्दोलन अम्बेडकर, बुद्ध, फुले के सम्यक विचारों का आन्दोलन है। देश की पचासी प्रतिशत जनता दबे कुचले तबकों से है। जिस समाज और आदमी का सामाजिक, राजनीतिक और आर्थिक शोषण हुआ है, हो रहा है, ऐसे लोगों के साथ पैन्थर है। दलितों को संगठित करके बुनियादी सामाजिक बदलाव के लिए हम संघर्ष कर रहे हैं। सम्यक क्रान्ति हमारा संकल्प है।

भारतीय दलित पैन्थर राजनीति से दूरी नहीं बनाए हुए है। संसदीय लोकतन्त्र पर हमारा विश्वास है। लोकतांत्रिक मार्ग से ही हम अपनी समस्याएँ हल करना चाहते हैं। हम दलितों के हित की राजनीति खेलते हैं। हमारी जमात राजनीतिक जमात बननी चाहिए, इसके लिए हम प्रयास कर रहे हैं। हजारों दलित कार्यकर्ता किसी भी प्रकार की अपेक्षा न रखते हुए समाजसेवा कर रहे हैं। हमारे कार्यकर्ताओं का त्याग और संघर्ष ही हमारे आन्दोलन की जान है। हम दलितों के सवालों को समझ कर विकास के मुद्दे अमल में ला रहे हैं, भले ही हमें लोकसभा, विधानसभा चुनावों में असफलता मिली हो, लेकिन महानगरपालिका और नगरपालिका के चुनावों में हमें विजय प्राप्त हुई है। आज महाराष्ट्र में भारतीय दलित पैन्थर के कुल मिलाकर एक सौ नवासी पार्षद हैं।

मराठवाडा विश्वविद्यालय को डॉ. बाबासाहब अम्बेडकर का नाम दिया जाए इसलिए दलित पैन्थर लगातार आन्दोलन चला रही थी। नाम परिवर्तन के लिए पैन्थर ने समय-समय पर अनेक स्तरों पर आन्दोलन किए हैं। नामपरिवर्तन के निमित्त से

हम समाज परिवर्तन की भाषा, जाति, जमाति के लोगों का समझा रहे हैं। नामपरिवर्तन का आन्दोलन के जैसा संघर्ष का मुद्दा है, वैसा ही वह समाज प्रबोधन का भी है। नामपरिवर्तन आन्दोलन के कारण दलित समाज में स्वाभिमान का पौरुषत्व फिर एक बार उफनकर आया है। हम नामपरिवर्तनवादी हैं। हमारे छोटे बच्चों से लेकर बूढ़े व्यक्तियों तक सभी नामपरिवर्तन की ही माँग कर रहे हैं। भारतीय दलित पैन्थर, बाबासाहब के समता सैनिक दल का काम कर रही है।

दलित साहित्य और दलित पैन्थर यह प्रस्थापितों के विरुद्ध चल रहे दो आन्दोलन हैं। पैन्थर के आन्दोलन के कारण अनेक दलित लेखकों को प्रेरणा मिली है। दलित साहित्य की वजह से भी पैन्थर को ही नहीं बल्कि दलितों के सभी संगठनों को ऐतिहासिक दस्तावेज का रूप प्राप्त हुआ है। दलित साहित्य भी एक सांस्कृतिक आन्दोलन ही है। दलित साहित्य की वृद्धि होनी चाहिए, इस विचारधारा के हम हैं। दलित साहित्य द्वारा परिवर्तन की प्रेरणा मिलनी चाहिए।

दलितों को राजनीतिक आरक्षण देने के मूल में सभी राजनीतिक दलों का बहुत बड़ा स्वार्थ छिपा है। दलितों को आरक्षण दिया गया तो उनकी सहानुभूति प्राप्त करना सम्भव होगा। आरक्षित सीटों के कारण वे उनमें गुटबाजी का निर्माण करने में भी सफल हो रहे हैं। राजनीतिक स्वार्थ के चलते वे दलित समाज को एक तरीके से बर्बाद करने के लिए ही निकल पड़े हैं। इसका विचार तमाम दलितों को अंतर्मुख होकर करना जरूरी है, इसलिए ही वे आरक्षित सीटों का विरोध करने के लिए तैयार नहीं हैं। लेकिन सेवाओं में एवं शिक्षाविषयक जो सहुलियतें हैं, उसके लिए उच्चवर्गीयों के बहुत बड़े गुट का विरोध ही है।

दलितों में मतभिन्नता निर्माण करने का काम कुछ दल करते हैं, उसका मुकाबला तमाम दलितों का एकजुट होकर करना आवश्यक है। शैक्षिक एवं सेवा विषयक आरक्षित सीटों का विरोध करने की भूमिका गलत है। इस कारण लोकतन्त्र को जबरदस्त झटका देने का काम कुछ असामाजिक तत्त्वों द्वारा होता रहता है। उसका हम विरोध करते हैं। यदि आरक्षित सीटों का विरोध करने की भूमिका विरोधियों ने नहीं त्यागी तो इस देश की एकात्मता ही खतरे में आयेगी ऐसी आशंका का निर्माण हुए बिना नहीं रहता।

बौद्धों की सहुलियतों के बारे में बोलना हो तो, यदि धर्मांतरित बौद्धों ने धर्म बदला हो तो भी उनकी आर्थिक स्थिति में किसी भी प्रकार का बदलाव नहीं आया है। और इस कारण समता पर आधारित बौद्ध धर्म को स्वीकार किये देश के तमाम बौद्धों को केन्द्र सरकार द्वारा और देश के सभी राज्यों की सरकारों द्वारा सहुलियतें घोषित करना बेहद जरूरी है। केन्द्र सरकार द्वारा बौद्धों को सहुलियत दी जाए इसलिए भारतीय दलित पैन्थर के एक प्रतिनिधिमंडळ ने प्रधानमंत्री के समक्ष आग्रह किया था और 'इस प्रश्न

का समग्र विचार करके मेरी सरकार जो उचित होगा वह निर्णय लेगी,' ऐसा प्रधानमंत्री द्वारा आश्वासन दिया गया था। इस सवाल के सन्दर्भ में हम फिर प्रधानमंत्री से भेंट करने वाले हैं। प्रधानमंत्री ने अगर हमारी भूमिका मंजूर नहीं की तो बौद्धों को सहुलियतें दिलाने के लिए हम देशभर में उग्र आन्दोलन छेड़ेंगे।

मराठवाडा विश्वविद्यालय नामपरिवर्तन, मण्डल आयोग, भूमिहीन कृषक मजदूरों का आन्दोलन, आदिवासी-बेगारों का आन्दोलन, झोपड़पट्टियों के प्रश्न, बौद्धों की सहुलियतें और महिला मजदूरों के प्रश्न हमारे समाने हैं। इन समस्याओं को हल करने के लिए पैन्थर आत्मविश्वास के साथ आन्दोलन कर रही है। दलित समाज की तमाम समस्याओं का आन्दोलनों से हल किया जा सकता है, ऐसी भी बात नहीं है। उसे रचनात्मक और विधायक कार्य से जोड़ देना जरूरी है। जहाँ अन्याय होता हो वहाँ संघर्ष किया जाना ही चाहिए। यही हमारी ठोस भूमिका है। अन्याय उन्मूलन के लिए संघर्ष किए बगैर न्याय की प्रतिष्ठापना नहीं होगी, ऐसा भी हमें महसूस होता है। रचनात्मक दृष्टिकोण रखकर दलित समाज का विकास करने की भूमिका अनेक सामाजिक संगठनों, राजनीतिक दलों और कतिपय सेवाभावी सस्थाओं को अदा करनी चाहिए। अगर संघर्ष को रचनात्मकता और विधायक कार्य से जोड़ा जाये तो उस संघर्ष का कोई मतलब ही नहीं रहता, इसलिए जिस प्रकार अन्याय का प्रतिरोध करने की भूमिका होनी चाहिए, उसी प्रकार रचनात्मक कार्य करने की भी भूमिका होनी चाहिए। आज देश में दलितों को बर्बाद करने की साजिश फिरकापरस्त ताकतों के द्वारा की जा रही है। छत्रपति शिवाजी महाराज का नाम लेकर महाराष्ट्र की परम्परा को कलंकित करने का प्रयास अखिल भारतीय मराठा महासंघ जैसे संगठन के जरिये हो रहा है इसके बारे में हमें बहुत खेद है।

मराठा समाज को एकजुट करके समाज की समस्याओं को हल करने के लिए मराठा महासंघ प्रयास करता हो तो उसे हमारा समर्थन मिलेगा। लेकिन दलितों के विरुद्ध मराठा समाज के मन में जहर घोलकर 'दलित-मराठा' ऐसा विवाद महाराष्ट्र में पैदा करने का प्रयास अगर मराठा महासंघ करता हो तो हम उसका कड़ा प्रतिकार किये बगैर नहीं रहेंगे। यदि दलितों को समझ लेने में उन्होंने भूल की तो उन्हीं का आत्मघात सिद्ध होगा। महाराष्ट्र के बहुजन समाज का कल्याण करके, पतितों को पावन करके, दीन-दलितों का पक्ष लेने की भूमिका मराठा महासंघ अपनाने वाला होता तो हम उनके साथ दोस्ती करने के लिए तैयार हैं। वर्तमान स्थिति का विचार करते हुए देश के तमाम दलितों को डॉ.बाबासाहब अम्बेडकर की भूमिका समझ लेने का प्रयास करना निहायत जरूरी है। देश के तमाम मेहनतकश लोग एकजुट हुए बगैर और एकजुट होकर देश की सत्ता हाथों में लिए बगैर उनके सवाल हल होने वाले नहीं हैं। डॉ. बाबासाहब अम्बेडकर का सपना साकार करने के लिए, देश के दलितों को एकजूट करने के लिए

पैन्थर प्रयत्नों की पराकाष्ठा कर रही है, और एक दिन हम तमाम दलितों को एकजुट किये बगैर नहीं रहेंगे यह शपथ हम ले रहे हैं।

दलित दलों और संगठनों का ऐक्य तो होना ही चाहिए, यह भूमिका दलित पैन्थर की स्थापना से लेकर अब तक हम निभा आए हैं। दलितों के सभी दल एकजुट होते और देहातों के, शहरों के लोगों की सुरक्षा करके उनका विश्वास हासिल किया होता, सत्ता, प्रतिष्ठा और स्वार्थ की लालसा के चलते उस समय के नेताओं ने अगर समाज को बेचने का प्रयास न किया होता और बाबासाहब की राह छोड़कर अगर वे किसी दूसरी राह की ओर मुड़े नहीं होते तो दलित पैन्थर के जन्म लेने की तनिक भी जरूरत नहीं थी।

अनेकों बार दलित नेताओं को एकजुट करने का प्रयास किया गया। कुछ हद तक वे प्रयास सफल भी हुए। लेकिन ज्यादा दिनों तक यह एकता नहीं बनी रही। सिद्धांतों एवं आन्दोलन पर अगर सच्चा प्रेम हो तो ही ऐक्य प्रक्रिया सफल हो सकती है, ऐसी मेरी प्रामाणिक भूमिका है। जब खुद की नेतृत्व की लालसा के कारण आन्दोलन एवं सिद्धांतों को ताक पर रखकर दल अथवा संगठन चलाने का प्रयास होता है, उस समय नेता को समाज की अपेक्षा स्वयं का नेतृत्व ही अधिक महत्त्वपूर्ण महसूस होता है।

भावनिक मुद्दों पर जो नेता खड़े होते हैं, वे उस आन्दोलन को सैद्धांतिक और वैचरिक अधिष्ठान प्राप्त करा देने में असमर्थ ही सिद्ध होते हैं। ऐसे नेताओं के सन्दर्भ में भी सोचने की नौबत जनता पर आ पड़ी है। यदि सभी संगठन और दल एकजुट होने के लिए तैयार होंगे तो हमारी तैयारी है ही। सवाल सिर्फ एक ही है कि एकजुट कैसे हो? और कौन किसका नेतृत्व करें? सिर्फ नेतागिरी करने के लिए ही आन्दोलन में कार्य किया जाए, ऐसी मेरी भूमिका नहीं है। जिसमें जो सामर्थ्य होगा, जो नीति-मूल्यों का पालन करते हुए आन्दोलन को सही रास्ते पर ले जाने के लिए तैयार हो, उसका नेतृत्व स्वीकार करने की मेरी तैयारी है। लेकिन आँखें मूँदकर किसी का नेतृत्व स्वीकारने के लिए मैं तयार नहीं हूँ। वर्तमान में सभी दलों और संगठनों को एकजुट करने का प्रयास पैन्थर ने अनेकों बार किया है। इन प्रयासों को अब भी हमने विराम नहीं दिया है। डॉ. बाबासाहब अम्बेडकर का संकल्पित रिपब्लिकन दल खड़ा हो, ऐसी ही हमारी भूमिका है। दलित-शोषित-पीड़ित और अन्याय से तंग आए तमाम अस्सी प्रतिशत लोगों का रिपब्लिकन दल जल्द से जल्द खड़ा हो, इस मनोभूमिका से हम प्रयास कर रहे हैं।

रिपब्लिकन दल के सभी गुट और अन्य गुट एकजुट हुए तो, ऐसी एकता को हमारा समर्थन ही रहेगा। अखण्ड रिपब्लिकन दल का निर्माण होगा तो भारतीय दलित पैन्थर रिपब्लिकन दल 'युवकों का दस्ता' के रूप में कार्य करेगा। इसलिए हम ऐसा आह्वान करते हैं कि एकता की किसी भी प्रक्रिया में हम रंचमात्र भी पीछे नहीं रहने वाले। समय की माँग को पहचान कर रिपब्लिकन दल के सभी गुटों का एकजुट होना इस दौर की अहम जरूरत है। सभी दलित संगठनों की एकता तो होनी ही चाहिए,

लेकिन उसी के साथ गरीबी रेखा के नीचे जीवन यापन कर रही देश की पचपन प्रतिशत जनता का ऐक्य निर्माण करना हमारा प्रयास है।

देश के भ्रष्ट सत्ताधीशों ने आम लोगों के विकास को अवरुद्ध के अलावा उनके जीवन में दुख और गरीबी के जख्म देने का भयंकर काम स्वतन्त्रता प्राप्ति के चालीस सालों के दौरान किया है, यह दृष्टिगोचर होता है। देश को बेआबरू करने वाली इस सत्ता को चुनौती देने के लिए हम स्वाभिमान से खड़े होने का प्रयास कर रहे हैं। डॉ. बाबासाहब अम्बेडकर की भूमिका को सिर आँखों पर रखकर हम अपना आन्दोलन उसी दिशा में दौड़ाने का प्रयास कर रहे हैं। देश की सत्ता दलित और मेहनतकश लोगों के हाथों में आए बगैर उन्नति असम्भव है, बाबासाहब अम्बेडकर के इस सूत्र को पकड़कर ही हम देश की पचासी प्रतिशत जनता को एकजुट करके, देश को समृद्ध करने के लिए, देश में सामाजिक, आर्थिक समानता स्थापित करने के लिए आन्दोलन करने का प्रयास कर रहे हैं।

दलित पैन्थर और अम्बेडकरवाद

•

भालचंद्र फडके

'अम्बेडकरवाद का उदय और विकास' यह मेरी शोध-परियोजना का विषय है। इस नए अध्ययन से मुझे एहसास हुआ कि डॉ. बाबासाहब अम्बेडकर ने जिन विभिन्न राजनीतिक-सामाजिक आन्दोलनों को चलाया और जो दर्शन उन्होंने प्रस्तुत किया, उसी से अम्बेडकरवाद की बुनावट हुई है। महाड के धर्म-संग्राम से लेकर जो आन्दोलन हुए, उनको विभिन्न कागजातों के द्वारा वर्तमान तक के इतिहास को लिखना, यह एक चुनौती ही है। लेकिन इसे स्वीकार कर काम करना जरूरी है। उसके सिवाय अम्बेडकरवाद का स्वरूप वस्तुनिष्ठ पद्धति से विशद करना असम्भव होगा।

दलित साहित्य की तरह ही 'दलित पैन्थर' अम्बेडकरवाद के प्रभाव से निर्मित हुआ संगठन है। यानी कि दलित पैन्थर अम्बेडकरवाद की संतान है। 'वर्णहीन, वर्गहीन समाज का निर्माण किए बगैर सच्ची स्वतन्त्रता स्थापित नहीं होगी' ऐसा डॉ. बाबासाहब अम्बेडकर कहा करते थे। डॉ. बाबासाहब ने स्वतन्त्र भारत का सपना देखा था, लेकिन बदनसीबी से यह सपना सत्य में नहीं उतर पाया, इस वास्तविकता को नकारा नहीं जा सकता। 'दलित पैंथर्स' के घोषणा-पत्र में भी यही पीड़ा व्यक्त हुई है। उसमें कहा गया है कि 'सन् 1947 से 73 के लंबे दौर अर्थात् इन छब्बीस सालों के दौरान राष्ट्रीय आन्दोलन को मुद्दा बनाने वाली कांग्रेस सरकार लगातार एकछत्र अमल कर रही है। चार पंचवार्षिक योजनाएँ, पाँच आम चुनावों और तीन युद्ध इस स्वतन्त्रता के बीते पच्चीस सालों में हुए। लेकिन दलितों के सवाल और जनता के सवालों को इस सरकार ने यथास्थिति में रखा है। सत्ता की लगाम येन-केन-प्रकारेण अपने हाथों में बरकरार रखने के अलावा इस सरकार ने किसी भी उद्देश्य को अहमियत नहीं दी। उल्टा लोकराज्य की, समाजवाद की, गरीबी दूर करने की, हरित क्रान्ति की डींगे हाँककर, इस सरकार ने दलितों को, भूमिहीनों को, खेतिहर मजदूरों को, श्रमजीवियों को पैरों तले रौंदा है। उनकी जिन्दगी से खिलवाड़ करके, सौदेबाजी करके उनके बीच के गिने-चुने लोगों को लालच देकर इन सभी के वजूद को नेस्तनाबूत करने का प्रयास किया। धार्मिक,

जातीय, अलगाववादी कृतियों को अवलंब कर लोकतन्त्र की अखण्डता को खतरा पैदा किया। जिस लोकतन्त्र में आदमी को प्रतिष्ठा-सम्मान, सत्ता-सम्पत्ति प्रतिष्ठा प्राप्त नहीं होती, व्यक्ति विकास, समाज विकास करना सम्भव नहीं होता, देश की मिट्टी के कण खून से सिंचित करने वाले को भूखा कंगाल रहना पड़ता हो, पैरों तले की जमीन और सिर के छप्पर से विमुख रहना पड़ता हो, सरल रास्तों से चलने वालों को मुँह की खानी पड़ती हो, माँ-बहन की इज्जत की धज्जियाँ उड़ती देखना पड़ रहा हो, ऐसी स्वतन्त्रता को स्वतन्त्रता नहीं कहा जा सकता।' आज 1989 साल उदित हुआ है तो भी इस स्थिति में कुछ भी फर्क नहीं पड़ा। दलितों की समस्याएँ हल होना तो दूर, लेकिन नयी समस्याओं का इजाफ़ा उसमें हुआ है। क्या रोटी, कपड़ा, मकान और पानी दलितों के समक्ष की इन बुनियादी समस्याओं का निपटारा हुआ है? नौकरियों में आरक्षित सीटों के तत्त्व को स्वीकार तो किया गया लेकिन क्या संविधान सम्मत सीटों का अनुपात पूरा हुआ है? क्या आज भी 'अनुशेष पूरा करने का प्रयास करेंगे' ऐसी घोषणाएँ चुनाव पर ध्यान केंद्रित करके नहीं की जाती! क्या भूमि हस्तांतरण की समस्या हल हुई है? क्या दलितों पर होने वाले अत्याचारों का चक्र थमा है? क्या सामाजिक बहिष्कार, बस्तियों को जलाना, हत्याकांडों को जारी रखना आदि घिनौने कार्य रुके हैं? क्या देश के अन्य सभी नागरिकों के समान दलितों को मानवता के हक प्राप्त हुए हैं? क्या दलितों में निरक्षरता का अनुपात घटा है या बढ़ा है? ये और इन जैसे अनेक सवाल आज भी उसी रूप में विद्यमान हैं।

संविधान समिति के मसौदे का उपसंहार करते समय डॉ. बाबासाहब अम्बेडकर ने कहा था-"अल्पसंख्यकों के अधिकारों की रक्षा के बारे में मुझे कुछ कहना है। अल्पसंख्यकों के पास एक प्रकार की विस्फोटक शक्ति है। इस शक्ति का यदि कभी विस्फोट हुआ तो इस राज्य की बुनियादी संरचना को क्षति पहुँचेगी। यूरोपीय इतिहास के अनेक उदाहरण मैं दे सकूँगा। भारत के अल्पसंख्यकों ने बहुसंख्यकों का शासन मंजूर किया है। आयरलैंड का संभावित विभाजन टालने के लिए समझौतों का दौर चल रहा था, तब रेडमंड कार्सन ने कहा, 'प्रोटेस्टंट अल्पसंख्यकों की सुरक्षा के लिए आप कोई भी प्रावधान की माँग करिए, लेकिन हमारा आयरलैंड अखण्ड रहने दीजिए' कार्सन ने तुरंत जवाब दे दिया, 'चुल्हे में डालिए आपके सुरक्षा विषय के प्रावधानों को। आपके द्वारा किया जाने वाला शासन ही हमें नहीं चाहिए।' लेकिन भारत के किसी भी अल्पसंख्यक तबके ने ऐसी भूमिका नहीं निभाई है। हमने निष्ठापूर्वक बहुसंख्यकों का शासन मंजूर किया है। इसका हमें एहसास है कि यह शासन बहुसंख्यक रही जातियों का है। यह बहुमत केवल राजनीतिक ही नहीं है। इसलिए सत्तारूढ़ बहुसंख्यकों द्वारा अल्पसंख्यकों के सम्बन्ध में पक्षपाती नीति को अवलंब किया जाये।' इसलिए उनका सदैव यह आग्रह रहता है कि दलितों को विकास के समान अवसर मिलने चाहिए।

दलित मुक्ति के लिए समग्र क्रान्ति की जरूरत उन्हें महसूस होती थी, लेकिन उसी के साथ उनका लोकतांत्रिक मार्ग पर विश्वास था। डॉ.बाबासाहब कहा करते थे कि किसी भी राजनीतिक क्रान्ति के पूर्व सामाजिक और धार्मिक क्रान्ति हुआ करती है, इतिहास गवाह है। लेकिन भारत में राजनीतिक सत्तांतर मात्र हुए है। जिस समग्र सांस्कृतिक क्रान्ति की जरूरत है, वह अब तक नहीं हो पाई। इसलिए ही इस देश की बहुसंख्य जनता भयंकर गरीबी में डूबी हुई है। अंधश्रद्धा, दैववाद, कर्मकांड, शोषण, जादू-टोना आदि विकराल शक्तियों के पाश में वह जकड़ी हुई है। इस दलित-शोषित जनता को स्वराज्य का सूर्य कब देखना सम्भव होगा? दलित पैंथर्स का कहना था कि, "हृदय परिवर्तन अथवा उदारमतवादी सार्वत्रिक शिक्षा के कारण हमारा शोषण थमने वाला नहीं है। हम प्रबोधन की मशाल हाथ में लेकर जनता को क्रान्ति के लिए सिद्ध करेंगे, उनको संगठित करेंगे और उनको एकजुट करके इष्ट ध्येय साध्य करेंगे। सुविधाएँ -सहुलियतों की माँग, आरजू-विनती, चुनाव, सत्याग्रह आदि साधनों के द्वारा समाज की व्यवस्था को बदल डालेंगे।" यहाँ की शोषणग्रस्त समाज व्यवस्था बदलनी चाहिए, इस प्रकार की कामना भी बाबासाहब ने की थी। राजनीतिक सत्तापरिवर्तन वैसे देखा जाये तो आसान होता है, लेकिन सामाजिक व्यवस्था में परिवर्तन मुश्किल होता है। इस देश में सामाजिक व्यवस्था में बदलाव के लिए जो आन्दोलन हुए, वे अधिक समय तक नहीं टिक पाये, यह बाबासाहब को भी स्पष्ट रूप से दिखाई दे रहा था, क्योंकि जिनके पास राजनीतिक सत्ता है, आर्थिक ताकत है, उत्पादन के साधनों पर जिनका मालिकाना हक है, वे व्यवस्था विरोधी आन्दोलन कमजोर करने के विविध मार्गों को अवलंब करते रहते हैं। आमतौर पर ये मार्ग कौन से हैं?

1. येन-केन-प्रकारेन आन्दोलन को कुचल डालना।
2. फूट डालो और पीटो, इस भेद नीति को अवलंब करके आन्दोलन कमजोर करना।
3. आन्दोलन का नेतृत्व करने वाले नेताओं की छवि मलिन करना, उनका चारित्र्य हनन करना और आन्दोलन की मजबूती को ढीला कर देना।
4. लालच देकर नेताओं में दरार डालना।
5. निरंतर कहते रहना कि क्रान्ति के लिए धीमे मार्गों का अनुसरण किया जाए। तमाम परिवर्तनों की विरोधी भूमिका लेते रहना। आन्दोलन के साथ झूठी दिखावटी मित्रता का रिश्ता स्थापित करना।
6. तात्विक छिद्रान्वेषण करना और आन्दोलन के कार्यक्रमों का क्रियान्वयन न हो इसलिए काँटे लगाना।

7. आन्दोलन में किसी न किसी वजह से उपेक्षित और वंचित रहे लोगों को अपने में समाविष्ट कर लेना और उन्हीं का इस्तेमाल आन्दोलन खत्म करने के लिए करना।
8. आन्दोलन में हिस्सा लेने वालों के मन में अंतर्गत विवाद के बीज बोकर उस आन्दोलन को समूल रूप से नष्ट कर देना।

एक प्रस्थापित समालोचक ने 'एक स्वतन्त्र दृष्टिकोण' इस शीर्षक के तहत एक लेख लिखा है। (देखिये इकोनॉमिक एंड पॉलिटिकल वीकली, 4 मई, 1974)। उसमें कहा गया है, 'हम सभी शोषणग्रस्त विविध दलित पीड़ित तबकों का नेतृत्व कर रहे हैं, ऐसा दलित पैन्थर का दावा है। अनुसूचित जातियों की संख्या पैंतीस लाख तक है और उसमें सत्तावन उपजातियों का समावेश है। उसमें महार पैंतीस प्रतिशत, मातंग तैंतीस प्रतिशत, चमार बाईस प्रतिशत और बचे अन्य उपजातियों के हैं। दलित पैंथर्स महार युवकों का संगठन बने, यह सहज ही है। इसलिए दलित पैंथर्स महारेतर जातियों की प्रतिनिधि के रूप में कही नहीं जा सकती। महाराष्ट्र में महार-मातंग-चमार संघर्ष निरंतर चलता रहा है। बाबासाहब की अपील के चलते बहुसंख्य महारों ने बौद्ध धर्म को स्वीकार किया। यही जाति रिपब्लिकन दल में प्राथमिकता से है। अनेक गुटों में विभाजित हुए रिपब्लिकन दल में विभूति पूजा का बोलबाला छा गया है, स्वार्थ का बोलबाला हुआ है और दलित पैंथर्स ने इस दल के विरोध में बगावत कर अपना स्वयं का अलग कार्यक्रम तैयार किया। 'इस आशय के अनुसार विचार करें तो 'दलित पैंथर्स' इस संगठन की ओर प्रस्थापित समालोचन दूषित दृष्टि से देख रहे थे, यह स्पष्ट हो जायेगा। डॉ. बाबासाहब अम्बेडकर के नेतृत्व में जो आन्दोलन चलें, उन पर भी ऐसी ही दूषित विचारधारा के चलते ही मुहर लगा दी है। एलिनॉर झेलियट के प्रबंध का नाम ही मूलतः 'डॉ. अम्बेडकर एंड महार मूवमेंट' है। यह शीर्षक ही गलत है। डॉ. बाबासाहब अम्बेडकर ने अनेक बार स्पष्ट किया है कि, हमारा आन्दोलन दलितों की मुक्ति के लिए है, और यह दलितों का मुक्ति आन्दोलन मानवमुक्ति के आन्दोलन का एक अंश है। दलित पैंथर्स का संविधान और कार्यक्रम विषयक पुस्तिका में कहा गया है, 'हमारा मुक्ति आन्दोलन समग्र क्रान्ति का आकांक्षी है। अंशतः परिवर्तन असम्भव है और वह हमें नहीं चाहिए। तमाम क्रान्तिकारी परिवर्तन ही हम चाहते हैं। सामाजिक अवमानना से बाहर निकलने के साथ ही अर्थव्यवस्थिक, राजनीतिक और सांस्कृतिक केन्द्रीय स्थानों पर हमें प्रभुत्व स्थापित करना होगा।' अम्बेडकरवाद को समग्र क्रान्ति की जरूरत है। दलित पैंथर्स के मतानुसार जाति, धर्म, वर्ग, विवादरहित, शोषणमुक्त, सुखी, समृद्ध, सुसंस्कृति और विज्ञाननिष्ठ समाज निर्मित करने के लिए दलित-श्रमिक वर्ग की सत्ता का स्थापन करना, इस उद्दिष्ट अम्बेडकरवाद की एक विशेषता है।

वैसे देखा जाये तो दलित पैंथर्स का उदय होना अनिवार्य था। दलित पैन्थर का उदय उस दौर की माँग थी। 'पैंथर्स की स्थापना में जिनका योगदान था, उनमें से एक कार्यकर्ता ज. वि. पवार लिखते हैं, 'दलित वर्ग पिछले साढ़े चार हजार सालों से अन्याय, अत्याचारों को बिना किसी प्रतिरोध के सहता आया है। उसे देवता और तकदीर जैसी कल्पनाओं के तले कुचला गया है। पाप-पुण्य, पुनर्जन्म की परिधि में लाचार होकर घूमने के लिए मजबूर किया गया। डॉ. बाबासाहब अम्बेडकर ने इस मिट्टी की मूरत में प्राण फूँकें। उनकी नसों में उर्जा भर दी और संघर्ष के लिए सड़क पर खड़ा किया। वह आदमी बन गया, दूसरे भी इन्सान बने इसलिए वह जिद करने लगा।' अम्बेडकरवाद मानवीयता के श्रेष्ठ मूल्यों को अपनाता है। पैंथर्स ने भी इसी विचारधारा को स्वीकारा है। 'इन्सान इन्सान के साथ इन्सानियत से पेश आए' यह धम्म सत्य उन्होंने स्वीकार किया था।

दलित पैंथर्स का आन्दोलन लगातार चुनौतियाँ देते हुए आक्रामक बनता गया। पुणे में पैंथर्स ने शंकराचार्य को जूते दिखाये तब से उनका क्षोभ उफनकर आया। 'साधना' में प्रकाशित राजा ढाले के लेख ने खलबली मचा दी थी। राजा ढाले लिखते हैं, 'साला, राष्ट्रध्वज यानी सिर्फ कपड़ा, विशिष्ट रंग में रंगा हुआ प्रतीक! इस प्रतीक का अपमान हुआ तो बड़ा जुर्माना! और सोन्ना गाँव की सोने जैसी प्रत्यक्ष जीती-जागती स्त्री की साड़ी उतारने पर पचास रुपये जुर्माना। ऐसे राष्ट्रध्वज का अपमान और राष्ट्रध्वज क्या किसी की गाँड़ में डालना है? राष्ट्र लोगों का बनता है। राष्ट्र के लोगों का दुख बड़ा या प्रतीक के अपमान का दुख?'' इस लेख पर तीखी प्रतिक्रियाएँ व्यक्त की गयीं, निषेध जाहिर हुए, साधना के अंकों को जलाया गया। यदुनाथ थत्ते ने त्याग-पत्र दे दिया, लेकिन ढाले ने जो सवाल किया, उसका जवाब किसी ने नहीं दिया। प्रो. सरोजिनी वैद्य ने लिखा था, 'उन पर (दलितों पर) हुए अन्याय और अत्याचार की करुण कहानियाँ एक निश्चित परिपाटी की होती है।' (साधना, तारीख 2/9/1972) दलितों की बस्तियाँ जला देना, उनसे मारपीट करना, दलित स्त्रियों का जुलूस निकालना, उनका बलात्कार करना आदि। अत्याचार और उनकी करुण कहानियाँ निश्चित परिपाटी की होती हैं; ऐसा मानना हिन्दू मानसिकता का लक्षण है, ऐसा कहा जाये तो क्या गलत होगा? ज. वि. पवार लिखते हैं, 'देश की प्रत्येक स्त्री की इज्जत महफूज रहनी चाहिए-फिर वह किसी भी जाति की क्यों न हो? उसकी इज्जत का वर्गीकरण नहीं किया जाए।' 'नारी मुक्ति' यह अम्बेडकरवाद की एक विशेषता थी। दलित और नारी को इन्सान के रूप में सम्मानपूर्वक जीवन जीने का हक मिलना चाहिए यह उनकी माँग थी। 9 सितंबर, 72 के साधना के अंक में एस. एम. जोशी ने सम्पादकीय विवेचन दिया था। इस लेख का शीर्षक था-'तेजोभंग का पाप हम नहीं करेंगे' राष्ट्रध्वज की प्रचलित सामाजिक व्यवस्था और सरकार में तालमेल बिठाने में ढाले की ओर से गलती हो रही है।' ऐसा

कहकर एस. एम. जोशी लिखते हैं, 'अधिकांश सवर्ण समाज की ओर से जो पाप और अत्याचार किए जा रहे हैं, इनके बारे में उनसे जवाब कौन माँगेगा?' क्या इस सवाल का जवाब किसी ने दिया है? 'आम्ही' के सम्पादक बाबूराव बागूल लिखते हैं, 'दुनिया किस गति से यात्रा कर रही है, लेकिन भारतीय इन्सान अलबत्ता मृतप्राय रही सामंती मनोवृत्ति के संस्कार सीने से लगाकर बैठा है।' दलितों पर किए जाने वाले अत्याचारों की जड़ें इस व्यवस्था में है। यह व्यवस्था क्यों बदलनी है? क्योंकि अम्बेडकरवाद उसी व्यक्ति को सम्माननीय मानता है जिससे यहाँ की धर्म व्यवस्था ने अछूत माना, दीन-हीन माना; उसे प्रतिष्ठा प्राप्त हो इसलिए पैंथर्स का आन्दोलन था। बाबूराव बागूल लिखते हैं, 'इस युग की महान सामर्थ्य उसे प्राप्त हो और तमाम शोषणों से, बंधनों से वह मुक्त हो जाए और उसका स्वयंसिद्ध बड़प्पन उसे प्राप्त हो।' अम्बेडकरवाद बिल्कुल यही लक्ष्य सामने रखता है।

डॉ. बाबासाहब अम्बेडकर के महापरिनिर्वाण के पश्चात दल में विघटन की प्रक्रिया शुरू हुई। रमेश आवाड अपने लेख में कहते हैं, '(सन 1972 के आसपास) रिपब्लिकन दल की गुटबाजी और आपसी मतभेद चरम सीमा पर पहुँचे थे और रिपब्लिकन दल का दलितों के सवालों पर ठोस भूमिका निभाना सम्भव नहीं था। यदि मान ले भी तो राजनीतिक व अन्य स्वार्थों के लिए रिपब्लिकन दल के नेता बातों से ज्यादा कुछ काम नहीं करेंगे, इसका पूरा भरोसा हो जाने के कारण ही दलित समाज का युवा वर्ग का रिपब्लिकन दल में रहकर कुछ काम करना सम्भव होगा, इस बारे में मैं निराश हुआ था।' (मित्रता के परे) निराशा की अव्यवस्था से बाहर निकला जाये इसलिए दलित पैंथर्स का उदय हुआ। बावडा की बहिष्कार की घटना को लेकर दल के नेताओं ने क्यों मौन धारण किया? यह कुछ समझ में नहीं आता। जहाँ कहीं अन्याय होगा उसके विरुद्ध आन्दोलन करना ही अम्बेडकरवाद की विशेषता है! ऐसा होते हुए भी दलितों पर होने वाले अन्याय-अत्याचारों पर दल के नेता मौन धारण करते दिख रहे थे। यह युवा मन को रास नहीं आया लेबर कैम्प के दो बौद्ध युवाओं मोरे और आवळे ने ब्राह्मणगाँव और बावडा के दलितों पर हुए अत्याचारों की ओर ध्यान आकर्षित कराने के लिए प्रदर्शन किये। (देखिये-'साधना' तारीख 15/8/1972) यहाँ की राजनीतिक, सामाजिक व्यवस्था पर लगातार हमले करने का कार्य पैंथर्स ने किया, लेकिन उनके हिंसात्मक हमलों के कारण पैंथर्स विराधी ताकतें सिर उठाने लगीं। रिपब्लिकन दल के नेताओं की पैंथर्स के प्रति सहानुभूति भी नहीं थी। कांग्रेस में आरक्षित सीटों पर कब्जा जमाकर बैठे खैरे, भास्कर, व्हटकर आदि नेता कहने लगे, पैंथर्स के आन्दोलन की चिंता हम क्यों करें? पैंथर्स रिपब्लिकन दल के लिए सिरदर्द है। ये नेता चमार, मातंग, ढोर समाज से होने के कारण ऐसा भी करते हैं कि महारों को भीतरी विवादों से हमारा कुछ लेना देना नहीं है, लेकिन यह भूमिका गलत थी। डॉ. बाबासाहब अम्बेडकर ने

संविधान में अनुसूचित जाति-जनजाति के लोगों के लिए लोकसभा, विधानमण्डलों में आरक्षित सीटों के निर्माण करने के लिए जान की बाजी लगाकर आन्दोलन किया था, क्या आरक्षित सीटों पर चुनकर आने वाले कांग्रेसी इस बात को भूल गए थे?

डॉ. बाबासाहब अम्बेडकर ने अपने आन्दोलन को जो वैचारिक अधिष्ठान प्रदान किया था, उसे दलित पैंथर्स ने स्वीकार किया था। इस कारण डॉ. बाबासाहब ने जिन समस्याओं को रखा था, उन्हीं समस्याओं की नये सिरे से प्रस्तुति पैंथर्स ने की, इसमें कोई शंका नहीं। दलित पैंथर्स ने द्रुतगामी कार्यक्रम आँका था, लेकिन उसका असरदार तरीके से अमल करने का प्रयास सफल नहीं हो सका, दलितों पर किये जाने वाले अत्याचारों की घटनाओं का निपटारा करने के लिए उनके पास पर्याप्त संसाधनों का अभाव था। न आर्थिक ताकत, न जनमत की ताकत, न प्रबोधन के लिए आधुनिक संपर्क के साधन, ऐसी अवस्था में घिरी पैंथर्स को डॉ. अम्बेडकर जैसी ही अनेक विपदाओं का सामना करना पड़ा। डॉ. अम्बेडकर ने हिन्दू धर्म, हिंदुओं की गीता, मनुस्मृति, वेद आदि ग्रन्थ-रचनाओं, पुराणों आदि पर कड़े प्रहार किए। वरळी के इलाके में जो दंगे हुए और पुलीसवालों ने बी. डी. डी. मुहल्ले की दलित स्त्रियों-पुरुषों से अमानवीय तरीके से मारपीट की उसके विरोध में प्रदेश कांग्रेस की मीटिंग में तिरपुडे ने सरकार और पुलीस की कड़ी निंदा की। मुंबई स्थित 'एसोसिएशन ऑफ डिफेन्स ऑफ डेमोक्रेटिक राइट्स इस संस्था के नवरोज मोदी ने इकोनॉमिक एंड पॉलिटिकल वीकली की तारीख 19/1/1974 के अंक में बी. डी. डी. मुहल्ले के दलितों पर पुलीस ने जो अत्याचार किये, उन पर भाष्य करते हुए कहा गया कि, 'पुलीस का बरताव समर्थनीय नहीं था, बल्कि वे पक्षपाती थे। 10 जनवरी के निषेध जुलूस पर जो पथराव हुआ वह निंदनीय था।' इसमें पैंथर्स के कार्यकर्ता भागवत जाधव की मौत हुई। इस दंगे की न्यायालयीन जाँच की जाये, पुलीस पर कार्यवाही की जाये। ढाले-ढसाळ आदि पर दर्ज की गयी चार्जशीटें हटाई जाये, आदि माँगें इस संस्था ने अपने लेख में रखी थीं। (इकोनॉमिक एंड पॉलिटिकल वीकली, तारीख 19/1974) के लेख में जो कहा गया है, वह वास्तविकता का चित्र प्रस्तुत करता है। इसमें मोदी कहते हैं, 'जब तक अनुसूचित जातियाँ चुपचाप शोषण सहन करती रहेंगी, तब तक सरकार की सहानुभूति प्राप्त होती है, लेकिन शोषण के विरुद्ध आन्दोलन चलाने के लिए अनुसूचित जातियाँ संगठित होकर बगावत का बिगुल बजाने लगती हैं तब सरकार संगठित हो रही जातियों की आवाज दबाने के लिए दमनकारी तकनीक को अवलंब करती है। ऐसे समय में राजनीतिक दृष्टि से संगठित होने के सिवाय उनके पास कोई विकल्प नहीं बचा रहता।' दलित पैंथर्स के उदित होने के बाद शिवसेना से उसका संघर्ष छिड़ गया। शिवसेना ने पैंथर्स पर आरोप लगाया कि उसने महाराष्ट्र की एकात्मता में बारूद भर दिया है और जातीय तनाव बढ़ाये हैं। तो पैंथर्स ने उन पर आरोप लगाते हुए कहा कि शिवसेना सवर्ण हिंदुओं का संगठन है

और दलितों के सवालों को लेकर उसकी आस्था नहीं है। जनवरी, 1974 में मुंबई के कामगार विभाग में लोकसभा का उपचुनाव घोषित हुआ। डॉ. बाबासाहब अम्बेडकर के एक जमाने के सहयोगी आर. डी. भंडारे की बिहार में गवर्नर के रूप में नियुक्ति हुई। इस कारण उन्होंने त्याग-पत्र दे दिया। इसीलिए यह उपचुनाव हो रहा था।

ब्रिटिश काल में सरकार जितनी क्रूर नहीं थी उससे सौ गुना ज्यादा अब दलितों के बारे में क्रूर हो सकती है, क्योंकि उत्पादन की नसें नौकरशाही, न्याय संस्था, लष्करदल, पुलीसदल और इन सभी को पूरक सिद्ध होने वाले पूँजीपति, धर्म के ठेकेदार इन हिन्दू सामंतों के हाथों में है। इस कारण दलितों की अस्पृश्यता का सवाल यह केवल मानसिक गुलामी तक सीमित नहीं रहा।' यह कथन सही था इस कारण दलितों को गुलाम करने वाली वर्ण-व्यवस्था, जाति-व्यवस्था और वर्ग-व्यवस्था के जो शिकंजे हैं, उनको समूल ध्वस्त करने के लिए दलित पैंथर्स का जन्म हुआ था। चुनाव का बहिष्कार करने के कारण कांग्रेस-रिपब्लिकन-शिवसेना गठबंधन का प्रत्याशी पराजित हुआ और कम्युनिस्ट नेत्री रोझा देशपांडे विजयी हुई। पैन्थर के विरुद्ध जो जनक्षोभ उफनकर आया, वह पैंथर्स के ताकतवर बनते जाने का प्रमाण था। तारीख 20/4/1974 के 'इकोनॉमिक्स एंड पॉलिटिकल वीकली' के अंक में मोइन शाकिर ने विश्लेषणात्मक लेख लिखा। उनका कहना था कि दलित पैंथर्स के कारण दलित जाति-जमातियों के धनिक और गरीबों में दरार बन चुकी है, यह स्पष्ट हुआ। रिपब्लिकन दल में जो तीन खेमे थे, सहुलियतों और जातीयता के राजनीतिक लेखन में व्यस्त थे। यह बात भी स्पष्ट हुई, और दलित पैंथर्स की ताकत अर्थात् रिपब्लिकन दल के भविष्य को खतरा है यह भी स्पष्ट हुआ। 'केसरी' के (तारीख 30/1/1974) एक संस्करण में लिखा है कि, 'यदि रिपब्लिकन दल के नेताओं ने सत्ताधारियों के साथ मित्रता करने की भूमिका अपनायी नहीं होती और अस्पृश्य वर्ग के आर्थिक, सामाजिक और शैक्षिक सुधारों पर कुछ समय तक ध्यान केंद्रित किया होता तो रिपब्लिकन दल की त्रासदी न हुई होती।' इस भाष्य का अर्थ सिर्फ इतना ही है कि रिपब्लिकन दल तमाम दलित-शोषितों का जाति निरपेक्ष दल बनें, यह बाबासाहब का सपना प्रत्यक्षता में नहीं उतर पाया।'

दलित पैन्थर जैसे-जैसे असरदार होती चली, वैसे-वैसे पैंथर्स के आन्दोलन को नष्ट करने के लिए प्रयास हुए। कुछ लोगों ने आरोप लगाये कि पैंथर्स का आन्दोलन आततायी, अविचारी, विनाशकारी और विध्वंसक है। लेकिन पैंथर्स ने अम्बेडकरवाद की ताकत अर्जित की थी, यह आरोप लगानेवालों के ध्यान में नहीं आया। कुछ लोगों ने आरोप लगाया कि पैंथर्स के नेता पुराणपंथी मार्क्सवादियों के साथ जुड़े हुए हैं। कुछ लोगों का कहना था कि पैंथर्स ने धर्म-कारण और समाज-कारण में बहुत बड़ी गफलत की है। रमेश आवाड ने 'बियाँड फ्रेन्डशिप' के अंक में एक मुद्दा उठाया है। उन्होंने कहा, 'विभूति पूजा' वाली रिपब्लिकन दल की विरासत दलित पैन्थर ने छोड़

देनी चाहिए' क्योंकि रिपब्लिकन दल में जो विभाजन हुआ और जो खेमे-उपखेमे निर्मित हुए वे उन व्यक्तियों के नाम पर दर्ज हुए। बाबासाहब तो अक्सर आग्रहपूर्वक कहते हैं कि, 'व्यक्ति की अपेक्षा देश बड़ा और विभूति पूजा राजनीति में विवेकवाद के लिए हानिकारक होती है।' दलित पैंथर्स की हालत भी रिपब्लिकन दल जैसी ही हुई जिसके परिणामस्वरूप पैंथर्स में विभाजन हुआ। डॉ. बाबासाहब अम्बेडकर का दर्शन और उस दर्शन की नींव पर निर्मित हुए आन्दोलनों का फैलाव न हो इसलिए कांग्रेस और परंपरावादियों के प्रयास शुरू हुए, यह राजा ढाले का अनुमान था। दलित पैन्थर यह संगठन बर्खास्त कर राजा ढाले ने 'मास मूवमेंट' स्थापित की। नामदेव ढसाळ की पैन्थर का गुट अलग हुआ। यह ऐतिहासिक वास्तविकता ध्यान में लाने पर एक सवाल खड़ा होता है कि डॉ. बाबासाहब अम्बेडकर के दर्शन की मशाल लेकर दलितों की समस्याओं का निपटारा करने के लिए समग्र क्रान्ति का श्रीगणेश कौन करेगा? क्या इस देश में अम्बेडकरवाद की ध्वजा नहीं लहराती रहेगी? क्या बाबासाहब का देश के बारे में देखा गया सपना यथार्थ में नहीं उतरेगा?

दलित पैन्थर और रिपब्लिकन दल

•

भूषणकुमार जोरगुलवार

15 अगस्त, 1947 के दिन देश को स्वतन्त्रता प्राप्त होने के बाद आदमी की प्रतिष्ठा, समता, सामाजिक न्याय और बंधुत्व के तत्त्वों की नींव पर इस देश का संविधान तैयार किया गया। जाति, धर्म, भाषा जैसे विभेदों पर विचार किए बगैर तमाम नागरिकों को लोकतांत्रिक संघराज्य में समान अधिकार दिये गये। देश के दलितों की समस्या यह एक ज्वलंत सवाल है। आठ करोड़ से भी अधिक दलितों की सुरक्षा, स्वास्थ्य और आशा-आकांक्षाएँ संविधान में गुँथी हुई हैं। दलितों का पिछड़ापन खत्म करके उनको अन्य तबकों की बराबरी में लाने का प्रयास करने को सरकारी नीति के नीति निर्देशक तत्त्व के रूप में स्वीकृत किया गया है। सार्वजनिक जीवन में अस्पृश्यता समाप्त करने की घोषणा संविधान में तो कर दी गयी है, लेकिन सार्वजनिक स्थानों पर अस्पृश्यता पहले जैसी ही बरकरार है। उन पर होने वाले अत्याचार, सामाजिक बहिष्कार, मारपीट, स्त्रियों की अप्रतिष्ठा, जानलेवा हमले अब भी रुके नहीं हैं। ऐसा होते हुए भी भारतीय समाज में आर्थिक, सामाजिक शैक्षणिक दृष्टि से पिछड़े रहे अन्य तबकों की तुलना में अस्पृश्य समाज बहुत ही सजग और संगठित हैं। शैक्षिक प्रसार के कारण इस समाज से असामान्य स्तर के साहित्यिक, राजनेता, प्रशासक, प्राध्यापक बड़े पैमाने पर आगे आ रहे हैं। इस तबके के सुशिक्षितों की खासकर बौद्ध युवकों के मन सवर्णों की ओर से दलितों पर होने वाले अन्याय-अत्याचारों को देखकर क्रुद्ध होकर भड़क न उठें तो हैरानी ही होगी। देश की अस्पृश्य जाति के अधिकांश शहरी सुशिक्षितों ने अपनी ऐसी गलत धारणाएँ बना ली हैं कि देश की अस्पृश्यता अब नष्ट होती जा रही है। उनकी इस धारणा के पीछे 'शहरों में अस्पृश्यता का पालन नहीं किया जाता' यह आधार है। भारत के भविष्य की दृष्टि से ये शहरी सुशिक्षित जितने जल्द हो सकें इस भ्रम से बाहर आये उतना ही बेहतर होगा, लेकिन बदनसीबी ऐसी कि भारतीय विचारकों में भी इस प्रश्न के प्रति उदासीनता ही है। इस तुलना में परिस्थिति विचारकों ने इस विषय का अधिक संक्षेप में और सांगोपांग अध्ययन किया है लेकिन उनके इस अनुसन्धान का प्रमुख

प्रयोजन उनके देश की सरकार की नीति निर्धारित करने के लिए सहायता करना होने के कारण भारत के आन्दोलनों की दिशा निर्धारित करने के लिए इस अनुसन्धान का ज्यादातर उपयोग नहीं होता। भारतीय विचारकों की तुलना में भारत के राजनेताओं की दलितों के आन्दोलनों में अधिक रुचि दिखती है। लेकिन ये राजनेता होने के कारण उनकी भूमिका दलीय लाभ-हानि के हिसाब से निर्धारित होती है। सत्ताधारी वर्ग की स्वार्थी और संकुचित वृत्ति, आम जनता की जातिनिष्ठता के संस्कार, दलितों में संगठित और जिम्मेदार नेतृत्व का अभाव और संतप्त युवकों की दहशतगर्दी के कारण भारत के दलितों के प्रश्नों का स्वरूप दिनोंदिन अधिक ही विस्फोटक बनता चला जा रहा है।

भारतीय संविधान के अनुसार दलितों को इतरों की बराबरी से राजनीतिक अधिकार प्राप्त हुए हैं। अस्पृश्यता का पालन करना, यह कानूनन अपराध माना गया है। दलितों की शैक्षिक और आर्थिक उन्नति के लिए विशेष सहुलियतें बहाल की गयी हैं। स्वतन्त्रता के पश्चात् के दौर में परिवर्तित हुई स्थितियों में दलितों के आन्दोलनों की ध्येय-नीति कैसी हो, सवाल खड़ा होता है। इस दौर में डॉ. बाबासाहब अम्बेडकर ही दलित आन्दोलन के सर्वसम्मत नेता और प्रवक्ता थे। तब स्वाभाविक ही इस स्थिति में नयी ध्येय-नीति निर्धारित करने की जिम्मेदारी उन्हीं को उठानी पड़ी, लेकिन दुर्भाग्य ऐसा है कि, इस सन्दर्भ में उनके विचार और नीति के सन्तोषजनक रूप में स्पष्ट होने के पूर्व ही उनका देहांत हुआ। हिन्दू कोड बिल के मामले के चलते केन्द्रीय मंत्रिमंडल से बाहर होने पर डॉ. बाबासाहब अम्बेडकर ने अपने कार्य के तीन अंग माने हैं। वे हैं-शिक्षा प्रसार, धर्मांतर और संगठन। इसके पूर्व ही उन्होंने शिक्षा प्रसार की दृष्टि से पीपल्स एजुकेशन सोसाइटी की स्थापना की थी और इस समय तक उसके कार्य का विस्तार बहुत फैल गया था। परिणामतः दलित समाज के छात्र बड़े पैमाने पर उच्च शिक्षा की ओर मुड़ने लगेंगे। जीवन के बिल्कुल अंतिम समय में बाबासाहब ने हिन्दू धर्म का त्याग कर बौद्ध धर्म की दीक्षा ली और हजारों अनुयायियों को धर्मांतर के लिए प्रेरित किया। शे. का. फे. बर्खास्त कर रिपब्लिकन दल स्थापित करने की योजना भी इसी दौर में उन्होंने तैयार की। डॉ. बाबासाहब अम्बेडकर के पश्चात् उनके अनुयायियों ने इसी दिशा में अपना कार्य जारी रखा। ऐसा होकर भी रिपब्लिकन दल का संविधान और उसकी नीति अब तक तैयार होनी बाकी थी। चुनाव और संघर्ष के सन्दर्भ में रिपब्लिकन दल को अन्य दलों से कैसे ताल्लुकात रखने चाहिए, इसकी तसवीर स्पष्ट नहीं थी। शैक्षिक सहुलियतें और प्रतिनिधिक संस्था एवं सरकारी सेवाओं में आरक्षित सीटों द्वारा आत्मोत्थान के अवसर प्राप्त होते ही दलित समाज में विभिन्न तबकों का उदय हुआ। उनकी आशा-आकांक्षाओं का दलित आन्दोलन में प्रतिबिंब दिखाई देना स्वाभाविक ही था। ऐसे हालात में स्वाभाविक ही आगामी आन्दोलन की दिशा और नीति के बारे में रिपब्लिकन दल के कार्यकर्ताओं में तीव्र मतभेद निर्मित हो गये। दल में विभिन्न गुटों की भूमिकाओं

में समन्वय साधकर उनकी एकता कायम रखने में नेता नाकाम सिद्ध हुए। इस कारण एक दौर के प्रबल और संगठित रहे दल की पूरी तरह से दुर्गति हुई।

सन् 1927 में महाड के पेयजल के तालाब के सत्याग्रह से लेकर डॉ. बाबासाहब अम्बेडकर के सामाजिक जीवन की शुरुआत हुई, वह भी सन् 1937 के प्रांतिक विधानमण्डल के चुनावों तक। उस दृष्टि से उन्होंने बहिष्कृत हितकारिणी सभा के जरिये प्रयास किये, लेकिन जब चुनाव की राजनीति सामने आयी, तब अम्बेडकर ने अपनी नीति में परिवर्तन किया। मेहनतकशों को अपना आन्दोलन सफलता से चलाना हो तो जाति-पाति, धर्म, देश आदि विभेदों को सहारा न देते हुए तमाम एक हैं, यह वर्ग भावना मन में बिंबित कर उन्हें अपना अभेद संगठन निर्मित करना जरूरी है, मार्क्सवाद की इस व्यापक भूमिका को अम्बेडकर ने स्वीकृत किया और 'स्वतन्त्र मजदूर दल' की स्थापना सन् 1937 में की। इसके कुछ दिनों बाद वाइसराय के सलाहकार मण्डल से बाबासाहब जुड़े जिससे स्वतन्त्र मजदूर दल समाप्त हुआ। अपने आन्दोलन के लिए सन् 1936 में स्वीकृत की गयी व्यापक भूमिका का त्याग करके सन् 1942 में नागपुर में 'शेड्युल्ड कास्ट फेडेरेशन' की स्थापना करके सांप्रदायिक भूमिका का सहारा लेना पड़ा, क्योंकि भारतीय परिवेश मार्क्सवादी विचार के लिए पोषक नहीं है, यहाँ का आर्थिक रूप से शोषित तमाम जनसमूह वर्गीय स्तर पर संगठित होना असम्भव है, इसका एहसास बाबासाहब को हुआ। बाबासाहब ने जातीय भूमिका स्वीकार की हो तो भी एक तरीके से दलितों के इच्छित ध्येय की प्राप्ति के लिए हालातों से किया गया यह एक समझौता था। उनके किसी भी आन्दोलन का आधार जातीय न हो यह बाबासाहब की हार्दिक इच्छा थी। इसके लिए उन्होंने अपने अनुयायियों को शेड्यूल्ड कास्ट फेडेरेशन बर्खास्त कर रिपब्लिकन दल की स्थापना करने की सलाह दी।

रिपब्लिकन दल की स्थापना के मूल में डॉ. बाबासाहब अम्बेडकर के मन की जो इच्छा थी, वह पूरी नहीं हो पायी और अंततः रिपब्लिकन दल शेड्यूल्ड कास्ट फेडेरेशन ही रहा। इसकी प्रमुख वजह थी, इस दल को व्यापक भूमिका प्रदान कराने वाला समर्थ नेतृत्व प्राप्त ही नहीं हुआ। रिपब्लिकन दल के नेताओं की प्रमुख पूँजी यानी डॉ. बाबासाहब का सहवास और अम्बेडकरी आन्दोलन से रिश्ता। विविध समस्याओं पर लक्ष्यभेदी तरीके से बोलने वाला अथवा लिखने वाला दूसरा कोई नेता वहाँ निर्मित ही नहीं हुआ। इतना ही नहीं, तो तमाम अम्बेडकरी आन्दोलन की समझ रखने वाला नेतृत्व मिलना भी दुर्लभ ही था। परिणामतः रिपब्लिकन दल के आन्दोलन सम्बन्धी कुछ मिथ्या धारणाएँ सीने से चिपकायें यह मण्डली कार्य कर रही थी। इसमें से एक मिथ्या धारणा थी 'रिपब्लिकन दल' भारतीय राजनीति दल के हाथ में सत्ता की बागडोर सौंपनी है, इसका फैसला करने वाले हम ही हैं। इस विचार के चलते ही 'क्यों न हम ही सत्ता अपने हाथों में लें?' इस विचार का जन्म हुआ, लेकिन वास्तविकता यह है

कि, रिपब्लिकन दल या अम्बेडकरी आन्दोलन भारतीय राजनीति की 'संतुलित ताकत' कभी भी नहीं हो सका। रिपब्लिकन नेताओं के इस मिथ्या भ्रम को समय रहते ही दूर कर देने वाला दूरदर्शी नेतृत्व इस दल को प्राप्त हुआ होता तो रिपब्लिकन दल की यह दुर्गति नहीं होती। रिपब्लिकन दल की बर्बादी होने का एक महत्वपूर्ण कारण था 'सत्ता की लालसा'। इस लालसा के कारण ही बाबासाहब के विचारों की बौछार रिपब्लिकन दल के नेताओं द्वारा सभा-सम्मेलनों में होने लगी। 'तुम लोग हुक्मरानों की जमात बनों' बाबासाहब का यह वचन उद्धृत कर अपनी स्वार्थ की राजनीति के चलते दुश्मनों से भी किये गठबंधनों के पापों को बाबासाहब के माथे पर मढ़ा जाने लगा। सत्ता की लालसा अंततः इन लोगों को कांग्रेस की दहलीज तक ले गयी।

वास्तविक रूप से देखा जाये तो बाबासाहब के तमाम दलित आन्दोलन समाजवादी समाजरचना के निर्माण सूत्र बयाँ करने वाले हैं। बाबासाहब का ऐसा आदेश था कि भारत में समाजवादी समाजरचना का निर्माण करने के लिए संसदीय लोकतन्त्र और बुद्ध धम्म, इन दो साधनों का प्रयोग किया जाये, लेकिन बाबासाहब के पश्चात् दलित नेतृत्व को 'समाजवादी समाजरचना' के इस साध्य और सांसदीय लोकतन्त्र तथा धम्म, इन साधनों का मतलब ही समझ में नहीं आया। इस कारण ऐसे नेतृत्व द्वारा डॉ. बाबासाहब के आदेश को निभाया नहीं गया ऐसा दिखाई देता है। बाबासाहब की 'एक असामान्य निर्मिति' के रूप में भारतीय संविधान की ओर ये लोग आत्मीयता और आदरभाव से देखते हैं, इसकी भी सन्तोषजनक पुष्टि नहीं हो पाती, क्योंकि अम्बेडकर ने एक अलग ही मानसिकता से इस संविधान का निर्माण किया था। बल्कि, बाबासाहब के पास विकल्प नहीं था। बाबासाहब की निर्मिति के रूप में संविधान की ओर देखने वालों की एक बात का हमेशा खयाल रखना चाहिए कि, संविधान को स्वीकार करने के एक साल के भीतर ही 'इस संविधान को जला दो' ऐसा बाबासाहब ने कहा था। दलित नेताओं को यह बात याद नहीं है ऐसी कोई बात नहीं, क्योंकि बाबासाहब ने अपने इस विधान के द्वारा संविधान के प्रति अपनी प्रतिक्रिया व्यक्त की थी। इसका एहसास होकर भी समाजवादी समाजरचना की निर्मिति के लिए संवैधानिक चौखट के परे जाकर और संसदीय राजनीति की सीमाओं के बाहर जाकर कुछ तो करना जरूरी है, इन बातों को ये दलित नेता भूल गये हैं। केवल बाबासाहब द्वारा संविधान निर्माण किया गया है, इस कारण संविधान के प्रति और उसकी तमाम सीमाओं के प्रति उनका प्रेम और आदर है ऐसा कहना अलग बात है तथा राजनीति में अपने बर्ताव से इसे साबित करना अलग बात है। जिस समय दलित नेताओं के लाभ का मामला होता है, उस समय यह संविधान बाबासाहब द्वारा लिखित है इसलिए उसे पवित्र माना जाये और जिस समय मामला लाभ का नहीं होता, तब यू टर्न लेना इससे अब सभी परिचित हो चुके हैं। बुद्ध के बाद इंदिरा गांधी और बाबासाहब के बाद यशवंतराव चह्वाण ऐसी

घोषणाएँ देकर संविधान की मूक चौखट से विसंगत होकर भी बयालिसवें संविधान संशोधन का जाहिर समर्थन करना, इस संविधान संशोधन के लिए विपक्षी दलों की राय लेने के मामले को भी नकारना, ये तमाम बातें अम्बेडकर के संविधान निर्मित सम्बन्धी प्रेम और आदर को यक़ीनन ही नहीं दर्शाता।

दलित समाज की समस्याओं का हल वर्तमान दौर की भारतीय विषम समाज व्यवस्था नष्ट हुए बगैर नहीं होगा और इसके सिवाय दलित आन्दोलन को जातीय स्तर से व्यापक वर्गीय स्तर पर ले जाना सम्भव नहीं है। इसलिए आज दलितों के आन्दोलन द्वारा ही इस समाजिक व्यवस्था को तोड़कर सामाजिक-आर्थिक न्याय पर खड़े क्रान्तिकारी आन्दोलन की शक्ल प्राप्त होना जरूरी है। यह आन्दोलन अगर सिर्फ अछूतों की आरक्षित सीटों के लिए और सहुलियतों के लिए लड़ा जायेगा तो उसमें से अछूत और बौद्ध समाज के केवल दो या ढाई-तिहाई सुशिक्षित तबके ही लाभान्वित होंगे; वह भी प्रामाणिक रीति से अनुशेष रद्द किया जाये तो ही। असंख्य अस्पृश्यों के लिए वही परावलंबित, वही गरीबी और वही अपमान बचा रहेगा। उनको मुक्त करने का मार्ग आरक्षित सीटें और संसदीय राजनीति के परे है। इसका एहसास दलित नेतृत्व को नहीं हो रहा है, यह खेदजनक बात है। इससे भी अधिक खेद की बात है, अम्बेडकर के नाम पर ही दलितों को यथास्थिति में रखने का प्रयास इन नेताओं के द्वारा किया जाना। शिक्षित दलित वर्ग पूरी तरह से दिल से चटख चुका है। उच्च वर्ग में प्रवेश के लिए वे स्वयं के समाज, रिश्तेदार, इतना ही नहीं तो वक्त पड़ने पर माँ-बाप को भी त्यागना चाहते हैं। उनको इसकी शर्म भी महसूस होती है। जिनकी मेहनत पर उसने शिक्षा प्राप्त की, उन्हीं को लताड़ने को वे तत्पर हैं। इसमें कुछ सम्माननीय अपवाद भी है, लेकिन बहुसंख्यकों की यही हालत है। इस सुशिक्षित वर्ग का परिवर्तन ही विरोध है। समग्र परिवर्तन के सिवाय देहातों में स्थित अपने माता-पिता के पैरों में परंपराओं द्वारा बाँधी गयी बेड़ियाँ टूटने वाली नहीं हैं, इसका हल्का-सा एहसास होकर भी वे इस परिवर्तन का विरोध कर रहे है। किसी समाज में ऐशोआराम के पीछे भागने वाला वर्ग निर्मित होने पर, वह कैसे समाजद्रोही बनता है, इसकी यह जिन्दा मिसाल है। रिपब्लिकन कांग्रेस और तत्कालीन दौर की जनता पक्ष के दलित नेता तथा उनके इर्द-गिर्द घूमने वाले दलित सुशिक्षित हैं।

बाबासाहब अम्बेडकर के बाद रिपब्लिकन दल का आन्दोलन कम्युनिस्ट विरोध पर खड़ा रहा। कम्युनिस्ट विरोध ही आन्दोलन का प्रमुख सूत्र और लक्ष्य था। कम्युनिस्ट विरोध के कारण वे अम्बेडकर के समाजवादी समाजरचना निर्माण के लक्ष्य को भूल गये वास्तविकता ऐसी है कि दलित नेताओं का कम्युनिस्ट विरोध भी प्रामाणिक नहीं है। उनका कम्युनिस्ट विरोध सुविधाजनक राजनीति का एक कोण है। दादासाहब गायकवाड को भीतर-ही-भीतर मजबूर कर कांग्रेस की दहलीज पर जाने के लिए विवश किया

गया। सन् 1967 के बाद कांग्रेस और कम्युनिस्टों के गठबंधन की दृष्टि से माहौल तैयार होने लगा। सन् 1969 में यह गठबंधन ठोस हुआ। सन् 1971 के भारत-रूस समझौते के तहत इस गठबंधन पर मुहर लगी। सन् 1971 के चुनाव में रिपब्लिकन दल कांग्रेस दल के साथ और कांग्रेस कम्युनिस्टों के साथ थी इसी का मतलब कांग्रेस-कम्युनिस्ट रिपब्लिकन थे। ये राजनीतिक क्षेत्र में मित्र थे। सन् 1977 के चुनाव में दादासाहब रूपवते की कांग्रेस कॉमरेड डांगे के कम्युनिस्ट दल के साथ थी और रा. सु. गवई का रिपब्लिकन दल आर. डी. भंडारे और बी. पी. मौर्या के कांग्रेस के साथ था। बी. सी. कांबळे जनता दल के समझौते में थे और जनता दल नंब्रुद्रीपाद के मार्क्सवादी कम्युनिस्ट दल के साथ था। तो राजाभाऊ खोब्रागडे जनता दल के साथ मिलकर ही संसदीय चुनाव की राजनीति कर रहे थे। ये तमाम तफसीलात से वाकिब होने पर दलित आन्दोलन सचमुच ही कम्युनिस्ट विरोधी है, ऐसा नहीं कहा जा सकता। डॉ. बाबासाहब अम्बेडकर की दुहाई देकर दलितों को कम्युनिस्ट विरोधी संगठन स्थापित करने के लिए मजबूर करने वाले और वास्तव में कम्युनिस्टों के साथ मित्रता की राजनीति करने वाले किसके साथ प्रताड़ना कर रहे थे? स्वयं के साथ?, बाबासाहब के साथ? या दलित जनता के साथ? इस पर बारीकी से विचार करना जरूरी है।

दलितों के आन्दोलनों को जड़ से उखाड़ने के लिए सत्ता और सम्पत्ति के बल पर खड़े वर्ग को प्रयास करने की जरूरत है, इसके बारे में खेद व्यक्त करने की कोई वजह नहीं है, क्योंकि उनके साथ होने वाला संघर्ष एक लड़ाई होती है, लेकिन भारत में यह लड़ाई बड़ी विचित्र है। दलित जनता का आन्दोलन उखाड़ फेंकने के लिए यहाँ धनिक सत्ताधारी वर्ग आगे नहीं आता, बल्कि आगे आते हैं दलितों के विभिन्न दलों-उपदलों के नेता। दलित पैन्थर का आन्दोलन उखाड़ फेंकने के लिए ये नेता अपने व्यक्तिगत भेद-विभेद भूलकर दल का अनुशासन और वैचारिक भूमिका को अलग रखकर एकजुट हुए। एक ओर शरद पवार की मदद से रूपवते गवई पैन्थर के विरोध में चले गये, दूसरी ओर से ढसाळ को पैन्थर से निकाल दिया गया। इस कारण नागपुर में जाकर राजाभाऊ खोब्रागडे ने खुशियाँ मनायी। बी. सी. कांबळे अब तक एकता की खिल्ली उड़ाते थे, वे एक रात में ही रिपब्लिकन ऐक्य के लिए तैयार हुए। दलित पैन्थर के आन्दोलन में अम्बेडकर के मन की जलन, नकार, विद्रोह और नवनिर्माण की अभिव्यक्ति थी। यद्यपि उनका आन्दोलन दिशाहीन था, यह सही है भी, लेकिन आन्दोलन को बनाये रखा होता तो उसे दिशा देना बहुत कठिन नहीं था। दलित नेताओं के भीतर के शिक्षित वर्ग के हित की राजनीति का विरोध करने के कारण दलित नेतृत्व द्वारा लताड़े गए असंख्य अशिक्षित, मजदूर, भूमिहीन और खेतिहर मजदूरों के मेल से बनी दलित पैन्थर की यह उत्स्फूर्त प्रतिक्रिया थी। दलित पैन्थर की सभाएँ बेशुमार भीड़ को अपनी ओर खींचा करती। सिर्फ हिन्दू देवताओं को दी जाने वाली गालियों को सुनने

के लिए ही नहीं बल्कि रिपब्लिकन और अन्य दलों के दलित नेताओं को भी पैन्थर के नेता गालियाँ देते थे। इसलिए उनकी सभाओं के लिए भीड़ उमड़ पड़ती। कुल मिलाकर उनके रवैये की चीरफाड़ पैन्थर के नेता करते थे। उनका ऐसा करना सही या गलत यह मुद्दा यदि अलग रख दें तो भी एक बात स्पष्ट होती है, वे यानी दलित नेताओं के बारे में दलित जनता के मन में अत्यधिक असन्तोष पनप रहा था। दलित नेताओं द्वारा असम्भव कर डाली इच्छा-आकांक्षाओं का अंशत: क्यों न हो पैन्थर के आन्दोलन में प्रतिबिंब पड़ा था। सन् 1950 में राजनीतिक लोकतन्त्र का ढाँचा ध्वस्त करने के लिए आगे आने वाले समाज का जो भविष्य कथन बाबासाहब ने किया था; जो सपना देखा था, उसका अंश क्यों न हो, पैन्थर मूर्त रूप थी। दलित नेता और उनके द्वारा पाले गये कार्यकर्ताओं के विरुद्ध सामान्य शोषित जन इस संघर्ष का रूप था, लेकिन दुर्भाग्य की बात है कि पैन्थर विभाजित हुई। नहीं, पैन्थर का जानबूझकर विभाजन किया गया। पैन्थर में फूट डालना और वर्तमान स्थिति को कायम रखना सत्ताधारी वर्ग की जरूरत थी, लेकिन यह धनिक सत्ताधारी वर्ग पैन्थर के विभाजन के लिए आगे आया होता और पैन्थर को समर्पित नेतृत्व मिला होता तो जाति-पाति की सीमाएँ लाँघकर अम्बेडकरवाद को अभिप्रेत वर्ग संघर्ष का यहाँ उदय हुआ होता। परिणामत: दलित पैन्थर के आन्दोलन में फूट डालने के लिए इस धनिक सत्ताधारी वर्ग ने दलित आन्दोलन के घरभेदियों का सहारा लेकर आन्दोलन को विभाजित करने में कामयाबी हासिल की। इसका मतलब यह है कि दलित नेताओं का शिक्षित वर्ग जिस तरह दलित आन्दोलन को फैलने नहीं देता, उसी तरह दलित आन्दोलन को कुचलने के लिए रिपब्लिकन और अन्य दलों के तमाम दलित नेता एकजुट होते हैं और आन्दोलन के कुचले जाने पर अपने-अपने खेमों में लौट जाते हैं। संसदीय राजनीति को लक्ष्य मानकर अम्बेडकर की समाजवादी समाजरचना के लक्ष्य से समझौता करने में इन नेताओं की अम्बेडकरी निष्ठा आड़े नहीं आती। साम्यवादियों को मदद करते समय वे अम्बेडकर के विचारों की परवाह नहीं करते। धार्मिक सत्ताधीशों से स्थापित अपने सम्बन्धों को बरकरार रखने के लिए वे अम्बेडकर को भूल जाते हैं, लेकिन पैन्थर का आन्दोलन कुचलने के लिए अम्बेडकर की दुहाई देकर ही एकजुट होते हैं। यानी कि जिस बाबासाहब ने तमाम जिन्दगी दलितों के आन्दोलनों को चलाने में गुजारी, उन्हीं के अनुयायियों को दलितों का आन्दोलन खड़े करने की इच्छा नहीं है, आन्दोलन के खड़े होने के आसार दिखाई देते ही उसे कुचलने के लिए यही नेता सबसे आगे होते हैं।

शुरुआती दौर में दलित पैन्थर का आन्दोलन कुछ अंशों में क्यों न हो जातीय था, उसके समर्थक माने या ना माने। सन् 1974 के बाद जातीय संघर्ष में जाहिर तौर पर कूद पड़ने वाला दलित पैन्थर, यह पहला ही जातीय संगठन है। भारत के इतिहास में जातीय संगठनों की बड़ी दीर्घ परंपरा रही है। वैसे देखा जाये तो भारतीय स्वतन्त्रता

का इतिहास ही तमाम जतीय संगठनों का, उनके आन्दोलनों का, जातीय समझौतों का और जातीय निर्णयों का है। इस पार्श्वभूमि को देखते हुए दलित पैन्थर को दोषी करार देना उचित नहीं है। तमाम भारतीय राजनीति ही मूलतः जातिवादी नींव पर खड़ी होने के कारण आम जनता को संगठित बनाने के दो ही प्रभावी विकल्प बचे हैं। वे हैं जाति और भाषा अथवा प्रदेश, जब कोई संगठन अपनी जातीय अथवा प्रादेशिक सीमाओं को लाँघकर अधिक व्यापक बनने लगता है, तब उस संगठन के वजूद को ही खतरा पैदा होता है। शिड्युल्ड कास्ट फेडेरेशन का रूपांतरण रिपब्लिकन दल में होते ही उस संगठन का पतन हुआ। दलित पैन्थर का संगठन जातीय स्तर से वर्गीय स्तर में छलाँग लगाने के इरादे से खड़ा हुआ तब उसके टुकड़े-टुकड़े हुए।

रिपब्लिकन दल की राजनीति और उसके दाँवपेचों की जाँच पर एक बात ध्यान में आती है, वह यानी रिपब्लिकन दल ने सदा से ही कांग्रेस की सत्ता को सुरक्षित रखने की ही राजनीति खेली है। इसलिए रिपब्लिकन दल का ध्येय-नीति, दाँवपेचों का सवाल उनका न रहकर वह कांग्रेस की सत्ता और कांग्रेस के नेताओं का सवाल है। इसी कारण तो दलित पैन्थर का आन्दोलन मुंबई जैसे शहर में फैलना शुरू होते ही रिपब्लिकन दल के सभी गुट पैन्थर में फूट डालने के लिए एकजुट हो जाते हैं, और पैन्थर में फूट डाले जाने पर अपने-अपने खेमों में लौट जाते हैं। इससे दो बातें स्पष्ट होती हैं-एक यानी रिपब्लिकन दल का जातीय राजनीति खेलना सम्भव नहीं है, क्योंकि बहुसंख्यक जमात किसी भी अल्पसंख्यक तबके को राजनीतिक स्तर पर संगठित होने देगी, यह इस संरचना में सम्भव दिखाई नहीं देता। तमाम अल्पसंख्यक जातियों को अक्सर विघटित रखकर सत्ता संपादित करने के लिए जरूरी जातीय राजनीति सिर्फ बहुसंख्यक जाति ही कर सकेगी। दूसरी बात, रिपब्लिकन दल अथवा दलित पैन्थर किसी न किसी के सहयोग के बगैर जिन्दा नहीं रह सकती। अब सवाल बचता है सहयोग का। सहयोग किससे और किस स्तर पर प्राप्त करना है, प्राप्त परिस्थिति और अपने अंतिम ध्येय का मन ही मन एहसास रखकर ही इस पर विचार करना पड़ता है।

रिपब्लिकन दल के स्वतन्त्र आन्दोलनों से लाभ नहीं होगा, ऐसी धारणा बनाकर रिपब्लिकन दल के नेताओं ने कांग्रेस से नज़दीकी बनाकर लाभ हासिल करने की नीति को अवलंब किया। यही उनका कार्यक्रम था । उनके इन कार्यक्रमों को अवसरवादिता भी कहा जा सकता है। ऐसे कार्यक्रमों से सवर्ण प्रगतिशाली नेताओं को भी लाभ होता है। अपने बच्चों में यज्ञोपवित संस्कार न डालते हुए भी दलितों के मित्र के रूप में घूमना उनके लिए सम्भव हो जाता है। शान्ति, सहयोग, सामंजस्य की भावना से समाज चलता रहे, ऐसी मीठी लोकतांत्रिक भाषा भी बोलने में उन्हें आसानी होती है। जैसे सन् 1969 में महात्मा गांधी की जन्म शताब्दी के वर्ष में सरकार ने तमाम देहातों के सरपंच और नंबरदारों से उनके गाँवों में अस्पृश्यता का पालन नहीं किया जाता, दलित

को कुँओं से पानी लेने दिया जाता है, मंदिरों में प्रवेश दिया जाता है, इस आशय के प्रमाण-पत्रों की माँग की थी; ऐसा हरिजन सेवक संघ के कार्यकर्ता ने ही स्वयं एक स्थान पर कहा था, इस तरीके से अस्पृश्यों के सवालों की प्रताड़ना सरकार करती है। कोई एक्शन न भी ले तो चलता है। काम के मुताबिक नवबौद्धों को जो लाभ होते हैं, उनमें नेताओं के अधिक और अन्यों के कम। सरकारी व्यवस्था में ऐसा अनिवार्य रूप से घटित होता ही है और जिसके चलते नेता तथा अनुयायियों में अनबन होकर दरार पड़ जाती है। नवबौद्धों के लिए जब कार्यक्रम आँके जाते हैं तब एक बात का खयाल रखना कांग्रेस सरकार के लिए जरूरी है कि उनके इन कार्यक्रमों के आँके जाने के कारण सवर्ण समाज से कांग्रेस सरकार को जो समर्थन प्राप्त है उसे खोना पड़े। इस नीति के कारण नवबौद्धों पर होने वाले अन्याय की ओर कांग्रेस को अनदेखा करना पड़ता है। लाभ पर ध्यान रखकर उसकी कीमत के रूप में समाज पर होने वाले अन्याय के विरुद्ध व्यापक आन्दोलनों से इन नेताओं ने अपने दल को बहुत दूर रखा, लेकिन दलित पैन्थर को दलित नेताओं की यह भूमिका मंजूर नहीं थी, इसका एहसास 'दलित पैन्थर की भूमिका' पुस्तिका से होता है।

पिछले कुछ सालों से उच्चवर्णीयों का एक विशिष्ट वर्ग समाज में निर्मित हो रहा है, जो अक्सर स्वयं को समाज में प्रगतिशील (मंच से) सिद्ध करने की कोशिश में लगा रहता है। खुद को दलितों के विषय में और उनकी समस्याओं के प्रति कितनी आस्था है, इसे वह अक्सर ही विचारों द्वारा व्यक्त करता रहता है, लेकिन एक्शन के सन्दर्भ में विचार करें, तो ये लोग कितने पाखण्डी हैं, इसका अनुभव होता है। उनका स्वयं का आना-जाना, सहयोग-सम्बन्ध, मित्रता अपवाद रूप में ही अपनी जाति की परिधि से बाहर होती है। प्रमुखता से दलित साहित्य के सम्बन्ध में अत्यंत आत्मीयता और आस्था से मंच से गला फाड़ने वाले, जबरदस्त शाब्दिक समर्थन करने वाले, समय पड़ने पर परंपरागत, रूढ़िग्रस्त जीवन जीने वाले सवर्णों को विशेषतः ब्राह्मण समाज को गालियाँ देने वाले व्यक्तिगत स्तर पर दलित साहित्य और बौद्ध धर्म का मजाक उड़ाते हैं और एक मंच पर से हमने दलितों को कैसे उल्लू बनाया, इस विजयी भाव से ये लोग समाज में विचरण करते हैं। इसमें निश्चित ही कुछ सम्माननीय अपवाद हैं, लेकिन बदनसीबी यह कि अधिकांश उच्चवर्गीयों का यही बर्ताव होता है। ये लोग डॉ. अम्बेडकर, उनकी विद्वत्ता, दलितों के प्रश्न, अस्पृश्यता, उच्चवर्गीयों द्वारा किये जाने वाले अत्याचार इन विषयों पर अक्सर बतियाते रहते हैं, लेकिन एक्शन लेने की बात पर सैकड़ों मील दूर रहते हैं। इसका जीता जागता उदाहरण है, मराठवाडा विश्वविद्यालय का नामपरिवर्तन की घटना। इसलिए आज के युवकों का समय रहते ही ऐसे पाखंडियों से सतर्क रहना जरूरी है।

तमाम महापुरुषों की उनके अनुयायियों द्वारा खींचातानी की जा रही हैं। डॉ. बाबासाहब अम्बेडकर भी इसके अपवाद नहीं हैं। आज के दलित समाज की समस्याएँ फिर चाहे वे सामाजिक हो, राजनीतिक हो अथवा अध्यात्मिक हो-वे धर्म अथवा जाति की चौखट पर हल होने वाली नहीं है, इसका एहसास डॉ. बाबासाहब अम्बेडकर को सन् 1952 के चुनाव में पराजय के बाद हुआ। वैज्ञानिक दृष्टिकोण, वर्गीय चेतना, और पूर्णतः धर्मरहित लड़ाकू मानवतावाद के सहारे ही दलितों के आन्दोलनों को धार प्राप्त होगी। इसके लिए शे. का. फे. का नामकरण कर केवल रिपब्लिकन दल द्वारा जातीय राजनीति को पाने की कोशिश की जा रही है। हाशिए की तमाम दलित जातियों से और आर्थिक शोषण से त्रस्त जनता को उन्होंने कभी भी खुद को जोड़ा ही नहीं।

आज निरंतर परिवर्तित होते हालातों ने इन दलित आन्दोलनों के समक्ष अनेक नयी चुनौतियाँ निर्मित की हैं। इस आन्दोलन में बदलते हालातों का जायजा लेकर आन्दोलन को दिशा प्राप्त होगी, ऐसे नए चिंतन का अभाव है। इस कारण ही इस आन्दोलन को बहुत बार अधिक गति प्राप्त हुई इसका हमको एहसास हो जाता है, लेकिन यह आन्दोलन फिर ठंडा पड़ जाता है। ऐसा एक-दो बार नहीं हुआ है, बल्कि अनेक बार होते हुए हमने देखा है। इसकी 'दिशाहीन गति' होगी ऐसा लगता है। आम जनता के आन्दोलन सामाजिक पुनर्रचना के आन्दोलन होते हैं। उनकी खुद की एक गति और दिशा भी होती है। नेतागण जब विभिन्न प्रश्नों पर जनसंगठन कर आन्दोलन करते हैं, तब उनको निरंतर परिवर्तित होती वास्तविकता का ध्यान रखना पड़ता है। हम अम्बेडकर के दर्शन को गतिमान विचार मानते हैं। मार्क्स द्वारा प्रस्तुत 'द्वन्द्वात्मक-विकास' दर्शन की जड़ें ढाई हजार साल पूर्व के बुद्ध दर्शन में हम खोज कर दिखाते हैं। डॉ. राम मनोहर लोहिया के जातिविहीन, वर्गविहीन समाजनिर्मिति के सपनों की चर्चा हम करते रहते हैं, लेकिन व्यवहार में वैसा बरताव नहीं करते। जनता के आन्दोलनों को दिशा देने के लिए ही विचार और व्यवहार में अद्वैत निर्माण होना आवश्यक है। यह खुद-ब-खुद घटित नहीं होगा। उसके लिए भगवान बुद्ध, कार्ल मार्क्स, डॉ. अम्बेडकर और डॉ. लोहिया के विचार आज उपलब्ध तो हैं ही, लेकिन उनके लिए यथार्थ का सम्यक आकलन करके नेतृत्व को नये सिर से चिंतन करने की भी जरूरत होती है। इस नये चिंतन की जरूरत केवल दलित आन्दोलन को ही है ऐसा नहीं है, बल्कि तमाम श्रमिकों के मेहनतकश लोगों के आन्दोलनों को उसकी तुरंत जरूरत है। इस देश में श्रमिकों और दलितों का आन्दोलन भिन्न दिशाओं से चलना इस देश के श्रमिकों और दलितों दोनों के लिए भी वाजिब नहीं है। ये दोनों आन्दोलन हाथ में हाथ थामकर ही आगे चलने चाहिए, तभी उनमें जो गतिरोध हैं वे दूर हो सकते हैं। ये आन्दोलन आज तक परस्पर विरोधी दिशा से भी चल रहे हों फिर भी अलग-अलग राहों से चलने के कारण ही शहरी श्रमिकों के आन्दोलन अर्थनीति में अटके रहे हैं। समाज की भौतिक

बुनियाद में आमूलचूल परिवर्तन के अम्बेडकरी विचारों का किसी-न-किसी कारण से विस्मरण होने से दलित आन्दोलन हवा में तलवारबाजी करते दिखाई दे रहा है; इसलिए ही इस देश के गरीबों के संघर्ष को हाथ-में-हाथ डालकर चलना अनिवार्य है। समाज की पुनर्रचना किये बगैर इस देश के श्रमिकों की गरीबी दूर नहीं होगी और देश में जातिप्रथा का अंत तनिक भी सम्भव नहीं है क्योंकि गरीबी और जातिप्रथा ये व्यवस्था की जुड़वी संतानें हैं। इस व्यवस्था को यथास्थिति बनाये रखकर गरीबी और जातिप्रथा का उन्मूलन करना हमारे लिए सम्भव नहीं है।

समान नागरिकत्व के दलितों के अधिकार अब कानून द्वारा संगत हुए हैं। इसके बाद का संघर्ष ज्यादा उलझा हुआ है। शिक्षा की एवं नौकरी की सहुलियतें प्राप्त होने पर विकास होता ही है ऐसा नहीं। संभावना होकर भी विकास क्यों अवरुद्ध हो जाता हैं? इसका जवाब अन्य लोगों से झगड़ने पर नहीं मिलता। वह आत्मपरीक्षण करने से मिलता है। अपृश्यों को कानूनन समानता प्राप्त होकर भी सवर्ण हिन्दू समाज की ओर से उनको मन से समान नहीं माना गया। सवर्ण हिन्दू समाज की ओर से हमें दिली तौर पर समानता से स्वीकारा जाए, इसलिए केवल संघर्ष काफी नहीं होता। इसके लिए कुछ शराफत, कृतज्ञता की भी जरूरत होती है। हर वक्त हिन्दू धर्म को गालियाँ देकर, गांधी-नेहरू को तुच्छ मानकर कांग्रेस की छत्रछाया में विचरण करना और सत्ता की राजनीति में समझौते करना, ऐसा रवैया संगठन की न ताकत बढ़ाता है न शराफत और न अधिकारों का एहसास, लेकिन इसके लिए भी हमें एक बार अपने नेता, संगठन, अपनी कार्यपद्धति पर चिंतन करना जरूरी है।

दलितों के सामने सबसे बड़ा सवाल आर्थिक दरिद्रता का है और यह सवाल केवल अस्पृश्यों का नहीं है, वह है अठहत्तर प्रतिशत खेतिहर मजदूरों का और दस प्रतिशत औद्योगिक मजदूरों का। यह सवाल आदिवासियों का भी है। इसके बारे में जाति और पंथ की चौखट के बाहर आये बगैर दलितों के संगठन कुछ भी नहीं कर सकेंगे। सवर्ण हिंदुओं को अस्पृश्यों का विश्वास संपादित करना सम्भव नहीं हुआ, लेकिन अस्पृश्य समाज की भी एक जाति को दूसरी जाति का विश्वास संपादित करना सम्भव नहीं हुआ, इस बात का भी एक बार मूल्यांकन होना जरूरी है।

अंततः दलित आन्दोलन के निमित्त कुछ सवाल खड़े होते हैं। वे हैं-दलितों का दलित के रूप में बचे रहना या अपना दलितपन समाप्त कर देना ? अस्पृश्यता बनाये रखनी है या समाप्त करनी है? दलितों के संगठनों ने भी शेष तमाम समाज को अस्पृश्य मानकर खुद से दूर रखा है। किसी भी राजनीतिक नेता के बारे में, सामाजिक दर्शन के बारे में तथा किसी भी राजनीतिक संस्था के विषय में अपने बीच के लोगों से अपनापन महसूस हो, इसका अधिक ध्यान इन संगठनों ने रखा है।

सामाजिक जीवन की धारा कभी भी अवरुद्ध नहीं होती। वह निरंतर प्रवाहमान रहती है। वह जैसे वेदों पर रुकी नहीं, वैसे बुद्ध पर भी रुकने वाली नहीं है। यह धारा बाबासाहब के बाद भी बहती ही रहने वाली है। कुछ सवाल एक मार्ग से हल करना सम्भव था, वे हल हुए हैं। इन संगठनों की चौखट को लांघकर जिन सवालों को हल करना है उनके लिए पुरानी राहें उपयुक्त नहीं हैं। जो चुनौतियाँ दलित तबके के समक्ष हैं उनका स्वरूप सांस्कृतिक, सामाजिक, राजनीतिक और आर्थिक है। बहुत बड़ा वैचारिक संघर्ष खड़ा किये बगैर इन सवालों का समाधान होने वाले नहीं हैं।

अस्पृश्य और दलित समाज से निर्मित हुए प्रतिभाशाली अनुसन्धानकर्ता, कुशल वाद-विवाद करने वाले, स्तरीय दर्जे के खिलाड़ी, कवि, कलाकार और साहित्यकारों का एक समूह जब तक हीनता की भावना को छोड़कर समाज में आत्मविश्वास से विचरण नहीं करेगा, तब तक भारत का मनोवैज्ञानिक माहौल समता की दृष्टि से खुला होगा, यह आशा यथार्थ में उतरना बहुत कठिन है। डॉ. बाबासाहब अम्बेडकर का अपवाद छोड़ दे तो अब भी उस दृष्टि से बहुत बड़ा सफर तय करना बाकी है। राजनीतिक नेताओं की अपेक्षा सुर्वे, ग्रेस, जैसे-कवि, बाबूराव बागूल, दया पवार, शंकर राव खरात, रावसाहेब कसबे जैसे साहित्यिक और विचारकों की सामाजिक अस्तित्व वाली बात मुझे महत्त्वपूर्ण महसूस होती है। इस सन्दर्भ में बाबासाहब के नाम के साथ जुड़ी उपाधियों की फेहरिस्त, उनके द्वारा लिखे गये ग्रन्थ, निर्माण की गयी शैक्षिक संस्थाएँ, उनका समृद्ध निजी ग्रन्थालय, ये सारी बातें मुझे महत्त्वपूर्ण लगती हैं।

दलित पैन्थर और ब्लैंक पैन्थर

•

भास्कर जाधव

दलित पैन्थर ने आर्थिक, राजनीतिक और सामाजिक सवालों सम्बन्धी एक समग्र भूमिका को अपनाया हो, इसका मुझे एहसास नहीं हुआ। भूमिका लेने के बारे में उनमें जद्दोजहद और संघर्ष चला होगा, ऐसा मुझे महसूस होता है। पिछले स्वतन्त्रता दिवस के उपलक्ष्य में उनके द्वारा प्रस्तुत किया गया निवेदन मुझे बहुत प्रयास करके भी देखने के लिए नहीं मिल पाया, लेकिन उसमें से 'मागोवा' में प्रकाशित नामदेव ढसाळ के, 'बियाँड फ्रेंडशिप' में प्रकाशित ज. वि. पवार के हाल ही के लेख और पैन्थर द्वारा 'साधना' में प्रकाशित हुए दो लेखों को मैंने पढ़ा है। अपनी इन सीमाओं को ध्यान में रखकर मैं लिख रहा हूँ।

'मागोवा' के लेख में (उनका 'गोलपिठा' इस संग्रह की कुछ कविताओं से) मार्क्सवादी, शास्त्रीय क्रान्तिकारी विचारों से चलने वाली शक्तियों को ढसाळ 'अस्पृश्य' नहीं मानते थे। एकता से चला जाए, ऐसी भूमिका वे अपनाते हैं। फिर भी दलितों के बुनियादी सवालों पर समग्र भूमिका दलित पैंथर्स ने नहीं अपनायी। अब भी वे प्रतिक्रियात्मक एवं प्रतीकात्मक हालत में हैं।

अमेरिका की ब्लैक पैंथर्स के आन्दोलन ने सन् 1966 में एक समग्र कार्यक्रम हाथ में लिया। उसमें कृष्णवर्णीयों और तमाम दमित समूहों के जीवन की पुनर्रचना की माँगों का समावेश है(इस कार्यक्रम के महत्त्वपूर्ण हिस्से को मैंने परिशिष्ट-3 शीर्षक के तहत दिया है)। ऐसे समग्र कार्यक्रमों को अब तक दलित पैंथर्स ने अपने हाथों में नहीं लिया। दलितों पर होने वाले घृणास्पद सामाजिक अत्याचारों के सवालों पर ही आज दलित पैन्थर कार्य कर रही है। ऐसे कार्य, अभियान जरूरी हैं ही, लेकिन ऐसे अत्याचारों का जारी रहना देश की वर्तमान सामाजिक व्यवस्था का अत्यंत घृणास्पद परिपाक है और इस समाज व्यवस्था के आमूलचूल बदलाव पर उनका अंतिम दमन अवलंबित है, इसे ध्यान में लेना जरूरी है। संगठन, आन्दोलन प्रचार, आन्दोलन रचना, स्थायी मित्र, अस्थायी मित्र, स्थायी दुश्मन और अस्थायी दुश्मन, इसका समग्र विचार

करके उस दिशा से तुरंत पुख्ता कार्यवाही की जाती है या नहीं, इसकी जाँच-पड़ताल करनी चाहिए।

अमेरिका की ब्लैक पैंथर्स ने अपनी शुरुआती घोषणा 'कृष्णवर्णीयों की सत्ता' को छोड़कर 'कृष्णर्णीयों की सत्ता और जनता की सत्ता' की घोषणा को स्वीकार किया। गोरों की साम्राज्यवादी अमेरिका की विदेश में और देश में पराजय किये बगैर हमारे सवाल हरगिज हल होने वाले नहीं हैं, ऐसी भूमिका ब्लैक पैंथर्स ने अपनायी है। कृष्णवर्णीयों के आन्दोलनों का संक्षिप्त जायजा और अंजेला डेव्हिस के साक्षात्कार का कुछ हिस्सा 'परिशिष्ट' के रूप में दिया गया है। दलित पैंथर्स अभी भी इस प्रकार का विचार करने की स्थिति में नहीं हैं। तब दलितों के बुनियादी प्रश्नों के समाधान के लिए उन्होंने हस्तक्षेप किया है, ऐसा कैसे कहा जा सकता है?

दलित स्थान, दलित विश्वविद्यालय की माँगें दलितों के बुनियादी समाधानों के मार्ग के रूप में प्रस्तुत किये जा रहे हैं, इसका विचार हम करेंगे।

दलितों का आत्मनिर्भर जिंदगी बिताना सम्भव हो, महज एक वक्त की रोटी के लिए, कपड़े और मकान के लिए शहरों अथवा गाँव के गुंडों की मर्जी पर अवलंबित न रहना पड़े यह पहली महत्त्वपूर्ण बात है। आज की तमाम जिन्दगी ही परावलंबी है। संविधान ने वर्तमान व्यवस्था के मालिकाना सम्बन्धों को सुरक्षा प्रदान की है। (संविधान के संशोधनों को ध्यान में लेकर भी) वर्तमान शिक्षा पद्धति से श्रम सम्बन्धी, मेहनत करके जीने के बारे में घृणा सिखाई जाती है। बिना मेहनत किए मुफ्तखोरी करने वाले, बंगला-गाड़ियों वाले आज के 'आदर्श' बने हुए हैं। आसमान को छूते सीलिंग, परिवार की परिभाषा बदलकर एक इंच नीचे लाने की बात जाहिर होते ही पति-पत्नी का कानूनन तलाक हो जाता है। उसमें मंत्री से लेकर बड़े ओहदे वाले शामिल हैं।

आज की संस्कृति नारियों के देह का फिल्मों द्वारा, उपन्यासों द्वारा, समाचार-पत्रों द्वारा, विज्ञापनों द्वारा कामुक और नग्न प्रदर्शन कराने वाली है। शराब की दुकानें और लॉटरी के टेबल लगाकर विकास के लिए पैसा इकट्ठा किया जा रहा है। ओबेरॉय शेरेटन और ऐसे ही चार सितारा, पाँच सितारा होटल खोलने के लिए सीमेंट-टिनों की कमी नहीं है, लेकिन गटर के लिए अथवा छप्पर के लिए टीनें मुहैया नहीं होतीं। टायर, स्पेयर पार्ट्स होने के कारण ग्रामीण इलाकों में राज्य परिवर्तन की बसें चलना बंद है, लेकिन एम्बैसीडर, फियाट जैसी गाड़ियों की भीड़-भाड़ के कारण सड़क पर चलना मुश्किल हो गया है। पार्लियामेंट में 'छोटी गाड़ी' कब आयेगी इसको लेकर विवाद चल रहा है। ऐसी व्यवस्था कायम रखकर 'दलित स्थान' के लिए जमीन कहाँ मिलेगी? और दलित विश्वविद्यालय में कौन-सा पाठ्यक्रम पढ़ाया जायेगा? इन सभी बातों का गहराई से विचार करने पर ही दलितों के सवालों का समाधान सम्भव है।

दलित साहित्य के आन्दोलन का फैलाव रिपब्लिकन दल के दलों-उपदलों की परिधि से बाहर हुआ। नवशिक्षित एवं स्वयं की अस्मिता को जाहिर करने के लिए लालायित बौद्ध युवकों के लेखन और पठन की भूख शांत करने की ऐतिहासिक जरूरत को दलित साहित्य के आन्दोलन ने पूरा किया। (मराठी साहित्य की शिथिलता के सन्दर्भ में दलित साहित्य की उपलब्धि अलग विषय है।) दलित साहित्य के मूल में दलित समाज-जीवन का व्यापक अधिष्ठान है। अलग-अलग वैचारिक निष्ठाओं का निर्वाह करने वालों को इस आन्दोलन ने एक ही बैनर तले लाकर खड़ा किया। कम्युनिस्ट अण्णाभाऊ साठे को दलित लेखक माना गया। पैंथर्स के अधिकांश कवि-लेखक सबसे पहले दलित साहित्यकार के रूप में आगे आये।

दलित साहित्य और दलित पैंथर्स दोनों भी गिरते और बढ़ते चल रहे हैं। दोनों के बारे में परिपूर्ण विचार की स्थिति उत्पन्न होनी अब तक बाकी है। दलित साहित्य के जरिये दलितों की व्यापक एकता का समर्थन बाबूराव बागूल और अन्य दलित साहित्यकार खुलेपन से करते हैं। वे दलित पैंथर्स के आन्दोलन को आम आन्दोलन का स्वरूप देने का प्रयास कर रहे हैं। निःसंदेह इस प्रकार कहा जाए ऐसा नहीं लगता।

देश जाति-जातियों में विभाजित हुआ है, यह विचार यहाँ के सामाजिक जीवन की एक इकाई का वर्णन करने वाला है। बस इतना भर है बाकी कुछ भी नहीं, इसका ऐसा जो मतलब होता है, वह उचित नहीं है। तमाम हिन्दू धर्म की जातियों पर विचार करेंगे। प्रत्येक जाति में गरीब-धनिक, मालिक-नौकर, ऐसा विभाजन हाल ही में फैलता जा रहा है, यह स्पष्ट हो रहा है। पुराने चातुर्वर्ण्य के ब्राह्मण-वैश्य की कुछ जातियों में से कुछ लोग कुछ मात्रा में पुराने स्थान पर हैं। यह सत्य होकर भी वर्गीय बुनियाद के समाज में खड़ा और तिरछा विभाजन तेज गति से हो रहा है। यह आज का प्रमुख यथार्थ है।

हिन्दू धर्म की जातियाँ जन्म पर आधारित हैं। महाराष्ट्र के किर्लोस्कर की कन्या मोरारजी देसाई की बहू बनती है। वसंतराव नाईक, शेषराव वानखेडे, नरेन्द्र तिडके की पत्नियाँ ब्राह्मण जाति की हैं, लेकिन महाराष्ट्र का 'खानदानी' मराठा अपने 'खानदानी' खेतिहर मजदूर से भी अपनी लड़की का रिश्ता तय नहीं करता अथवा ब्राह्मण अधिकारी अपनी लड़की का रिश्ता अपनी उपशाखा के पट्टे वाले के साथ भी तय नहीं करता। (तय करके होने वाले विवाह के सम्बन्ध में यह लिखा गया है। वास्तविक, विवाह लड़का-लड़की के द्वारा तय करने का निजी मामला है) चमार कारखानेदार के कारखाने में चमार समाज के व्यक्ति के एक मजदूर के रूप में मजदूर की सारी परेशानियों को सहन करना ही पड़ता है और उन्हें वेतन आम मजदूरों जैसा ही दिया जाता है। वरिष्ठ बौद्ध अधिकारी अपने माता-पिताओं को, रिश्तेदारों को नहीं पहचानते और विवाह चोरी-छिपे करते हैं। बाटा के कारखाने में चमार थोड़े ही हैं? बौद्ध वकील बौद्ध मुवक्किल का भी कुछ ज्यादा ही शोषण करता है। सहकारी चीनी कारखाने में मराठा-माली मजदूर

सिफरिश के आधार पर नियुक्त होने पर भी, तनख्वाह हासिल करने के लिए हड़ताल करते हैं, लाठियाँ झेलते हैं और जेल भी जाते हैं। अर्थात् भारत तेजी से बदल रहा है।

किल्वेन मनीला में जलाये गये चालीस बूढ़े-स्त्रियाँ, बच्चे अस्पृश्य थे, यह सही है लेकिन खेतिहर मजदूर ने मजदूरी में इजाफे की माँग की इस वजह से जमींदार द्वारा खेतिहर मजदूर को जलाया जाता है और 'संविधान' का रक्षक उच्च न्यायालय कातिल को खुला छोड़ता है। धूलिया जिले के शहादे-तळोदे इलाके में आदिवासियों को बेगारी करनी पड़ती है। पंद्रह दिनों की प्रसूता पर गुज्जरों द्वारा बलात्कार किया जाता है। इस तरह के अनेक अत्याचारों के उदाहरण 'माणूस' के एक विशेषांक में दिये गये हैं। आदिवासियों की जमीनें हड़प कर गुज्जर धनवान हुए हैं, लेकिन पाटिलवाड़ी मामले में आदिवासी गोलियों का शिकार भी हुए। गुज्जर कोर्ट से बाइज्जत बरी होते हैं और तीर-कमान धारण करने वाले आदिवासी अनेक सालों की सजा भुगतने के लिए मजबूर हुए।

'हरित क्रान्ति' का ढिंढोरा पीटने वाले पंजाब-हरियाणा में, प्रधानमंत्री इंदिरा गांधी के उत्तर प्रदेश में, चमार खेतिहर मजदूर मरे जानवरों को ढोने के लिए तय मजदूरी में इजाफा माँगते हैं, न्यूनतन वेतन के अमल के लिए जिद करते हैं इसलिए उन पर अत्याचार किये जा रहे हैं। 'टाइम्स ऑफ इंडिया' के विगत दो महीनों के खबरें देखिए।

इसका अर्थ यह कि अब जाति का महत्त्व नहीं बचा, सामाजिक व्यवहारों द्वारा वह नेस्तनाबूत नहीं हुई, बल्कि बदलाव कैसे हो रहा है, यह दर्शाने के लिए ये ठोस उदाहरण दिये है। दलितों की मुक्ति की कामना करने वालों की बदलती सच्चाई की वास्तविकता ध्यान में लेना जरूरी है। जातियों की संरचना तमाम जातियों के सिर पर डाला गया युगों-युगों का बोझ है। इस बोझ को फेंक देने की लड़ाई, जानलेवा, जीवट और दीर्घकाल चलने वाली है।

वरिष्ठ जाति के प्रतिष्ठित, पुराने शोषण के अधिकार नये स्वरूप में चलते रहें, इसलिए जाति का आधार लेने का प्रयास करेंगे। उच्च जातियों के लोग गरीबों के सांस्कृतिक पिछड़ेपन का लाभ उठाकर उन्हें भड़काते हैं। मारपीट करने के लिए उनको आगे भेजकर ये लब्ध-प्रतिष्ठित पीछे रहेंगे, लेकिन जैसे वर्गीय-आन्दोलन बढ़ेगा वैसे प्रतिष्ठितों की क्षमता भी बढ़ेगी। उनके और दलितों के जीवन के समान सवालों पर चल रहे आन्दोलनों की एकता को विशेष महत्त्व है अर्थात् यह दोहरा क्रम है। लेकिन उसके लिए आज दोनों दलों की ओर से मददगार माहौल तैयार हो रहा है, इसे ध्यान में लेना जरूरी है।

दलितों की विविध जाति-जातियों में व्यापक एकता निर्माण करना सम्भव है और सही मायने में वह बहुत जरूरी भी है। ऊपर वरिष्ठ-कनिष्ठ जातियों के सन्दर्भ में विचार किया है। जाति के सन्दर्भ में 'दलित' इस शब्द में तमाम पूर्वास्पृश्य वर्गीकृत

जातियाँ और वर्गीकृत जनजातियाँ (आदिवासी और घुमंतू जनजातियाँ) मानकर विचार करेंगे तो इनकी एकता हरगिज मुश्किल नहीं है। इनको आमतौर पर भूमिहीन, खेतिहर मजदूर, गरीब किसान 'ग्रामीण श्रमिक' ऐसा कहा जा सकता है–इस विभाग में वे आते हैं। भूस्वामियों की खेती में सालभर या साल का अधिकांश वक्त उनको खेतिहर मजदूर अथवा सार्वजनिक काम पर मजदूर के रूप में खपाना पड़ता है। सब कोई सामाजिक अत्याचार के शिकार बनते हैं। इस कारण ही रोजमर्रा के और समग्र परिवर्तन के कार्यक्रमों पर उनकी एकता हो सकती है।

लेकिन ऐसी एकता बनाने के लिए की जाने वाली अपीलें, ब्यौरेवार कार्यक्रम या इन विभागों के रोजमर्रा के सवालों को अपनी गिरफ्त में लेने वाला, बाधा निर्माण करने वाला 'स्व–जातिवाला' हो भी तो उसे हटाकर आगे ले जाने का विश्वास पैदा करने वाला हो। (मैं पंद्रह साल ग्रामीण इलाकों में कोतवाल, जि. प. सदस्य और जलसिंचाई विभाग के निर्माण मजदूर, नगर निगम मजदूर, खेतिहार मजदूर, सुखाग्रह मजदूर और विभिन्न उद्यमों के औद्योगिक कामगारों के बीच काम कर रहा हूँ। इनमें तमाम जाति के लोग हैं। अनेक राज्यस्तरीय संगठनों का मैं पदाधिकारी हूँ। इन सभी से मैं यही अनुभव ले रहा हूँ और इन संगठनों में मेरे कार्य में मेरी 'जाति' अब तक बाधा नहीं बनी है।)

आज के दलित पैंथर्स का आह्वान केवल बौद्धों तक ही और उसमें भी उनके भीतर के युवकों तक ही पहुँच रहा है। ऊपर रेखांकित की गयी बातों को उन्होंने अपनाया, आह्वान की दिशा बदलकर तमाम समाज के आमूलचूल परिवर्तन के लिए क्रान्तिकारी भूमिका लेकर इस कार्य की भीतरी लड़ाई और बाबुगिरी इन दोनों कार्यों को करने की तैयारी रखकर पैंथर्स आन्दोलन में कूद पड़े तो वह यह कार्य कर सकेगा। (और वैसा करने के लिए पैंथर्स यही नाम लिया जाये ऐसा भी नहीं है।) क्या पैंथर्स वैसी सिद्धता करेंगे। यह सवाल है।

धर्म और समाज परिवर्तन

महाराष्ट्र के बौद्ध समाज ने बाबासाहब के नेतृत्व में अनेक दशकों तक आन्दोलन में भागीदारी करके राजनीतिक दृष्टि से चेतना जगायी। (महार समाज को पुरानी ग्राम संरचना में कृषि उत्पाद की पद्धति में केवल सेवा का ही स्थान था। इससे भी कुछ विशेषताएँ निर्मित हुईं, लेकिन वह मामला अलग है।) दलित वर्ग की पूर्वास्पृश्य अन्य जातियों और आदिवासियों को बौद्ध धर्म के आह्वान पर एकजुट करना सम्भव नहीं है। उनको जो आह्वान किया जाने वाला है, वह त्रिशरण पंचशील के द्वारा करने पर बाधा ही होगी, क्योंकि वर्तमान में तो बौद्ध धर्म को महारों ने ही अपनाया है। फहमी अथवा गलतफहमी से आचरण में लाया जाने वाला धर्म (यानी कि रूढी, लोकाचार) खून में गहराई तक बैठ गया होता है। वह हटाया जा सकता है, लेकिन दूसरे धर्म के

आह्वान के आधार पर नहीं। मैं मुट्ठीभर शिक्षितों की एकता से अभिप्रेत नहीं हूँ बल्कि तमाम समाज की एकता से अभिप्रेत हूँ। पैंथर्स ने अगर देवी लक्ष्मी माँ का उद्धार कर के आह्वान को प्रारंभ किया तो मातंग समाज के व्यक्ति को तुरंत एकता का आवाहन क्या जचेगा, सँभलेगा?

गहराई से विचार करने पर आज धर्म जीवन का नियंता नहीं है, इसे ध्यान में लिया जाना चाहिए। मनुस्मृति में, भगवद्गीता में लिखा है इसलिए, शंकराचार्य कहता है इसलिए अस्पृश्यता पाली जाती है, ऐसा नहीं है। वह परंपरा के चलते मन को लगी आदत है और ये आदत परंपरावादी मामले हैं, ऐसा लेनिन कहता है। यह आदम जैसे स्पृश्यों में है वैसे ही वह अस्पृश्यों की अलग-अलग जातियों में भी है। इसलिए जाति विरोधी सांस्कृतिक संघर्ष तमाम जाति संस्थांओं के विरुद्ध दलितों द्वारा लम्बे समय तक चलाये जाने वाला आन्दोलन है। अमेरिका के कृष्णवर्णीयों ने धार्मिक अपील पर खड़े होने का प्रयोग किया, अंततः ब्लैक पैंथर्स नयी नीति पर खड़ी रहीं। (देखिए परिशिष्ट -1)

बौद्ध धर्म का प्रबोधन, इस धर्म का स्वीकार आचरणात्मक स्तर तक ही सीमित रहा है। व्यथा के रूप में इसे रखा जाता है। हमारे दौर में इससे कुछ अलग घटित होने की सम्भावना मानकर चलना भी स्वप्न रंजनात्मक है। चीन के कन्फ्युशियस नियमों के अनुरूप आचरण करने वाले एक कर्मठ बौद्ध जमींदार को गाँव की सुंदर स्त्रियों द्वारा नग्नावस्था में पीसे हुये आटे के सूप (ब्यूटी सूप) की ही जरूरत हुआ करती थी, यह इतिहास है। बौद्ध जापान से ही फॅसिझम उदित हुआ। अग्नेयाशिया के कुछ बौद्ध देशों में क्रूरता की जीती-जागती प्रतिमा रहे, उसके लिए तानाशाह सेनानी विद्यमान है। श्रीलंका में बौद्ध मंदिरों के आगे भिखारियों की कतारें लगती हैं।

इसका अर्थ, यह धर्म बुरा है ऐसा नहीं, धर्म का तुलनात्मक विचार करने पर बौद्ध धर्म अलग-अलग कारणों से श्रेष्ठ है, लेकिन मुख्य मुद्दा ऐसा है कि आज के युग की 'नियंता शक्ति' के रूप में धर्म का स्थान नहीं रहा। वैयक्तिक जीवन में अपनी-अपनी रुचि के अनुसार धर्म का अनुसरण किया जाये, लेकिन जाति-जमातियों के दलितों के एकजुट होने का आधार धर्म नहीं हो सकता। वैसा आग्रह रखना एकता के लिए उचित साबित नहीं होगा।

क्रान्ति आन्दोलन संगठित करने में अगुवाई

मजदूर वर्ग की अगुवाई में भूमिहीन, खेतिहर मजदूर, गरीब किसान इन इकाइयों को साथ लेकर, वर्तमान दौर के देश के नव औपनिवेशिक अवलंबित्व को बढ़ाने वाला, पूँजीपतियों और पूँजीवादी किसानों के हित-सम्बन्धों की रक्षा करने वाले, करोड़ों लोगों को भूखा देखने वाला, देश के दलित-मेहनतकश तबकों का विकास अवरुद्ध करने

वाली शासन व्यवस्था ध्वस्त करके पूँजीवादी लोकतन्त्रात्मक क्रान्ति सफल बनाने का लक्ष्य सामने रखने वाला, तमाम व्यवहार इस दृष्टि से संगठित करने वाला क्रान्तिकारी आन्दोलन ही है सच्चा वाम आन्दोलन।

ऐसा आन्दोलन विदेशियों की सम्पत्ति को अपने कब्जे में कर लेगा, विदेशी एवं देशी ऋणग्रस्तता को ध्वस्त कर देगा, बड़े उद्यमों का राष्ट्रीयकरण करेगा, खेती का श्रमाधारित पद्धति से पुनर्वितरण करेगा, वर्तमान दौर में शोषण पर आधारित सांस्कृतिक रचना सम्बन्ध ध्वस्त करेगा, नव मानव, नव संस्कृति खड़ी करेगा। ऐसी क्रान्ति मजदूर एवं ग्रामीण मजदूरों का 'समुदाय वर्ग' के रूप में संगठित एवं समझदार होकर आन्दोलन –साधन खड़े किए बगैर अगुवाई से, आत्मनिर्भरता से लड़े बगैर यह होना सम्भव नहीं है। ऐसे दल अभी उदित होने बाकी है। वर्तमान दौर के वाम दल, वाम नेता क्रान्ति के औजार बनने वाले नहीं हैं। उपरोल्लेखित तबके ही संगठित होकर सचमुच के दल साधन निर्माण करने वाले हैं।

क्रान्ति के इस बुनियादी वर्ग में पैंथर्स जिन समुदायों की अस्मिता अभिव्यक्त कर रहे हैं वे समुदाय हैं। ये समुदाय क्रान्ति के आन्दोलन में उतरे बगैर, उसके लड़ाकू मजदूर, शिक्षित युवकों द्वारा इस क्रान्ति का 'बीज' लेकर निकले बगैर यह क्रान्ति नहीं होगी। क्रान्ति राह देख रही है। उसे धार देने वाली क्रान्तिकारी इकाइयों की कमी है। क्या हम लड़ाकू, अनुभवी संगठित शक्तियों के रूप में क्रान्तिकारी कार्यों में अगुवाई करने वाले हैं?

प्रस्थापितों के प्रयास

शिवसेना एवं दलित पैन्थर ये दोनों संगठन क्रान्तिकारी युवकों की आकांक्षाओं एवं क्रोध को व्यक्त करने वाले हैं। शिवसेना का नेतृत्व संसाधनों से युक्त प्रस्थापितों से सम्बन्धित था, वह पूँजीवादियों के साथ सौदा करने वाला था। पैन्थर, गाँव-देहातों में होने वाले अन्याय के विरुद्ध अब भी मुख्य रूप से हमला करती है, लेकिन प्रस्थापित तबके के लोग पैंथर्स को भड़कीली प्रसिद्धि देकर इस आन्दोलन के भीतर अराजकवाद बढे और उसी में पैन्थर का अंत हो, इसके लिए कोशिश कर रहे हैं। पैंथर्स के नेतृत्व की कमियों को एवं अनुभवहीन युवकों को इस्तेमाल करने का प्रयास प्रस्थापित कर रहे हैं। यह समय सजग होने का है।

दलित पैन्थर अन्य युवा संगठनों की तुलना में राजनीतिक दृष्टि से सजग, कुछ अंशों में एकसंध बौद्ध समाज के संतप्त युवकों का आन्दोलन होने कारण उसे व्यापकता प्राप्त हुई। लेकिन उसमें सुडौलता, वैचरिक ऐक्य, अनुशासन को लेकर त्रुटियाँ हैं। दलित पैन्थर के भावी आन्दोलन को लेकर बहुत कुछ निर्देश ऊपर दिये गये हैं। सूत्र रूप में ऐसा कहा जा सकता है कि –

1. रिपब्लिकन दल के भीतर का व्यक्तिवाद, अहं, नेतृत्व की लालसा, वाचालता के बारे में आत्मपरीक्षण करके संगठन को ठोस बनाकर घटित इतिहास का वस्तुनिष्ठ मूल्यांकन।
2. तमाम दलितों के एकजुट करने के लिए समाज की बुनियादी माँगों को प्राप्त करने का मार्ग एवं संसाधनों का स्वच्छ विचार।
3. आज के दलितों की बुनियादी समस्याओं का समाधान क्या संसदीय लोकतन्त्र में सम्भव है? यदि न हो तो विकल्पों के बारे में विचार की गारंटी।
4. बौद्ध धर्म के प्रबोधन के स्तर पर क्या तमाम दलित समाज की एकता सम्भव है? अगर हो तो ठोस निर्णय लेने की जरूरत। (बौद्ध धर्म के सम्बन्ध में डॉ. बाबासाहब अम्बेडकर ने काठमांडू में दिये अपने भाषण में मार्क्सवाद एवं बौद्ध धर्म की समानताओं को दर्शाते हुए सामाजिक परिवर्तन के साधनों के बारे में हिंसा एवं अहिंसा इन भेदों पर जोर देकर विवेचन करते हुए मार्क्सवाद के विकल्प के रूप में बौद्ध धर्म का मार्ग दिखाया है; स्वतन्त्रता के चालीस सालों के अनुभवों एवं संविधान के अमल में आने के बाद के सैतीस सालों के अनुभवों के सन्दर्भ में निरपेक्ष समीक्षा की जरूरत है।)
5. अत्याचारों के सन्दर्भ में अभियान की योजना करते हुए जिस इलाके में अत्याचार हुआ है उस घटना से सम्बन्धित अभियुक्त को दण्ड दिया जाये। इसके साथ ही जाग्रत होकर लड़ रहें स्थानीय ग्रामीण युवकों एवं ग्रामीण श्रमिक वर्ग से, बुनियादी तरीके से परिवर्तन का कार्य करने वाले संगठनों से संपर्क करने से भविष्य में अत्याचार घटित नहीं होंगे, इसकी गारंटी प्राप्त होगी, ऐसी स्थितियाँ उत्पन्न करने की दृष्टि से विचार एवं व्यवहार।
6. भारतीय समाज के समग्र परिवर्तन से खुद की प्रतिबद्धता जाहिर करने वाले युवा छात्र संगठनों के साथ भातृभाव का रिश्ता, ट्रेड यूनियन एवं ग्रामीण श्रमिकों के वर्गीय संगठनों द्वारा अगुवाई करते हुए ऐसे काम करना एवं मातृभाव के सम्बन्ध बनाना।
7. समाज के समग्र परिवर्तन की राह बहुत की मुश्किल है। जीवन के तमाम क्षेत्रों में ऑक्टोपस जैसा पाश डालने वाले प्रस्थापितों के साथ रोज लड़ने वाले, समय आने पर प्रस्थापितों का समर्थन करने वाले, दण्ड-शक्ति सहित, पुलीस व्यवस्था, न्याय-व्यवस्था, जेल इन सभी के साथ लोहा लेने का, अनामिक बलिदान की तैयारी का मार्ग है दलित पैन्थर, इसका एहसास कर संगठन की पुख्ता बुनावट।
8. दुनिया के अलग-अलग मुक्ति आन्दोलनों का अध्ययन (अमेरिका के वर्णभेद से निर्माण हुआ संघर्ष एवं भारत के दलितों के संघर्ष में कुछ मौलिक

भेद हैं। फिर भी) उनके अनुभव से सीखने की तैयारी, उनके आन्दोलन की गलतियाँ टालकर आगे बढ़ने की कोशिश करना, जैसे-कृष्णवर्णीयों की सत्ता से जनता की सत्ता तक का सफर।

परिशिष्ट 1 : कृष्णवर्णीयों की सत्ता से जनता की सत्ता तक

ब्लैक पैंथर्स विभिन्न अवस्थाओं से गुजरा है। डॉ. मार्टिन ल्यूथर या उनके ईसाई धर्म की बुनियादी भूमिकाओं पर आधारित अहिंसात्मक परिवर्तन एवं ब्लैक-मुस्लिमों की कट्टर धार्मिकता की बुनियाद लेकर इस आन्दोलन की व्यर्थता को जानकर ब्लैक पैंथर्स नया विचार करके आगे आये। पुलीस का आंतक कम करने के लिए बंदूकें लेकर निग्रो बस्तियों पर गश्त लगाना, गोरे दुकानदारों से सख्ती से माल वसूल करके कृष्णवर्णीय बच्चों के नाश्ते का एवं खाने का प्रबंध करना आदि कार्यक्रम ब्लैक पैंथर्स ने चलाये।

आज कल वे राजस्व जमा करने वालों को नंगा करके वापिस भेजने जैसे अलग-अलग आन्दोलन करते हैं। सालों-साल जेल भुगतते हैं। गोलीबारी का शिकार होते हैं, चुनाव भी लड़ते हैं, लेकिन अब तक वे नहीं झुके। उनका एक नेता जॉर्ज जैक्सन सतरहवें साल की उम्र से तेरह साल तक जेल में रहा। जेल में ही मार्क्सवादी बना। अंततः अमेरिकी सरकार ने उसका खून कर डाला।

'कृष्णवर्णीयों की सत्ता' ये ब्लैक पैन्थर की घोषणा थी। सन् 1967 में डेमोक्रेटिक दल की सभा में दंगा भड़काने के आरोप में ब्लैक पैन्थर के नेता बॉबीसोल ने, 'हमारा आन्दोलन कृष्णवर्णीयों की सत्ता के लिए न होकर जनता की सत्ता के लिए है,' ऐसा कहा और उसके बाद वे एक-दूसरे को लिखे पत्रों के अंत में 'वॉर टु द पीपल' ऐसा उल्लेख करने लगे। उसने मार्क्सवाद एवं लेनिनवाद को नीति-निर्देशक तत्त्वों के रूप में स्वीकार किया।

परिशिष्ट 2 : अँजेला डेविस के साक्षात्कार के कुछ अंश

पार्श्वभूमि : जार्ज जैक्सन के छोटे भाई जोनाथन ने सतरह साल की आयु में सोलेदाव जेल में कैद हुए अपने भाई, और अन्य कृष्णवर्णीय कैदियों पर चलाये गये केस के दौरान, उन्हें अदालत से जेल ले जाते समय पहरेदार पर गोलियाँ दागी। पहरेदार मारा गया, साथ में जोनाथन भी। शहीद जोनाथन के पास जो स्टेनगन थी, वह अँजेला डेविस की थी, ऐसा आरोप लगाकर डेविस पर मुकदमा दर्ज किया गया। वह काफी चर्चित रही (बाद में वह बाइज्जत बरी हुई।)। इस मुकदमे में पैरोल पर रिहाई के दौरान अँजेला का दिया साक्षात्कार 'महम्मद स्पीक्स' पत्रिका में प्रसिद्ध हुआ था। इस साक्षात्कार के कुछ अंश नीचे दिये हैं। (यह साक्षात्कार 'लाल निशान' पाक्षिक के 25 जून, 1972 के अंक में प्रकशित हुआ है।)

'अमेरिकी समाज में बिल्कुल निम्न स्थान पर रहने वाले हम कृष्णवर्णीयों को बहुत ही दरिद्रता का जीवन जीना पड़ रहा है, उनका पूँजीवादी व्यवस्था से सम्बन्ध है, इसके बारे में मुझे विश्वास हुआ है। इस दरिद्रता एवं जुल्म से भरे समाज को मुक्ति दिलानी हो तो हमारे लिए अमेरिकी पूँजीवाद को ध्वस्त करना अनिवार्य है। जिस समाज रचना में मुट्ठीभर पूँजीवादी ज्यादा धनिक बन जाते हैं और उनके लिए खपने वाली जनता, विशेषकर कृष्णवर्णीय जनता, अपनी स्थिति में सन्तोषजनक सुधार नहीं कर सकती, ऐसी सामाजिक व्यवस्था ध्वस्त कर देनी ही चाहिए।

'आज अमेरिकी सरकार अग्नेयाशिया की गौरवर्णीय जनता का अपनी जिन्दगी के नियमन करने के अधिकार को बर्बरतापूर्ण तरीके से नकार रही है। हमें जैसे सैकड़ों सालों तक रौंदा गया, वैसे अब उन्हें भी रौंदा जा रहा है। सरकार द्वारा शुरू किये गये इस वंशवादी-साम्राज्यवादी युद्ध में कृष्णवर्णीयों को जबर्दस्ती हिस्सा लेना पड़ता है। इस बात को मेरा विरोध है। मैं कम्युनिस्ट हूँ।

पूँजीवाद एवं उसकी दमनकारी संस्थाओं को पूरी तरह से उखाड़ फेंके बिना कृष्णवर्णीय जनता की मुक्ति सम्भव नहीं है, इसका विश्वास होने के बाद मैं कम्युनिस्ट दल के चेगेगेवरी लमुम्बा विभाग में (कृष्णवर्णीय) शामिल हुआ। कृष्णवर्णीय जनता को तुरंत की माँगों को लेकर संगठित करना, इस विभाग का कार्य है, लेकिन उसी के साथ माँगों के लिए लोगों को संगठित करना यह भी इस विभाग का एक कार्य है। उसी के साथ हमारे दुश्मनों को शिकस्त देने के लिए स्वाधीन सैनिकों का जत्था बनाना भी इस विभाग का कार्य है। यह कार्य पूरा करने के लिए गौरवर्णीय अमेरिकी प्रगतिशील ताकतों के साथ मिलकर हमें कार्य करने की जरूरत है।'

परिशिष्ट 3 : ब्लैक पैंथर्स के कार्यक्रमों का महत्त्वपूर्ण हिस्सा

1. हमें स्वतन्त्रता चाहिए, कृष्णवर्णीय एवं रौंदी गयी जातियों का भविष्य बनाने का हमें अधिकार चाहिए।
2. हमारी जनता के लिए पूर्णकालीन रोजगार मिलें। (यह अमेरिकन केन्द्र सरकार की जिम्मेदारी है। अमेरिकन उद्योगपति इसे नहीं निभा पायें तो उत्पादन के साधन समाज के हवाले किये जाये। हम उत्पादनों को संगठित करके सभी को रोजगार एवं उच्च स्तर का जीवन प्रदान करेंगे।)
3. हमारी कृष्णवर्णीय एवं रौंदी गयी जातियों की जो लूट-खसोट पूँजीवादी कर रहे हैं, उसे हमें बंद करना है।
4. मनुष्यों के लिए रहने लायक आवासों की हमें जरूरत है।

5. अमेरिका के वर्तमान दौर की सड़ी-गली समाज-व्यवस्था के सच्चे स्वरूप का ज्ञान होगा, ऐसी शिक्षा हमें चाहिए; जिससे हमारे इतिहास में एवं वर्तमान दौर के समाज में अपनी भूमिका को हम समझ सकें।
6. कृष्णवर्णीय एवं रौंदी गयी तमाम जातियों को पूरी तरह से मुफ्त में चिकित्सा सुविधाएँ मुहैया हो, यह हमारी माँग है।
7. अमेरिका के सभी कृष्णवर्णीय एवं अन्य (गौरेतर) वर्ण की रौंदी गयी तमाम जनता पर पुलीस प्रशासन द्वारा की जाने वाली सभी प्रकार की ज्यादतियों को हमें बंद करना है।
8. तमाम (अमेरिका द्वारा चलाये जा रहे) आक्रामक युद्धों पर प्रतिबंध लगाना है।
9. अमेरिका की केन्द्र, राज्य, स्थानीय एवं सैनिकी जेलों के तमाम कृष्णवर्णीय एवं गरीब, रौंदी गयी जनता की मुक्ति चाहिए। इस देश के कानून के अनुसार जो तथाकथित आरोप हम पर लगाये गये हैं, उनको लेकर पंचों (ज्यूरी) के समक्ष मुकदमें चलाये जायें।
10. भूमि, रोटी, कपड़ा, मकान, न्याय, शान्ति एवं आधुनिक तकनीक पर समाज का नियंत्रण हम चाहते हैं।

दलित पैन्थर एवं मराठा महासंघ

•

बा. ह. कल्याणकर

'दलित पैंथर्स' अम्बेडकरवादी आन्दोलन के बहुत बड़े विद्रोह का रूप था। 'था' शब्द का प्रयोग मैं जानबूझकर कर रहा हूँ, क्योंकि आगे समग्र अम्बेडकरवादी आन्दोलन रुक-सा गया है। वह न रुके यह मुझ जैसे व्यक्ति की मंशा है, क्योंकि रौंदे एवं कुचले गये मनुष्यों के तमाम आन्दोलनों को मैं अपना आन्दोलन मानता हूँ। यह आन्दोलन मजबूत बनना चाहिए, ऐसी मेरी मंशा है। अपनी मंशा होना यह बात अलहदा है। वर्तमान दौर में ऐसी स्थितियाँ नहीं हैं, इसका पूरा एहसास मुझे है। बर्फ पिघलने लगती है तब नदियाँ भी उफान पर बहती है, ऐसा ही अनुभव अम्बेडकर के आन्दोलन से तमाम भारतीय जनता ने किया था।

डॉ. बाबासाहेब अम्बेडकर का व्यक्तित्व, कृतित्व एवं विचार भारतीय समाज की दबी-कुचली तमाम इकाइयों को प्रेरणा देने वाला है। अज्ञान का अंधकार जम गया था। तमाम समाज इसकी गर्त में खो गया था। अज्ञान की युगों-युगों की बर्फभूमि को काटने का काम डॉ. बाबासाहब अम्बेडकर ने किया। भारतीय संविधान में उन्होंने आम जनता को बहुत ही बड़ा स्थान प्राप्त करा दिया। आज वे नीति-निर्देशक तत्त्व संविधान के पन्नों में ही बर्फ की माफ़िक जम गये हैं। डॉ. अम्बेडकर के विचारों में नये भारत की माँग थी। कांग्रेस दल को परंपरा एवं रूढ़िवादिता करीबी महसूस होती थी। इसमें डॉ. बाबासाहब अम्बेडकर की दूरदर्शिता थी। भारतीय कांग्रेस की सीमाएँ थीं। राष्ट्रहित की अपेक्षा दलीय हित अथवा दल के हित की अपेक्षा स्वयं के घराने के हित की ओर ही कांग्रेस दल का रुझान रहा। इस कारण घराने के हाथों में उनकी सत्ता रही। डॉ. अम्बेडकर ने कहा था, 'इस देश में लोकतन्त्र है, किन्तु इस लोकतन्त्र ने अपने विवेक बुद्धि का प्रयोग करना स्थगित कर दिया है, उसने अपने हाथ-पैर एक ही दल के साथ जकड़कर रखे हैं। उस दल के विचार एवं कृति के बारे में बारीकी से जाँच-पड़ताल करके न्यायगत निर्णय लेने की उसकी इच्छा नहीं है। मेरे विचारानुसार यह उसे लगी हुई बहुत बड़ी बीमारी है। इस बीमारी ने निरपराध लोगों को डंस लिया

है। दो पहियों के बगैर गाड़ी ठीक तरह से नहीं चल पाती। उसी प्रकार किसी भी देश का कारोबार दो प्रभावी दलों के बगैर सुचारु रूप से नहीं चल पाता।"

डॉ. बाबासाहब अम्बेडकर के विचार एवं आन्दोलन का परिणाम दलित समाज पर तो हुआ ही, इसके सिवाय दलितेतर समाज में नया सामाजिक परिसंचलन शुरू हुआ। दलित समाज जाग उठा। अपने अधिकारों की भाषा वह बोलने लगा। बुद्ध, फुले, राजर्षि शाहू, कर्मवीर भाऊराव पाटिल, महर्षि विट्ठल, रामजी शिंदे और डॉ. बाबासाहब अम्बेडकर के विचारों का, कार्यों का तमाम समाज पर जो परिणाम हुआ वह महत्त्वपूर्ण तो था ही, उसी प्रकार वह सामाजिक समता के आन्दोलन को गति एवं शक्ति प्रदान करने वाला भी। इस कारण दलित समाज में शिक्षा प्राप्त करने की आस जाग्रत हुई। दलितों के बच्चे महार बस्ती और मातंग बस्ती से स्कूल में आये। हजारों सालों के अंधकार में सूर्योदय जैसी यह घटना थी। प्रकाश का मार्ग उन्हें प्राप्त हुआ था। डॉ. अम्बेडकर के विचार ही इस समाज के औजार थे, शास्त्र भी थे।

सन् 1970 के दौर में दलित समाज की पहली पीढ़ी शिक्षित बनकर तैयार हुई। डॉ. अम्बेडकर द्वारा मुंबई और औरंगाबाद में स्थापित की गयी शिक्षा संस्थाएँ इस पीढ़ी के लिए आन्दोलन के विश्वविद्यालय साबित हुए। ग्रामीण इलाकों से शहर में आये और शहर के परिवर्तित एवं गतिमान विश्व की हवा प्राप्त किये लड़के बागी बनना चाह रहे थे। समाज के अधिकारों के लिए वे खड़े हो रहे थे। नये युग की पुकार के लिए उनकी जिह्वा लपलपाने लगी।

'शिक्षित बनो, संगठित रहो एवं संघर्ष करो' डॉ. अम्बेडकर द्वारा दिया गया यह युगमंत्र इस पीढ़ी के दिल में बसने लगा। इन नौजवान बच्चों के ही ओठों से समता के गीत प्रस्फुटित होने लगे। अपने अधिकारों के लिए लड़ने वाले युवाओं का संगठन, इस रूप में 'दलित पैंथर्स' संगठन की स्थापना हुई।

'दलित पैंथर्स' की स्थापना महाराष्ट्र के दलित युवाओं के जीवन की बहुत ही महत्त्वपूर्ण घटना है। दलित पैंथर्स की स्थापना उस दौर के प्रस्थापित दलित नेतृत्व को, युवा पीढ़ी की ओर से दी गयी प्रतिक्रिया थी, यह जैसा सही है, उसी प्रकार अभिजनन वर्ग को 'हम अब पैंथर्स हुए हैं; अन्याय करोगे तो खबरदार!' ऐसी कड़ी चेतावनी भी थी। भले ही आगे चलकर दलित पैंथर्स की सीमाएँ निश्चित ही उजागर हुई हो, लेकिन दलित युवकों में सामर्थ्य को जगाने वाला और भीतर के सामर्थ्य की पहचान करा देने वाला यह आन्दोलन है, ऐसा मैं मानता हूँ।

"अधिकार माँगने से प्राप्त नहीं होते।' आपको तेज प्रकट करना होगा।' बकरे की बलि दी जाती है, शेर की नहीं।" अम्बेडकर के इस विचार की बुनियाद पर दलित पैन्थर का जन्म हुआ। अम्बेडकरी आन्दोलन का आगे चलकर जो विभाजन हुआ और दलित नेताओं में जो फूट पड़ी, इस पार्श्वभूमि पर पैन्थर ने अपनी अलग पहचान

निश्चित ही सिद्ध की, ऐसा कहा जाये तो कोई गलत नहीं होगा। दलित पैंथर्स के पैरों तले की जमीन शोषण की थी। हजारों सालों से चल रहे अन्याय की थी। अपमान भरे जीवन की थी और यह जीवन दलितों पर लादा गया था। यह तमाम भार हल्का करने की भाषा जब युवकों का एक समूह करने लगा, उस समय महाराष्ट्र भर में पैंथर्स ने खलबली मचा दी।

दलित पैंथर्स का कार्य प्रमुखता से शहरों में ही बड़े पैमाने पर चल रहा है। वर्तमान दौर के ग्रामीण यथार्थ में उन्हें प्रवेश करना सम्भव नहीं हुआ। किसी भी आन्दोलन के आस-पास के सामाजिक यथार्थ की कुछ स्वाभाविक सीमाएँ होती हैं। पैंथर्स को भी इन सीमाओं का मुकाबला करना पड़ा, ग्रामीण पुनर्रचना का विचार शहरों के सभामंचों से प्रस्तुत करना अब बहुत लाभदायक नहीं है। उसके लिए तलहटी के समाज में कूदने की जरूरत है।

वास्तविक रूप में आज के दौर में मराठा महासंघ और शिवसेना ग्रामीण समाज में बराबरी की भूमिका से कदम बढ़ाते हुए संगठन हैं। ग्रामीण जीवन के यथार्थ में प्रवेश करने की उन्हें गुंजाइश है। वैसी गुंजाइश एवं अवसर दलित पैंथर्स को कम थे, क्योंकि गाँव के बाहर हाशिए का समाज तो संख्या की दृष्टि से बहुत ही कम है, और मुख्य बात यह है कि वह आर्थिक दृष्टि से विपन्न और दब्बु है। अन्य बहुसंख्यक समाजों की शक्ति के समक्ष दलित पैंथर्स द्वारा शक्ति खड़ी करना आज का सबसे मुश्किल काम है। इसके विपरीत शिवसेना और मराठा महासंघ के लिए ग्रामीण समाज यानी खुला चरागाह है, ऐसा लगता है, क्योंकि ग्रामीण समाज के भीतरी विरोधी दल करीब-करीब खत्म ही हुए हैं। इस कारण हताशा से घिरा ग्रामीण युवक शिवसेना अथवा मराठा महासंघ के बैनर तले इकट्ठा हो रहा है।

दलित पैंथर्स यह नाम जातिसूचक न होकर वर्गसूचक है और वह तात्विक दृष्टि से उचित है। दलित पैन्थर महारों के युवा लड़कों का संगठन है ऐसा सभी और सभी समाज के लोग कुत्सित भाव से जाहिर रूप में बोलने लगते हैं। दलित पैंथर्स के उत्साही गुट इसी धारणा को कायम करने के लिए जी-जान से काम में जुट जाते हैं। मातंग, बुरुड, आदिवासी एवं तत्सम दलित घटक दलित पैंथर्स के पास भी फटकते नहीं और न ही उन्हें करीब खड़े रहने देते, इसका आत्मपरीक्षण सम्बन्धितों को ही करना पड़ेगा।

जैसे दलित पैंथर्स दलितों के हितों के लिए कार्य करने वाला संगठन है, वैसे ही मराठा समाज का हित देखने वाला संगठन है-मराठा महासंघ। संगठन के रूप में मराठा महासंघ बड़े जोश के साथ सन 1980-81 के दौरान उदित हुआ। उस वक्त महाराष्ट्र के मुख्यमंत्री बैरिस्टर ए. आर.अंतुले थे। मराठा महासंघ के जन्म का कारण सामाजिक नीति के रूप में जितना था, उससे भी अधिक एक राजनीतिक दबाव गुट के रूप में मराठा महासंघ की भूमिका अधिक मुखर थी। मराठा समाज पर होने वाले

अन्याय दूर करने के लिए हमें अब संगठित होना जरूरी है। मराठा समाज की तमाम उपजातियाँ मिलकर मराठा महासंघ बना है दलितों की छात्रवृत्तियाँ, सीटें एवं आरक्षण की नीतियाँ तुरंत बंद कर दीजिए,' जैसी घोषणाएँ देते हुए, मराठा महासंघ के भगवे झंडों को अपने हाथों में लहराते हुए महासंघ के नेता तमाम महाराष्ट्र में चौतरफा घूमने लगे। मराठा महासंघ के निर्माण के लिए जैसे कुछ सामाजिक सन्दर्भ हैं, उसी प्रकार कुछ राजनीतिक सन्दर्भ भी निश्चित ही है।

भले ही दलित पैंथर्स ने आन्दोलन का केन्द्र नागरी समाज में खड़ा किया हो, तो भी दलित पैंथर्स के आन्दोलन का परिणाम ग्रामीण समाज पर बहुत बड़े पैमाने पर हुआ दलित पैंथर्स के नेताओं के आक्रामक भाषण, उग्रवादी एवं युयुत्सु भूमिका के कारण दलित समाज जाग्रत हुआ सवर्ण समाज दक्ष हुआ, लेकिन भड़काया जाने लगा। महार-मातंग समाज हमारे सामने दब्बू बनकर रहे, अदब रखे, अपनी औकात में रहे, ऐसी अपेक्षाएँ सवर्णों की दलितों से थी। दलित पैंथर्स इन अपेक्षाओं को चूर-चूर कर रही थी। दलित पैंथर्स की गाली-गलौज वाली भाषा की आलोचना करते हुए सवर्ण समाज आक्रामक तेवर अपनाने लगा, गाँव वाले दलितों का बहिष्कार करने लगे।

मराठवाडा विश्वविद्यालय के नामपरिवर्तन आन्दोलन के दौर में कांग्रेस दल के एक विधायक मित्र के साथ मेरी चर्चा हुई। मराठवाडा विश्वविद्यालय को डॉ. बाबासाहब अम्बेडकर का नाम देना कितना उचित है, इस मुद्दे को उन्हें समझाने की कोशिश मैं कर रहा था। उनमें और मुझमें तैश में चर्चा शुरू हुई थी। वे गुस्सा होकर बोले, "श्रीमान, दलित पैंथर्स का गिरोह जीजाबाई और शिवाजी महाराज के बारे में क्या कुछ बक रहा है, और आप खुल्लम-खुल्ला उसका समर्थन कर रहे हैं? 'यह उचित नहीं है। पैंथर्स के इन गुंडों को पीटना चाहिए।" मैंने उन्हें कहा, "ये देखिए, आप जो कह रहे हैं सम्भव है, सच भी हो। यदि दलित पैंथर्स मात्र गाली-गलौज करने में ही संघर्ष मान रही हो, तो उसके लिए आप अम्बेडकर को भला कैसे जिम्मेदार ठहरा सकते हैं?" उस वक्त विधायक मित्र थोड़े ढीले पड़े। यही विधायक मित्र मुझसे बोलते समय हाल ही में बोले, "कुछ भी हो, भारत के तमाम विश्वविद्यालयों को डॉ. बाबासाहब अम्बेडकर का नाम दे डालना चाहिए इसके सिवाय इन भटों का नशा उतरने वाला नहीं है।" सन् 1978 में मराठवाडा विश्वविद्यालय को डॉ. बाबासाहब अम्बेडकर का नाम हरगिज न दिया जाये' कहने वाले मेरे विधायक मित्र परसों भारत के तमाम विश्वविद्यालयों को डॉ. अम्बेडकर का नाम देने की भाषा बोल रहे हैं, इसके बारे में किसी को भी हैरानी होगी। वजह आसान थी। आर. एस. एस. के ग्रुप ने मेरे इस विधायक मित्र के विरुद्ध षड्यन्त्र रचना जारी रखा था। इन षड्यन्त्रों के चलते ही विधायक मित्र की यह प्रतिक्रिया थी। इस मराठा विधायक की मानसिकता से वाकिफ़ होकर ही आज के इन संगठनों का स्वरूप समझ लेना चाहिए। नामपरिवर्तन प्रस्ताव के विरुद्ध बोलने से

मना करने तक का परिवर्तन मेरे विधायक मित्र में मैं कर सका, यह बात मुझे यहाँ दर्ज करनी पड़ेगी। भले ही उन्होंने अनुकूल बात करने का साहस नहीं दिखाया, लेकिन उन्होंने (मुझे दिये आश्वासन के अनुसार) विरोध भी नहीं किया।

दलित पैंथर्स के लिए उच्च वर्ग से बहुत ही तीव्र प्रतिक्रियाएँ व्यक्त हुईं। मुझे लगता है, यह भी दलित पैंथर्स के आन्दोलन की सामर्थ्य का ही प्रतीक है। अभिजन समाज की नींद हराम करने वाला दबाव पैंथर्स जनों ने उत्पन्न किया था, यह बात सही है। मुंबई-पुणे और अन्य शहरी इलाकों के समाचार-पत्रों एवं संगठनों ने दलित पैंथर्स का समर्थन किया, यह वास्तविकता है। दलितों के आन्दोलन के साथ हम रहें, उनकी यह धारणा उचित ही थी। चरागाह का सवाल, अस्पृश्यता उन्मूलन का सवाल, एक गाँव एक पनघट, दलितों के साथ सहिष्णुतायुक्त व्यवहार, उनकी शिक्षा-दीक्षा का सवाल, दलित छात्रों की छात्रवृत्तियों में बढ़ोतरी करने का सवाल आदि सवालों पर दलित पैंथर्स आवाज उठा रहे हैं और उच्च वर्ग अपनी परंपराओं का समर्थन करने की फिराक में था। पैंथर्स का आक्रमक घाव उनके हृदय को लहुलूहान कर रहा था। उनके पारंपरिक अहंकार बदला लेने के लिए प्रबल होने लगे। उसी के परिणामस्वरूप दलित-सवर्ण दंगे भड़कने लगे। मुंबई के वरळी में घटित दंगा इसी का एक उदाहरण कहा जायेगा। औरंगाबाद में सन् 1985 के अंत में शिवसेना के मोर्चे के निमित्त से दंगा भड़का था। इस दंगे को हिन्दू एवं मुसलमानों का दंगा जैसा रूप प्राप्त हुआ। दंगे के दौरान मेरे साथ चर्चा करते समय आर.एस.एस. के एक प्राध्यापक मुझे बोले, ''हम ब्राह्मण अक्ल से होशियार हैं। हम केवल आप लोगों को 'हाथ में डंडा' लेने के लिए कहते हैं।' उसके बाद हम कॉलोनी के हमारे घरों में बैठकर घटित हुए दंगों के समाचार शाम 07.00 बजे सुनते हैं। लाठियाँ भी आपकी और फटने वाले सर भी आपके, और फिर शान्ति जुलूस निकालकर दंगा खत्म करने का आह्वान करने के लिए हमी ही आगे होते हैं।' कहते हुए उन्होंने 'ताली देने!' के लिए हाथ आगे बढ़ाया। दंगे की लाठी हाथ में ली जाती है उसी प्रकार मेरे हाथ वे अपने हाथ में ले रहे थे।

मराठा महासंघ की स्थापना प्रतिक्रिया के रूप में हुई। 'मुस्लिमों के लिए अलग कानून और हमारे लिए अलग कानून न हो' इसके विरोध में हम थे। सभी के लिए समान नागरिक संहिता हो' ऐसी मराठा महासंघ, शिवसेना और राष्ट्रीय स्वयंसेवक संघ की माँग है। 'मुस्लिम इस देश में चुपचाप रहें, अन्यथा पाकिस्तान में चले जाएँ।' ऐसी उग्र चेतावनी वे सभामंच से दिए जाने वाले अपने भाषणों में देते थे।

मराठा समाज अब भी शिक्षा में पिछड़ा है। मराठा स्त्रियों में शिक्षा करीब-करीब न के बराबर है और मराठा किसानों की दशा तो बदहाल ही है। हमें भी दलित और उसमें भी विशेषतः महार समाज के लोग, आर्थिक एवं सामाजिक दृष्टि से पिछड़े होकर भी, शिक्षा में वे आगे आ रहे हैं, उन्हें छात्रवृत्तियाँ प्राप्त होती हैं, सेवाओं में सीटें आरक्षित

हैं। 'दलितों के कारण शिक्षा और सरकारी सेवाओं से हमारा स्थान समाप्त हो रहा हैं, ऐसी गलत धारणा मराठा समाज में फैलायी जा रही है। मराठा कृषक समाज का और दलितों का सच्चा दुश्मन कौन है, यह अलबत्ता उन्हें कोई नहीं बताता। दोनों समाज के उपेक्षित एवं भूखे युवकों को रोटी के टुकड़े के लिए एक-दूसरे का दुश्मन बनाया जा रहा है और इन दोनों के दुश्मन एक ही हैं, जिनके बच्चे बिना-अनुदान नीति पर स्थापित हुए निजी आभियांत्रिकी एवं मेडिकल कालेजों में लाखों रुपयों की निधियाँ देकर शिक्षा प्राप्त कर रहे हैं।'

जिनके पास असीम सम्पत्ति है, ऐसे धनिक पुत्रों को व्यावसायिक ज्ञान एवं जीवन के सुनहरे अवसर बेचने का षड्यन्त्र तमाम गरीब समाज के विरुद्ध रचा जा रहा है, लेकिन इस बात से दोनों समाजों को अवगत कराने वाला कोई नहीं है। गरीब किसान के बच्चों को शिक्षा एवं नौकरियों से विलग करने वाले षड्यन्त्रकारियों के विरुद्ध क्या मराठा महासंघ और शिवसेना की कोई भी भूमिका नहीं है? दलित पैंथर्स वालों ने भी इसके बारे में कोई ठोस भूमिका लेकर कदम उठाये हैं, ऐसा कहीं सुनने में नहीं आया।

अस्पृश्यता उन्मूलन कानून का लाभ दलितों ने गलत तरीके से उठाया है, ऐसा मुझे अनेक मराठा मित्रों ने बताया है। इसकी संगठित प्रतिक्रिया नामपरिवर्तन आन्दोलन के निमित्त दलितों के घरों को जलाने में हुई, ऐसा उनका कहना था। कुछ अंशों में वह सही भी थी, लेकिन इस कानून के लिए दलितों का उपयोग किन लोगों ने किया? दलितों को झूठे मुकदमे दर्ज करने के लिए किसने उकसाया? हिन्दू स्त्रियों की तुलना में दलित स्त्रियों पर ही अधिक बलात्कार क्यों होते हैं? इस तरह के प्रश्न मैंने उनके सामने रखे तब उन्होंने इनके जवाब देने में कोई रुचि नहीं दिखाई। व्यवस्था पर अपनी दादागिरी बरकरार रहे, कुल मिलाकर इसी प्रकार का यह मामला है। 'मुस्लिम एवं दलितों को सरकार ने सिर पर लिया है। उनके इस प्रकार के लाड़ हम चलने नहीं देंगे।' ऐसे वक्तव्यों को मराठा महासंघ के नेतागणों की ओर से जाहिर तौर पर व्यक्त करते मैंने सुना था। मराठा महासंघ के एक दिग्गज नेता ने सभा में कहा था, "यदि मुस्लिमों ने हमारी स्त्रियों को बुरी नजर से देखा तो हम भी उनकी स्त्रियों को सड़क पर घूमने नहीं देंगे।"

मैंने इस बात को सुनकर ही मराठा महासंघ के एक कार्यकर्ता से कहा था, "क्या आपके नेताओं का यही कर्तृत्व है? मतलब आप मुस्लिम और मराठा लोग स्त्रियों पर ही जबरदस्ती करेंगे, उनका शोषण करेंगे, शिकार होंगी तो स्त्रियाँ ही, और आप पुरुष लोग तटस्थ रहोगे, क्या यही आपकी मर्दानगी है? "स्थिति से वाकिफ होकर यह कार्यकर्ता मेरी राय से सहमत हुआ। मराठा महासंघ की नीति का यह खोखलापन है। कोई भी ठोस विचारधारा मराठा महासंघ के पास नहीं है, यही बात इससे साबित होती है। केवल जाति ही मराठा महासंघ की विचारधारा का प्राण है। 'जय भवानी',

'जय शिवाजी' मराठा महासंघ की दो घोषणाएँ हैं। मानो, भवानी और शिवाजी महाराज मराठों की निजी सम्पत्ति ही हैं!

समाज को फिर एक बार पुरानी रूढ़ि-परंपरावादी विचारधारा की लीक पर ले जाना ही इस संगठन की कृतियों का भीतरी मर्म है। शिवाजी महाराज को मराठा समाज तक ही सीमित रखना, ऐसी कृतियों से हम शिवाजी महाराज को बौना बना रहे हैं, यह इन भावुक बने लोगों के ध्यान में आता ही नहीं। वास्तविक, शिवाजी महाराज की फौज में तमाम जाति धर्म के लोग थे। अफजल खान के अंगरक्षकों में शंकरराव मोहिते और पिलाजी मोहिते, ये दो मराठा थे, तो फौज में शिवाजी महाराज के चाचा मंबाजीराजे भोसले थे। ऐसी स्थिति में शिवाजी महाराज केवल हम मराठों के ही हैं, ऐसा कहने से मराठों का अज्ञान ही साबित होगा। वे शिवाजी महाराज को समझ ही नहीं पाये, ये ही बात इससे साबित होती है। इससे हमारे ऐतिहासिक ज्ञान का अधूरापन सिद्ध होता है। हमारे पुरखे शौर्य दिखाये और पीढ़ियाँ उसके बलबूते पर जिए तथा झुठी पाखण्ड से युक्त क्षुद्रत्व को दुलारते रहें, ऐसे लक्षण कदापि समाज को तरक्की की ओर ले जाने वाल नहीं है। हम अपने समाज में सुधार तो निश्चित ही नहीं करेंगे।

मराठा महासंघ सिर्फ प्रतिक्रिया स्वरूप बहुत ही तेजी से अस्तित्व में आया और उसी गति से प्रभावशून्य भी हो रहा है। प्रगतिशील एवं सर्व-समावेशक विचारधारा का अभाव होने पर जैसी दयनीय अवस्था हो जाती है, बिल्कुल वही अवस्था आज मराठा महासंघ की हुई है। सिर्फ एक सभामंच रहे, उस पर चार शौकिया नेताओं का शान दिखाना सम्भव हो, नेता के रूप में जाति के सिंहासन पर किसी-न-किसी की तो प्रतिष्ठापना हो इसलिए मराठा महासंघ ने, सिर्फ इसी ध्येय से प्रेरित हुए उत्साही लोगों का संगठन के रूप में थोड़ा-बहुत कार्य किया है। समाज का भावात्मक प्रतिसाद भी उन्हें प्राप्त हुआ। ऐसा होकर भी संगठन के व्यापक बनने का चित्र कहीं उभरकर आया ऐसा दिखाई नहीं देता, और न समाज की प्रगति होने का एहसास। लेकिन शौकिया लोगों का शौक तो पूरा हुआ। मराठा महासंघ के कुछ कार्यकर्ता एक दफा शिवजयंती के मौके पर मेरे पास आये और बोले, "सर, हमारे गाँव में मराठा महासंघ की अगुवाई में शिवजयंती मनाई जा रही है। दलित लोग बड़े उत्साह से भीम जयंती मना रहे हैं, यह देखकर हमें भी महसूस हुआ कि हम भी उनसे अधिक व्यापक रूप में, शिवाजी महाराज की जयंती मनाएँ। अपने ही आदमी को व्याख्यान के लिए आमंत्रित करने का फैसला किया है, इस वजह से पहली दफा आपकी ओर हम आये हैं। आप मना करें नहीं।" कार्यकर्ता जोश में आकर बोल रहे थे। मैंने उनकी तमाम बातें शान्तिपूर्वक सुनकर पूछा, "शिवाजी महाराज ने स्वराज्य की स्थापना की, क्या यह सही है?"

"हाँ, यह सही है", कार्यकर्ता बोले।

"तीन सौ–साढ़े तीन सौ वर्ष पूर्व उन्हें मराठा महासंघ निर्माण करने की आवश्यकता महसूस नहीं हुई। वास्तव में, उन्हें तो वैसा महसूस होना चाहिए था। फिर भी उन्होंने यहाँ की जनता का स्वराज्य स्थापित किया। अब आप मुझे बताइए, आज के मराठा होशियार या शिवाजी महाराज?' कार्यकर्ता बोला, "सर, आपकी बात सही है।"

'समान समस्याओं वाले तमाम जातियों के भीतर के युवकों को एकजुट करना समय की माँग है, और आप अपनी ऊर्जा को जाति में ही क्यों बेकार बर्बाद कर रहे हो? यद्यपि मैं मराठा हूँ फिर भी मराठा महासंघ के सभामंच पर और शिवाजी महाराज सिर्फ हमारे ही, ऐसा मानने वालों के संगठन में शिवाजी महाराज पर व्याख्यान देने के लिए नहीं आऊँगा, क्योंकि अगर आज महाराज होते तो उन्होंने मेरे ऐसे कार्य पर खपा होकर मुझे तोप के मुँह में दिया होता। आप ग्राम पंचायत की ओर से जयंती मनाइये, मैं आऊँगा।' ऐसा कहते ही सभी कार्यकर्ता हँस पड़ें और उस प्रकार का संशोधन उन्होंने कर दिया। समाज को उचित मार्गदर्शक का अभाव हो तो समाज बाढ़ के पानी जैसा, जहाँ ढलान दिखे उस ओर कैसे बहता जाता है, यही इससे सिद्ध होता है।

चाहे मराठा महासंघ हो या राष्ट्रीय स्वयंसेवक संघ, वे मानो बह गये व्यवस्था की दिशा की ओर अर्थात् इतिहास के पहिए पीछे की ओर खींचने वाली दिशा में ले जाने वाले सामाजिक प्रयास हैं। ब्राह्मण सभा, पतितपावन संगठन, विश्व हिंदू परिषद, जमाते इस्लामी हो अथवा मुस्लिम लीग इन सभी संगठनों की बुनियाद जातीयता है, धार्मिकता है। जाति एवं धर्म का द्वेष करना ही इन संगठनों के अस्तित्व से दिखाई देता है।

शिवसेना अब राजनीतिक दल का रूप धारण करने की फिराक में लगी महाराष्ट्र के हिंदुओं का संगठन है। 'एक नेता, एक संगठन' उनका घोषवाक्य है। मुंबई, ठाणे इन शहरी इलाकों के मराठी आदमी की पीछेहाट रोकने के लिए शिवसेना कार्य करने लगी। इसका परिणाम यह हुआ कि मुंबई एवं ठाणे महापालिका पर शिवसेना का झंडा लहराया। शिवसेना को अब मंत्रालय पर झंडा फहराने की आस लगी है। ऐसी आस लगाने वाली राजनीतिक स्थिति महाराष्ट्र में निर्मित हुई।

महाराष्ट्र का सत्ता विरोधी 'मूड' वाला युवा आज शिवसेना की ओर खिंचा जा रहा है। उसकी वजह विरोधी दलों के निठल्लेपन की राजनीति में है। ऐसा मेरा विचार है। राजनीतिक दल के पतनोन्मुख होने का चित्र इसके पहले बहुत से अवसरों पर देखने में आया होगा। अस्तित्वहीन होने की कगार पर पहुँचे विरोधी दल स्वयं के अस्तित्व पर निरर्थकता का आवरण डालकर, व्यर्थ मार्चे निकालकर अल्प संतुष्टि मान रहे हैं। इस पार्श्वभूमि पर शिवसेना का आक्रमक तेवर युवकों को करीबी न लगे तो कोई हैरानी की बात नहीं है। एक तो यहाँ किसी भी राजकीय दल द्वारा अपने कार्यकर्ताओं को प्रबोधन किया नहीं जाता। अपने कार्यकर्ताओं का उद्‌बोधन किया जाये, ऐसी मानसिकता इन दलों की नहीं रही है। इस वजह से विचारधारा की बुनियाद से रहित युवक भगवे झंडे

से लटकता रहे तो उसे दोष नहीं दिया जा सकता। ग्रामीण एवं शहरी इलाकों के युवकों पर यह फैसिस्ट बीमारी प्रभाव डालती जा रही है।

जातीय एवं धार्मिक स्तर पर संगठनों की फसल आज जिस रफ्तार से बढ़ती जा रही है, उसे देखते हुए एक बात स्पष्ट है कि, हमारा धर्म-जाति-निरपेक्ष राजनीति नाकाम रहे हैं और इसका कारण विरोधी दलों सहित सत्ताधारी दल द्वारा हिम्मत हारने और वोट की राजनीति वाली भूमिकाएँ लेना है, ऐसा मेरा विश्वास है। संविधान समिति के समापन के व्याख्यान में डॉ. बाबासाहब अम्बेडकर ने कहा था-

'जहाँ राष्ट्र अस्तित्व में होगा वहाँ बंधुभाव निर्माण हो सकता है। बंधुभाव अस्तित्व में ना हो तो समता एवं स्वतन्त्रता के अस्तित्व का क्या अर्थ बचेगा?'

बंधुभाव अर्थात् एक आत्मीयता से एक-दूसरे से एकता का रिश्ता बनाये रखने वाली जनता होती है। केवल भूगोल से भूगोल का जोड़ा जाना यानी राष्ट्र यह अवधारणा मूर्त स्वरूप में आती है। आज हमारी धर्मनिरपेक्ष राजनीति को धर्म के तत्त्वानुसार कार्य करने वाली धर्मसत्ता ने बहुत बड़ी चुनौती प्रस्तुत की है। पंजाब आये दिन इसके लिए हत्याकांडों द्वारा खून की नदियाँ बहा रहा है। 'हिन्दू को आज हाथ में हथियार उठाने की जरूरत है, ऐसा आह्वान करते हुए एक धर्म की शक्ति की चुनौती शिवसेना खड़ी कर रही है। प्रगतिवादी, समाजवादी एवं स्वतन्त्रता प्रिय जनता के लिए यह बहुत बड़ी चुनौती है।

तमाम समाज में आज अराजकता छा रही है। तमाम लोग अपने-अपने पिंजरे लेकर खड़े हैं। भले ही तत्त्वों को नजरन्दाज करना पड़े फिर भी कोई एतराज नहीं, लेकिन अपना स्वार्थ साधा जाये। इस प्रतियोगिता में देश की तुलना में दल एवं लोगों के हित की अपेक्षा संगठन बड़े साबित हो रहे हैं। छोटे स्वार्थ बड़े साबित हो रहे हैं। मराठा महासंघ मराठों का, शिवसेना हिन्दूओं की, दलित पैंथर्स महारों का, इसके आगे हमारा गणित जाता ही नहीं। तत्त्व कवच साबित होते हैं। भीतरी खाल महत्त्वपूर्ण होती है। दलितों के हित की अपेक्षा पैसा श्रेष्ठ साबित होता है। मराठा समाज की अपेक्षा दल की उम्मीदवारी श्रेष्ठ साबित होती है। हिन्दुओं के नाम पर नेतापद प्राप्त होता हो तो वह हितकारी ही सिद्ध होता है। समाजवादी मूल्यों को चुनौती देने वाली यह जातीय, धार्मिक चुनौती बहुत बड़ी चुनौती है। इसका मुकाबला अगर नहीं किया गया तो इस देश के टुकड़े-टुकड़े होने एवं हमारी स्वतन्त्रता फिर से गवाँ देने का खतरा उत्पन्न हो सकता है। फैसिस्ट शक्तियों का मुकाबला करने के लिए जातीय/धार्मिक आधार लेकर काम करने वाले संगठनों पर पाबंदियाँ लगानी पड़ेगी। सामाजिक समता को हमारी स्वतन्त्रता से जोड़ना पड़ेगा, नहीं तो अब्राहम लिंकन के मतानुसार 'पुराना घर बहुत समय तक टिक नहीं पाता' इस खतरे को गंभीरता से सोच-समझ लेना पड़ेगा। संसदीय लोकसत्ता को आर्थिक न्याय का अधिष्ठान दिये बगैर वह नहीं टिकेगी। स्वतन्त्रता, समता एवं

बंधुता केवल मंच की घोषणाएँ न साबित होते हुए वे हमारी तमाम भारतीय जनता के जीवन के अनुभव बनें तो ही हमारा राष्ट्र, राष्ट्र बन पायेगा।

हमारे तमाम सामाजिक जीवन को फैसिस्ट वृत्ति से कुरेदने का काम चल रहा है। तमाम धार्मिक गुट अपने पुराने रंग में फिर से रंगने में व्यस्त हैं। इस कारण धर्मश्रद्धा को अंधश्रद्धा के रूप में बढ़ावा दिया जा रहा है। व्यक्ति पूजा के पाखण्ड को बढ़ावा दिया जा रहा है। लोगों के हाथ में सत्ता देने के बजाए घरानों के हाथ में सत्ता सौंपकर तमाम देश को सुलाने का प्रयास किया जा रहा है। जॉन स्टुअर्ट मिल ने कहा था, "हमारा अपना व्यक्ति कितना भी बड़ा हो फिर भी उसके चरणों में अपनी सभी तरह की स्वतन्त्रता पूर्ण रूप से अर्पित न की जाये अथवा अपनी संस्थाओं में उलटफेर करने का अधिकार उन्हें न दिया जाये।" इस चेतावनी को भारतीय जनता द्वारा पहचानने की जरूरत है। बड़ी विभूतियों पर श्रद्धा रखने वालों को सबसे पहले जाति और धर्म के कीचड़ से बाहर आने की सच्ची जरूरत है। आस-पास के जीवन का एवं विचारों का विकास ही शिवाजी महाराज की नीति का, मार्क्सवाद का एवं अम्बेडकरवाद का विकास सिद्ध हो सकेगा। एक ही जगह पर रुकना इसे मृत्यु के सिवाय दूसरा नाम नहीं दिया जा सकता।

दलित स्त्री

•

ज्योत लांजेवार

उन्नीसवीं सदी में स्त्री-विषयक सुधारों की जरूरत महसूस होने लगी थी। भारतीय इतिहास में स्त्री-विषयक सुधारों को लेकर प्रथम प्रयास मुहम्मद तुगलक की ओर से किया गया। उसके इन प्रयासों के कारण उसे 'पागल' करार दिया गया। बदलौकिक प्राप्त अलाउद्दीन खिलजी ने वेश्या व्यवसाय पर प्रतिबंध लगाकर, वेश्याओं ने विवाह करना ही चाहिए, इसके लिए फरमान जारी किया। यह भी विफल हुआ।

अगले दो हजार सालों के इतिहास में अकबर के द्वारा स्त्री-विषयक सुधारों को लेकर बड़े पैमाने पर प्रयास किये गये। उसने 'आईने अकबरी' लिखकर हिन्दू एवं मुसलमान स्त्रियों को अब तक कभी नहीं दिए गये बहुत से अधिकार बहाल किये, लेकिन सुधारों के लिए जब-जब किसी ने अगुवाई की तब-तब समाज उनके विरुद्ध खड़ा हुआ दिखाई देता है। अकबर के देहांत के बाद तो इन दोनों धर्मों के परंपरावादी बहुत ही बौखला गये। दोनों शासनकर्ताओं की पराजय के बाद अंग्रेज आये और उन्होंने कुछ सुधारों को अमल में लाया। उस दौर में वे महत्त्वपूर्ण साबित हुए।

महात्मा गांधी के आन्दोलन में नारियों ने प्रवेश किया। आगरकर, रानडे, राजा राममोहन राय, कर्वे आदि विभूतियों ने नारी सुधारों का समर्थन किया, लेकिन उसका फैलाव मुख्यतः सफेदपोश तबके तक ही सीमित रहा। विधवा-विवाह, बाल-विवाह, नारी शिक्षा, सती-प्रतिशोध, आदि स्वरूपों में शहरी, सफेदपोश नारियों का ही विचार होता रहा। आम, बहुजन, अस्पृश्य स्त्रियों का एवं ग्रामीण स्त्रियों का विचार करने के लिए महामना फुले को जन्म लेना पड़ा, डॉ. बाबासाहब अम्बेडकर को दलित, अस्पृश्य नारियों पर विचार करना पड़ा।

महामना फुले ने नारी-समानता के आन्दोलन के साथ शूद्र-अतिशूद्रों के आन्दोलन को भी महत्त्व दिया। प्रौढ़-विवाह, विधवा-विवाह, पतित-परित्यक्तया नारियों के गंभीर एवं नाजुक प्रश्न, अनाथालयों आदि तमाम क्षेत्रों में खुद अगुवाई कर प्रत्यक्ष कार्य किया। संस्थाओं का निर्माण किया एवं उनके लिए कार्यकर्ता भी तैयार किये। पैन्थर जैसे दलित

पुरुषों के संगठन की जैसे आज जरूरत है, वैसे ही दलित पैन्थर की तरह महिलाओं का 'नारी संगठन' हो यह मुझे भी जरूर महसूस हो रहा है। महिला पैन्थर के कारण नारियों पर होने वाले क्रुर अन्याय को मजबूती से समाज के समक्ष लाया जा सकेगा।

आज मध्यवर्गीय नारियों के पास पर्याप्त समय, पैसा, आराम मुहैया होने के कारण उनके संगठन मजबूत हुए हैं। इन मध्यवर्गीय नारियों के संगठन धर्म एवं संस्कृति के बंधनों में जकड़े हुए हैं। सच्चे अर्थों में दलित नारियाँ शोषित रही हैं। दलित नारी, गरीब, अस्पृश्य, अज्ञानी एवं 'स्त्री' हैं इसलिए उन पर हर तरह के अत्याचार होते रहते हैं।

दलित, ग्रामीण, आदिवासी, घुमंतु-विमुक्त नारी को आज न्याय मिलना कठिन हुआ है। मध्यवर्गीय नारी-संगठन कमजोर बन गये हैं। दलित नारियों के लिए ऐसे सो-कॉल्ड संगठन नाकाम हैं। दलित नारियों पर होने वाले अन्याय का निवारण करने और दलित नारी को शिक्षित एवं संगठित करने के लिए आज दलित नारियों ने ही दलित पैन्थर जैसी लड़ाकू संगठन का निर्माण करना जरूरी समझा।

मध्यवर्गीय नारी-संगठनों की कमियाँ एवं उपलब्धियाँ

मध्यवर्गीय नारी-संगठन अधिकांश 'दहेज' इसी अवधारणा के इर्द-गिर्द चक्कर काटते दिखाई देते हैं। दहेज के कारण अत्याचार करना, जलाया जाना, हत्या कर देना, खुदकुशी के लिए मजबूर करना इस प्रकार के संकट नारी होने के कारण नारियों के हिस्से में आये हैं। इसमें दलित नारियों का समावेश नहीं है। दरिद्रता के कारण आज दलित समाज में दहेज देने का प्रचलन शुरू हो रहा है, वह भी इन मध्यवर्गीयों की मेहरबानी के कारण ही। तथाकथित उच्चवर्गीय नारी दहेज विरोधी आन्दोलन में कभी-कभार ही शामिल होती दिखाई देती हैं। मोर्चे का नेतृत्व करने वाली कोई उच्चवर्गीय नारी उसकी चार-पाँच सहेलियाँ और बाकी शामिल होने वाली सारी दलित नारियाँ ही, आज के नारी-आन्दोलन की तसवीर है।

इसका अर्थ यह कि इन मध्यवर्गीय नारियों के आन्दोलनों का पोषण होता है वह दलित नारियों के कारण ही, लेकिन दलित नारियों को इसका कहाँ तक लाभ होता है, इसके बारे में कुछ कहा नहीं जा सकता। पीड़ित महिला का परिवार ही मात्र उसमें शामिल होता है। ऐसी राह से भटकी दलित नारियों को एकजुट करने के लिए 'महिला पैन्थर' जरूरी है। किसी दलित नारी को दहेज के कारण नकारने पर ही मोर्चा निकाला गया है, ऐसा नजारा कहीं देखने में नहीं आता।

दहेज के लिए बहुओं से मारपीट करने वाले, छलने वाले लोग दलितों में दिखाई नहीं देते। विधवा, परित्यक्त, दलित नारियों को दूसरी शादी रचाने की सहुलियत पहले से ही होने के कारण दलितों में 'मैं वह हूँ ही नहीं' कहने वाला दलित पुरुष भी नहीं। अथवा 'उसे न्याय मिलना ही चाहिए' इसके लिए जुलूस निकालने की जरूरत भी नहीं

है। जिन नारियों के लिए जुलूस निकालने पड़ते हैं, वे सभी नारियाँ मध्यवर्गीय एवं उच्चवर्गीय होती हैं। इस कारण यह समस्या दलित नारियों की है, ऐसा नहीं कहा जा सकता। दलित समाज में ऐसी घटनाएँ बहुत ही अपवादात्मक रीति से घटित होती होंगी।

एक बात सत्य है, कामकाजी महिलाओं का संगठन हो, नारी-अत्याचार-विरोधी संगठन हो, वे सभी धनिक एवं दलितेतर नारियों के अन्याय के सन्दर्भ में ही आन्दोलन चलाती हैं, आवाज उठाती हैं, शहरों में खलबली मचाती हैं, लेकिन उसके 'रिजल्टस्' कभी प्राप्त नहीं होते। दरिद्री, अशिक्षित, दलित एवं आदिवासी नारियों को लालच देकर, झूठे आश्वासन देकर जुलूस में शामिल होने के लिए मजबूर किया जाता है और उन्हीं के बलबूते पर ये संगठन पोषित एवं प्रसिद्ध होते हैं। यह निर्विवाद सत्य है।

कामकाजी महिलाओं की अनेक समस्याएँ हैं, ये मंजूर हैं, उनकी समस्याएँ दूर करने के लिए संगठन हो यह भी सही है। ये संगठन 'नौकरानी' के रूप में उसे प्रतिवर्ष वेतन वृद्धि, चाय, त्योहारों पर कपड़े, उपहार, बीमारी में छुट्टियाँ, अधिक से अधिक जचगी के लिए भी छुट्टियाँ आदि माँगों पर बल देते हैं।

मुझे एक बात खटकती हैं वह यह कि, 'गोंड' नारियाँ अथवा अन्य नौकरानियों का काम करने वाली महिलाएँ मालिक की 'जाति' को परख लेती हैं। 'आप बौद्ध धर्म की हैं। बौद्ध के घर पर काम करना मेरे लिए सम्भव नहीं है।' ऐसा कहते हुए वे अपना रास्ता नापती हैं। जरूरत होकर भी जाति के कारण नौकरानी नहीं मिल पाती। तो फिर उन नारियों का संगठन चलाने वाली नौकरानी की तनख्वाह एवं अन्य सुविधाओं की ही चिंता करती हैं क्या? नौकरानी के मन से जातीयता का जहर वे निकाल नहीं सकती तो ऐसे संगठनों की क्या जरूरत हैं? क्या जातीयता नष्ट करना एवं उन्हें मानसिक गुलामी से मुक्त करना इस संगठन के कार्य नहीं है? देवदासी प्रथा, जोगिन, वेश्या आदि के प्रश्नों पर इन संगठनों ने कौन-से कार्य किये हैं? ऐसे कार्य ये संगठन न करते हों तो ऐसे संगठनों का दलित नारी को क्या लाभ?

महिला पैन्थर की जरूरत

उपर्युक्त तमाम घटनाओं के कारण दलित नारी की वास्तविकता समस्या अनसुलझी ही रहती है। एक तो उनके पास पैसा न होने के कारण मध्यवर्गीय नारी-संगठन उन्हें अपने पास नहीं आने देते। अपनी शिकायत लेकर जाने वाली नारियों का 'अंदाजा' लेकर क्या भरपूर प्रसिद्धी के काबिल 'मामला' है? इसकी जाँच पड़ताल कर मदद करने का 'आश्वासन' दिया जाता है। तब तक पाँच-दस दफा चक्कर भी काटने पड़ते हैं। उधार लिया पैसा भी टंकण, प्रसिद्धि में 'खर्च हुआ' ऐसा घटित होता है। इस वजह से ही 'महिला पैंथर' की जरूरत महसूस होती है। दलित नारियों की समस्याओं का एहसास मध्यवर्गीय नारी को आज तक भी नहीं हुआ होगा।

इस कारण 'दहेज एवं उसके परिणाम', 'नौकरानी एवं उनकी समस्याएँ बस इसी सीमित क्षेत्र में उनका भटकाव जारी है। नारी होने के नाते उन पर होने वाले अत्याचारों के साथ, दलित होने के कारण हो रही उनकी उपेक्षा मध्यवर्गीय नारी संगठन की महिलाओं को खुली आँखों से न दिखे यह एक हैरानी की ही बात है।

वर्तमान दौर की दलित नारी की दशा तो बहुत ही चिंताजनक है। यांत्रिकीकरण एवं औद्योगिकीकरण के कारण शहरों की ओर दौड़ता समाज बेसहारा होता चला जा रहा है। जीवन विषयक स्थिरता शहरी संस्कृति प्रदान नहीं करती। उसी के साथ शहरों में सामाजिक सुरक्षा का सवाल भी उत्पन्न हुआ है।

बंगलों में रहने वाली, प्रतिष्ठित जीवन जीने वाली, मध्यवर्गीय नारियों को सुरक्षा प्राप्त होती है। दरिद्री, अज्ञानी, दलित नारियाँ जिन्हें कामकाज के निमित्त, मजदूरी के निमित्त, उदरनिर्वाह के लिए तो घर के बाहर निकलना ही पड़ता है, काम करना पड़ता है, ऐसी महिलाओं पर अन्याय-अत्याचार-बलात्कार के मामले बढ़ते जा रहे हैं। मध्यवर्गीयों के संगठन उन्हें मदद करने की अपेक्षा विभिन्न रूपों में ठग रहे हैं। इस कारण प्रभावहीन साबित हुए नेतृत्व की ओर से दलित नारियों की समस्याएँ हल नहीं की जा सकतीं, यह बात सूरज की रोशनी-सी सत्य है। इन तमाम नारियों के लिए समर्पित, ईमानदार नेतृत्व की जरूरत के रूप में 'महिला पैन्थर' की आवश्यकता है।

दलित नारियों की समस्याएँ

दलित नारियों की समस्याएँ उनकी गृहस्थी से शुरू होती हैं। फिर वह अशिक्षित हो अथवा शिक्षित। दलितेतर नारियों के दुःख की अपेक्षा बेशक उसका दुःख बहुत ही करुणाजनक है।

शिक्षित दलित नारी के लिए आज भी आजादी से निर्भय होकर घूमना सम्भव नहीं है। उसने आत्मविश्वास के बलबूते एवं विवेक बुद्धि पर विश्वास रखकर स्वतन्त्रता से अपने क्षेत्र में कदम रखे तो उस पर उँगलियाँ उठाई जाती हैं। उसे 'फॉरवर्ड' समझा जाता है। पति भी कभी कभार गलतफहमी का शिकार हो जाता है। किसी सभा से अथवा ऑफिस से घर आने में देरी हुई तो 'वे क्या कहेंगे? इसका डर उसे लगा रहता है। इस कारण आज की दलित नारी को जो पछतावा होता है, उससे वैचारिक संघर्ष एवं मतभेद उत्पन्न होते हैं जो उसे पति से विलग होने के लिए मजबूर करते हैं। इस कारण ही आज तलाक की घटनाओं का अनुपात ग्रामीण एवं दलित नारियों में अधिक दिखाई देता है। ऐसी तलाकशुदा अथवा परित्यक्ता नारियों के लिए कहीं भी पनाह का प्रबंध नहीं है। अगर हो तो भी वह नाममात्र को और वह भी दलितेतर महिलाओं के लिए ही। 'महिला पैन्थर' यह जरूरत पूरी कर सकती है, ऐसा महसूस होता है।

नौकरी के चलते जिस विभाग में काम करना पड़ता है वहाँ का माहौल तो बहुत ही दर्दनाक है। नारी होने के कारण और उसमें भी दलित होने कारण उसकी निंदा की जाती है। वह भले ही कितनी भी बुद्धिमान क्यों न हो फिर भी उसके कलागुणों की कद्र दलितेतरों को नहीं होती। उसकी ओर कुत्सित नजरिये से देखने की मानसिकता अब तक नहीं बदली है।

सामाजिक, औद्योगिक अथवा शैक्षिक नौकरी के कारण पुरुषों के साथ वक्त बिताते समय स्वयं की रक्षा करते-करते उसकी नाक में दम हो आता है। ऐसे हालात में उस पर आने वाला दबाव, तबादला अथवा पदोन्नति की दी जाने वाली धमकियाँ, मेमो आदि उसके लिए असहनीय होने लगते हैं। नौकरी के लिए उसे सब कुछ 'सहना' उसकी जान पर बनता है। ऐसी स्थितियों में उसकी मदद के लिए एक भी दलित नारी-संगठन मौजूद नहीं है। उसे मानसिक उपेक्षा के कारण जिंदगी से उबकाई होने लगती है। उसका आत्मबल बढ़े, इसके लिए 'महिला पैन्थर' की नितांत जरूरत है। दलित नारी के पारिवारिक बंधन ढीले होने के आसार दिखाई दे रहे हैं। लेकिन आज भी वे पीछे ही रेंग रही हैं इसकी वजह है-दलित पुरुष वर्ग। वह स्नातक, कुशल, प्रशासनिक अधिकारी होगा लेकिन उसकी भावात्मक एवं विचारात्मक योग्यता अब भी सीमित ही है। इस कारण 'कुछ तो करना है', 'हम भी किसी-न-किसी क्षेत्र में सफलता हासिल करें यह उसकी इच्छा मन-ही-मन में खत्म हो रही है। इस कारण मानसिक तनाव बढ़ता है। इसके लिए उसे जिस संघर्ष का मुकाबला करना पड़ रहा है उसके इस संघर्ष की भले ही न्यूनता क्यों न हो पुरुष दखल दें। उस पर विश्वास रखकर, मानसिक मुक्ति देकर, उन्नति के लिए बाधा न पहुँचाते हुए, उसे उसके कार्य में मदद करते हुए उसे प्रेरणा दी जाये।

आज की दलित स्त्री की अस्मिता एवं एहसास जाग्रत हुआ है। लेकिन वर्तमान दौर के मोर्चे, प्रदर्शन, सभा आदि के द्वारा स्त्रियों के, दलितों के सवाल ठीक-ठीक रूप में उसकी समझ में नही आ रहे हैं, क्योंकि दलित स्त्रियों का ऐसा संगठन अब तक अस्तित्व में नहीं आ सका। इस कारण स्त्रियों के खास प्रश्नों का निपटारा करना मुश्किल बन गया है।

ग्रामीण दलित स्त्रियों की समस्याएँ

शहरों में हालात कुछ अंशों में बदले हैं लेकिन देहातों के हालात में आज भी फर्क नहीं पड़ा है। दरिद्रता, जाति-व्यवस्था, सामाजिक रूढ़ियों का प्रभाव, अंधविश्वास आदि ग्रामीण इलाकों में कुछ ज्यादा ही दिखाई देते हैं। अशिक्षा के कारण आज भी बड़े पैमाने पर अंधश्रद्धा विद्यमान है। बीमार बच्चे दवाइयों से ठीक नहीं होते तो उन्हें देवऋषि ठीक कर देगा। खंडोबा को देवदासी अर्पण करना, यल्लम्मा की ओर से बुलावा भेजा जाना, इसके लिए उसका देवता से विवाह करा देना, उसे 'देवदासी' बनाकर तमाम

गाँव की 'भोगदासी' बनाना, शरीर में देवता का प्रवेश कराना, बकरे-मुर्गियों की बलि दी जाना आदि अनेक अनिष्ट प्रथाएँ विद्यमान हैं।

अधिकांश ग्रामीण स्त्रियाँ नाजुक हालातों के कारण दूसरों के खेतों में मजदूरी के लिए, रोजगार के लिए, गोड़ाई-कोड़ाई के लिए जाती हैं। उनके अज्ञान एवं लाचारी का फायदा उठाते हुए उन्हें पारिश्रमिक उचित तरीके से नहीं दिया जाता। मालिक एवं ठेकेदार की वासना का शिकार भी कभी-कभी ये स्त्रियाँ बन जाती हैं। इससे तमाम जिंदगी ही बर्बाद हो जाती है।

सफाई कामगार, रोजगार गारंटी योजना के मजदूर, गोदाम में काम करने वाली स्त्रियाँ, बीड़ियाँ बनाने वाली स्त्रियाँ इनका आर्थिक एवं शारीरिक शोषण होता है। शारीरिक शोषण का शिकार स्त्रियाँ होती हैं। इसका अनुपात दलित स्त्रियों में अधिक होने का कारण अर्थात् शिक्षा का अभाव और हालात हैं। अन्य रोजगार के अभाव में ऐसे काम करना मजबूरी ही बन जाती है। इसका परिणाम भी उन्हीं को भुगतना पड़ता है। दलित समाज इस बात को लेकर लज्जा नहीं रखेगा, क्योंकि किसी-न-किसी कारण दलितों पर होने वाले अन्याय की ही परंपरा के रूप में यह सब घटित होता है। जिस्म बेचकर पेट भरने की मजबूरी किसी दलित स्त्री पर बीतना, यह कितनी शर्मनाक घटना!

जिस भारतीय समाज ने हजारों वर्षों से स्त्री को मानवीय अधिकारों से वंचित किया, उस समाज को इस बात की शर्म न हो तो भी चलेगा, लेकिन दलितों को शर्मिंदगी महसूस होनी चाहिए। इसके लिए अपनी आय का कुछ हिस्सा उस स्त्री को देकर उसका जीवन गीदड़ों-भेड़ियों से सुरक्षित रखने का प्रयास करना पड़ेगा और इन प्रयत्नों के लिए 'महिला पैन्थर' जैसा संगठन का निर्माण होना जरूरी है।

स्त्री ही स्त्री की नंबर एक की दुश्मन है। कभी-कभी तो वह स्वयं ही स्त्री के नैतिक, सामाजिक चरित्र पतन के लिए जिम्मेदार होती है। उसे अच्छे-बुरे का ज्ञान नहीं होता। अगर हो भी तो उसके परिणामों की प्रखरता दिखाई नहीं देती। छोटे-छोटे स्त्री-मण्डल गली-गली में स्थापित होते हैं। ऐसे महिला मण्डलों का कार्य यानी गुटों-गुटों में अगरबत्ती जलाना, प्रतिमाओं को पुष्पमाला अर्पित करना, इतनी ही प्रतियोगिता उनमें चलती हैं। ऐसे संगठन अन्याय के विरुद्ध कैसे लड़ेंगे?

देवदासी स्त्रियों की समस्याएँ

भारत में देवदासी प्रथा बहुत ही प्राचीन काल से विद्यमान है। देवदासी को सुहागन समझा जाता है। उसे वैधव्य की प्राप्ति ही नहीं होती। इस वजह से शादी-ब्याह में उसे मंगलसूत्र की मणियों के धागे में पिरो लिया जाता है। यह अंधश्रद्धा है, देवदासी किसी का मंगलसूत्र पिरो दें तो भी मृत्यु किसी के लिए ठहरती नहीं।

देवदासी को कर्नाटक में 'बसवी' कहा जाता है। भोई, बेडर, मातंग उन्हें 'गादिया' कहते हैं तो आंध्र प्रदेश में उन्हें 'बोगम' अथवा 'सानी'। तमिलनाडु में 'वैल्लाल और 'कैकोल' इन जातियों की देवदासियाँ होती हैं। मध्य प्रदेश में 'कसबी' अथवा 'गायन' उड़ीसा में 'गुणी' बंगाल में 'टवैलाली', कोकण में 'भावीण' अथवा 'जोगतीण' और महाराष्ट्र में खंडोबा को अर्पित की देवदासियाँ। इन सभी देवदासियों का आचरण एक समान ही होता है। कुछेक की निष्ठा ईश्वर के साथ होती है, तो कुछेक की नहीं।

बालों में 'बट' निर्माण होना यानी देवी माँ (यलम्मा) का बुलावा आना ऐसी धारणा है। अज्ञान, गरीबी और परंपराओं के चलते कुछ देवदासियाँ बन जाती हैं। धनिक लोगों की कामवासना शांत करने के लिए ईश्वर का वास्ता देकर गरीब एवं निम्न जाति की लड़कियों की इच्छा के विरुद्ध वेश्या व्यवसाय कराना, उसे गृहस्थी बसाने की इच्छा होने पर 'ईश्वर का कोप भाजन' बनना पड़ेगा। ऐसी झूठी धमकियाँ देकर, उसे हमेशा-हमेशा के लिए अपनी भोगदासी बनाने का घिनौना कार्य अब भी जारी है।

कुछ देवदासियाँ सम्पत्ति की लालसा से, उन्मुक्त तरीके से जीने की वृत्ति के कारण इस व्यवसाय को अपनाती हैं। इस प्रथा के विरुद्ध दो मोर्चों पर लड़ा जा सकता है,

1. अंधश्रद्धा एवं अज्ञान दूर करना।
2. बाहरी लालच का शिकार हुई स्त्रियों को समझाना।

इन दोनों मोर्चों पर काम करने के लिए 'महिला पैन्थर की जरूरत है।

आज बाबा आढाव ने देवदासी प्रथा के विरुद्ध आन्दोलन खड़ा किया है। स्त्री-मुक्ति आन्दोलन में देवदासी एवं वेश्याओं का प्रश्न क्यों नहीं प्रस्तुत होता? मेहनतकश, दलित, आदिवासियों की अनेक समस्याएँ हैं। इन पर लड़ने के लिए दलित स्त्रियों द्वारा दलित स्त्रियों के लिए चलाया जाने वाला, दलित स्त्रियों के संगठनों का निर्माण होना आज के दौर में बहुत ही महत्त्वपूर्ण है।

आदिवासी स्त्रियों की समस्याएँ

आदिवासी स्त्री अशिक्षित हो भी तो वह धर्मभरू, अंधश्रद्धा, रूढ़ि, परंपराएँ आदि से चिपकी हुई नहीं है। इसके बारे में वह अन्यों की तुलना में मुक्त है। सिर से सरकते पल्लु को न रखना और सभ्यता का शहरी दंभ। वह स्वच्छंदता से जीती है। उसके लिए दहेज को लेकर पिता परेशान नहीं रहता। उल्टा लड़का ही दहेज देता है। दहेज देने की औकात न हो तो लड़का लड़की के पिता के यहाँ 'लमसेना' रहता है और दहेज की राशि चुकती होने तक वहाँ काम करता है। आदिवासी स्त्री में सुधार सरकारी स्तर पर हो रहा है। सफाई, सलीकेदार रहन-सहन और शिक्षा का महत्त्व आदिवासियों को जँचने लगा है। अगर दलित महिला पैन्थर का निर्माण होगा तो, इन आदिवासी स्त्रियों को संगठित करके एक नयी शक्ति का निर्माण किया जा सकेगा।

बंजारा स्त्री

बंजारा स्त्री के कदमों में बेड़ियाँ होती हैं। उसे 'वाकड़ी' कहा जाता है। कंधों तक बड़ी-बड़ी चुड़ियाँ। पूर्वजन्म के पाप के परिणामस्वरूप स्त्री-जन्म प्राप्त हुआ है, ऐसी उनकी धारणा है। बंजारा स्त्री गुलामी की अवस्था में है। पाँव की बेड़ी एवं हाथों की मोटी चुड़ियाँ इस वजह से स्नान करते समय हाथ साफ करना मुश्किल बन जाता है।

ऐसे समय रूढ़ि-धर्म की अपेक्षा 'खारिश-खसरा' जैसी बीमारियों को बढ़ावा मिलता है। बच्ची पैदा होते ही मार डालने की प्रथा पुराने जमाने में इस जाति में थी। सरकारी दबाव एवं कानून के कारण यह प्रथा समाप्त हो चुकी है। लम्बा घूँघट रखा जाये, पति की जूतियाँ सँभालना, देहलीज की आड़ से बतियाना ऐसी दशा इन स्त्रियों की है। बंजारा स्त्री को शिक्षा और मार्गदर्शन प्राप्त हो तो वह इस छल के बंधन से मुक्त हो सकेगी। 'महिला पैन्थर' द्वारा यह कार्य करना सम्भव होग।

दलित आन्दोलन का सहयोग

उच्चवर्गीय एवं उच्चवर्गीय स्त्रियों का नेतृत्व आम दलित स्त्री के हित में नहीं है। उसी प्रकार सुशिक्षित दलित स्त्रियों ने भी अपना-अपना संकुचित घोंसला बना लिया है। कुछ संगठन एवं मण्डल होकर भी वे नाममात्र के लिए हैं। स्वयं के इर्द-गिर्द प्रसिद्धि का घेरा निर्माण कर वे उसी में जी रही हैं। दलित स्त्री पढ़-लिखकर अशिक्षित दलित स्त्री से दूर चली गयी है। शहरी शिक्षित स्त्री ग्रामीण स्त्री की भावनाओं को समझने में असमर्थ साबित हुई है।

इस कारण शहरी एवं ग्रामीण अशिक्षित स्त्री 'उपेक्षित' है। क्या इन स्त्रियों पर होने वाले अन्याय-अत्याचार में दखल देने वाला शिक्षित दलित वर्ग है? स्वयं के स्वार्थ के लिए दलितों के कंधों पर बंदूक रखकर धीरे से गोलियाँ बरसाने वाले प्रस्थापित, 'हम नहीं, वे तुम्हारे ही हैं' ऐसा कहते हुए कान पर हाथ रख रहे हैं और यह सब कुछ दलितों के ध्यान में आ नही रहा है।

एक ओर शहरों में गरीब, श्रमजीवी स्त्री सुरक्षित नहीं है, तो दूसरी ओर देहातों में ग्रामसेविका, परिचारिका, शिक्षिका आतंकयुक्त जीवन जी रही है। इन प्रश्नों की ओर उच्चवर्गीय एवं उच्चवर्गीय स्त्री संगठनों का ध्यान जाता ही नहीं, सूखा, महँगाई, नेता हटाव, बेलन मोर्चा, गगरी मोर्चा, इनमें ही इन संगठनों का वक्त जाया होता है। इसके लिए दलित आन्दोलन द्वारा स्त्रियों की समस्याओं पर संघर्ष की जरूरत है।

दिनोंदिन बढ़ती व्यवसनाधिनता, शराब का प्रभाव एवं गंदगी से युक्त बातों के समक्ष जाने के लिए दलित महिलाएँ आगा-पीछा नहीं करेंगी। महिला संगठन स्थापित हुए तो उसे जरूरी लड़ना होगा। यह आन्दोलन परंपरा के विरुद्ध तो रहेगा ही लेकिन

वह पुरुषसत्ता के विरुद्ध भी रहेगा। जबरन वेश्या-व्यवसाय के विरुद्ध, अस्पृश्यता के विरुद्ध एवं अन्याय-अत्याचार के विरुद्ध महिला पैन्थर आन्दोलन कर सकेगी।

दलित साहित्य में चित्रित स्त्री

अण्णाभाऊ साठे से लेकर आज तक के दलित साहित्य में चित्रित हुई दलित स्त्री 'बागमी' ही है, लेकिन उसकी बगावत अलग-अलग रूपों में देखने को मिलती है। इज्जत पर कीचड़ उछलता देख, दीनों पर अन्याय होता देख, देश के लिए, समाज के लिए लड़ने वाला देख, देशद्रोह, समाजद्रोह होता देख, क्रुद्ध होने वाली, झपट्टा मारने वाली, बगावत करने वाली नायिकाएँ दलित साहित्य में प्रकट हुई हैं। अण्णाभाऊ साठे के उपन्यासों की सोना, सई, मंगल, हरणा जैसी बागी नायिकाएँ आज की कलम को प्रेरणा ही दे रही हैं।

दलित स्त्री-लेखिकाओं की बहुत ही कमी है। कुमुद पावडे 'अंतःस्फोट', से उद्विग्न, क्रुद्ध स्त्री का प्रतिनिधित्व करती है। मल्लिका अमर शेख 'होना है मुझको फना' में दलित पैन्थर के आन्दोलन के बारे में, कार्यकर्ताओं के सम्बन्ध में स्पष्टवादिता से लिखती दिखाई देती हैं। हिरा बनसोडे, मीना गजभिये, ज्योति लांजेवार आदि लेखिकाओं ने सारगर्भित काव्य के माध्यम से दलित स्त्री की वेदना एवं व्यथाओं को अभिव्यक्त किया है।

नारायण सुर्वे, दया पवार, लक्ष्मण माने, बाबूराव बागूल, शंकरराव खरात, शरणकुमार लिंबाळे आदि की कलम से स्त्री-शक्ति एवं स्त्रीत्व की जगह-जगह पर दिखाई देने वाली अक्षय सुंदरता अभिव्यक्त हुई है। दलित साहित्य के द्वारा दलित स्त्री की मजबूत लड़ाकू वृत्ति, आक्रमकता, बगावत, मुकाबले की सामर्थ्य चित्रित हुई है। दलित लेखकों द्वारा दलित स्त्री पर होने वाले अत्याचारों, बलात्कारों का चित्रण करते हुए उसे अबला दिखाकर नहीं चलेगा। दलितेतर साहित्यकारों द्वारा इस प्रकार, 'अबला' रूप मे चित्रित हुई नारी 'सबला' है, इसका एहसास 'दलित लेखकों को होना चाहिए।

शेर की मादा शेर जैसी ही वीर होती है। भूखी होने पर वह घास नहीं खाती। वह अपनी प्रतिष्ठा के अनुरूप ही जीवन जीती है। किसी भी हालात से मुकाबला करने की हिम्मत उसमें होती है। 'दलित पैन्थर' लड़ने के लिए आगे बढ़ रहा है तो 'दलित महिला पैन्थर' भी पीछे नहीं रहेगा। उसे सिर्फ इंतजार है, उचित अवसर का, मार्गदर्शन का एवं सहयोग का।

अम्बेडकरवाद ही पैन्थर का दर्शन है

•

यशवंत मनोहर

हजारों वर्षों के संस्कारों के कारण भारतीय समाज स्थायी रूप से भूतकाल निवासी बन गया है। भूत, वर्तमान एवं भविष्य इस प्रकार काल का विभाजन हम अपनी सुविधा के लिए करते हैं, लेकिन भारतीय समाज भूतकाल के दौर में विचरण ही करते हुए दिखाई देता है। उसका भविष्य नहीं है, क्योंकि वह भूतकाल की परिधि के बाहर आना नहीं चाहता। उसका वर्तमान नहीं है, क्योंकि भूतकाल से अलिप्तता का एक भी कण उसके वर्तमान मनःकोष में नहीं है। समता एवं बंधुता, न्याय एवं बुद्धि प्रामाण्य के लिए किसी सैनिक की तरह जान की बाजी लगाकर लड़ने वाले भूतकाल के नाम पर ध्वजारोहण के लिए कोई आपत्ति नहीं थी, लेकिन इस समाज का सामाजिक भूतकाल का तात्पर्य अमानुषता की एक अंतहीन यात्रा, विषमता की अखण्ड भक्ति एवं बावलेपन की सश्रद्ध पूजा है।

ऐसे समाज की जिन्दगी का कोई भी क्षण क्रांतिकारी संगठन का डर दिल में पाले रहता है, और इसलिए ही क्रान्तिकारी संगठन पैदा ही न हो इसके लिए ऐसे समाज द्वारा स्वतन्त्र व्यवस्था चलाई जाती है और यदि नजरंदाजी से किसी क्रान्तिकारी संगठन का निर्माण हो भी जाता है तो उसका गला घोंटने के लिए भी यह समाज स्वतन्त्र खूनी दस्तों का इस्तेमाल करता है। इन संगठनों में दरारें डालकर उन्हें बेकार करने का कौशल भी ऐसे समाज के पास भरपूर होता है। मूल्यात्मक परिवर्तन से घबराने वाले समाज का यह स्थायी भाव होता है। इस कारण उपर्युक्त संकट के सामने पराजय को स्वीकारना अथवा उस पर जीत हासिल करना ये दो ही रास्ते किसी भी क्रान्तिकारी संगठन के हिस्से में आ सकते हैं। पैन्थर के हिस्से में भी वे आ ही जाते।

हेगेल के सिद्धांत की थिसिस शक्तिशाली एवं जिद्दी हो और एंटिथिसिस अपरिपक्व हो तो एंटिथिसिस पराजित होती है। पैन्थर एंटिथिसिस थी, लेकिन अतिरिक्त जोश, अति उतावलापन एवं वैचारिक अपरिपक्वता के कारण इस भारतीय एंटिथिसिस को पराजित होना पड़ा। पैन्थर किसी भी व्यक्ति द्वारा तोड़ी गयी हो,

वह इस समाज की थिसिस द्वारा तोड़ी गयी होती है और थिसीस एक अपरिवर्तनीय स्वभाव का नाम होता है।

बाबासाहब अम्बेडकर के अनुयायी डॉ. म.ना. वानखडे की ब्लैक पैन्थर सम्बन्धी बातों से पैन्थर शब्द का परिचय हुआ और पैन्थर सन् बहत्तर में अस्तित्व में आयी। अम्बेडकरी आन्दोलन तार-तार हुआ। छोटे नेताओं में बड़े स्वार्थ पनपे। अम्बेडकरी समाज का शैक्षिक, धार्मिक उद्‌बोधन एक कोने में पड़ गया और राजनीति का अंधा खेल शुरू हुआ। ज्ञानाराधना की अम्बेडकरवादी विरासत उपेक्षित रखी गयी। अम्बेडकरवाद आन्दोलन का 'गाँव बह गया, नाम बाकी रहा' ऐसी हालत हो गयी। ऐसे संवेदनहीन एवं शून्य दौर में पैन्थर का जन्म हुआ, लेकिन पैन्थर ने भी आर.पी.आई. की गलतियों का ही नया युवा संस्करण प्रकाशित किया। गालियों की सभाएँ शुरू हुईं। विश्लेषण की जगह सेंटिमेंटलिज्म का कलरव मोहक साबित हुआ। तप्त रेगिस्तान में गर्म भावनाओं का तूफान बड़ा विलक्षण साबित हुआ। इस शुरुआती उफनतें दौर में पैन्थरवादियों ने भी विश्लेषक दृष्टि से पैन्थर की ओर नहीं देखा। जन भावनाओं की लहर में पैन्थर भी बहती गयी। ठंडे दिमाग से पैन्थर की विचारधारा निश्चित करने का प्रयास करना, संगठन को मजबूती प्रदान करने वाली नींव को निर्धारित करना, इन बातों की ओर पैन्थर ने ध्यान नहीं दिया। लोगों का भावनात्मक प्रतिसाद एवं शातिर राजनीतिक प्रतिसाद, ऐसे दोहरे प्रतिसाद की मरीचिका के पीछे आन्दोलन दौड़ता गया और उस दौर की किसी क्रान्तिकारी संगठन की अर्थवत्ता निश्चित रूप में कहाँ थी, इसे ध्यान में न लेने के कारण ऐसे अस्तित्त्वार्थ से ही पैन्थर वंचित होती गयी।

नेतृत्व विषयक स्वार्थ का उषाकाल उस दौर के युवकों में होता रहा है, इसे देखते ही 'अम्बेडकर या मार्क्स' इस प्रश्न के हथौड़े से पैन्थर तोड़ना आसान हुआ। पैसों का लालच देकर पैन्थर का गला फंदे से लटकाया जा सकता है, इस बात से कूटनीतिज्ञ वाकिफ होते ही अगले कार्यक्रमों की नीतियों से आन्दोलन का गला घोंटने की गतिविधियाँ प्रारंभ हुईं। एक स्वप्न टूट गया। पैन्थर का आन्दोलन मटियामेट कर दिया गया।

पैन्थर की आज नितान्त जरूरत है, लेकिन भूतकाल की पैन्थर की नहीं। आज अम्बेडकरवादी पैन्थर की जरूरत है। अम्बेडकरवाद इस राष्ट्र की मानवता का सबसे बड़ा घोषणा-पत्र है। भारतीय समाज क्रान्ति के आन्दोलन को अम्बेडकर ने निरिश्वरवाद के मैदान में लाकर खड़ा कर दिया है। उन्होंने धर्मसंस्था का त्याग किया और नास्तिक बुद्ध-विचारों को अवलंब किया। धम्म बुद्धि प्रामाण्यवादियों की नीति है और समता, स्वतन्त्रता, बंधुता एवं न्याय इन सभी मूल्यों का सार बुद्धि प्रामाण्यवाद के सन्दर्भ में निश्चित किया जाना चाहिए। पैन्थर द्वारा अम्बेडकरवादी प्रबोधन के इन बुनियादी तत्त्वों को आन्दोलन की आत्मा के रूप में स्वीकार करना चाहिए और इस

दिशा में समाजप्रबोधन का अखण्ड कार्यक्रम आँकना चाहिए। अम्बेडकरवाद समग्र क्रान्ति का दर्शन है। 'अम्बेडकरवादी समाजवाद' ऐसा उसका वर्णन किया जा सकता है। जीवन के सभी पहलुओं की रचना उसमें है। अम्बेडकर के आर्थिक विचार उनके आर्थिक विचारों में ही नहीं तो उनके समग्र राजनीतिक विचारों में, सामाजिक विचारों में, शैक्षिक विचारों में समाये हुए हैं। उनका समाज-चिंतन जैसा अर्थ-चिंतन है उसी प्रकार उनका राजनीतिक चिंतन भी अर्थ-चिंतन ही है। संसदीय लोकतन्त्र के जरिए अम्बेडकरवादी समाजवाद जिस स्थिति में है उस स्थिति में अधिक असरदार पद्धति से साकार हो सकेगा। अम्बेडकरवाद की इस बुनियादी चौखट को ब्यौरेवाद पद्धति से ध्यान में लेने की आवश्यकता है। जिससे अम्बेडकर-मार्क्स विवाद निर्माण होने की नौबत नहीं आयेगी।

अम्बेडकरवाद ही पैन्थर की विचारधारा बननी चाहिए। आगामी कुछ सालों में इस कारण अम्बेडकरवाद के विभिन्न कोणों की बौद्धिक चर्चा एवं रचना पैन्थर की ओर से करने की जरूरत है। आज सांप्रदायिकता का जहर देश के गले में उड़ेला जा रहा है। धर्मांधता का फंदा राष्ट्र की मानवता के गले में डालकर उसे घोटा जा रहा है। अंधश्रद्धाओं को देशी-विदेशी शराब पिलाकर युवा-पीढ़ी को नशे में डोलते रखने के प्रयास सफल हो रहे हैं। सौ-डेढ़ सौ वर्षों के प्रबोधन के कालखण्ड में सामंतवादी ताकतों ने अब तक सिर नहीं उठाया था, लेकिन आज वही ताकतें सिर उठा रही हैं। प्रतिक्रान्ति के चंगुल में देश परेशान है। अँधेरा गहराता चला जा रहा है। प्रकाश धुँधला हो रहा है। मानवता विरोधी ताकतें ज्यादा ही बर्बर बनती जा रही हैं और दलितों से लेकर शोषित जनता तक को अपनी राय एवं आचरण को निर्धारित करना सम्भव नहीं हो रहा है। पैन्थर को यहीं से प्रबोधन की अग्निध्वजा अपने कंधों पर लेने की जरूरत है। इस राह में पैन्थर की जरूरतों एवं अन्वयार्थ के युद्धपर्व साकार होने चाहिए। हिन्दू धर्म की कक्षा के भीतर इतना कुछ परिवर्तनवादी आन्दोलन जिस प्रकार मूलतः क्रान्ति विरोधी कार्य करते रहते हैं, उसी प्रकार उनके नेता भी कोई विघातक टाइम पास रोल अदा करते हैं। उनके जैसे ही दलितों के भीतर भी धार्मिक गुटों में गुँथी हुई मानसिकता क्रान्ति विरोधी कार्य करती रहती है। बुद्ध, डॉ. अम्बेडकर और धर्मपरिवर्तन इस सम्बन्ध में 'जात्युच्छेदक निबंध' इस ग्रन्थ में सावरकर क्या कहते हैं? पैन्थर वालों ने दलितों को समझाकर बताना चाहिए। यदि ऐसा हुआ तो दलितों के भतीर का आर.एस.एस. का कोई व्यक्ति 'सावरकर को दलितों द्वारा बाबासाहब के समान ही पूजनीय माना जाना चाहिए।' आन्दोलन को तत्त्वच्युत करने वाले, आन्दोलन को सांप्रदायिक ताकतों के खूँटे से बाँधे जाने वाले वक्तव्य नहीं करेगा। हेडगेवार और अम्बेडकर के बीच का फर्क आगामी पैन्थर को समझा देना चाहिए अन्यथा हेडगेवार की जन्मशती समिति के सदस्य बनने के लिए दलित व्यक्तियों में प्रतियोगिता निर्माण होगी। भगवद्गीता के

सम्बन्ध में अम्बेडकर की भूमिका क्या थी? यह भी समझा देने की जरूरत है, अन्यथा कोई परंपरावादी 'बाबासाहब ने भगवद्गीता से प्रेरणा ली', जैसे वक्तव्य अम्बेडकरी आंदोलन की सूरत को बदसूरत करने के लिए करता ही रहेगा।

अम्बेडकरवाद की परिधि में न आये ऐसा प्रश्न दुनिया में नहीं है। इस परिधि में किसान आता है, भूमिहीन खेतिहर मजदूर आता है, अल्प भूमिधारक की पीड़ाएँ आती हैं, स्त्रियों की तमाम समस्याएँ आती हैं, मजदूरों के दुःख आते हैं, सामाजिक, आर्थिक, राजनीतिक, धार्मिक, शैक्षिक आदि तमाम शोषितों की समस्याओं के लिए अम्बेडकरवाद है। पैन्थर अम्बेडकरवादी हो और सभी प्रकार का शोषण समाप्त हो, इसलिए उसे जमीन-आसमान एक कर देना चाहिए। धम्म नीति हो, बुद्धिप्रामाण्यवाद इसका अधिष्ठान हो ये बातें पैन्थर की बुनियाद रहे।

कुछ अच्छी बातें पैन्थर के खाते में जमा हैं, वे अधिक सहज सफल स्तर से पैन्थर के नाम पर दर्ज होनी आवश्यक थीं, लेकिन पैन्थर का नेतृत्व प्रचंड वैचारिक ताकत वाला हो, मानव संसाधन तो जरूरी है ही, लेकिन उससे भी बड़ी है विचार-शक्ति। शोषण-सत्ता उपर्युक्त दोनों के गठबंधन के आगे टूट जाती है। हमारे समक्ष डॉ. अम्बेडकर, महान नेतृत्व का एक आदर्श उदाहरण है। आचार-विचार की विशुद्ध अम्बेडकरवादिता ही किसी व्यक्ति को पैन्थर का सफल नेतृत्व बहाल कर सकेगी। ऐसा नेता जरूरी है। उसके नेतृत्व पर फल-फूलने वाली अम्बेडकरवादी पैन्थर हो। ऐसी पैन्थर की जरूरत है।

मराठवाडा विश्वविद्यालय नामपरिवर्तन आन्दोलन

•

कमलाकर कांबळे

राजा ढाले ने मामूली कारण आगे करके 'दलित पैन्थर' को बर्खास्त कर दिया। उस वक्त उन्हें महज अपने [illegible] सहयोगियों की सलाह तो लेनी चाहिए थी अथवा विचार विनिमय तो करना चाहिए था। पैन्थर का आन्दोलन तमाम महाराष्ट्र में फैल चुका था। लोगों में, खासकर युवाओं में, इस आन्दोलन ने ठोस रूप में अपना स्थान बना लिया था। इस कारण यह संगठन जनमानस से बर्खास्त नहीं हुआ।

ढाले द्वारा दलित पैन्थर की बर्खास्तगी की घोषणा करते ही अरुण कांबळे, भाई संगारे, रामदास आठवले, उमाकांत रणधीर, एस.एम. जोशी, प्रधान, एडवोकेट प्रीतमकुमार शेगांवकर, वामन निंबाळकर, टी.एम. कांबळे आदि पैन्थर-कार्यकर्ताओं ने इस बर्खास्तगी पर आपत्ति जताते हुए 'हम इस संगठन-आन्दोलन को चलाएँगे' ऐसी घोषणा कर दी। मुंबई आकाशवाणी से पैन्थर आन्दोलन चलाने की घोषणा की गयी। भारतीय दलित पैन्थर इस नाम से, नए जोश से संगठन के गठन का कार्य शुरू हुआ, उसको सफलता भी हासिल हुई। अड़ियल नीति को समाप्त किया गया एवं संगठन में वैचारिक नेतृत्व को अवसर प्राप्त हुआ जिससे आन्दोलन को एक प्रतिष्ठा प्राप्त हुई। इन यादों को सिर्फ इसलिए ताजा किया गया है, कि नामपरिवर्तन प्रस्ताव के पूर्व 'भारतीय दलित पैन्थर' ने प्रो. अरुण कांबळे के नेतृत्व में कार्य प्रारंभ किया था। प्रो. अरुण कांबळे एवं उनके सहयोगी बुद्धिवादी थे, समझदार थे। उन्होंने बहुत ही कुशलतापूर्वक आन्दोलन प्रारंभ किया। अलग-अलग राज्यों के अनेक युवाओं से संपर्क स्थापित कर उन्होंने आन्दोलन को मजबूत करने का प्रयास किया।

मई, 1977 में पैन्थर ने नामपरिवर्तन की माँग पहली दफा ही मुंबई में जाहिर की। बाबासाहब के औरंगाबाद के शैक्षिक योगदान को ध्यान में रखकर ही विश्वविद्यालय का नाम निश्चित करते समय अन्य दो-तीन नामों के साथ डॉ. बाबासाहब अम्बेडकर का नाम भी सुझाया गया था। इसी का हवाला देकर मराठवाडा विश्वविद्यालय को डॉ. बाबासाहब अम्बेडकर का नाम दिया जाए। ऐसी माँग पैन्थर ने की।

15 अगस्त, 1977 को सचिवालय पर जुलूस निकालकर तत्कालीन मुख्यमंत्री वसंतदादा पाटिल को एक प्रतिवेदन पैन्थर के प्रतिनिधिमण्डल द्वारा दिया गया और नामपरिवर्तन की माँग की गयी। वसंतदादा पाटिल ने 'इस सम्बन्ध में सहानुभूतिपूर्वक विचार करेंगे' ऐसा आश्वासन दिया।

इसी बीच महाड में आयोजित हुए बौद्ध साहित्य सम्मेलन में भी अन्य प्रस्तावों के साथ मराठवाडा विश्वविद्यालय को डॉ. बाबासाहब अम्बेडकर का नाम दिया जाए ऐसी माँग की।

इसी दौरान नामपरिवर्तन की माँग को औरंगाबाद के भारतीय दलित पैन्थर सहित तमाम संगठनों ने, छात्र-युवा-विचारक-साहित्यकारों ने उठाया और अपनी-अपनी रीति से तैयारी भी करने लगें। मुख्यमंत्री वसंतदादा पाटिल ने महाड स्वर्ण महोत्सव के अवसर पर नामपरिवर्तन प्रश्न सरकार के विचाराधीन है, ऐसी घोषणा की। 17 जुलाई, 1977 में औरंगाबाद के सरस्वती भवन महाविद्यालय के मैदान में एक बैठक हुई। मराठवाडा छात्र-कृति समिति की इस बैठक में अन्य ग्यारह माँगों के साथ मराठवाडा विश्वविद्यालय को डॉ. बाबासाहब अम्बेडकर का नाम दिया जाए, इस माँग को बहुमत से पारित किया गया। इसी छात्र-कृति-समिति की समन्वय समिति ने 18 जुलाई, 1977 के दिन मराठवाडा विश्वविद्यालय पर जुलूस निकालकर प्रतिवेदन दिया और नामपरिवर्तन की माँग की। इस कृति समिति में भारतीय दलित पैन्थर के साथ ही युवक क्रान्ति दल, अ.भा. विद्यार्थी परिषद, दलित एवं दलितेत्तर छात्र-युवाओं के संगठन थे।

'बुक्टा' दलित प्राध्यापक ने भी उसी दिन विश्वविद्यालय पर जुलूस निकालकर विश्वविद्यालय की कार्यकारिणी एवं कुलपति के समक्ष नामपरिवर्तन का प्रस्ताव रखा था।

22 जुलाई, 1977 के दिन भारतीय दलित पैन्थर का एक जुलूस प्रखण्ड समाजकल्याण अधिकारी कार्यालय पर निकाला गया जिसमें चार घंटे पैंथर्स के कार्यकर्ताओं ने धरना धरते हुए नामपरिवर्तन की माँग की। 2 सितंबर, 1977 के दिन औरंगाबाद के भटकल गेट से पैन्थर ने जुलूस निकाल कर उसे प्रखण्ड आयुक्त कार्यालय में ले जाया गया और आयुक्त को प्रतिवेदन देकर नामपरिवर्तन की माँग की। इसके बाद की सार्वजनिक सभा में प्रीतमकुमार शेगांवकर, गंगाधर गाडे, प्रकाश थोरात, अण्णाराव लामतुरे के भाषण हुए।

गंगाधर गाडे के नेतृत्व में प्रतिनिधिमण्डल ने कुलपति एवं विश्वविद्यालय कार्यकारिणी सदस्यों से भेंट करके नामपरिवर्तन की माँग की। इसी वक्त पैन्थर की ओर से महाराष्ट्र की प्रत्येक सार्वजनिक सभा में अन्य माँगों के साथ ही नामपरिवर्तन की माँग भी की जाने लगी थी।

परिणामस्वरूप 18 जुलाई, 1977 के दिन सभी प्रतिवेदनों पर फैसला देने के लिए कुलपति एवं विश्वविद्यालय की कार्यकारिणी की बैठक हुई और उसी में 'मराठवाडा

विश्वविद्यालय को डॉ. बाबासाहब अम्बेडकर का नाम दिया जाए' ऐसा प्रस्ताव पारित करके उसे सरकार की ओर भेजा गया। यह सीमित सफलता नामपरिवर्तनवादियों को प्राप्त हुई।

मराठवाडा विश्वविद्यालय ने नामपरिवर्तन का प्रस्ताव पारित होते ही संपन्न हुई सभा में गंगाधर गाडे ने 'इस प्रस्ताव का श्रेय पैन्थर को है' ऐसी राय व्यक्त की। जिससे सांप्रदायिक हिन्दू छात्र बौखला गये। इस सम्बन्ध में गंगाधर गाडे को प्रतिक्रिया पूछने पर वे बोले, 'भारतीय दलित पैन्थर ने ईमानदारी से नामपरिवर्तन का प्रयास किया था। अन्यों के सहयोग को हमने कभी भी मना नहीं किया और मना भी नहीं करेंगे।' नामपरिवर्तन का श्रेय प्रमुखता से पैन्थर को ही जाता है, ऐसा कहने में क्या गलत है? 'नामपरिवर्तन की माँग का श्रेय किसको?' यह सवाल मेरे लिए गौण था। विश्वविद्यालय कार्यकारिणी द्वारा, छात्रों द्वारा जिन अनेक माँगों को रखा गया उसमें से, मात्र नामपरिवर्तन की माँग को ही मान्य करने के कारण हिन्दू छात्र बौखला गये, क्रुद्ध हुए और यहीं से तनातनी शुरू हुई, लेकिन इसका बहुत कुछ ज्यादा दबाव-तनाव नहीं बना। विश्वविद्यालय द्वारा ही नामपरिवर्तन प्रस्ताव पारित करने के कारण माँग को एक प्रकार से बल ही मिला और तमाम महाराष्ट्र में नामपरिवर्तन की माँग प्रबल होने लगी। वसंतदादा पाटिल ने इस माँग में गंभीरता से दखल दी और नामपरिवर्तन का मसौदा तैयार किया। 'दोनों घरों में दीया हो' इस न्याय से 'मराठवाडा' शब्द अस्मिता वालों के लिए कायम रखते हुए 'डॉ. बाबासाहब अम्बेडकर मराठवाडा विश्वविद्यालय' ऐसा अनौपचारिक प्रस्ताव तैयार किया गया था। उसी समय महाराष्ट्र में राजनीतिक उथल-पुथल हुई और पु.लो.द. के नेता शरद पवार मुख्यमंत्री बने। उन्होंने तुरंत ही सद्भावना से 27 जुलाई, 1978 को नामपरिवर्तन का प्रस्ताव दोनों सदनों में रखा और वह प्रस्ताव निर्विरोध स्वीकार भी हुआ।

27 जुलाई, 1978 यह ऐतिहासिक प्रस्ताव दोनों सदनों में मंजूर होने से पूर्व 26 जुलाई, 1978 को एक बैठक बुलाकर नामपरिवर्तन का प्रस्ताव मंजूर किया गया था। इस बैठक में मुख्यमंत्री शरद पवार, सभापति शिवराज पाटिल, रा.सू. गवई, भूतपूर्व मुख्यमंत्री वसंतदादा पाटिल, नासिकराव तिरपुडे उपस्थित थे।

27 जुलाई, 1978 को नामपरिवर्तन प्रस्ताव विधानसभा में रखते हुए 'डॉ. बाबासाहब अम्बेडकर ने देश की बहुत बड़ी सेवा की है। शिक्षाक्षेत्र में उनकी सेवा से दलित समाज में चेतना एवं स्वाभिमान निर्माण हुआ है।' ऐसी प्रशंसा करते हुए मुख्यमंत्री शरद पवार ने 'नामपरिवर्तन के कारण मराठवाडा विश्वविद्यालय केवल दलितों का अड्डा बनेगा यह डर निरर्थक है। मराठवाडा विश्वविद्यालय की अस्मिता, प्रतिष्ठा एवं धर्मनिरपेक्षता का स्वरूप बरकरार रहेगा ही' ऐसा आश्वासन भी दिया था। नामपरिवर्तन का प्रस्ताव इसके पूर्व की सरकार ने ही पारित किया था, यह स्पष्ट करते हुए कृतज्ञता

ज्ञापन में मुख्यमंत्री ने आगे कहा था, 'नामपरिवर्तन का निर्णय इसके पूर्व की सरकार ने लिया था। नामांतर का निर्णय अनौपचारिक चर्चा के द्वारा लिया गया था और उस निर्णय को दरकिनार करने का इस सरकार का उद्देश्य नहीं था।'

इस ऐतिहासिक प्रस्ताव के पक्ष में वासुदेवराव देशमुख, यशवंतराव मोहिते, मधुकर राव चौधरी, उत्तमराव पाटिल, बाळासाहब देसाई, सौ. जयंतीबेन मेहता, डॉ. कुमार सप्तर्षि, पा. ना. राजभोज आदि के भाषण हुए थे।

विधान भवन के बाहर महाराष्ट्र के ही नहीं तो देश के तमाम अम्बेडकर प्रेमी जनता ने इस प्रस्ताव का स्वागत किया और मुख्यमंत्री शरद पवार को हार्दिक बधाई दी।

नामपरिवर्तन का प्रस्ताव जिस दिन पारित हुआ उसी दिन दलित एवं नामपरिवर्तनवादी जनता आनंद में डूबी थी तभी मराठवाडा के कुछ बुजुर्ग वरिष्ठ अस्मितावादियों ने नामपरिवर्तन हत्याकांड का षड्यन्त्र रचा। उन्होंने गलतफहमी फैलानी शुरू की कि यह विश्वविद्यालय अब महारों का, कुलपति, रजिस्ट्रार महारों के होंगे। ऐसा हास्यास्पद एवं मूर्खतापूर्ण प्रचार जानबूझकर शुरू कर, जातीय दुश्मनी को बढ़ावा देकर, असामाजिक तत्त्वों को भड़काकर मराठवाडा में दलित हत्याकांड घटित कराया। अन्य मौंकों पर संतों की भूमि पर गौरव करने वाले ये लोग संतों को भी लज्जित करा दें, ऐसी बर्बरतापूर्ण हरकत करने वालों को प्रेरित करके उन्हीं का गौरव अपने समाचार-पत्रों में करने लगे।

नामपरिवर्तन का विरोध क्यों हुआ, इसके बारे में बताते हुए एडवोकेट प्रीतमकुमार शेगांवकर ने कहा, 'मराठवाडा के कुछ ज्येष्ठ एवं श्रेष्ठ समझे जाने वाले लोगों ने ही जानबूझकर अफवाहें फैलाकर नामपरिवर्तन विरोधी माहौल तैयार किया। अपने समाचार-पत्रों का उपयोग केवल नामपरिवर्तन-विरोध के लिए करके मुट्ठीभर नामपरिवर्तन-विरोधियों की खबरें पन्ने दर पन्ने छपकर आने लगी। उल्टे नामपरिवर्तनवादियों की आवाज दबाने के प्रयास हुए। केवल जातिवाद के कारण नामपरिवर्तन प्रस्ताव को विरोध हुआ।' गंगाधर गाडे भी ऐसी ही प्रतिक्रिया व्यक्त करते हैं, 'नामपरिवर्तन के लिए लोगों का विरोध नहीं था, दो-चार लोगों का ही विरोध था। उन्हें मराठवाडा का नेता बनना था। इसलिए उन्होंने नामपरिवर्तन का विरोध किया।' मुट्ठीभर लोगों के विरोध से मराठवाडा कैसे सुलगा? यह प्रश्न का उत्तर देते हुए एडवोकेट प्रीतमकुमार शेगांवकर कहते हैं, 'विरोध मुट्ठीभर लोगों का था, यह त्रिकाल सत्य है, लेकिन इन लोगों ने अपने समाचार-पत्रों से, अपने सगे-संबंधियों के जरिए दंगे फैलायें। घरों को जलाया गया, आदमियों को जिन्दा जलाया और बहुत ही सूझबूझ के साथ प्रत्येक गाँव के मराठा युवकों को भड़काकर दंगों को लम्बे समय के लिए एवं अधिक विस्तृत-व्यापक करके अपना स्वार्थ साधा। गाँवों-गाँवों में जो दंगे हुए वे नामपरिवर्तन विरोध के लिए न होकर दलित विरोध के लिए हुए। उन्हें

दलितों की उन्नति और शिक्षा से पहले ही जलन होने लगी थी। नामपरिवर्तन प्रस्ताव केवल मात्र निमित्त था।'

इसी प्रश्न का उत्तर देते हुए गंगाधर गाडे कहते हैं, 'जय भवानी-जय शिवराय के नारे देते हुए आज अमुक जगह पर दंगा हुआ, आगजनी हुई, लोग मारे गए, बहिष्कार किया गया ऐसी कुछ सच्ची, कुछ झूठी लेकिन जातिवादी युवाओं को भड़काने वाली खबरों को औरंगाबाद के समाचार-पत्रों में छापा गया। इस कारण दंगे अधिक दाहक बने। सत्य यह है कि केवल दलित विरोध के लिए दंगे हुए। लेकिन तमाम मराठवाडा के लोग नामपरिवर्तन विरोध के लिए सज्ज हुए' ऐसी खबरें छपकर आयीं। इतना ही नहीं तो 'नामपरिवर्तन विरोधी छात्र-कृति-समिति' समाचार-पत्रों में पहली बार छपकर आयी।

प्रो. सुधीर गव्हाणे ने एक अनौपचारिक चर्चा में कहा था, 'नामपरिवर्तन हत्याकांड सच्चे रूप में अब तक अच्छी तरह से नजरों में नहीं। रामधन समिति को भी कभी-कभी झूठी जानकारी दी गयी है। मैंने इस हत्याकांड की जानकारी इकट्ठा की है और मैं इसे जल्दी ही प्रकाशित करने वाला हूँ।'

27 जुलाई से 7 अगस्त के बीच दलितों के जान-माल की हानि बड़े पैमाने पर हुई। बहुत ही बर्बरता से अबकी बार दंगों को अंजाम दिया गया। इस सम्बन्ध में ब्यौरा केन्द्र की रामधन समिति ने इकट्ठा किया है। इससे आगे जाकर भी पी. सोसाइटी की ओर से 'नामपरिवर्तन विरोधी आन्दोलन' पुस्तिका प्रकाशित करके पूरी ईमानदारी से जानकारी इकठ्ठा कर उसे लोक अदालत के समक्ष रखा है।

नामपरिवर्तन हत्याकांड के वक्त पैन्थर की क्या भूमिका थी? इस प्रश्न का उत्तर देते हुए एडवोकेट शेगांवकर ने कहा, 'शुरू में इन हत्याकांडों को सरकार रोकेगी, ऐसा हमें महसूस हुआ था, लेकिन सरकार इस काम में नाकाम रही। दंगे मात्र मराठवाडा में ही घटित नहीं हुए तो नासिक, मनमाड, नागपुर आदि स्थानों पर भी हुए। पुलीसों द्वारा भी उच्चवर्गीयों का ही पक्ष लिया गया। ऐसे हालात में हमने सरकार पर चौतरफा दबाव बढ़ाया। पत्रक निकाले गये, जहाँ-कहाँ दलित संगठित थे, वहाँ हमले नहीं हुए। खास बात यह कि पैन्थर की मजबूत शाखाओं ने अन्याय का प्रतिरोध किया। 'आत्मरक्षा के लिए दलितों को शस्त्र दिये जाएँ' ऐसी माँग हमारी नेत्री डॉ. माईसाहब अम्बेडकर ने रखी।

इस प्रश्न का उत्तर देते वक्त गंगाधर गाडे ने आगे कहा, 'हम जनता से शान्ति का आह्वान कर रहे थे। हम लोगों ने गाँवों में भेंट करके लोगों में ढाँढ़स बांधा। शान्ति समिति की बैठकों में नामपरिवर्तन दंगों के सूत्रधारों पर ही वैचारिक धावा बोल दिया। इस कारण ये सूत्रधार अब नरम पड़े।'

नामपरिवर्तन प्रस्ताव के बाद घटित हुआ 'दलित हत्याकांड' विभिन्न कोणों वाला है। उस प्रत्येक कोण पर एक-एक खोज ग्रन्थ लिखा जा सकता है। नामपरिवर्तन हत्याकांड के बाद भी पैन्थर ने अपनी भूमिका नहीं छोड़ी। उन्होंने समविचारी मित्रों के साथ लेकर

नामपरिवर्तन का आन्दोलन अधिक तीव्र करने के लिए विविध मार्गों का अवलंब किया। 15 अगस्त, 1978 को नामपरिवर्तन के लिए मराठवाडा के प्रत्येक जिले में प्रचंड जुलूस निकाले गये। विशेषतः औरंगाबाद, उस्मानाबाद, बीड इन जिलों में बड़ी संख्या में लोग जुलूस में शामिल हुए। औरंगाबाद की सभा में बोलते हुए डॉ. माईसाहब अम्बेडकर ने नामपरिवर्तन प्रस्ताव को अमल में लाने की माँग करते हुए आगे कहा, 'छात्र कृति समिति के लड़कों ने शरद पवार से 'कुर्सी खाली करो' कहने पर क्या वे कुर्सी खाली करेंगे? नामपरिवर्तन को विरोध होगा ही। इस विरोध से न घबराते हुए शरद पवार को नामपरिवर्तन की घोषण करनी चाहिए।' पैन्थर के कार्यकताओं में तमाम मराठवाडा में घूमकर लोगों को दिलासा दिया, उनके मन का डर दूर किया। पैन्थर वालों ने पैन्थर के तंबू खड़े किए। 'जहाँ गाँव वहाँ पैन्थर की शाखा' और 'नामपरिवर्तन कराएँगे अथवा मरेगें' ऐसी घोषणाएँ दी गयी। अपना संगठित जुलूस निकालते समय पैन्थर का लक्ष्य केवल सरकार थी। उन्होंने किसी भी उच्चवर्गीय को परेशान नहीं किया। इस बारे में प्रो. ई. बी. कांबळे अपनी पुस्तक में लिखते हैं, 'पैन्थर ने नामांतर की माँग को लेकर जुलूस, अनशन, रास्ता रोको, घिराव एवं विभिन्न पत्रकों को बाँटकर मराठवाडा विश्वविद्यालय को डॉ. बाबासाहब अम्बेडकर का नाम दिया जाना चाहिए, ऐसी ठोस भूमिका अपनायी है। इस माँग का पीछा करते समय कभी भी, कहीं भी हिंसा घटित होने नहीं दी। सामाजिक सम्पत्ति का नाश नहीं किया।'

पैन्थर के कार्यकर्ताओं ने नामपरिवर्तन प्रस्ताव पर अमल हो इसके लिए अनेकों प्रकार के प्रयास किये। हर 15 अगस्त, 26 जनवरी, 14 सितंबर, 14 अप्रैल के दिन कभी तहसील पर तो कभी मंत्रालय पर जुलूस निकाले। बहुत ही संगठित तरीके से लाखों पैंथर्स स्त्री-पुरुषों ने जुलूस निकालकर सरकार पर दबाव बनाया। इस समय तत्कालीन मुख्यमंत्री ने मात्र 'हम नामपरिवर्तन से प्रतिबद्ध हैं, उचित समय आते ही नामपरिवर्तन किया जायेगा' इतना ही आश्वासन दिया। शरद पवार, वसंतदादा पाटिल, ए. आर. अंतुले, बाबासाहब भोसले और अब शंकरराव चह्वाण इन सभी मुख्यमंत्रियों ने नामपरिवर्तन कर देने के केवल आश्वासन दिए हैं।

जुलाई 78 से नवंबर 79 तक प्रो. अरुण कांबळे, रामदास आठवले, गंगाधर गाडे, प्रीतमकुमार शेगांवकर, उमाकांत रणधीर, रमेशचंद्र परमार, टी.एम. कांबळे, यशपाल सरवदे ने मराठवाडा का दौरा कर नामपरिवर्तन के लिए अनुकूल माहौल तैयार करने के प्रयास किए।

पैन्थर ने नामपरिवर्तन का प्रयास केवल मराठवाडा तक ही सीमित न रखते हुए उसे तमाम भारत में फैलाया। दिल्ली, गुजरात, कर्नाटक, मध्य प्रदेश, गोवा, आंध्र प्रदेश, तमिलनाडु, इन राज्यों से नामपरिवर्तन के लिए जुलूस निकाले गये। इतना ही नहीं तो, लंदन में भी नामपरिवर्तन के लिए जुलूस निकाला गया। उसके लिए लंदन

में बसे कृष्णा गमरे प्रयत्नशील थे। नामपरिवर्तन का सवाल यह सामाजिक सवाल है, वह समता के आन्दोलन का एक हिस्सा है। इस भूमिका को अपनाकर पैन्थर वालों ने इस प्रश्न की ओर देखा। 'सामाजिक एकात्मता की यात्रा' पुस्तक में प्रो. ई.बी. कांबळे कहते हैं, 'पैन्थर ने तमाम मराठवाडा, पश्चिमी महाराष्ट्र एवं विदर्भ में नामपरिवर्तन की माँग के लिए चेतना जगायी। सारा माहौल गर्म हुआ था। बाबासाहब की पैन्थर भीमसेना अपने पिता का नाम साकार करने के लिए संघर्ष के मैदान में कूद पड़ी थी। नामपरिवर्तन की माँग के लिए जो कुछ दलित युवकों के संगठन आगे आये थे उनमें पैन्थर फ्रंट पर थी।'

भारतीय दलित पैन्थर और नामपरिवर्तनवादी छात्र नागरिक कृति-समिति की ओर से 6 दिसंबर, 1979 को सत्याग्रह करके 'डॉ. बाबासाहब मराठवाडा विश्वविद्यालय' नाम का बैनर विश्वविद्यालय के प्रवेश द्वार पर खुद के हाथों से लगाने का निश्चय किया गया। तमाम महाराष्ट्र एवं अनेक राज्यों में यह विराट सत्याग्रह सम्बन्धी जनजागरण किया गया था। नागपुर के नामपरिवर्तनवादी छात्र-नागरिक कृति समिति ने प्रो. जोगेंद्र कवाडे के नेतृत्व में लॉन्गमार्च (नामपुर से औरंगाबाद तक) निकालने का निर्णय किया, तो मराठवाडा के लोगों ने औरंगाबाद तक लॉन्गमार्च निकालकर महाविराट सत्याग्रह करने का निश्चय किया। मुंबई, पुणे, नासिक से भी औरंगाबाद के लिए लॉन्गमार्च निकलें।

6 दिसंबर, 1979 की सुबह तमाम सत्याग्रहियों के जत्थें औरंगाबाद में दाखिल हुए थे। इतनी बड़ी संख्या में सत्याग्रही वहाँ आये थे कि इस कारण सत्याग्रह दो स्थानों पर आयोजित करने पड़े। भटकल गेट-अम्बेडकर पार्क इस स्थान पर डॉ. माईसाहब अम्बेडकर के नेतृत्व में सत्याग्रह हुए, तो क्रान्ति चौराहे पर बाबा आढाव, सुभाष लोमटे, कुमार सप्तर्षि, प्रो. मोतीराज राठोड, प्रो. बापूराव जगताप, प्रो. अविनाश डोळस, प्रो. फ.मु. शिंदे आदि के नेतृत्व में सत्याग्रह हुए। पुलीस ने अपनी तमाम ताकत का उपयोग करते हुए क्रांति चौराहा एवं भटकळ गेट पर लाठीचार्ज किया। सत्याग्रहियों को गिरफ्तार किया गया। गिरफ्तार किए गये सत्याग्रहियों को औरंगाबाद के केन्द्रीय जेल एवं जेल मैदान में रखा गया। इसके अलावा विसापुर, येरवडा, नासिक की जेलों में सत्याग्रहियों को रखा गया। इसके लिए सरकार की तमाम जेलें कम पड़ी। औरंगाबाद में लाखों लोगों को अपने-अपने गाँव मुफ्त में रवाना करने की सुविधाएँ की गयी। जो जाना नहीं चाहते उन पर लाठीचार्ज करके उन्हें बस में बिठाया जाता। नागपुर से निकले लॉन्गमार्च को एक नदी पर रोका गया और वहाँ बड़ी निर्ममता से लाठीचार्ज किया गया। इसमें से भाग निकले सत्याग्रही औरंगाबाद में दोपहर के वक्त पहुँचे। इस सत्याग्रह को कुचलने का सरकार का प्रयास विफल हो गया। इस सत्याग्रह के कारण दलितों में एकता का निर्माण हुआ। इसके सिवाय दलित-दलितेत्तर लोगों में एकता का निर्माण हुआ जिससे नामांतर विरोधियों को थप्पड़ पड़े। उस समय औरंगाबाद शहर को रणभूमि का रूप

देने की बात आज भी मुझे याद आती है। नामपरिवर्तन प्रस्ताव को अमल में लाने के लिए किया गया यह सत्याग्रह सबसे बड़ा संगठित सत्याग्रह था, लेकिन सरकार ने इस सत्याग्रह की ओर गेंडे की खाल ओढ़कर और भावनाहीन बनकर देखा। फिर भी इस सत्याग्रह की दखल तमाम देश और दुनिया ने ली।

इस महासत्याग्रह के बाद भी पैन्थर ने नामपरिवर्तन आन्दोलन जारी ही रखा। उन्होंने नामपरिवर्तन विरोधियों को वैचारिक निशाना बनाया। 'राष्ट्रीय स्मारक', 'स्वतन्त्र विश्वविद्यालय', 'मराठवाडा की अस्मिता' विरोधियों के इस प्रकार के प्रचार की खिल्ली उड़ाकर इन हास्यास्पद विकल्पों का एवं प्रचार की पाखण्डी वृत्ति का पर्दाफाश किया। इसके मूल में मात्र जातिवाद ही कैसा है, यह पैन्थर वालों ने बताना प्रारंभ किया।

महाराष्ट्र विधानमण्डल के हर अधिवेशन के (ग्रीष्म कालीन, त्र्षाकालीन, शीतकालीन) कभी पहले दिन, तो कभी आखिरी दिन नामपरिवर्तन के लिए पैन्थर ने लाखों लोगों के साथ जुलूस निकाले।

24 मई से 30 मई 1982 के दरमियान महाराष्ट्र भर में 'जेल भरो' सत्याग्रह किया गया। इस सत्याग्रह के मेजबान पैन्थर के प्रो. अरुण कांबळे एवं युक्रांद के सुभाष लोमटे थे। इस सत्याग्रह में भी नामपरिवर्तनवादियों से जेलें भर गयी थीं, लेकिन सरकार को जिस रूप में दखल देनी चाहिए थी उस रूप में नहीं ली।

तमाम मंत्रियों पर अपने-अपने जिले में प्रवेश के लिए प्रतिबंध लगाया जाए, ऐसा परिपत्रक पैन्थर ने निकालकर सामान्य कार्यकर्ताओं को हरेक छावनी में भेजा। परिणाम विधायक, सांसद, मंत्रियों पर तमाम मराठवाडा में स्थान-स्थान पर घेराव किया गया, प्रदर्शन हुए और नामपरिवर्तन का आन्दोलन शुरू ही रखा गया।

मुख्यमंत्री शरद पवार सोलापुर जिले के दौरे पर आए थे तब सोलापुर शहर में एक मोड़ पर पैन्थर के मराठवाडा प्रदेशाध्यक्ष यशपाल सरवदे मुख्यमंत्री की गाड़ी पर झपटा था। उस वक्त शरद पवार की सूरत देखने लायक हुई थी। इस हादसे के गवाह मंत्री सुशीलकुमार शिंदे थे। बाद में पुलीस वालों ने पैन्थर के कार्यकर्ताओं को पवार के सोलापुर से बाहर जाने तक गिरफ्तार करके रखा था। यशपाल पर केस भी चलाया गया था, लेकिन आगे उस केस को सरकार की ओर से निरस्त कर दिया गया। मुख्यमंत्री बाबासाहब भोसले को भी सोलापुर में पैन्थर के कार्यकर्ताओं ने रोककर हल्की धक्कामुक्की की थी। उस समय भोसले द्वारा कहे गये यह उद्‌गार, नामपरिवर्तन आन्दोलन सिर्फ मराठवाडा में ही नहीं वरण तमाम देश में फैल गया था, क्या इसे प्रतिपादित करने वाला नहीं था?

सन्‌ 1983 के दौर में नामपरिवर्तन के लिए साल भर में नामपरिवर्तन परिषदों का आयोजन किया गया। मुंबई, पुणे, नागपुर एवं औरंगाबाद में प्रखण्ड स्तरीय परिषदें

ली गयीं। उसी प्रकार प्रत्येक जिला/तहसील स्तर पर भी नामपरिवर्तन परिषदों का आयोजन किया गया था।

सन् 1980 में भारतीय दलित पैन्थर का अखिल भारतीय अधिवेशन दिल्ली में आयोजित किया गया था। एडवोकेट बापूसाहब पखिड्डे इस अधिवेशन के संयोजक थे, तो डॉ. माईसाहब अम्बेडकर उद्घाटक थीं। इस अधिवेशन में करीब-करीब दस से पंद्रह राज्यों के प्रतिनिधि उपस्थित थे। इस अधिवेशन में नामपरिवर्तन प्रस्ताव को अमल में लाया जाए, ऐसी माँग की गयी थी। अखिल भारतीय स्तर का अधिवेशन मुंबई में सन् 1984 में शिवाजी पार्क पर संपन्न हुआ। इस अधिवेशन के उद्घाटक विजय तेंडुलकर थे, तो प्रो. अरुण कांबळे अध्यक्ष थे। इस अधिवेशन में भी नामपरिवर्तन प्रस्ताव अमल में लाया जाए, ऐसी माँग की गयी थी। राज्यस्तर एवं मराठवाडा स्तर पर हुए तमाम अधिवेशनों में इस माँग का निरंतर समर्थन किया गया है।

बैरिस्टर ए. आर. अंतुले ने कोंकण के तकनीकी विश्वविद्यालय को डॉ. बाबासाहब अम्बेडकर का नाम देने की घोषणा कर दी। घनश्याम तळवटकर, प्रकाश अम्बेडकर ने इस घोषणा का स्वागत किया, लेकिन भारतीय दलित पैन्थर ने 'यदि यह नामपरिवर्तन, नामपरिवर्तन का विकल्प न हो तो हम इसका स्वागत करेंगे' ऐसा घोषित किया और 'मराठवाडा विश्वविद्यालय नामपरिवर्तन प्रस्ताव पर अमल किया ही जाना चाहिए' इस आशय का पत्रक जारी किया।

पैन्थर ने नामपरिवर्तन का प्रस्ताव लोगों को समझा दिया। जनजागृति की। भीत्तिपत्रिकाएँ, बैनर्स, पुस्तिकाएँ, दीवारों को रंगाकर नामपरिवर्तन प्रस्ताव पर अमल किया जाना कितना जरूरी है, इसका एहसास युवकों को कराया।

सन् 1978 के बाद के प्रत्येक अखिल भारतीय मराठी साहित्य सम्मेलन में कभी डॉ. माईसाहब अम्बेडकर के नेतृत्व में तो कभी रामदास आठवळे के नेतृत्व में पैन्थर ने पाँच-पाँच हजार लोगों के जुलूस निकालकर साहित्य सम्मेलन के अन्य प्रस्तावों के साथ 'नामपरिवर्तन प्रस्ताव को अमल में लाइए' यह भी प्रस्ताव पारित किया जाए, इसके लिए दबाव बनाया। कभी चर्चा करके सफलता हासिल की। विशेषतः गं. बा. सरदार, शंकरराव खरात, शंकर पाटिल ने नामपरिवर्तन के पक्ष में मत दिया।

पैन्थर ने नामपरिवर्तन का आन्दोलन अनेक मोर्चों पर चलाया है। भारतीय छात्र संसद, भारतीय कर्मिक संसद, भारतीय बौद्ध धम्म संसद, ये सभी भारतीय दलित पैन्थर की छात्र, कामगार और धार्मिक शाखाएँ हैं। इन शाखाओं द्वारा ही नामपरिवर्तन का मुद्दा आगे धकेला जा रहा है। संगठन का मुखपत्र हो, विशेषतः लोगों को नामपरिवर्तन के प्रश्न पर आन्दोलन के लिए तैयार रहना है, इसके लिए पैन्थर ने अनेक नियतकालिकों

को चलाने का असफल प्रयास किया है। औरंगाबाद (पैन्थरमित्र), नांदेड (दलितसत्ता), कोल्हापुर, मुंबई से अलग-अलग नामों से नियतकालिक शुरू किए गये थे।

पैन्थर आन्दोलन ने अन्तिम साँस तक नामपरिवर्तन का युद्ध लड़ने की तैयारी करके ही समरभूमि में कदम रखे हैं, ऐसा दिखाई देता है। बिल्कुल कल-परसो यानी 28 मई, 1986 के दिन 'राख सँभाल कर रखों, राख हुए घरों की। शुरू हुए फिर समर, यारों नामपरिवर्तन की।' ये घोषणा करके पचास हजार लोगों का जुलूस मंत्रालय पर ले जाकर नामपरिवर्तन प्रस्ताव पर अमल किया जाए, ऐसी माँग प्रतिनिधिमण्डल के सामने रखी। 'मैं नामपरिवर्तन के मुद्दे से प्रतिबद्ध हूँ। मराठवाडा की जनता का मतपरिवर्तन होने के बाद नामपरिवर्तन का विचार करेंगे' ऐसा आश्वासन मुख्यमंत्री शंकरराव चह्वाण ने दिया, ऐसा प्रदेश अध्यक्ष रामदास आठवले ने आकाशवाणी से घोषित किया। शंकरराव का यह बयान पाखण्डी महसूस होता है, लेकिन वे नामपरिवर्तन का विरोध नहीं कर सकते। नामपरिवर्तन प्रस्ताव को अमल में लाने के लिए पैन्थर ने कभी कानूनी तो कभी गैरकानूनी मार्गों को अवलंब किया। महाराष्ट्र विधानभवन में पैन्थर वाले दो बार कूद पड़े थे। अनेकों बार पत्रकों को उछाला था। कुछ सालों तक निरंतर विधानभवन में एक प्रकार का तनाव रहता था।

इसी विश्वविद्यालय को बाबासाहब अम्बेडकर का नाम क्यों, अथवा इसी विश्वविद्यालय का नामपरिवर्तन क्यों, ऐसे बचकाने प्रश्न नामपरिवर्तन विरोधकों की ओर से पूछे गये थे। कभी-कभी आज भी पूछा जाता है। इस सम्बन्ध में पैन्थर की भूमिका समझ लेनी जरूरी है।

पहली बात ऐसी है कि, भारत के सभी विश्वविद्यालयों की तुलना में इस विश्वविद्यालय में दलित छात्रों की संख्या बहुत थी। सिवाय महान विभूति के नाम से विश्वविद्यालय हो, ऐसी एक माँग थी ही।

दूसरा ऐसा कि मराठवाडा अंचल को मुक्त करने के लिए तत्कालीन गृहमंत्री सरदार वल्लभभाई पटेल से बाबासाहब ने ही मिलिटरी कार्यवाही करने की सूचना दी थी। फलतः 14 सितंबर, 1948 को भारतीय फौज ने कश्मीर एवं हैदराबाद रियासतों को घेर डाला और आननफानन में दोनों रियासतों पर विजय हासिल कर उन रियासतों को भारतीय संघराज्य से जोड़ दिया गया। इसलिए मराठवाडा की स्वतन्त्रता एवं अस्मिता का श्रेय बाबासाहब को क्यों ना जाए?

तीसरी बात ऐसी है कि, इस प्रदेश में बाबासाहब ने शिक्षा की गंगोत्री मिलिंद महाविद्यालय के रूप में लायी और इस प्रदेश में एक विश्वविद्यालय हो, ऐसी माँग भी उन्होंने की।

चौथी बात ऐसी है कि औरंगाबाद से बाबासाहब को बहुत ही लगाव था। यहाँ ब्रॉडग्रेज जरूरी है, ऐसा कहकर औरंगाबाद दक्खन की राजधानी हो सकती है, ऐसा

मत व्यक्त किया था। सिवाय प्रदेशों की रचना के वक्त महाराष्ट्र के चार भाग किये जाए, मध्य महाराष्ट्र की राजधानी औरंगाबाद हो, ऐसी गवाही उन्होंने फाजल अली कमिशन के समक्ष दी थी।

पाँचवीं बात ऐसी है कि इस इलाके की बौद्ध गुफाएँ, एलोरा और अजंता की गुफाएँ डॉ. बाबासाहब अम्बेडकर को अपनी ओर आकर्षित किया करती थीं।

छठी बात ऐसी है कि सन् 1958 में विश्वविद्यालय स्थापित हुआ, उस समय जिन नामों की सिफारिश समिति ने की थी उसमें प्रमुखता से अजंता विश्वविद्यालय, स्वामी रामानंद तीर्थ विश्वविद्यालय, डॉ. बाबासाहब अम्बेडकर विश्वविद्यालय और मराठवाडा विश्वविद्यालय इन नामों का समावेश था। ये तमाम सन्दर्भ 'मराठवाडा विश्वविद्यालय को डॉ. बाबासाहब अम्बेडकर का ही नाम क्यों?' 'ऐसे प्रश्नों के उत्तर दे देते हैं। इसके अलावा डॉ. बाबासाहब अम्बेडकर का चौतरफा चौकन्ना व्यक्तित्व ध्यान में ले तो ऐसे महान देशभक्त एवं शिक्षाविद् का नाम विश्वविद्यालय को क्यों न दें? ऐसा सवाल यदि पैन्थरों ने किया तो उसमें कोई गुरेज नहीं था।'

भारतीय दलित पैन्थर की नामपरिवर्तन सम्बन्धी आगामी भूमिका को स्पष्ट करते हुए एडवोकेट शेगावकर ने कहा, 'जो मुट्ठीभर नामपरिवर्तन विरोधी हैं, उनसे मिलकर हम उन्हें नामपरिवर्तन के लिए मनाना चाहते हैं। मराठवाडा की आम जनता नामपरिवर्तन विरोधी नहीं है, फिर बुद्धिवादियों का सवाल ही पैदा नहीं होता। इसके पूर्व नामपरिवर्तन को समर्थन देकर वे आन्दोलन में शामिल भी हुए थे। इसके अतिरिक्त कुछ चुनिंदा लोगों का विरोध तो रहेगा ही। पंजाब समस्या, असम समस्या, निर्विरोध हल नहीं हो पायी है। अथवा महाराष्ट्र-कर्नाटक सीमा विवाद निर्विरोध हल नहीं होगा। ऐसी समस्याओं का समाधान ढूँढ़ते वक्त विरोध तो होगा ही। तब सरकार को इसमें इतनी गंभीरता से दखल देने की जरूरत नहीं है। आगामी आन्दोलन का केन्द्र अब नासिक, सोलापुर, नागपुर, पुणे, मुंबई, आंध्र प्रदेश, कर्नाटक, मध्य प्रदेश, गुजरात, दिल्ली रहेगा। नामपरिवर्तन की समस्या का हल ढूँढ़ने के लिए इस सवाल को क्या अदालत में अथवा युनों में रखा जा सकता है? इसक सम्बन्ध में प्रो. अरुण कांबळे अन्य नामपरिवर्तनवादियों के साथ न्यायिक पक्ष को लेकर विचार-विनिमय कर रहे हैं।'

मराठवाडा विश्वविद्यालय के नामपरिवर्तन का प्रश्न तमाम अम्बेडकर प्रेमी एवं लोकतन्त्र पर जिनकी असीम निष्ठा है, उन्होंने बड़ी मजबूती से हल किया है। ये आन्दोलन समता, स्वतन्त्रता, बंधुता एवं न्याय से सम्बन्धित हैं। इस आन्दोलन में पैन्थर आन्दोलन सबसे आगे था, है और रहेगा, इसका मुझे पूरा विश्वास है अर्थात् दलित पैन्थर नामपरिवर्तन का आन्दोलन चला रहा है मतलब वह त्याग अथवा उपकार के नाते नहीं बल्कि 'नामपरिवर्तन दलितों का जन्मसिद्ध अधिकार है और वह पैन्थर हासिल करके ही रहेगी'।

यह लेख लिखते समय अनेक बातों को विस्तार से देखते भय के कारण टाला गया है। देशभर में नामपरिवर्तन को किन-किन लोगों ने समर्थन दिया। कितने शहीद हुए, कितना आर्थिक नुकसान हुआ, इन ब्यौरों को टाला गया है। नामपरिवर्तन आन्दोलन एक सामाजिक आन्दोलन है। यह विचारधारा और विधानमण्डल की प्रतिष्ठा का सवाल बन गया है। इस सवाल को तुरंत हल करके लोकतन्त्र की लाज रखी जाए, इसलिए पैन्थर आन्दोलन के जरिए प्रयास तो करेगा ही। लेकिन तमाम प्रजातन्त्र प्रेमी अवाम द्वारा हुकूमत पर दबाव बनाकर इस सवाल को हल कर लेना चाहिए।

सन्दर्भ

1. एडवोकेट प्रीतमकुमार शेगांवकर, गंगाधर गाडे का साक्षात्कार।
2. प्रो. सुधीर गव्हाणे के साथ हुई अनौपचारिक चर्चा।
3. सामाजिक एकात्मता की यात्रा, प्रो. ई. बी. कांबळे, राहुल प्रकाशन, औरंगाबाद।
4. नामपरिवर्तन विरोधी अत्याचारी आन्दोलन, पी.ई. सोसाइटी प्रकाशन, औरंगाबाद।

अम्बेडकरवादियों की जीवन्त संतान : दलित पैन्थर

•

पार्थ पोळके

'हमारी छाती फौलादी है, हम बाबासाहब की औलाद है।' यह घोषणा खून खौला देती। एक अलग ही गर्मी का निर्माण करती। उच्चवर्गीयों के प्रति व्यापक घृणा एवं निचले तबके वालों के प्रति आत्मीयता की भावना अर्थात् दलित पैन्थर है, जिसका लक्ष्य है, 'समाज से पुरातन को ध्वस्त करके नवनिर्माण करना।'

धाकली गाँव के गवई भाइयों की आँखें निकाली गयी और तमाम महाराष्ट्र में सरकार और फिरकापरस्तों के विरोध में माहौल गर्म हुआ। वैसे कोल्हापुर में युक्रांद, पैन्थर और अन्य संगठनों ने सड़कों पर जाकर विरोध जताया। यहाँ पैन्थर, युक्रांद से अलग, नए नाम और दल सुनाई दिए। मार्क्सवादी, समाजवादी, नक्सलवादी, वामपंथी कम्युनिस्ट, दक्षिणपंथी कम्युनिस्ट आदि विचारधाराओं पर बने दल-संगठनों को एहसास होने लगा।

इन समाजवादी, मार्क्सवादी, अम्बेडकरवादियों की आत्मीयता नजरों में आने लगी थी। अम्बेडकरवाद की संतान माने तो दलित पैन्थर। समाजवादी की संतान युक्रांद-राष्ट्रसेवा दल और प्रत्येक जिले के अलग-अलग गुट, बाबा आढाव का महात्मा फुले प्रतिष्ठान, मार्क्सवादियों की संतानें, एस.एफ.आई., डी.वाई.एस.एफ., श्रमिक संगठन आदि के बारे में चर्चा हुआ करती और उनके कार्य की जानकारी मिला करती।

शिवाजी विश्वविद्यालय में न जाने क्यों विशुद्ध विलगता न होते हुए भी समाजवादी और हम पैन्थर वाले एक रहा करते थे। इसी दौरान समाजवादी अरुण लिमयें जैसे लोगों द्वारा देवदासी प्रथा के विरुद्ध आन्दोलन शुरू किया गया जिससे यह समस्या समाज के पटल पर आयी।

विचारों के बारे में कहें तो मार्क्सवादियों में मात्र ईश्वर का ही सैद्धांतिक रूप था, तो समाजवादियों में गांधी, मार्क्स, लोहिया का मिश्रण। मार्क्सवादियों ने आर्थिक आन्दोलन पर बल दिया और समाजवादियों ने आर्थिक, सामाजिक और सांस्कृतिक मुद्दों पर बल दिया। अम्बेडकरवादियों का मतलब हम पैन्थरवालों को सबसे पहले

सामाजिक, जातीयता का सवाल और फिर आर्थिक प्रश्न महत्त्वपूर्ण महसूस होते थे। जिसमें आज भी परिवर्तन नहीं हो पाया है।

समाजवादी, मार्क्सवादी, अम्बेडकरवादी अपनी-अपनी विचारधारा लेकर सड़क पर उतरकर अन्याय के विरोध में बगावत किया करते। समाजवादी अपने कार्यालय में आयोजित होती बैठकों में मार्क्स, गांधी को लेकर कलैया लगाते। मार्क्सवादी एक विचार का ढोल पीटते कि आर्थिक सवालों के हल होने पर सभी वर्गों में समता अपने आप आ जायेगी। सामाजिक प्रश्नों पर मजबूती से डटे रहें अम्बेडकरवादियों को आर्थिक सवालों के बारे में मार्क्स के पहले बुद्ध दिखाई देते। गरीब-धनिकों का मामला आते ही मार्क्स का नाम न लेते हुए बुद्ध ने यह मार्क्स के पहले कहा है, ऐसा तथागत-सिद्धांत अम्बेडकरवादी प्रस्तुत करते।

अम्बेडकरवादियों की जीवंत सन्तान अर्थात् दलित पैन्थर यही एक हवा सिर में दौड़ती थी।

मैं सतारा के समाजवादी गुट में शामिल हुआ। समाजवादी युवा दल में पहले दो-चार साल काम करने में बीत गये। समाजवादी, अम्बेडकरवादी, मार्क्सवादियों की कलैया लगाने की कसरत मैं देखा करता था। अध्ययन करता था। इसी वक्त समाजवादी गुट के युक्रांद, संघर्षवाहिनी के आन्दोलनों को देखते हुए, उनका अध्ययन करते हुए घूमा करता। औरंगाबाद में शांताराम पंदेरे द्वारा चलाया गया विटगाँव का आन्दोलन काफी मशहूर हुआ। उसी के आस-पास हम समाजवादी युवा दल वालों ने 'त्रिपुरी की' परिषद पर गहरी छाप छोड़ी। आर्थिक सवालों के साथ ही सामाजिक सवालों को भी उतनी ही अहमीयत देने वाले समाजवादी गुट में और दलित पैन्थर में मतभेद थे। वैसे देखा जाए तो इनके कामकाज की दिशा एक ही थी। सिर्फ कार्यक्षेत्र जाति व्यवस्था की तर्ज पर था। कार्यकर्ताओं की आस्था, उद्देश्य के बारे में कोई भी आशंका निर्माण न हो इस कदर वे मिल-जुलकर रहा करते। युक्रांद, महात्मा फुले प्रतिष्ठान, राष्ट्रसेवा दल, भूमिसेना के लोग आदिवासी, कुली और रोजगार गारंटी योजना में काम करने वालों के लिए कार्य करते। इस क्षेत्र में पैन्थर को अपना कार्य करने का तरीका न आने के कारण उनके कार्यक्षेत्र के मार्ग अलग-अलग बन गये थे।

चुनाव की राजनीति में ये हिस्सा नहीं लिया करते थे, लेकिन समाजवादी दल को सहयोग देते थे। समाजवादी युवाओं के ये संगठन और नेता अन्याय के विरुद्ध आन्दोलन करते हुए किसी की भी परवाह नहीं करते थे। दलित पैन्थर को दलित जाति में जैसा स्थान हासिल था, उसी प्रकार युक्रांद, संघर्षवाहिनी, सेवादल आदि संगठनों को खेतिहर मजदूरों में स्थान हासिल था।

इसी दौर में देखते-ही-देखते दलित पैन्थर ने महाराष्ट्र के गाँव-गाँव में अन्याय-अत्याचार करने वालों पर जबरदस्त दहशत का माहौल बनाया था, उसी प्रकार दलित

युवाओं के मन में एक ऊर्जा निर्मित की थी। दलित पैन्थर की व्यापकता एवं एकजुट समाजवादी दल के कुछ चुनिंदा नेताओं से बर्दाश्त नहीं हो पाई। उन्होंने दलित पैन्थर के नेता कम्युनिस्ट बन गये हैं। नेता एक-दूसरे पर तुम कम्युनिस्ट समर्थक मार्क्सवादी हो, अम्बेडकरवादी नहीं। ऐसे आरोप कर रहे थे, और देखते ही देखते मजबूत बने दलितों के संगठन में दरारें पड़ने लगी, इसी के कारण यह संगठन बिखरता गया। ढाले और ढसाळ के गुट बनने से पैन्थर दो खेमों में बँट गयी। महाराष्ट्र की दलित जनता की आवाज धीमी पड़ गयी, दुर्बल बन गयी।

यही हालत समाजवादी आन्दोलन की भी हुई। आपात्काल के बाद युक्रांद का पहला खेमा जनता पार्टी में चला गया जिससे युक्रांद के ग्रामीण इलाकों की दहशत समाप्त हुई। आपात्काल में आपात्काल पर प्रतिक्रियाएँ व्यक्त कर आपात्काल का पैन्थर वालों ने समर्थन किया। इसी दौर में रामदास आठवले, अरुण कांबळे पैन्थर में शामिल हुए। ढसाळ की पैन्थर आज भी है, लेकिन वह निष्प्रभ रूप में। राजा ढाले ने पैन्थर का त्याग किया और मास मूवमेंट स्थापित की।

रामदास के रूप में दलित पैन्थर को सरल, सामान्य ईमानदार नेतृत्व प्राप्त हुआ। उसके पास नेताओं की पैतरेबाजी नहीं है और न गुट-खेमों की घपलेबाजी, बल्कि सभी एकजुट हो जाए यही बहुत बड़ी तिलमिलाहट थी। संगठन श्रेष्ठ हो और बाबासाहब की विचारधारा के नक्शे-कदमों पर चलने की एक ही ख्वाहिश। सरकार से मिलीभगत नहीं और न खुद की स्वार्थ सिद्धि हेतु सौदेबाजी। सिद्धार्थ विहार में रहकर, जो मिला वही खाकर दलित पैन्थर एवं बाबासाहब के विचारों के लिए त्याग करनेवाला अर्थात् रामदास आठवले हैं।

द्वेष एवं आपसी मतभेदों की बाधा, समता के लिए लड़ने वाले कार्यकर्ताओं के लिए यह दुःख की बात है। दलित आन्दोलन भी इससे अछूता नहीं रहा है।

इससे भी अधिक समाजवादी परिवार में द्वेष महसूस हुआ। महात्मा फुले प्रतिष्ठानवालों को युक्रांद से द्वेष। राष्ट्रसेवा दल, समाजवादी युवा दल वालों को महात्मा फुले प्रतिष्ठान करीबी महसूस होता। ये लोग 'दल दिवस', 'नौ पै स्मृति दिवस' जैसे कार्यक्रमों के अवसर पर इकट्ठा होते हैं। घूम-फिरकर सब एक ही तंबू में। इन दोनों प्रवाहों के पास अर्थात् दलित संगठन और समाजवादियों के साथ कम्युनिस्ट कभी भी, कार्यक्रमों के उपलक्ष्य में इकट्ठा नहीं होते थे।

तमाम समतावादियों की आँखें खुली वह एक गाँव : एक पनघट आन्दोलन के कारण। फुले-शाहू-अम्बेडकर के महाराष्ट्र का समाज बहुत ही प्रगतिशील है, इस भ्रम का पर्दाफाश इस आन्दोलन ने किया।

समाजवादी और दलित संगठनों ने सार्वजनिक पनघट से दलितों को पानी भरने का अधिकार देने का आग्रह रखा, लेकिन यह 'आग्रह' सिर्फ आग्रह न होकर, वह

समता के अधिकार की माँग थी। मानव मुक्ति का आन्दोलन था। समाजवादी संगठनों ने गाँव-गाँव में अपने लिए पनघट खुले करने का अभियान शुरू किया। वही भूमिका दलित पैन्थर ने महाराष्ट्र में अपनायी। पनघट आन्दोलन में कम्युनिस्ट अथवा उनके संगठन शामिल नहीं हुए और पैन्थर के साथ संगठित 'पनघट' का अभियान समाजवादी संगठनों ने स्वीकार नहीं किया। परिणामस्वरूप सवाल पटल पर आ गया। वह अंतिम जाति-उन्मुक्त का आन्दोलन नहीं बन पाया।

पनघट के सवाल पर महाराष्ट्र में विषमता के विरुद्ध जिहाद पुकारा गया उसी वक्त शहादा, ताळोदा, साक्री, ठाणे आदि इलाकों में कम्युनिस्ट मार्क्सवाद, (श्रमिक संगठनों के) अनाज का सवाल, जातीयता की विषमता को खत्म करने की इच्छा कम्युनिस्टों को बिल्कुल भी नहीं थी। इस कारण समतावादियों की ताकत पहले जैसी ही बिखरी पड़ी रही। इस कारण दलित पैन्थर कम्युनिस्टों को सिर्फ गाली-गलौज करती रही, और कम्युनिस्ट एवं समाजवादी मिलकर पैन्थर के कार्यकर्ताओं की, नेताओं की 'आक्रामक' कहकर आलोचना करते रहे।

ऐसे हालात में महाराष्ट्र में बड़ी राजनीतिक उथल-पुथल हुई। अब तक कभी समाजवादियों को सियासत में स्थान नहीं मिल पाया था वह इस दौर में मिला। किसान, कामगार (शेतकरी कामगार पक्ष) दल शरद पवार की अगुवाई में मंत्रिमण्डल में शामिल हुआ। 'प्रगतिवादी महाराष्ट्र शासन' की दुहाई देकर विज्ञापन शुरू हुआ और सरकार ने मराठवाडा विश्वविद्यालय को डॉ. बाबासाहब अम्बेडकर का नाम देने की घोषणा कर दी। वैसा प्रस्ताव विधानमण्डल में पूरी सहमति से पारित किया गया और मराठवाडा में दलित बस्तियों में 'मानवता' बेचिराग होने लगी। दलितों के बाल-बच्चे आग में झुलस गये। नामपरिवर्तन का मुद्दा आगे करके 'महार-मातंग' लोगों को मस्ती चढ़ी है। डॉ. बाबासाहब से लेकर इनकी सुनते आए हैं' ऐसी लखौंरियाँ अभिजनों की ओर से चढ़ायी जाने लगी।

पोचिराम कांबळे जैसे दलितों को खम्बे से बाँधकर जलाया गया। जाति की ज्वालाओं से 'मानवता' जलती रही।

फिर से दलितों ने मानवता, समता की लड़ाई के लिए जिहाद की घोषणा कर दी। दलित पैन्थर, तमाम दलित संगठनों और प्रगतिवादी संगठनों ने नामपरिवर्तन की माँग को लेकर आन्दोलन शुरू किये। मराठवाडा विश्वविद्यालय को डॉ. बाबासाहब अम्बेडकर का नाम दिया जाना चाहिए। मराठवाडा की अस्मिता के नाम पर जातीय अहंकार बर्दाश्त नहीं किए जाएँगें 'समता, स्वतन्त्रता, बंधुत्व के लिए आन्दोलन' ये एक घोषण थी, लेकिन वह अलग-अलग विभाजित हुए खेमों से सुनाई देने लगी थी।

उसका परिणाम ताकत पर हुआ। दलित संगठनों की आवाज, पैन्थर की आवाज, समाजवादी-कम्युनिस्टों की आवाज 6 दिसंबर के दिन औरंगाबाद में गूँज उठी। लाखों

लोगों ने समता के लिए अहिंसा के मार्ग से सरकार द्वारा की गयी नाकाबंदी फिजूल साबित हुई। पैन्थर ने भटकल गेट पर आन्दोलन किया, तो नामांतरवादी कृति समिति आजाद चौक के सत्याग्रह में शामिल हुई। फिर खेमें, आपसी मतभेदों के कारण समता के आन्दोलन का पराजय हुआ।

6 दिसंबर की हार अँचल में पड़ने के कारण नामपरिवर्तनवादी कृति समिति एवं दलित पैन्थर आगे एकजुट हुए और इससे ताकत बढ़ी। भले ही नामपरिवर्तन को सफलता न भी मिली हो लेकिन पैन्थर एवं कृति समिति में शामिल तमाम समाजवादी कम्युनिस्टों संगठनों, दलों का प्रभाव व्यापक हुआ। समतावादियों की दहशत निर्मित हुई। अपने-अपने कार्यक्षेत्र में सामाजिक, आर्थिक समस्याओं का निपटारा होने लगा।

रामदास आठवले, अरुण कांबळे आदि दलित पैन्थर के नेताओं ने ताकत और परिणामों का विचार करके नामपरिवर्तनवादी कृति समिति के साथ रहकर नामपरिवर्तन का आन्दोलन चलाने की भूमिका को अपनाया। लेकिन बाकी के दलित दल, संगठन हमेशा की तरह पैन्थर वालों को गालियाँ देने लगे।

नामपरिवर्तन के आन्दोलन के यशापयश की अपेक्षा, नामपरिवर्तन के निमित्त दलित पैन्थर जैसे सबसे प्रभावी गुट की और समाजवादी, कम्युनिस्टों की एकजुट समता के आन्दोलन पर लम्बे अरसे तक असर करने वाली साबित होने वाली थी।

इसी दौर में समाजवादी असंसदीय संगठनों का एक मजबूत संगठन अर्थात् नासिक-सतारा-मुंबई-पुणे के तीन संगठनों ने एकत्र आकर 'समता आन्दोलन' संगठन स्थापित किया। इस काल में घुमंतू-विमुक्तों के प्रश्नों पर घुमंतू-विमुक्तों के संगठनों ने अपने पुनर्सुधार के सवाल एवं पुलीस दल की दमनकारी यंत्रणा के विरुद्ध आवाज उठायी।

संगठन बन रहे थे, आन्दोलन चलाए जा रहे थे, सामाजिक सवालों पर दलित पैन्थर एवं दलित नेता, आर्थिक आन्दोलन पर कम्युनिस्ट साम्राज्यवादी एवं घुमंतू जातियों के सवालों पर घुमंतू-विमुक्त संगठनों की लड़ाई एक ही दुश्मन से लड़ी जा रही थी लेकिन बिखरी हुई ताकत से। भाषा क्रान्ति की थी, लेकिन कार्यवाही के लिए जरूरी ताकत फटेहाल थी।

ऐसे सामाजिक तनावपूर्ण माहौल में नामपरिवर्तन को लेकर तमाम नामपरिवर्तनवादी लड़ रहे थे उसी समय मण्डल आयोग घोषित हुआ और महाराष्ट्र के तमाम लेहनेदार जाग्रत हुए। तमाम ओ.बी.सी. अपने-अपने संगठनों के जरिए मण्डल आयोग की माँग करने लगे। जिसका दलित संगठन, कम्युनिस्ट, समाजवादियों ने समर्थन किया। परिवर्तन की लड़ाई में कभी-कभार ही शिरकत करने वाली लेटनेदार जातियाँ मण्डल आयोग के कारण इस आन्दोलन में शामिल हुईं। दलित, ओ.बी.सी. जातियों की मजबूत एकता स्थापित हुई। ओ.बी.सी. जातियों के नेतृत्व की लालसा के चलते एक समाजवादी डॉक्टर ने जानबूझकर दलित-ओ.बी.सी एकता में फूट डाली। इस महाशय ने दलित ओ.बी.सी.

जातियों की एकता में फूट डाली ही ऊपर से मण्डल आयोग तथा ओ.बी.सी. संगठन को भी अधर में छोड़ दिया। परिषदों, सभाओं में हाजिर रहकर भाषण ठोकने वाले डॉक्टर साहब कभी भी क्रान्तिकारी भूमिका लेकर नहीं लड़े।

मण्डल आयोग और नामपरिवर्तन आन्दोलन एक साथ चलाए जाए, ऐसी भूमिका दलित पैन्थर के नेता रामदास आठवले, अरुण कांबळे की थी। इस भूमिका को ओ.बी.सी. संगठनों का, कम्युनिस्टों का समर्थन प्राप्त था, लेकिन सतारा के समाजवादी डाक्टर और महात्मा फुले प्रतिष्ठान, पुणे के नेताओं ने इसका विरोध किया और मण्डल आयोग के निमित्त से होने वाले एक बड़े क्रान्तिकारी आन्दोलन को महाराष्ट्र में मटियामेट कर दिया।

पहले आक्रामक तेवर अपनाने वाली पैन्थर ने इस वक्त बहुत ही सूझबूझ की नीति का परिचय दिया। दलित-दलितेत्तरों का कुछ तो सामाजिक, राजनीतिक दबाव बढ़ें, इस भूमिका को पैन्थर ने स्वीकार किया। पैन्थर के आन्दोलन से अनेक बातें हासिल हुई हैं। पैन्थर के आन्दोलन से दलित साहित्य का आन्दोलन बढ़ने लगा। गाँव स्तर तक सामाजिक अन्याय करने वालों में प्रचंड दहशत निर्मित हुई।

फिर भी दलित पैन्थर के नाते सामाजिक, सांस्कृतिक आन्दोलनों में सबसे आगे रहने वाले इस संगठन को उच्चवर्गीयों के रोजगार की गारंटी, आर्थिक प्रश्नों पर 'दलितों' को व्यापक रूप में परिभाषित करके भी आन्दोलन को व्यापक आयाम देना सम्भव नहीं हुआ। वह यहाँ की जातीयता का हिस्सा है। उच्चवर्गीय प्रगतिवादी दल-संगठनों का भी दलितों में पैन्थर की तरह रिसना सम्भव नहीं हुआ। ये दोनों की सीमाएँ हैं।

फिर भी समय-समय पर दलितों द्वारा चलाए गए आन्दोलनों को उच्चवर्गीय प्रगतिशील नेताओं ने कार्यवाही के स्तर पर यदि एकजुट होकर मदद की होती तो आज परंपरावादियों की जो ताकत बढ़ी दिखाई देती है उसे बेशक रोका जा सकता था।

दलित पैन्थर के नेता रामदास आठवले आज जिस दलित एकता की भूमिका को आत्मीयता से प्रस्तुत कर रहे हैं, यदि वह सम्भव हुई तो बेशक कुछ सन्तोषजनक हो सकता है।

शोषण का स्वरूप एक-सा ही

•

भाई रमेशचंद्र परमार

भारतीय समाज बहुत ही अपरिवर्तनशील और गतिहीन-सा है। वर्तमान भारतीय समाज भी 'शोषण' की नींव पर ही खड़ा है। यह रचना ही ऐसी है कि जिससे शोषण की नींव हमेशा के लिए टिकी रहती है। जिसके कारण तमाम समाज पूरी तरह से विखंडित होता गया। विघटन की इस प्रक्रिया के कारण समाज की सामाजिक प्रतिष्ठा मिट्टी में मिल गयी और अधिकांश लोग सामाजिक, आर्थिक, धार्मिक राजनीतिक शोषण के शिकार हुए।

कुछ असामाजिक, परंपरावादी ताकतों ने भारतीय समाज की जड़ता एवं गतिहीनता को बनाए रखने के लिए संस्कृति के नाम पर ऐसी कुछ विचारधारा का प्रसार किया कि जिससे कोई भी व्यक्ति अपने वर्तमान दौर के हालात से बगावत नहीं कर सका। संतगणों ने सामाजिक स्थिति में परिवर्तन न करते हुए आत्मा की मुक्ति के गीत रचें, शोषण मुक्ति के नहीं। गाँव-देहातों में शोषण अधिकतम की चरम सीमा पर पहुँचा दिखाई देता है। देहातों की वर्तमान हालात में बदलाव हुए बगैर किसी भी प्रकार के सुधार करना हमारे लिए संभव नहीं है।

शोषण का स्वरूप अखिल भारतीय स्तर पर एकसमान है, इसलिए ही शोषण मुक्ति की छटपटाहट अखिल भारतीय स्तर पर होनी बहुत ही जरूरी है।

दलित पैन्थर सिर्फ कोई संस्था अथवा संगठन न होकर एक विचारधारा है, एक दर्शन है। प्रत्येक स्तर पर शोषण का विरोध, वह भी लगातार करते रहने का दर्शन है। दलित समाज वह है जो रूढ़िग्रस्त विचारधारा की परंपरा के चलते सामाजिक, आर्थिक, सांस्कृतिक, राजनीतिक एवं धार्मिक शोषण का शिकार हुआ है।

डॉ. बाबासाहब अम्बेडकर के विचारों से अभिभूत हुई तमाम युवा पीढ़ी स्वतन्त्रता, बंधुता और न्याय के सिद्धांतों पर आधारित विचारों के द्वारा और लोकतांत्रिक मार्ग से विषमता के विरुद्ध, मान-अपमान, यश-अपयश की परवाह न करते हुए, दलितों की संपूर्ण शोषणमुक्ति के लिए लगातार संघर्ष करने का संकल्प करती है। जिसके

लिए वह ऐसे समाज का सपना देखती है, जहाँ दलितों को सामाजिक, आर्थिक एवं राजनीतिक न्याय मिल सके। जहाँ एक व्यक्ति, एक मत, समान मूल्य माना जायेगा।

हमारा दृढ़ विश्वास है कि, इन आदर्शों को आचरण में ढालने के कारण ही दलितों का शोषण रुककर उन्हें दोयम नागरिक नहीं माना जायेगा बल्कि उनके लिए तरक्की के सारे क्षेत्र खुले होंगे। हमारा विश्वास है कि इस मार्ग से ही वर्णविरहित, वर्गविरहित समाज निर्मिति का लक्ष्य प्राप्त किया जा सकेगा।

'दलित शक्ति यह एक सत्य है, दलित पैन्थर एक प्रतीक है, दलित मुक्ति अटल है' इस अटल विश्वास के साथ दलित पैन्थर के जरिए हम दलित-मुक्ति-संघर्ष की रूपरेखा निम्न रूपों से निर्धारित कर रहे हैं–

अ) सामाजिक, आर्थिक

दलितों के सामाजिक, आर्थिक सवाल एक-दूसरे में गुँथे हुए हैं, उन्हें एक-दूसरे से अलग करके दलित मुक्ति की कल्पना साकार करना सम्भव नहीं है। जिन कारणों से उनकी सामाजिक प्रतिष्ठा में कमी आयी है, उन्हीं कारणों से उनकी आय भी कम है। जिन्दगी जीने के लिए उन्हें घृणास्पद काम करने पड़ते हैं। सामाजिक विषमता के कारण ही आर्थिक दृष्टि से प्रतिष्ठित एवं अधिक आय देने वाले व्यवसायों से उन्हें वंचित रहना पड़ रहा है इसलिए –

1. सामाजिक एवं आर्थिक क्रान्ति एक साथ होनी आवश्यक है। सामाजिक क्रान्ति के कारण आर्थिक क्रान्ति के लिए पोषक पृष्ठभूमि निर्मित होगी।
2. सामाजिक, आर्थिक क्रान्ति के लिए परंपरागत एवं जातिगत स्वरूप ध्वस्त होना आवश्यक है। इससे ही श्रमिकों के बीच परस्पर सद्भाव का माहौल तैयार हो सकेगा।
3. आर्थिक शोषण समाप्त करने के लिए कृषिभूमि का राष्ट्रीयकरण होना बेहद जरूरी है। देहातों के सामंती माहौल के कारण खेत में हाड़तोड़ मेहनत करने वाले दलितों को बेगारी जैसी प्रथाओं का शिकार बनना पड़ रहा है। इसलिए भूमिहीन खेतिहर मजदूरों द्वारा नए उद्योग व्यवसायों का प्रावधान करना आवश्यक है।
4. कोई भी समाज सिर्फ आम मजदूरों के कारण सामाजिक, आर्थिक दृष्टि से मजबूत नहीं हो सकता। धनिक लोग लोकतन्त्र में अपने हित सम्बन्धों की रक्षा के लिए प्रशासन, अदालत, पुलीस व्यवस्था आदि क्षेत्रों में वरिष्ठ ओहदों पर अपने आदमियों की नियुक्ति से पूँजीवादी लोकतन्त्र को जिंदा रखते हैं। इस कारण दलितों का चौतरफा शोषण जारी रहता है। इसलिए इन वरिष्ठ

ओहदों पर दलितों की नियुक्तियाँ की जाए, जिसके लिए निरंतर प्रयास करने चाहिए। दलित इन ओहदों पर न पहुँचे इसलिए रखी गयी शर्तें अर्थात् एक प्रकार का षड्यन्त्र ही है।

5. दलितों का उद्योग एवं व्यवसायों में शामिल होना बेहद जरूरी है। सिर्फ लघु-उद्योगों में ही नहीं तो मध्यम स्तर के उद्योगों एवं बडे व्यापार-व्यवसायों के क्षेत्रों में भी दलितों को प्रवेश करना चाहिए। प्रत्येक बड़े उद्योग का राष्ट्रीयकरण किया जाए।
6. आरक्षित सीटों की नीति पर उचित तरीके से अमल नहीं किया जाता। उल्टे उसके बारे में वितंडवाद निर्माण कर अनुसूचित जाति एवं जनजातियों के विरुद्ध द्वेष का माहौल बनाया जा रहा है। सभी विभागों की आरक्षित सीटें भरने के लिए सरकार पर दबाव डाला जाना चाहिए और इसके बारे में सारी जानकारी सरकारी मीडिया के द्वारा जनता के समक्ष रखी जानी चाहिए।
7. पिछड़ी जातियाँ-जनजातियाँ, अन्य पिछड़े तबके के लोगों को सेवाओं में शामिल कर बची हुई आरक्षित सीटें अल्पसंख्यक एवं आर्थिक दृष्टि से कमजोर लोगों के लिए आरक्षित की जाए।
8. दलितों के लिए नए गाँवों को बसाया जाएँ, वहाँ उद्योग-व्यवसायों की सुचारू रूप से स्थापना की जाए, जिससे सामाजिक, आर्थिक शोषण नहीं होगा, नए अवसर उपलब्ध होंगे। सरकारी, अर्द्धसरकारी और प्राइवेट कंपनी के कानून लागू करने वाली संस्थाओं द्वारा आर्थिक क्षेत्र में चलाए जाने वाली सभी योजनाओं में दलितों को उनकी संख्या के अनुपात में हिस्सा दिया जाना चाहिए।
9. सभी को बाहरवीं कक्षा तक की शिक्षा मुफ्त एवं अनिवार्य रूप से दी जाएँ। शिक्षा एक ही पद्धति की एवं समतावादी हो। शिक्षा में असमानता निर्माण करने वाले पब्लिक स्कूल, कॉन्वेंट स्कूल आदि बंद किए जाए।
10. शिक्षा संस्थानों का राष्ट्रीयकरण हो।
11. श्रमिकों का शोषण रोकने के लिए बनाए गए कानून को सख्ती से अमल में लाया जाए।
12. स्त्री-पुरुषों को समान काम के लिए समान वेतन दिया जाए।
13. स्त्रियों के साथ सामाजिक स्तर पर धर्म एवं परंपराओं के नाम पर दोयम दर्जे का व्यवहार किया जाता है।
14. हर एक को रोजगार मिलना ही चाहिए। बेरोजगारी पूँजीवादी समाजरचना की फलनिष्पत्ति है।

ब) सांस्कृतिक

1. भारतीय समाज की गतिहीनता, जड़ता पर निरंतर हमला करने की आवश्यकता है तथा जन्म से सम्बन्धित असमानता नष्ट करने के लिए दर्शन का आधार लेकर नये विचार प्रस्तुत करने चाहिए।
2. गाँव-देहातों का सामाजिक-आर्थिक शोषण और जन्म से सम्बन्धित असमानता का अत्यंत लज्जास्पद, घृणास्पद चित्र दिखाई देता है। दलितों को गाँवों से निकाल कर नजदीकी शहर में अथवा किसी गाँव में बड़ी संख्या में एक साथ रहने के लिए प्रेरित किया जाए।
3. जिन विचारों के कारण शोषण एवं असमानता पैदा होकर पुष्ट होती हैं, उन विचारों के विरुद्ध निरंतर संघर्ष करने की जरूरत है, क्योंकि ऐसे विचारों के प्रसार के लिए धर्म अथवा संस्कृति का ढाल के रूप में सहारा लिया जाता है।
4. दलितों में दूसरों से दया की अपेक्षा रखने की वृत्ति दिखाई देती है। इस पद्धति की यह भावना उन्हें कमजोर बनाती है। इसलिए यह भावना नष्ट की जाए और उन्हें नवनवीन चुनौतियों का सामना करने के लिए सदैव तैयार किया जाए, इसलिए निरंतर प्रचार किया जाना चाहिए। इन आदर्शों के ध्येय प्राप्ति के लिए मराठी दलित साहित्य जैसे ही तमाम प्रादेशिक भाषाओं में नए साहित्य की निर्मिति हो और वह अधिक से अधिक लोगों तक पहुँचे। वर्तमान दौर का पूँजीवाद की प्रधानता वाला लोकतन्त्र ही सच्चा लोकतन्त्र होने का जो प्रचार किया जा रहा है, उसका वैचारिक स्तर पर विरोध किया जाना चाहिए।
5. मानवीय मूल्यों की स्थापना के लिए संस्कृति, नई ललित कलाएँ, नया सौंदर्यशास्त्र निर्मित हो। ये विज्ञान एवं मानवतावाद के आधार पर निर्मित हों। इन आदर्शों की प्राप्ति के लिए शिक्षा का प्रसार होना बेहद जरूरी है। इसके लिए कम-से-कम जिला स्तर पर एक बड़ा महाविद्यालय हो, उसके साथ जुड़ा एक छात्रालय हो जिसमें आवास की पर्याप्त व्यवस्था हो।
6. धर्म और परंपराओं के नाम पर स्त्रियों पर होने वाले अत्याचार एवं शोषण, जैसे-देवदासी तथा अन्य अमानवीय प्रथाएँ बंद होनी जरूरी हैं।

क) राजनीतिक

विभिन्न राजनीतिक दल स्वयं को दलितों के हित के रक्षक घोषित करके अपने हाथों में सत्ता सौंपने की बात कहते हैं। ऐसे लोगों के हाथों में भविष्य सौंपने के बजाय दलित खुद के मालिक बनें।

राजनीतिक ताकत के रूप में खड़े रहने के पूर्व दलितों को सामाजिक, आर्थिक एवं सांस्कृतिक दृष्टि से उन्नत होना बेहद जरूरी है, अर्थात् यह करते समय राजनीतिक ताकत को अनदेखा करके भी काम नहीं चलेगा। दलितों को इस समय अपने मित्र एवं दुश्मन की पहचान करके बहुत ही सजगता से अपनी राजनीतिक नीति-निर्धारित करनी चाहिए। सामाजिक, आर्थिक, सांस्कृतिक सफलता के लिए उन्हें अपने मित्र और उन मित्रों के साथ ही ऐसे लोग सरकार तैयार करने के लिए चुनने चाहिए, जो निरंतर सजगता से दलित मुक्ति के लक्ष्य की रक्षा करेंगे और उसके लिए राह खुली करेंगे। इसलिए–

1. दलित पैन्थर खुद को ठेठ राजनीति से दूर रखेगी।
2. पिछड़ा वर्ग की जाति-जनजातियों के प्रतिनिधियों को स्वयं के दल के प्रति ही नहीं, तो उन लोगों के प्रति भी ईमानदार रहने के लिए दबाव बनाया जायेगा जिनका वे प्रतिनिधित्व कर रहे हैं।
3. ऐसे मित्रों को सहयोग दिया जायेगा, जो दलित मुक्ति के लिए सक्रिय योगदान दे सकते हैं।
4. दलित मुक्ति ही जिनका जीवन-लक्ष्य है ऐसे दलितों को राजनीति में प्रोत्साहन दिया जायेगा।

ड) अंतर्राष्ट्रीय सहयोग

समाजिक मुक्ति के लिए आन्दोलन करने वाले लोगों को ज्यादा कुछ सहयोग नहीं मिलता, लेकिन विरोध बहुत अधिक झेलना पड़ता है। इसका कारण ऐसा है कि, राजनीतिक दबावतन्त्र के विरुद्ध आवाज उठाने वाले लोग सामाजिक दबाव तन्त्र का प्रयोग करते समय आगा-पीछा कुछ नहीं सोचते। राजनीतिक स्वतन्त्रता की माँग करने वाले लोग अपने ही लोगों को सामाजिक स्वतन्त्रता देने के लिए तैयार नहीं होते। अपने देश में अपने ही लोगों के विरुद्ध स्वतन्त्रता के लिए लड़ने वाले लोग अपने यहाँ ये लड़ाई एक छोर पर ही लड़ रहे हैं।

अपने ही देश में खुद की स्वतन्त्रता के लिए आन्दोलन करने वाले तमाम लोगों में अंतर्राष्ट्रीय स्तर पर सहयोग होना बेहद जरूरी है। इस कारण उनके ही प्रयासों को सामर्थ्य प्राप्त होगी ऐसा नहीं है, बल्कि अंतर्राष्ट्रीय स्तर पर उनके लिए अनुकूल माहौल तैयार होगा, और अपने अधिकारों के विषय में उचित भूमिका अपनाने वाले लोगों का एक वर्ग उनको संघर्ष में मदद करेगा। इसलिए दलित पैन्थर अंतर्राष्ट्रीय स्तर पर ऐसे तमाम लोगों से मित्रता का सम्बन्ध रखेगी, जो अपने ही लोगों की ओर से न्याय एवं स्वतंत्रता प्राप्ति के लिए लड़ रहे हैं।

इ) कार्य

दलित मुक्ति का संघर्ष विशुद्ध मानवतावादी और शोषित, पीड़ित लोगों की मुक्ति का गैर-राजनीतिक सांस्कृतिक संघर्ष है। इसमें तमाम मानवतावादी लोगों का सहयोग अपेक्षित है। दलित समाज इसमें शामिल होकर ही खुद की मुक्ति का मार्ग निश्चित कर सकेगा।

इस मुक्ति संघर्ष में ऐसे तमाम लोग जो दलित मुक्ति संघर्ष के बारे में सहानुभूति पाले हुए हैं, जो दलित मुक्ति के लिए प्रत्यक्ष कृति करने के लिए तैयार हैं, जिनका आचरण प्रत्यक्ष अथवा अप्रत्यक्ष रीति से दलितों के शोषण के लिए उत्तरदायी नहीं है, उसी प्रकार जो दलितों के शोषण के लिए उत्तरदायी दर्शन एवं आदर्शों के विरुद्ध संघर्ष करने में लगे हुए हैं, वे दलितों के मित्र माने जाएंगे। जो लोग दलितों का शोषण करने वाली सामाजिक व्यवस्था के पोषक हैं, वे दलितों के दुश्मन हैं। दलितों का सच्चा दुश्मन कोई व्यक्ति अथवा व्यक्ति समूह नहीं है बल्कि दलितों का सामाजिक, आर्थिक, सांस्कृतिक एवं राजनीतिक शोषण जिस विचारधारा के कारण, आदर्शों के कारण एवं समाज रचना के कारण होता है, वे तमाम दलितों के दुश्मन हैं। इसलिए ही–

1. दलितों को प्रत्येक स्तर पर संगठित किया जाना चाहिए, जैसे-छात्रों को उनके स्तर पर, कामगारों को (सरकारी, गैर-सरकारी, संगठित, असंगठित) उनके स्तर पर संगठित करना आवश्यक है।
2. संगठन का कार्य छोटे-छोटे गुटों के माध्यम से शुरू किया जाए।
3. कार्यकर्ताओं को इस प्रकार प्रशिक्षित किया जाए, जिससे वे दलित पैन्थर का कार्य बड़े शिद्दत और जोश से कर सकेंगे।
4. दलितों के हितों की रक्षा के लिए याचना का मार्ग छोड़ देना चाहिए, और अदालत एवं अन्य लोकतांत्रिक मार्गों को अवलंब किया जाना चाहिए।
5. आन्दोलन सफल होने के लिए निधि निर्माण बेहद जरूरी है। प्रत्येक दलित द्वारा सालभर में कम-से-कम एक दिन का वेतन इसके लिए दिया जाए। इसके सिवाय सदस्यता शुल्क अतिरिक्त लिया जायेगा।
6. इन आदर्शों के अनुसार अखिल भारतीय, उसी प्रकार आँचलिक स्तर पर व्यापक कार्यक्रम आँककर उन्हें प्रत्यक्ष कार्यान्वित किया जाना चाहिए।

‘दलित पैन्थर’ : दलित मुक्ति का आन्दोलन

•

बापूराव पखिड्डे

1. ‘दलित पैन्थर’ दलित मुक्ति का आन्दोलन है। दलितों के खुद के बलबूते पर चलाया गया आन्दोलन जिसका लक्ष्य दलितों की स्थिति में सिर्फ सुधारों का ही नहीं, बल्कि समूल परिवर्तन का भी रहा है। भारत में घटित होने वाली भविष्य की बेताब क्रान्ति। इसलिए दलित पैन्थर के कार्यकर्ताओं ने वर्तमान स्थिति, उपलब्ध संसाधन, संभाव्य दिक्कतें आदि का गंभीरता से अध्ययन, विश्लेषण करके अपने लक्ष्य की ओर यात्रा करना जरूरी है। यह लंबे अरसे तक चलने वाला आन्दोलन है, इसे ध्यान में रखकर ही संघर्ष की मानसिक तैयारी जरूरी है।
2. दलित पैन्थर के आन्दोलन की जो तात्त्विक भूमिका है, वह डॉ. बाबासाहब अम्बेडकर के दर्शन से उदित हुई है। इसके लिए प्रत्येक पैन्थर को डॉ. बाबासाहब अम्बेडकर के जीवन-दर्शन का गहराई से अध्ययन करना बहुत ही जरूरी है। डॉ. बाबासाहब अम्बेडकर के लिखे ग्रन्थों का अध्ययन, उनके भाषणों सम्बन्धी मनन एवं उनके द्वारा रखे गये विचारों को अलग-अलग दृष्टिकोणों से होने वाले वैचारिक अध्ययन के द्वारा पैन्थर के कार्यकर्ताओं को खुद को तैयार कर लेना चाहिए।
3. दलित पैन्थर का आंदोलन वैचारिक चर्चाओं तक ही सीमित न होकर कृतिशील आन्दोलन है। वह प्रत्यक्ष ‘ऑक्शन प्रोग्राम’ है। इसलिए अपनी-अपनी ‘ऑक्शन’ की स्पष्ट परिभाषा जनता को बता देनी चाहिए। पैन्थर का आज का आन्दोलन आक्रामक नहीं है। दलित आज तक समर्पण करता आया है। दलितों को खुद की मुक्ति के लिए प्रत्येक स्तर पर प्रतिकार करने के जरूरत है। दलित जब तक अपने शोषणकर्ताओं के मार्ग में बाधाएँ उत्पन्न नहीं करेंगे, तब तक शोषणकर्ता बेखौफ होकर उनका शोषण करते ही रहेंगे। प्रतिरोध की प्रवृत्ति के कारण दलितों में आत्मविश्वास का निर्माण होगा। उनकी शक्ति

जाग्रत हो जायेगी। और शोषणकर्ताओं को अपने आचरण पर विचार करना जरूरी पड़ जायेगा।

4. दलितों को अपनी लक्ष्य प्राप्ति के लिए लड़ाकू (मिलिटंट) होना बेहद जरूरी है, लेकिन दलितों की यह लड़ाकू वृत्ति यानी हिंसाचार (वायोलन्स) नहीं, यह पैन्थर के कार्यकर्ताओं को स्पष्ट रूप से बताने की जरूरत है। दलित पैन्थर ने दलितों में निर्मित हुई लड़ाकूवृत्ति को 'हिंसाचार' संबोधित करके गलतफहमी का माहौल बनाया जा रहा है। दलित पैन्थर का आन्दोलन कुछ मात्रा में न समझने के कारण ऐसी मिथ्या कल्पनाएँ फैलाई जा रही हैं, लेकिन ऐसी स्थिति अधिकांश समय जानबूझकर बनायी जाती है।

   दलित पैन्थर के कार्यकर्ताओं को आम जनता को, विशेषत: दलितों को, यह स्पष्ट रूप से बताना जरूरी है कि दलित पैन्थर हिंसाचारी आन्दोलन नहीं है और न ही उनका आन्दोलन हिंसा को जन्म देने वाला। दलित पैन्थर दलितों के अधिकार के लिए निश्चित रूप से सजग है। उनका हर स्तर पर शोषण का विरोध करता है और अन्याय के आगे वे कभी भी घुटने नहीं टेकेंगे। इस प्रकार की ठोस भूमिका पैन्थर में लड़ाकू वृत्ति का निर्माण करती है। इस लड़ाकू वृत्ति में किसी भी प्रकार के हिंसाचार को स्थान नहीं दिया है, यह हम आग्रहपूर्वक कहें।

5. दलितों की वर्तमान स्थिति पर चौतरफा विचार किया जा रहा है। इससे केवल प्रचारात्मक साहित्य ही निर्मित किया जा रहा है, जिससे मिथ्या कल्पनाएँ होने की संभावना है। इसलिए इस साहित्य का अध्ययन होना बेहद जरूरी है। इस अध्ययन के कारण दलित पैन्थर के कार्यकर्ताओं को एक ओर स्वयं के लाभ की चार बातें समझनी होंगी, तो दूसरी ओर दलित-मुक्ति का झूठा प्रचार करने वालों का भंडाफोड़ करना सम्भव होगा।

6. दलितों के लिए भरसक कार्य किए जाने का भरपूर प्रचार राजनीतिक स्तर पर किया जा रहा है। ऐसा प्रचार केवल सरकारी व्यवस्था के द्वारा ही नहीं, बल्कि प्रत्येक बड़े राजनीतिक दल की ओर से किया जाता है। इस प्रचार के कारण ऐसा भ्रम उत्पन्न होता है कि भारतीय राजनेता दलितों की दु:खदायी स्थिति के कारण बहुत ही दु:खी हैं और लोगों का दु:ख दूर करना ही उनकी प्राथमिक जरूरत बन गयी है। ऐसे प्रचार का भी पैन्थर को अध्ययन करना चाहिए। राजनीतिक दलों का प्रचार एवं कार्य का विश्लेषण करके दलितों को यथार्थ की जानकारी देने से राजनेताओं के प्रचार का खोखलापन सिद्ध किया जा सकेगा और दलितों को गलत मार्ग से प्रवृत्त किया जा सकेगा।

7. दलितोद्धार के लिए आंकी गयी सरकारी योजनाओं का सर्वांग अध्ययन करना भी बेहद जरूरी है। सरकारी प्रचार की बौछार के कारण अनेक उच्चवर्गीयों की ऐसी धारणाएँ बनती जा रही हैं कि सरकार उनका हित बगल में रखकर दलितों को ही सहयोग दे रही हैं। सरकारी प्रयासों का उचित मूल्यांकन करके पैंथर्स के कार्यकर्ता वास्तविक स्थिति को आम जनता के समक्ष रखकर उपरोल्लेखित धारणा का खण्डन कर सकेंगे, उसी के साथ सरकार को भी उनकी योजनाओं की त्रुटियों और दलितों तक रिसने वाली वास्तविक मदद के बारे में जानकारी दे सकेंगे। इसी राह से दलितों को सरकारी योजनाओं का प्रत्यक्ष लाभ दिलाया जा सकता है।
8. दलितों के बारे में दयाभाव रखकर दलितोद्धार के लिए कार्य करने वाले दलितेतरों का एक बड़ा तबका है। उन्हें रोकना सम्भव नहीं है, और उनकी उपेक्षा भी नहीं की जानी चाहिए, लेकिन उनके प्रयासों के कारण यदि दलित मुक्ति को नुकसान पहुँच रहा हो तो दलितों को उनसे सजग करना जरूरी है। दलित पैन्थर के कार्यकर्ताओं ने दक्ष होकर ऐसे प्रयासों पर नजर रखना महत्त्वपूर्ण समझा है।
9. दलितों में एक ऐसा तबका है, जो अपनी आधुनिक विचारधारा के कारण दलित मुक्ति का ध्येय तुच्छ एवं बहुत ही संकुचित मानकर उसकी उपेक्षा करता है। उन्हें ऐसा लगता है कि मध्यवर्गीयों की आर्थिक लड़ाई में साथीदारों के साथ लड़ने से ही दलितों की समस्याएँ हल होंगी। ऐसे तमाम सहयोगियों की गलत फहमियों को दूर करके उन्हें यह समझा देना जरूरी है कि भारत के प्रमुख मार्क्सवादी विचारक भी अब इसे समझने लगे हैं कि भारत में वर्ग संघर्ष जैसा ही वर्ण संघर्ष भी आवश्यक है और वर्ग संघर्ष का नेतृत्व दलित जितने असरदार तरीके से कर सकते हैं, उतना अन्य कोई भी नहीं कर सकता।
10. दलितों में एक तबका ऐसा भी है कि जिसमें चेतना मौजूद है। दलितों को अस्मिता पुष्पित करने की उसकी तीव्र इच्छा है लेकिन इस वर्ग को प्रत्येक व्यक्ति खुद ही सार्वभौम नेतृत्व देने की मंशा रखता है। इसका ही परिणाम है कि बिना अनुयायी वाले नेताओं की बहुत बाढ़ आ गयी है। हरेक नेता अखिल भारतीय संस्था का नेतृत्व करने की भाषा बोलता दिखाई दे रहा है, भले ही उसकी संस्था का कार्यक्षेत्र उसके मुहल्ले के बाहर न गया हो। दलित पैन्थर के कार्यकर्ताओं को इस बात का ध्यान रखना चाहिए कि उनका हेतु पाक हो भी तो बिखरे होने के कारण उनका रत्तीभर भी प्रभाव पड़ता दिखाई

नहीं देता जिससे दलित मुक्ति का लक्ष्य हासिल करने में बाधाएँ उत्पन्न हो रही हैं।

जिनमें उत्साह, चेतना है, ऐसे तमाम दलितों को दलित मुक्ति के लिए, दलित पैन्थर की मदद करने के लिए, पैन्थर के कार्यकर्ताओं को प्रेरित करना चाहिए। दलित पैन्थर किस रूप में दलित मुक्ति का आन्दोलन अधिक प्रभावी रीति से चला सकती है और आज कैसे पैन्थर के महत्त्व का सभी को एहसास हो रहा है, यह भी दलित पैन्थर के कार्यकर्ताओं को स्पष्ट रूप से बता देना चाहिए।

11. दलितों में ऐसा भी एक वर्ग है जिसका दामन थामकर और उसे राजनीतिक लाभ देकर राजनीतिक दल अपने विचारों का प्रचार दलितों में करता है। ऐसे वर्ग की लगाम अक्सर दूसरों के हाथों में होने के कारण यह तबका दलितों के उद्धार से अधिक खुद के मालिक के लाभ के लिए ही अधिक काम करता है।

ऐसा तबका आज के दौर में आकार और ताकत की दृष्टि से बड़ा है। यही तबका आज दलितों को गुमराह करके उनके छोटे-छोटे गुट बना रहा है। इसलिए ही पैन्थर के कार्यकर्ताओं को ऐसे दलित-राजनेताओं का असली चेहरा सामने लाना चाहिए और उनकी दांभिक वृत्ति, खोखलापन से दलितों को सतर्क कराना चाहिए। ऐसा करते वक्त आज की राजनीतिक दलित-मुक्ति के लिए कैसे अपर्याप्त हैं, यह पैन्थर के कार्यकर्ताओं को समझा देना चाहिए। राजनीतिक बल का प्रयोग करने की ताकत ही सच्ची राजनीतिक शक्ति है।

आज विशेष प्रतिनिधि के नाम पर लोकसभा और विधानसभाओं में जो दलितों के प्रतिनिधि दिखाई देते हैं, वे राजनीतिक दृष्टि से दलित ताकत का वास्तविक प्रतिनिधित्व नहीं करतें। वे केवल नाममात्र, निर्जीव, चेतनाहीन प्रतिनिधित्व है। उसके बारे में ऐसा कहा जा सकता है कि वे ऐसे बम हैं, जिनको एक तो फ्यूज ही लगा नहीं है, अथवा जो फ्यूज लगाए गये थे, वे निकाल दिए गये हैं।

12. इस पद्धति से माहौल साफ करके और खुद को स्वयंसिद्ध करके अधिक से अधिक लोगों का सहयोग लेकर, दलित पैन्थर के कार्यकर्ताओं को कड़े अनुशासन का पालन करते हुए दलित मुक्ति के कार्य को प्रारंभ करना चाहिए। आज अनुशासन का पालन बहुत बड़ी समस्या बन गयी है। लेकिन दलित पैन्थर के कार्यकर्ताओं को यह स्पष्ट रूप से समझ लेना चाहिए कि कदाचित अनुशासन के अभाव में भी वे आन्दोलन कर सकेंगे, लेकिन उससे तमाम

दलित मुक्ति का लक्ष्य कभी भी साध्य नहीं किया जा सकेगा। अनुशासन का पालन करते हुए चलाया गया दलित पैन्थर का आन्दोलन ही दलित मुक्ति का लक्ष्य प्राप्त कर सकता है।

13. दलित मुक्ति के लिए कार्य करने वाले पैन्थर के इन कार्यकर्ताओं को मोटे तौर पर दो हिस्सों में विभाजित किया जा सकता है। एक सक्रिय कार्यकर्ता, दूसरा सहानुभूति जताने वाले कार्यकर्ता। दूसरे प्रकार के कार्यकर्ताओं का आँकड़ा बड़ा हो सकता हैं। ऐसे कार्यकर्ताओं का कुछ भी महत्व नहीं है, ऐसा महसूस होने की संभावना है। लेकिन वास्तविकता बिल्कुल इसके विपरीत है। यथार्थ में यह ऐसा तबका है जो कि किसी आन्दोलन के लिए आवश्यक संसाधन मुहैया कराता है, उसके लिए उचित माहौल निर्माण करता है और मूल्यों की रक्षा करता है। इस कारण ऐसे तबके के विस्तार पर ही किसी भी आन्दोलन की सफलता अवलंबित होती है। इसलिए ही हमें ऐसा वर्ग बनाना है। पहली पद्धति के कार्यकर्ताओं को भी दो वर्गों में विभाजित किया जा सकता है।

एक तबका इस आन्दोलन का नेतृत्व करेगा और दूसरा तबका नेतृत्व की वैचारिक रचना करेगा। वैचारिक चिंतन करने वाला तबका जनता के समक्ष न आने के कारण आम लोग उनका महत्व नहीं समझेंगे। इस वजह से ऐसे तबके की धारणा हो सकती है कि, उनके कार्य का जनता उचित मूल्यांकन नहीं कर रही है। जिससे इस तबके में निराशा का माहौल बनने से कार्यकर्ता की कार्य से मुँह मोड़ लेने की संभावना होती है।

दलित मुक्ति के लिए कार्य करने वाले पैन्थर कार्यकर्ता ऐसी स्थिति का शिकार न हो। वे एक बात हमेशा ख्याल रखे कि किसी भी मजबूत इमारत की नींव में कुछ अदृश्य पत्थर होते हैं। हममें से कुछ लोगों को ऐसी नींव के पत्थर बनना ही है।

14. नेतृत्व करने वाला तबका ही वास्तव में सबसे अधिक जिम्मेदार तबका होता है। फिर वह नेतृत्व वार्ड (प्रभाग) स्तर का, जिला स्तर का, राज्य स्तर का, अथवा अखिल भारतीय स्तर का हो। इसी वर्ग को लक्ष्य प्राप्ति के लिए जनता से मिलजुलकर कार्य करना पड़ता है। इसीलिए इस तबके में बहुत ही सजगता, चारित्रिक आदर्श कल्पना, लोगों का विश्वास संपादित करने की क्षमता और वैचारिक सूझबूझ होना बेहद जरूरी है। उसी प्रकार प्रत्येक स्तर पर निरंतर विचार विनिमय और संगठित कार्य करने की प्रवृत्ति होनी जरूरी है।

15. दलित पैन्थर की छोटी इकाई यानी 'शाखा', जिसमें कम-से-कम ग्यारह सक्रिय सदस्य हों। तहसील की शाखाओं का संगठन प्रखण्ड-स्तर पर और जिले के विभिन्न प्रखण्डों का संगठन जिला-स्तर पर किया जाता है। किसी भी जिले में दलित पैन्थर का संगठन कुछ स्थानीय उत्साही कार्यकर्ताओं के सहयोग से किया जा सकता है। ऐसे उत्साही कार्यकर्ताओं को केन्द्रीय नेतृत्व की ओर से पैन्थर की विचारधारा, कार्यक्रम और मार्गदर्शन प्राप्त हो सकता है, लेकिन प्रत्येक जिला स्तर की स्थिति का विस्तृत अध्ययन किया जाना बेहद जरूरी है, जैसे-गाँव की कृषि भूमि और दलितों का कृषि से जुड़ा संबंध, उनकी समस्याएँ, दलितों का अनुपात, दलितों की सामाजिक, आर्थिक स्थिति, शहरों की जनसंख्या एवं उसमें दलितों का अनुपात, दलितों की रोजगार विषयक समस्याएँ, शिक्षा में दलितों की स्थिति, सरकारी कार्यालयों में दलितों की स्थिति आदि।

सरकार को जिला स्तर पर, जिला प्रशासन के जरिए चलाए गये दलितों के उत्थान के कार्यक्रम और दलितों को प्राप्त होने वाला प्रत्यक्ष लाभ का संपूर्ण और निरंतर अध्ययन करना चाहिए और वह जानकारी अंचल के नेतृत्व के जरिए केन्द्रीय नेतृत्व तक पहुँचाकर दलित पैन्थर की विचारधारा और नीति तथा लक्ष्य के अनुरूप कार्यक्रम आँकना चाहिए। प्रारंभिक कार्यकर्ता इस पद्धति का अध्ययन करेंगे और कार्य को गति देने के लिए शाखाओं का संगठन करके जिला स्तर के नेतृत्व को मजबूती प्रदान करेंगे।

16. दलित पैन्थर का लक्ष्य अधिक प्रभावी व पूर्ण रीति से साध्य करने के लिए जिला स्तर पर भी चिंतन करने वाला एक तबका सदैव चिंतन करेगा। इस रीति से चिंतनशील सक्रिय कार्यकर्ता भी खुद के लिए एक विशिष्ट पद्धति का चिंतन क्षेत्र चुनकर उसके बारे में अपना विचार रख सकेंगे। इस पद्धति से सक्रिय कार्यकर्ता प्रत्येक विशिष्ट क्षेत्र के लिए खुद को समर्पित करेंगे।

जैसे-कुछ कार्यकर्ता केवल देहातों के लोगों के लिए ही, तो कुछ कार्यकर्ता कामगार संगठन एवं छात्र गुटों में कार्य करेंगे। कुछ सक्रिय कार्यकर्ता बुद्धिजीव तबके को अपना कार्यक्षेत्र निर्धारित कर सकेंगे। इस प्रकार के कार्यों के माध्यम से कार्यकर्ताओं को अपनी क्षमता का प्रदर्शन करने का मौका मिलेगा।

17. जिला स्तरों के ऐसे तमाम कार्यकर्ताओं में से राज्यस्तरीय कार्यकर्ताओं में से अखिल भारतीय स्तर का नेतृत्व किया जा सकेगा।

18. दलित जनता का विश्वास और समर्थन प्राप्त करने के लिए दलित पैन्थर के कार्यकर्ता दलितों को प्राप्त कानूनन अधिकारों का लाभ दिलाने के लिए

संघर्ष करके अपना कार्य शुरू कर सकेंगे। प्राप्त कानूनन अधिकारों का उपभोग करने की लड़ाई आसान है और उसमें सफलता निश्चित हासिल हो सकती है। ऐसी सफलता से ही आम दलितों का नेतृत्व बल ऊँचा किया जा सकेगा।

19. दलित मुक्ति का लक्ष्य हासिल करने के दौरान पैन्थर के कार्यकर्ताओं को अपना कार्य सिर्फ दलितों तक ही सीमित नहीं रखना चाहिए और न ही आम जनता के हितों की ओर नजरंदाजी करनी चाहिए। हमारा लक्ष्य केवल दलित मुक्ति सिर्फ दलित मुक्ति ही है, हम इस बात को कभी भी न भूलें।

20. दलित मुक्ति का आन्दोलन विशुद्ध मानवतावादी और सिर्फ देशहितवाद है। आज के दौर में दलितों के मित्र बहुत कम हैं। जो मित्र हैं, उनके हालात बहुत ही विचित्र हैं। इच्छा होकर भी दलित मुक्ति के आन्दोलन में वे एक विशिष्ट सीमा के परे खुद शामिल नहीं हो सकते हैं और न ही मदद कर सकते हैं। हम उनसे इस प्रकार की अपेक्षाएँ रखें ये वाजिब भी नहीं है अथवा उनके बारे में शिकायत भी नहीं करनी है। हाँ, लेकिन उनके द्वारा दिए जाने वाले सहयोग की उपेक्षा भी नहीं करनी है। अतः ऐसा करते वक्त हमें बेहद सावधानी बरतनी होगी।

21. दलित मुक्ति का सपना सीने से बाँधकर दलित पैन्थर की अगुवाई में कार्य करने की इच्छा रखने वालों में कार्य करते समय अनुशासनबद्ध कार्य करने की आदत न होने के कारण, विशिष्ट परिधि में कार्य करते समय शुरुआत में दिक्कतें आ सकती हैं। उबकाई भी आने की संभावना है, लेकिन हमें संयम रखकर लक्ष्य को हासिल करना है।

22. आज हमारे देश में प्रेरणादायी नेतृत्व का अभाव है। देशप्रेम और सार्वजनिक हितों की घोषणा के नाम पर हुकूमत काबिज करने की घिनौनी हरकतें चल रही हैं। सत्ता प्राप्ति की इस प्रतियोगिता में सभी शामिल हुए हैं और जिनके हाथ में हुकूमत की डोर आएगी वे आम जनता को नारेबाजी के नशे में डुबोकर बहुत ही थोड़े लोगों के हितों के काम करेंगे।

सत्ता प्राप्ति की लड़ाई में यही लोग विशिष्ट वर्ग के लोगों के हितों की रक्षा करते हैं। ऐसी स्थिति में आम जनता में असन्तोष फैलना स्वाभाविक है। यह असन्तोष अलगाववाद की प्रवृत्ति को जन्म देता है, लेकिन इसी स्थिति के कारण दलित लोगों में डॉ. बाबासाहब अम्बेडकर के विषय में श्रद्धा निश्चित ही बढ़ेगी और उनके नाम के इर्दगिर्द ऐसे लोगों का जमावड़ा लग जायेगा। पैन्थर के कार्यकर्ताओं को इस माहौल पर ध्यान रखना चाहिए।

23. दलित मुक्ति का लक्ष्य आँखों के सम्मुख रखने वाले दलित पैन्थर के कार्यकर्ताओं को इस बात को भी समझ लेना चाहिए कि दलितों की आज की पीढ़ी अपनी मुक्ति के लिए अनिश्चितकाल तक नहीं रुक सकेगी, इसलिए पैन्थर के कार्यकर्ताओं को खुद को समयबद्ध कार्यक्रमों के लिए तैयार कर लेना चाहिए। बहुत जल्द ही हम अपने मुक्तिदाता डॉ. बाबासाहब अम्बेडकर की जन्मशती मनाने वाले हैं। आइए, चलें! ऐसा संकल्प करें कि आगामी जन्मशती हम दलित मुक्ति के उत्सव से ही मनाएँगे।

मानवता की स्थापना के लिए दलितों का प्रतिरोध

•

सुधीर बेडेकर

दलित पैन्थर का जन्म और विकास यह एक बहुत महत्त्वपूर्ण घटना है। जिन कारणों से पैन्थर का जन्म हुआ वे आज भी मौजूद हैं। तमाम भारतीय समाज और उसमें भी महाराष्ट्र का समाज किसी तूफान में घिरी जैसी उत्पात की दशा को भुगत रही है। सत्ताधारी वर्ग और उनके दलालों के दिवालियापन का पर्दाफाश हो रहा है, जिसे समाज में देखा जा सकता है। नई रोशनी से चौंधिया गयी आँखें, उसी रोशनी में अब खुद का और इस समाज का नंगापन देख रही हैं। इस वर्तमान हालात की नई समझ के तीन पहलु हैं समाज की जड़े और तने के भीतरी अंतर्विरोध बहुत तनावपूर्ण बनने के कारण तीन पद्धति के चित्र निर्मित हो रहे हैं। एक तो मुट्ठीभर लोगों के स्वार्थ, नियंत्रण शक्ति और तद्‌जन्य रचनात्मक अवरोधों के कारण अर्थव्यवस्था कुंठित हो गयी है! बढ़ती गरीबी, बेरोजगारी, महँगाई और सूखे की मार के कारण भोगे जाने वाले असीम दुखों के कारण बड़े पैमाने पर ग्रामीण, गरीब, शहरी मजदूर और मध्यवर्ग भी सड़क पर आ रहे हैं।

दूसरी बात ऐसी है कि भारतीय संस्कृति की नींव परंपरागत सामंती हिन्दू मनोवृत्ति वाली होगी या समता और विज्ञान को प्रमाण मानने वाली एक नई जीवन दृष्टि होगी? इस सवाल का निपटारा हो गया है। गौरी गणपति, रजनीश, दत्ता बाळ, जन्माष्टमी और रामनवमी या विज्ञान का प्रकाश और मानवतावादी भौतिकवाद? दलितों, आदिवासियों, स्त्रियों को निम्न स्तर का मानने वाली दमनकारी जाति व्यवस्था, ब्राह्मणी संस्कृति या समता पर आधारित नई संस्कृति? महाराष्ट्र में एक ओर देवी-देवता, धर्म और उत्सवों का पागलपन बढ़ रहा है, दलितों के विरुद्ध अत्याचार बढ़ रहे हैं, तो दूसरी ओर मानवता के अधिकार का उपयोग करने के लिए दलितों का प्रतिरोध बढ़ रहा है।

तीसरी बात यानी, राजनीतिक सत्ता का मौजूदा वितरण। लोग इसे नामंजूर कर रहे हैं। सूखे के कारण शासन व्यवस्था के दमनतन्त्र का स्वरूप खुलेपन से उनके देखने में आया है। सामंती सांप्रदायिक ग्राम रचना, नौकरशाही का बोझ, कोर्ट-कचहरियों का सरेआम वर्गीय स्वरूप, पुलीस और सैनिकों का अवाम विरोधी रूप तथा भ्रष्ट सत्तालोलुप

शासनकर्ताओं के वर्गीय हित सम्बन्धों के कारण इस देश में सच्चा लोकतन्त्र अस्तित्व में नहीं है, इसका अब आम आदमी को तो एहसास हो रहा है। यह राज्य उन्हीं का है, अपना नहीं, इसे अब वह बोल रहा है।

ऐसी विपदाओं से भरे दौर में तीव्रतर हुए ये तीनों संघर्ष और विशेषकर सांस्कृतिक संघर्ष पैन्थर की निर्मिति का वस्तुनिष्ठ कारण है।

जनसमूह के इस व्यापक असन्तोष को संगठित और सूत्रबद्ध आकार देने के लिए आज क्रान्तिकारी संगठन मौजूद नहीं है, पैन्थर के जन्म का यह दूसरा कारण है। 'ऐसी कोई भी विपदा नहीं होती, जिससे सत्ताधारी वर्ग रास्ता नहीं निकाल पाता', 'ऐसा लेनिन ने कहा था। यदि असन्तोष को फौलादी संगठन का हथियार, मजबूत शास्त्रीय विचारों और दाँवपेच का दिमाग प्राप्त हुआ तो वह अपने लाखों कदमों से सत्ताधारियों पर धावा बोल सकता है। तभी विपदा निर्णायक सिद्ध होगी। यदि आज ऐसा दल अथवा संगठन मौजूद होता तो महाराष्ट्र में उसका कार्य किस तरह का रहा होता? मजदूर, किसानों के बढ़ते आर्थिक आन्दोलन एकता से, संगठित होकर और उग्रता से चलाना, सांस्कृतिक संघर्ष में अग्रगामी रहकर सामंतवाद विरोधी लोकतांत्रिक प्रवाह से समरस होना और सत्ता के समानांतर ताकत खड़ी करना, ऐसा उसका कार्य दिखाई दिया होता। मजदूरों के नेतृत्व के लिए बुनियादी, तमाम क्रान्ति के लिए एकता का दस्ता निर्माण कर सकें, ऐसा दल आज महाराष्ट्र में मौजूद नहीं है।

इसीका परिणाम है कि मौजूदा असन्तोष के कोसों दूर फेंके गये, सबसे सजग और तैयार युवक आज स्वतन्त्र रीति से संगठित हो रहे हैं। समाजवाद मानने वाले, मार्क्स-लेनिनवाद मानने वाले प्रमुखता से रिपब्लिकन दल से आये, अपने निर्दलीय, स्वतन्त्र संगठन का निर्माण कर रहे हैं। महाराष्ट्र में अगामी कुछ सालों में राजनीति में उन छोटे लेकिन जिद्दी संगठनों को महत्त्व प्राप्त होगा यह निश्चित है। पैन्थर की निर्मिति और महत्त्व इसी सन्दर्भ में है।

मैं यहाँ तफसिलात में नहीं जाना चाहता। 'वाम दलों की सामाजिक सवालों के प्रति उदासीनता उपर्युक्त अर्थ में पैन्थर की निर्मिति के लिए जिम्मेदार है। उनकी व्यापक हार और उसी के एक हिस्से के रूप में सांस्कृतिक संघर्ष की ओर नजरंदाजी, इस दृष्टि से इसकी ओर देखा जाना चाहिए। रिपब्लिकन दल की गुटबाजी ही नहीं तो इस दल के समग्र वैचारिक, संगठनात्मक, नीतिगत स्वरूप को आज का सांस्कृतिक संघर्ष वहन कर सकेगा, यह मुझे महसूस नहीं है। यदि चार-पाँच गुट एकजुट हो गये तो भी उसे कोई महत्त्व नहीं प्राप्त होगा। पैन्थर की जरूरत फिर भी रहेगी ही। रिपब्लिकन दल सतही राजनीति, चुनाव, वोट, तत्त्वहीन गठबंधन में लिप्त हैं। शिक्षित मध्यवर्गीय बौद्ध लोगों की संकुचित आकांक्षाएँ उनमें प्रमुखता से विद्यमान हैं और गाँव-देहातों में तथा शहरों की झोपड़पट्टियों में रहने वाली दलित जनता से वह दल अब कट गया

है। इस कारण रिपब्लिकन दल और पैन्थर की नीति में अंतर है। पैन्थर वाले ज्यादा ही आक्रामक, लड़ाकू और नए विचारों एवं राहों के अन्वेषी हैं। बाबासाहब के भी आगे एक कदम चलने की आलोचनात्मक वृत्ति उनमें विद्यमान है।'

उपरोल्लेखित सांस्कृतिक खलबली के कारण अभिजन मध्यवर्गीय संस्कृति को दी गयी चुनौती के जरिए दलित साहित्य और प्रगतिवादी साहित्य का जन्म हुआ है। दलित साहित्य द्वारा उत्पन्न माहौल और लोग, निश्चित ही पैन्थर वालों के लिए पुष्टिकर साबित हुए। साहित्यिक क्षेत्र के आन्दोलन को सड़क पर लाकर उसे राजनीतिक स्वरूप पैन्थर वालों ने ही दिया। वैचारिक भूमिका की टोह लेते हुए पैंथर्स राह चल रहे हैं। लड़ाकू, विद्रोही और अन्याय के प्रतिरोध से पैन्थर की शुरुआत हुई, लेकिन यह उग्रता कर सके, आज के जटिल और दुर्गम स्थिति में उग्रता का वास्तविक अर्थ प्रवाहित हो सके, ऐसी विचारधारा खोजना और स्वीकारना मुश्किल है। दलित राजनीति की आज तक की परंपराएँ, क्रान्तिकारी आन्दोलनों के बारे में दुराग्रह और विचारों की अपेक्षा भड़कीली भावनाओं को मिलने वाली प्राथमिकता इन सारी बातों का बोझ हटाकर पैंथर्स को विचारों की राह चलना है।

पैंथर्स के भीतर विद्यमान दो धाराओं पर विचार करना पड़ता है। इनमें से एक धारा वाम विचारों को मानने वाली है जो जिम्मेदार, ईमानदार, राजनीतिक कार्यकर्ताओं की व्यापक एवं उन्नत दृष्टि के जरिए आकार ग्रहण कर रही है। दूसरी धारा अलबत्ता पुराना बोझ अब भी कंधों पर सँभाले हुए है। बौद्ध धर्म का अतिरिक्त गुणगान, वाम एवं मार्क्सवादी ताकतों के विषय में दूरी एवं पूर्वाग्रह, दूसरी धारा के लोगों में विद्यमान है। उसी प्रकार से वे हिन्दू धर्म को दुश्मन मानते हैं और आर्थिक, राजनीतिक प्रश्नों के बारे में ठोस विद्रोही भूमिका अपनाने से हिचकचाते हैं। दलितों को अलग रखने का इच्छुक, नेतृत्व की लालसा, दुराग्रही एवं असमंजस ऐसी यह जातिवादी धारा है। जितने अनुपात में पैंथर्स इस हिस्से को फेंककर खुद एकांगीपन से छुटकारा प्राप्त कर लेगी, उतने ही अनुपात में उसकी छलाँग दूर तक जायेगी।

शुरुआती दौर में जुलूस, प्रदर्शन, प्रचारसभा, दहशत स्थापित करना, मनुस्मृति दहन ऐसी घटनाओं से पैंथर्स का प्रभाव व्यापक हुआ। इसके दो परिणाम हुए हैं। एक तो मजबूत और ठोस कार्यकर्ताओं की फौज संगठन के पास सामूहिक समर्थन के अनुपात में मौजूद नहीं है। पैंथर्स का थोड़ा-सा बिखरा हुआ स्वरूप आ गया है। कार्यकर्ता विचारों एवं निष्ठापूर्वक मजबूती से नहीं बाँधे गये हैं। संगठन को आकार देना, निधि और कार्यक्रमों की सुचारु व्यवस्था में चलाना, और मुख्य बात यानी कार्यकर्ताओं को राजनीतिक शिक्षा देकर, उनको भूमिका समझाकर पैन्थर से उनको एकनिष्ठ बनाना, ये काम आज पैंथर्स के समक्ष है। यह कार्य नहीं किया गया तो चुनाव का मोह, विभूति पूजा, तानाशाही वृत्ति, वैचारिक कुप्रवृत्तियों का प्रभाव, कार्यक्रमों का अभाव इसके विरुद्ध

कुछ भी नहीं किया जा सकेगा। आज सत्ताधारियों के बढ़ते दबाव अथवा प्रलोभनों का दौर है। यदि एक-एक व्यावसायिक, पूर्णकालिक क्रान्तिकारी कार्यकर्ताओं की कड़ी जोड़कर मजबूत संगठन का निर्माण नहीं किया गया तो संगठन बह जाता है, कुचला जाता है और अलग ही मार्ग का अनुगामी बनता है, ऐसा आज तक का अनुभव है। पैंथर्स के बारे में और एक खतरे की बात यह है कि मुंबई जैसे शहर में गुंडागर्दी करने वाली इकाइयाँ पैंथर्स से जुड़ी हुई हैं। संगठन को मजबूत नहीं किया गया तो इनकी अनियंत्रित खुरापातें पैंथर्स के लिए सिर दर्द साबित होने वाली हैं।

दूसरी बात पैंथर्स को नया, निरंतर काम देने वाला, अनुरक्त रखने वाला कार्यक्रम ढूँढ़कर उसे क्रियान्वित करने की जरूरत है। युवा संगठनों के समक्ष यह बहुत बड़ा सवाल है। जुलूस, भाषण प्रतीकात्मक आन्दोलन तो होते ही रहेंगे, होने भी चाहिए, लेकिन जमीन से जुड़कर जड़ से काम करने की बेहद जरूरत है। प्रत्येक सप्ताह में शाखा कार्यालय में अध्ययन कक्षाएँ चलाना, बस्ती के इर्द-गिर्द के बच्चों के लिए स्कूल की पढ़ाई में मदद करने के लिए मुफ्त में कक्षाएँ चलाना, प्रौढ़ साक्षरता, सम्भव हो, तो नाश्ता, विटामिनयुक्त गोलियों का वितरण ऐसी कुछ बातें सहज ही सूझती हैं और एक महत्त्वपूर्ण बात यानी यदि पैंथर्स को 'दलित' शब्द की व्यापक परिभाषा वास्तव में प्रयोग में लानी हो तो उनके लिए जरूरी है कि वे आर्थिक आन्दोलनों को अपने हाथ में लें। शहरों में बस्ती के भीतरी सवाल, बेरोजगारों का प्रश्न, कार्यस्थल के विवाद, गाँवों में खेतिहर मजदूरों में प्रचार एवं संगठन ये ऐसे काम हैं। सामाजिक, सांस्कृतिक, अन्याय के विरुद्ध के प्रतिरोध के सम्बन्ध में मैं नहीं बोल रहा हूँ, क्यों वह तो पैंथर्स का मुख्य कार्यक्रम ही है।

उसी प्रकार पैन्थर वालों में से जो कोई किसी कामगार संगठन में हो, वहाँ उनके सक्रिय हिस्सा लेने की आवश्यकता है। जाति के मजदूरों को जातीय अन्याय एवं धर्मश्रद्धा के विरोध में जाग्रत किया जाए। पैंथर्स के शहरों में रहने से कोई लाभ नहीं होगा। वह जितना आदिवासी, अस्पृश्य, खेतिहर मजदूरों और किसानों में जायेगा, समरस होगा, उतना ही वह मजबूत होगा। उसी प्रकार मार्क्सवादी और अन्य वामदलों के निर्दलीय युवाओं से, वामदलों से और व्यक्तियों से संपर्क बने रहेंगे तो व्यापक एकता के लिए आवश्यक ऐसे मार्ग तैयार होते जाएँगे। पैंथर्स का विकास वाम ताकतों के लिए बेशक पूरक घटना है। तमाम क्रान्ति की भूमिका पैंथर्स स्वीकारेंगे तो दोनों में सुसंवाद होगा और इसे सभी जानते हैं कि सांस्कृतिक, राजनीतिक एवं आर्थिक आन्दोलनों को सूत्रबद्ध तरीके से पिरोया नहीं गया तो कुछ भी सम्भव नहीं होगा। पैंथर्स के हाथों अथवा दूसरे लोगों की दृष्टप्रवृत्ति के विरुद्ध पैंथर्स को ही आन्दोलन चालाना है। इसके अंतर्गत लोकतन्त्र बनाए रखने वाले पक्के एवं मजबूत संगठन के निर्माण का विरोध हो सकता है, कदाचित यह विरोध अपने ही व्यक्ति की ओर से होगा। वामपंथियों से

एकता निर्माण के तत्त्व को विरोध किया जायेगा। बौद्ध धर्म का गुणगान बढ़ेगा अथवा चुनाव का लोभ मोहित करेगा। ये और ऐसी अन्य विघातक प्रवृत्तियों के विरुद्ध भीतरी संघर्ष विचारों के स्तर पर ही करना पड़ेगा, ऐसा दिखाई देता है। यह वैचारिक संघर्ष, संगठनात्मक आकार एवं निरंतर व्यापक बना व्यवहार इन बातों से पैंथर्स अपना भूतकाल छोड़ देगी और भविष्य में पूरी ताकत से कार्यरत होगी।

एक जिन्दा आक्रामकता जमींदोज हुई

•

भास्कर लक्ष्मण भोळे

स्वतन्त्रतापूर्व शिड्यूल्ड कास्ट फेडरेशन की अपेक्षा अधिक व्यापक एवं समावेशक बुनियाद पर स्थापित रिपब्लिकन दल की सर्वांगीण असफलता की पार्श्वभूमि दलित पैंथर्स की निर्मिति के लिए जिम्मेदार थी। सन् 1970 में रिपब्लिकन दल के विभाजक गायकवाड गुट ने कांग्रेस दल के साथ, तो खोब्रागडे गुट ने विरोधी दल के साथ समन्वय साधकर राजनीति शुरू की थी। अम्बेडकर की अभिप्रेत रही दिशा से यह दल तो सफर कर ही नहीं सका, उल्टे नेतृत्व प्रतियोगिता, भीतरी दरारें और वैचारिक दिशाहीनता के कारण दल का लगातार शक्तिपात ही होता गया। दलित, शोषित जनता के सवाल उसने कभी अपने हाथ में लिए ही नहीं अथवा अन्याय-अत्याचार के अवसर पर यह दल जनता को दिलासा अथवा सहारा नहीं दे सका। सिर्फ अपने चुनावी घोषणा-पत्र के जरिए समय-समय पर 'दलितों को अतिरिक्त सुरक्षा मिले' ऐसी माँग करके ही वह रुका।

संसदीय मनोवृत्ति ने इस दल के नेताओं को भरपूर बावला बना दिया था। इस कारण चुनावी राजनीति ही उन्हें सबकुछ महसूस हो रही थी, और इसके लिए वे तत्त्वशून्य समझौते बेहिचक कर रहे थे। संविधान प्रदत्त सहुलियतें एवं आरक्षण तथा सत्तारूढ़ दल द्वारा फेंके गये सत्तापद के चार टुकड़े, इन्हीं पर वे संतुष्ट रहा करते थे। पूँजीवादी लोकतन्त्र की सीमाओं का उन्हें कभी एहसास नहीं हुआ। नाममात्र के लिए अखिल भारतीय कहलाने वाले अपने दल की देशव्यापी छवि बनाई जाए, कम-से-कम अम्बेडकर की योजना के मुताबिक तमाम दलित जातियों को दल की ध्वजा के तले संगठित किया जाए, इतनी भी राजनीति इच्छाशक्ति रिपब्लिकन दल ने कभी नहीं दिखाई।

महाराष्ट्र राज्य बनने के बाद रिपब्लिकन दल को सत्ताश्रय की लाचारी कुछ ज्यादा ही महसूस होने लगी थी। पंचायती राज के प्रयोग के जरिए और विकास योजनाओं के क्रियान्वयन के द्वारा जो एक राज्यकर्ता का नया मग्रूर तबका गाँव-गाँवों से आगे आ रहा था, उसे दलितों का स्वाभिमानी जीवन जीना साफ नामंजूर था। पीढ़ियों से जिस दासता को दलितों ने चुपचाप स्वीकार किया, वह वैसे ही बरकरार रहे इसके लिए

दहशत-अत्याचार तन्त्र को इस तबके ने बड़े पैमाने पर जारी रखा। जिससे दलितों पर अत्याचार, उन्हें कोड़े से पीटना, उनकी आँखें फोड़ना, जीभ काट देना, हत्या कर देना अथवा जुलूस निकालना आदि अमानवीय छल बड़े पैमाने पर स्थान-स्थान पर होने लगे। दलित स्त्रियों पर बलात्कार की घटनाओं की खबरें बढ़ने लगीं। सन् 1970 के दरम्यान ये मामले गंभीर और भीषण बन गये थे। दलितों के पक्ष में खड़ी रहे, ऐसी संगठित शक्ति दिखाई ही नहीं दे रही थी। रिपब्लिकन दल गुटबाजी की राजनीति में आकंठ डूबा था।

माँ-बहनों की आबरू दिनदहाड़े लूटी जाती हैं और दलित बांधवों के साथ जानवरों के समान बर्ताव किया जाता है, फिर भी अत्याचारी ताकतें खुलेआम सर्वत्र घूम सकती हैं, यह देखने पर मुंबई के कामठीपुरा के कुछ संवेदनक्षम लोग बहुत ही गुस्सा हुए और उन्होंने इस अत्याचार-बलात्कार के मामलों के विरुद्ध हुँकार भरना प्रारंभ किया। इससे ही दलित पैंथर्स के आन्दोलन का उदय हुआ।

पैन्थर के ये युवा प्रस्थापित दलित नेताओं की अपेक्षा अनेक दृष्टियों से अलग थे। उनकी भाषा स्वाभिमान युक्त थी, आवेश-अभिनेवेशी थी। उनमें गर्मी और आत्मविश्वास लबालब भरा हुआ था। अत्याचारी ताकतों को शह दे सके, ऐसी मुकाबले की ताकत खड़ी करने के आश्वासन का एहसास पैन्थर के कार्यकर्ताओं के भाषणों से होने लगा था। निःस्वार्थी, उत्साही, ध्येयवाद, साहस के बल पर दलित आन्दोलन को आयी ग्लानि ये लोग दूर करेंगे और सामाजिक परिवर्तन की अवरुद्ध हुई राहों को प्रशस्त करेंगे, ऐसा आशावाद पल्लवित हुआ था। अत्याचार पीड़ित दलितों को न्याय, प्रतिष्ठा संरक्षण देने के सम्बन्ध में पैंथर्स की ओर से लोगों की अपेक्षाएँ बढ़ गयी थीं। पैंथर्स के नेताओं ने हिन्दू धर्म, धर्मग्रन्थ, देवी-देवता और रूढ़ियों के विरोध में खोले गए अभियान को देखकर उनकी अम्बेडकरी निष्ठा बहुत ही ईमानदार और प्रखर उग्रवादी होने का पुख्ता विश्वास दलित जनता को हुआ था।

जुलाई, 1972 को जब दलित पैंथर्स की स्थापना हुई तब की स्थिति ऐसे आक्रामक आन्दोलन की पोषक ही थी। सन् 1970 में फूट पड़ने से रिपब्लिकन दल कमजोर हुआ था। दलितों पर गाँव-गाँव में होने वाले अत्याचारों का अनुपात चरम पराकाष्ठा पर पहुँच चुका था। निग्रो लोगों ने जैसा अमेरिकी गौरवर्णीयों के साथ बर्ताव किया था वह हमारे लिए भी मार्गदर्शक साबित हो सकता है, ऐसा एहसास दलित विचारकों के मन में पक्का हो रहा था। विशेषतः 'ब्लैक पैन्थर' की प्रेरणा दलित युवाओं को आकर्षित करने लगी थी। निग्रो जनता की तरक्की देखकर भयग्रस्त हुए गोरों ने दुश्मनी तेवर अपनाते ही निग्रो जनों के संताप की उग्र आग अमेरिका में स्थान-स्थान पर भड़क उठी थी। लॉस एंजिलिस, शिकागो, रोचेस्टर, फिलाडेल्फिया, न्यूयॉर्क आदि शहरों में निग्रो जनों के हिंसक दंगों की खबरें दुनियाभर में प्रकाशित हो गयी थीं।

समाज के भीतर की तनावपूर्ण स्थिति और सामाजिक व्यवस्था चरमराने के कारण पारंपरिक व्यवस्था का विश्रृंखलित होना अर्थात् जिनके हित सम्बन्ध खतरे में आते हैं और प्रतिष्ठा पर ही आघात होता है, ऐसे गुट अपनी दिक्कतों पर मात करने के लिए अक्सर सामूहिक प्रयासों का स्वाभाविक रूप से सहारा लेते हैं। यहाँ के दलितों ने भी यही किया और उससे ही दलित पैन्थर के आन्दोलन का निर्माण हुआ। कहीं भी अन्याय-अत्याचार करने वालों का निषेध करना और पीड़ितों को सहारा देना, इससे पैंथर्स ने व्यापक आस्था संपादित की।

ढाले और ढसाळ की कविताओं में प्रेम के अतिरिक्त समानता का ऐसा कोई सूत्र नहीं था, ढसाळ की धर्मनिरपेक्ष भूमिका करीबी थी, ढाले में सिर्फ बुद्धिज्म का आकर्षण था। दलित पैन्थर में पहली दरार पड़ने के बाद आगे चलकर ढसाळ का दलित पैन्थर क्रमशः ढहता ही चला गया।

भारतीय दलित पैंथर्स का काम उस अनुपात में बहुत ही सूत्रबद्ध चलते हुए दिखाई देता है। रामदास आठवले, गंगाधर गाडे, अरुण कांबळे आदि विभूतियों ने इस आन्दोलन की कक्षाओं को व्यापक बनाया है। रोजगार गारंटी योजना में कार्य करने वाले दलित मजदूर, भूमिहीन खेतिहर मजदूर इनकी समस्याओं को वे उठाते थे। नामपरिवर्तन के सवाल को भी उन्होंने अंजाम दिया है। लोगों के काम करके उनकी मदद करना, आर्थिक योजनाएँ हाथ में लेकर कार्यकर्ताओं की आजीविका का प्रावधान करना, आन्दोलन को मजबूर आर्थिक नींव पर खड़ा करना, सामाजिक, सांस्कृतिक एवं आर्थिक मोर्चों पर रणनीति व्यवस्थित रीति से निर्धारित करके कूच करना जैसी कुछ मजबूत बातें दलित पैन्थर के बारे में कही जा सकती हैं। ढसाळ के पैन्थर की अपेक्षा वह निश्चित ही अधिक वैचारिक, विवेकी, संयमी एवं सजग है। इस कारण ही उसका भविष्य भी है।

पैन्थर आन्दोलन की सर्वप्रथम एवं बहुत बड़ी कमी यह दिखाई देती है कि संगठित होने के स्तर पर तमाम दलित समाज को एकजुट करने में वह असफल हुआ है। इस समाज की ओर से व्यापक समर्थन उसे प्राप्त नहीं हुआ। कामठीपुरा की गंदी बस्तियों में पले-बढ़े इस आन्दोलन के प्रवर्तक अभावग्रस्त भले ही हो फिर भी वे अपनी हम उम्र के ग्रामीण निरक्षर दलित युवाओं की अपेक्षा कुछ बातों में चार कदम आगे ही थे। औद्योगिक-शहरी संस्कृति के स्पर्श से एवं विकसित तकनीक के सहवास से वे नई मूल्य व्यवस्था से परिचित हुए थे। नई आकांक्षाओं, नई माँगों, प्रताड़ना के कारण आने वाली बेचैनी से उनके दिल में विद्रोह की ज्वालाएँ भड़क उठी थी, उनकी जैसी ही 'सापेक्ष वंचितता' (रिलेटिव डिप्राइवेशन) शहरी परिधि के बाहर के दलित युवक को तीव्रता से एहसास होने की संभावना मूलतः बहुत ही कम थी।

'जरूरत' और 'उपलब्धता' के भीतरी तफावत के कारण उत्पन्न होने वाले तनाव को 'सापेक्ष वंचितता' कहा जाता है। समाज जिस अनुपात में विकसित होता है, उसी

अनुपात में पैसा, प्रतिष्ठा, सत्ता, सुरक्षा, समता आदि की अपेक्षाएँ बढ़ती जाती हैं। ये बातें जब अपेक्षा के अनुरूप प्राप्त नहीं होती, अथवा उसमें से किसी एक को प्राप्त करने के लिए जब कोई दूसरी कीमत चुकानी पड़ती है तब सम्बन्धित समाज गुट को वंचितता का एहसास होने लगता हैं। वह क्रुद्ध और असंतुष्ट है। उसकी सापेक्ष वंचितता की तीव्रता और फैलाव पर उसकी हताशा का अनुपात अवलंबित होता है। दलित समाज की ओर इस दृष्टि से देखने पर वह सामाजिक-मानसिक दृष्टि से पारंपरिक व्यवस्था के साथ जकड़ा हुआ है, ऐसा दिखाई देता है। वे बातें दलितों को इतनी स्वप्नवत और दूरस्थ महसूस होने लगती है, जिससे कि मुँह के पास आया निवाला कोई छीन ले रहा है, ऐसा महसूस होकर आने वाली हताशा को पैनी धार मिलना उनके बारे में सम्भव ही नहीं होता।

इस कारण तमाम दलित समाज आक्रामक मार्ग से जाने को तैयार नहीं होता। आक्रामकता उसे जरूरी अथवा उचित महसूस नहीं होती। उसके लिए जरूरी क्षमता भी उसके पास सीमित मात्रा में ही होती है। 'यह ऐसा ही चलेगा' यह धारणा बलवती होने के कारण 'हम यह होने नहीं देंगे, हम इस चौखट को बदल डालेंगे' इस भूमिका को अपनाना इसके लिए सम्भव नहीं होता। आक्रामकता की जड़ें सामाजिक इच्छा निर्मिति, सामाजिक इच्छापूर्ति में दरार पड़ने में होती है। यहाँ तो पूर्णतः इच्छा निर्मिति ही अवरुद्ध हो गयी है, ऐसी हालत में इस दरार का एहसास होने की भी संभावना नहीं है। इस कारण ही दलित पैन्थर जैसे संगठन की आक्रामकता को अपेक्षित प्रतिसाद दलित समाज नहीं दे सका। आन्दोलन को आगे बढ़ाने वालों ने इस इच्छा निर्मिति की ओर ध्यान देना बेहद जरूरी है। इच्छा निर्मिति कैसे की जाए यह नेताओं की कल्पना शक्ति और प्रतिभा के लिए एक चुनौती है।

पैन्थर आन्दोलन में दूसरी कमी यह दिखाई देती है कि पैंथर्स आन्दोलन करते रहें और दलित जनता अपनी-अपनी आर्थिक अभावग्रस्तता से लड़ने में ही व्यस्त रही। दलित समाज की आर्थिक अभावग्रस्तता का मुकाबला करने का लक्ष्य आन्दोलन ने स्वीकारा ही नहीं था। नेताओं की व्यक्तिगत दूरियाँ, अपराध भावना, मानसिक असुरक्षितता अथवा अधिक से अधिक नई अस्मिता की खोज यही इस आन्दोलन की प्राथमिक प्रेरणाएँ थीं। दलित-सवर्ण सम्बन्धों का समाजशास्त्र, मनोवैज्ञानिक एवं आर्थिक अधिष्ठान खोजकर अत्याचार के मूल कारणों का समाधान खोजने की अपेक्षा 'हिंसा के लिए प्रतिहिंसा' तक ही आन्दोलन का उद्देश्य सीमित रहा।

निग्रो आन्दोलन से मूलतः अलग और प्रतिकूल भौतिक पर्यावरण दलित आन्दोलन को प्राप्त है, इसका अधितकर एहसास पैन्थरों को ही हुआ। निग्रो के आन्दोलन की एक लम्बी परंपरा है। कृष्णवर्णीय श्रेष्ठत्व के एहसास से एक प्रचंड ताकत वहाँ खड़ी रही है। दूसरी बात यह कि जिन भौतिक-आर्थिक हालातों के कारणों से निग्रो में गुलामी

बरकरार रहने लगी थी उनसे स्थितियाँ तेजी से बदल गयी हैं। कृषि की आधुनिक तकनीक के कारण गोरों को निग्रो की गुलामी आज अनावश्यक महसूस हो रही है। अकुशल गुलामों की अपेक्षा कुशल मजदूरों की माँग औद्योगिकीकरण के कारण बढ़ गयी है। औद्योगिकीकरण (इंडस्ट्रियलिज्म) असरदार सिद्ध होकर वांशिक भेदभाव की अपेक्षा बराबरी के रिश्ते से बर्ताव करने के लिए उन्हें मजबूर होना पड़ रहा है। ऐसे आचरण के पहले जो कीमत गोरों को चुकानी पड़ती थी, उतनी आज नहीं। हमारे यहाँ यह परिवर्तन अत्यंत धीमी गति से होने का भी प्रतिकूल परिणाम पैन्थर के कार्य पर पड़ा।

अन्य दलों एवं वैकल्पिक आन्दोलनों के साथ दलित पैन्थर के सम्बन्धों को भी इस सन्दर्भ में परखना आवश्यक है। पैन्थरों द्वारा हिन्दू देवी-देवताओं और धर्मग्रन्थों की कड़ी निंदा करने के कारण हिंदुत्ववादी ताकतों का दलित पैन्थर का विरोधी बनना अनिवार्य ही था, लेकिन हैरानी इस बात की है कि कम्युनिस्ट छोड़कर अन्य तमाम आन्दोलनों ने भी पैन्थरों से दूरी ही बनाए रखी। पैन्थरों द्वारा की जाने वाली कटू आलोचनाओं का शिकार रिपब्लिकन दल हुआ था। पैंथर्स हमारी नेतागिरी को सुरंग लगाएँगे, इस डर से रिपब्लिकन दल के नेता आक्रांत हुए थे। इस कारण ये उनके बारे में सदैव संशयी बने रहे थे, इसे हम समझ सकते हैं, लेकिन समाजवादी दल एवं आन्दोलन, ग्रामीण परिवर्तनवादी गुटों के आन्दोलन, स्त्रियों के आन्दोलन इन सभी ने भी पैन्थर के बारे में कभी भी आस्था नहीं जताई, यह स्पष्ट होता है। पैन्थरों ने भी कभी उनको विश्वास में लेकर उनसे सहयोग की माँग की है, ऐसा कहीं नहीं दिखाई देता।

ऐसा दिखाई देता है कि कांग्रेस दल के बारे में मात्र पैन्थरों ने बहुत कुछ स्पष्टवादी भूमिका कभी भी नहीं अपनाई। गाँव-देहातों में दलितों पर अत्याचार करने वाले वर्गों में इसी दल के कार्यकर्ता बड़े पैमाने पर होकर भी यह घटित हुआ, इसकी हैरानी हुए बगैर नहीं रहती। एक कारण सम्भव है कि ढसाळ और ढाले, इन दोनों में भी इंदिरा गांधी के व्यक्तित्व और नेतृत्व के बारे में कुछ हद तक पूजनीय भाव विद्यमान थे। ढाले तर्कशास्त्र का पैन्थरा अपनाकर जब, 'इंदिरा स्त्री हैं, तमाम स्त्रियाँ दलित हैं, इसलिए इंदिरा का विरोध ना किया जाए' ऐसी तार्किक स्थापना करते हैं, अथवा ढसाळ जब 'प्रियदर्शनी-इतिहास का एक अनिवार्य किरदार' ऐसी आदरांजली कविता से व्यक्त करते हैं तब यह पूजनीय भाव ही व्यक्त होता है, लेकिन कांग्रेसी खेमों के कार्यकर्ताओं ने अलबत्ता कभी भी पैन्थर को अपने पास फटकने नहीं दिया अर्थात् इससे हैरान होने की कोई बात नहीं है। दलितों का अपनी राजनीति में इच्छानुरूप जैसे चाहिए वैसे प्रयोग करने वाली कांग्रेस को उपेक्षित दलितों के दुःखों को समझना स्वरूपतः असम्भव ही था। अम्बेडकर इस बात से बहुत पहले ही परिचित थे लेकिन रिपब्लिकन दल की तरह ही पैन्थर भी भ्रम में रही।

सिर्फ कम्युनिस्ट ने ही दलित पैन्थर के बारे में आस्था दर्शायी, वह भी उनकी परंपरा के अनुसार ही। खुद के बलबूते पर तलहटी से आन्दोलन कर जैसा बहुत ही जीवट कार्य करने की अपेक्षा पहले से ही खड़े बहुजनों और दलितों के आन्दोलनों का दामन थामकर कम्युनिस्टों ने लोकप्रियता के शॉर्टकट्स रास्तों को अनेक बार अपनाया। इन आन्दोलनों को वैचारिक दिशा हम न दें तो कौन देगा, ऐसा वे पहले से ही समझ रहे थे। कृषिजीवी मजदूर दल को मार्क्सवाद की सदस्यता दिलाने के लिए कॉमरेड चितळे, कॉमरेड लिमये, कॉमरेड तुळपुळे जैसी विभूतियाँ, सहयात्री अग्रगामी थीं, इसी इतिहास की पुनरावृति दलित पैन्थर के बारे में भी हुई। शेकाप के माथे पर जैसे दाभाड़ी परियोजना चस्पा की गयी, उसी प्रकार पैन्थर को भी लाल घोषणा-पत्र देने के लिए कम्युनिस्ट तत्पर रहे, और दाभाड़ी परियोजना के कारण शेकाप में फूट पड़ी जिससे उस दल की मानो कमर ही टूट गयी हो। बिल्कुल यही हालत इस घोषणपत्र के कारण दलित पैन्थर की हो गयी। शंकरराव मोरे जैसे ही ढसाळ को भी हम कम्युनिस्टों से भी असली कम्युनिस्ट हैं, यह कल्पना विलास की बाधा बना गयी थी। जिन कम्युनिस्टों से उन्होंने सम्बन्ध जोड़े थे, उन सम्बन्धों का विच्छेद भी उन्होंने ही कर दिया और इस तरह वे अपने ही आन्दोलन में अलग-थलग पड़ गये।

आन्दोलन के लिए विचारधारा की जरूरत होती है, इसमें कोई सन्देह नहीं है। जनमानस के भीतर के असन्तोष के उत्स्फुर्त उद्रेक को दिशा देना, इर्द-गिर्द जो घटित होता है उसका अन्वयार्थ लगाना, व्यक्ति और गुटों को संस्था, मूल्य प्रणाली एवं सामाजिक संरचना से जोड़ना, इसमें से कुछ भी बिना विचारधारा के घटित होना सम्भव नहीं है। इसके अलावा आन्दोलन को उसकी समस्याओं के समवेत तत्कालीन एवं दीर्घकालीन ठोस कार्यक्रम प्रदान करना भी सुस्पष्टा विचारधारा के द्वारा ही सम्भव होता है। आधुनिक समाज के भीतरी ठोस प्रवाहों का विश्लेषण करने में मार्क्सवादी विचारधारा उपयुक्त है, इसके बारे में भी कोई संदेह नहीं है। तमाम समाज का और मानवीय इतिहास का शास्त्रीय, गहन एवं सैद्धांतिक विचार अन्य किसी भी विचारधारा ने नहीं किया। इस कारण उसका आकर्षण नामदेव ढसाळ को होना स्वाभाविक ही था। लेकिन मार्क्सवाद की लंबी यात्रा में उत्पन्न हुए वाद-विवाद, भाष्यकारों द्वारा उस विचार को दिए गये स्थिति सापेक्ष आयाम आदि बारीकियाँ समझ लेने में ढसाळ कुछ अशों में असमर्थ साबित हुए। उन्होंने अपने कुछ कम्युनिस्ट मित्रों पर विश्वास रखा। भविष्य के किसी दौर में इस देश में मार्क्सवाद आ भी जाए, तो वह कम्युनिस्ट दल के द्वारा नहीं आएगा, इस बात पर ढसाळ को ध्यान देने की जरूरत थी। वैसे देखा जाए तो उनका कम्युनिस्टों पर रोष था ही। स्पष्टवादिता से वे इसे व्यक्त भी किया करते थे, लेकिन कम्युनिस्टों से जानी दुश्मनी वाले ढाले जैसे नेताओं ने ढसाळ

को 'कम्युनिस्ट' करार देकर हटा दिया, तो पैन्थर में प्रवेश पाने वाले कम्युनिस्टों ने ढसाळ को 'रिविजनिस्ट' करार देकर उनका साथ छोड़ दिया। इस शोरगुल में पैन्थर के आन्दोलन की बहुत बड़ी हानि हुई। नेताओं में दरारें पड़ीं और कार्यकर्ताओं में निष्क्रियता का प्रादुर्भाव हुआ। एक जीवन्त आक्रामकता क्रान्तिपर्व बनने के पूर्व ही मटियामेट हो गयी।

संगठन की बुनावट और नेतृत्व भी पैन्थर आन्दोलन की कमजोर कड़ियाँ साबित हुई हैं। आन्दोलन के प्रमुख नेताओं में, भावनात्मक स्तर का असन्तोष छोड़ दें तो अन्य स्थानों पर आम सहमति की अपेक्षा मतभिन्नता का अनुपात ही अधिक था। इस कारण उनके प्रयासों में सूत्रबद्धता या लक्ष्य और नीतियों में एक वाक्यता कभी दिखाई ही नहीं दी। कोई भी संगठन उत्स्फुर्तता से खड़ा नहीं होता। विभिन्न कार्यक्रमों के द्वारा और निरंतर व्यूहनीति के भीतर से ही उसे बुनना पड़ता है। इसमें नेतृत्व की भूमिका महत्त्वपूर्ण होती है। भेदक अंतरदृष्टि, परिपक्व समझदारी, औकात, संसाधनों को इकट्ठा करने की क्षमता, व्यक्ति और गुटों को एकजुट रखने की कला, कार्यक्रमों की सामूहिक रचना और क्रियान्वयन, भाषण, संघर्ष एवं मार्गदर्शन के जरिए विचारधारा के संस्कार पल्लवित करने की क्षमता नेतृत्व में होना आन्दोलन के लिए उपकारक सिद्ध होती है।

पैन्थर का नेतृत्व इस दृष्टि से नाकाम सिद्ध हुआ। आन्दोलन चलाने सम्बन्धी ढसाळ की अधिकांश धारणाएँ प्रतिकूल थीं। मल्लिका की आत्मकथा में इसकी झलक देखने को मिलती है। कविता और राजनीति में तालमेल बिठाने के पहले प्रयास का श्रेय ढसाळ को देते समय वे कवि के रूप में बड़े सिद्ध हुए, लेकिन संगठनकर्ता के रूप में कमजोर, यह स्पष्टीकरण भी देना पड़ेगा। उनके व्यक्तित्व की सीमाओं का आन्दोलन पर विपरीत असर हुआ और उनके स्वभाव की विचित्रता का उपसर्ग भी आन्दोलन को हुआ यह स्पष्ट दिखाई देता है। मार्क्सवादी निष्ठा की खातिर मित्रों को भी त्यागने वाले ढसाळ भारतीय जनता दल के बारे में अनुकूल भूमिका रखते हैं, अथवा राष्ट्रीय स्वयंसेवक संघ को सिफारिश-पत्र देते हैं यह देखने से मुझे हैरानी हुई। बेदारकारी और ढीला-ढाला आचरण भले ही व्यक्तित्व को लुभावना करता हो तो यह आन्दोलन की व्यापकता की दृष्टि से घातक साबित होता है। सम्भव होकर भी पैन्थर के नेता आपस में तालमेल नहीं बिठा पाएँ। अत्याचार के समय दौड़कर जाने के अलवा अन्य रोजमर्रा के कार्यक्रम वे अपने कार्यकर्ताओं को नहीं दे सकें। कामचलाऊ एवं भावनिक सवालों पर उन्होंने बुनियादी एवं अत्यावश्यक प्रश्नों की अपेक्षा अधिक बल दिया। इस कारण आन्दोलन असरदार साबित नहीं हो पाया।

आन्दोलन के उद्देश्य कहाँ तक संदिग्ध हैं और कहाँ तक स्पष्ट हैं, उसका संगठन किस हद तक शिथिल अथवा मजबूत है और नेतृत्व किस हद तक निष्प्रभ है, इससे आन्दोलन का 'सर्वसाधारण आन्दोलन' और 'विशिष्ट आन्दोलन' ऐसा वर्गीकरण हर्बर्ट ब्लूमर करते हैं। लेकिन इन दोनों के अलावा तीसरा भी एक प्रकार उन्होंने बताया है उसे वे 'आविष्कारी आन्दोलन' (एक्स्प्रेसिव मूवमेंट्स) नाम देते हैं। इस प्रकार के आंदोलन के प्रवर्तकों को हमने अपनी भावनाओं का प्रकटीकरण किया और आन्दोलन में शामिल हुए, इतनी-सी बात पर ही सन्तोष प्राप्त हो जाता है। दलित पैन्थर का समावेश इस तीसरे प्रकार के आन्दोलन में करना पड़ेगा।

अम्बेडकर के परवर्ती दुर्बल दलित नेता

•

अरुण साधु

विगत चार-पाँच महीने में दलित पैन्थर के आन्दोलन में जो मोड़ आया है, इसे देखते हुए दलित पैन्थर पर प्रेम करने वाले अनेक लोगों को निराश होना पड़ा है। धुमकेतू की तरह महाराष्ट्र के सामाजिक पटल पर अचानक उदित हुए इस नाजुक लेकिन उग्र आन्दोलन को सिर्फ ढाई-तीन वर्ष के भीतर ही फूट का ग्रहण लगा, यह सचमुच खेदजनक है। वैचारिक दृष्टि से परस्पर विरोधी छोर के लोग अपनी-अपनी दिशाएँ तय कर अलग हो गये हैं, यह एक दृष्टि से अच्छा ही हुआ और एक दूसरी बात यानी कि बहुत ही कम अवधि में इस आन्दोलन ने अनेक लोगों के दिल में कुछ ज्यादा ही रोमांटिक अपेक्षाएँ निर्मित कर रखी थीं और स्वप्निल अपेक्षाओं की उड़ान और अधिक उँची जाए इसके पहले ही इस घटना से तमाम आकांक्षी लोग जमीन पर आ गये, यह भी ठीक ही हुआ। पैन्थर ने भी पहली ठोकर खाई, तब वे भी होश में आएँगे। इस पार्श्वभूमि पर कम-से-कम दलित पैन्थर के आन्दोलन के विषय में तटस्थ रहकर बोलने का माहौल तैयार होगा।

दलित पैन्थर के नेता-नामदेव ढसाळ और राजा ढाले ने जाहिर रूप से एक-दूसरे पर आरोप-प्रत्यारोप करके लगभग सम्बन्ध विच्छेद ही कर लिया है। महाराष्ट्र भर में जो पैन्थर फैले हुए थे, उनमें इस मामले को लेकर स्वाभाविक ही थोड़ी खलबली मची और अंततः ये फूट दूर-दूर तक फैली। अब राजा ढाले के पैंथर्स और नामदेव ठसाक के पैंथर्स ऐसे दो गुट बनने की स्थिति बन गयी है। इधर पुणे में ढसाळ के पैन्थरों ने ढाले को धिक्कार दिया है और उधर ढाले गुट ने नागपुर में आयोजित अधिवेशन का बहिष्कार कर डाला। अपना दल ढाले को समझा देने के लिए अधिक से अधिक प्रयास करके दरार को साधा जायेगा ऐसा यदि ढसाळ सार्वजनिक रूप से बोले भी हों, फिर भी इन दोनों ने एक-दूसरे पर जो प्रच्छन्न आरोप लगाए हैं, उससे पैन्थर में फिर से एकता होना जरा मुश्किल ही दिखाई देता है।

पैंथर्स आन्दोलन का मूल्यांकन करते समय ऐसा प्रश्न खड़ा होगा कि किस गुट के विचारों और कृतियों को अधिकृत माना जाए? पैन्थर में फूट पड़ने के पहले दलित पैन्थर की जो छवि थी, पैन्थर के जो विचार थे उस छवि से और विचारों से सुसंगत बर्ताव करने वालों को ही अधिकृत पैन्थर माना जाना चाहिए। किस गुट को कितना समर्थन प्राप्त है, इससे यह निर्धारित नहीं हो सकता।

इस कारण पैन्थर के बारे में लिखते समय दरार पड़ने के पूर्व की पैन्थर पर विचार करना पड़ेगा। पैन्थर ने जो बहादुरी दिखाई है, उसका विवरण इतिहास में देखने को मिलेगी। दलित पैन्थर की छवि कैसी थी? इस सम्बन्ध में बताना पड़ेगा कि सर्वंकष और सशस्त्र क्रान्ति का खुला समर्थन करने वाला महाराष्ट्र का एकमात्र संगठन है–दलित पैन्थर। संसदीय लोकतन्त्र पर अपना अविश्वास व्यक्त करके दलित पैन्थर ने महाराष्ट्र में क्रान्ति का बिगुल बजाया। साहित्यिक आन्दोलनों से बी.डी.डी. चाल की मारपीट तक पैन्थर ने सफर तय किया है।

पैन्थर ने भूमिका को जाहिर करते हुए कहा है –

दलितों का मुक्ति आन्दोलन सर्वंकष क्रान्ति का आकांक्षी है। अंशतः बदलाव हम नहीं चाहते। आर्थिक, राजनीतिक, सांस्कृतिक क्षेत्रों में उँचे स्थान पर हमें अपना प्रभुत्व स्थापित करना पड़ेगा। अब हम अल्प संतुष्ट नहीं रहेंगे। हमें ब्राह्मण गलियों में स्थान नहीं चाहिए। हमें तमाम देश का राज्य चाहिए। हमारा लक्ष्य सिर्फ व्यक्ति न होकर व्यवस्था है। हृदय परिवर्तन होने से, शिक्षा की उदारमतवादिता से हमारा होने वाला शोषण, हम पर होने वाले अत्याचार रुकने वाले नहीं हैं। हम क्रान्तिकारी समूहों को जगाएँगे, संगठित करेंगे। इन विशाल समूहों के संघर्षों से क्रान्ति की लहर उठेगी। कानूनी अर्जियों, विनतियों, सहूलियतों की माँगें, चुनाव, सत्याग्रह के द्वारा समाज में बदलाव नहीं आएगा। हमारी सामाजिक क्रान्ति की कल्पनाएँ एवं बगावत ये कागजी कश्तियाँ सह नहीं पाएँगी। ये मन में बीजायित होंगी, मन में पुष्पित होंगी, रफ्तार के साथ अस्तित्व में आएँगी।

सिर्फ ढाई साल के दौर में ही इस आक्रामक एवं क्रान्तिकारी उग्रवादी भूमिका को पैन्थर ने स्वीकार किया। ढाई साल कोई बहुत बड़ी कालावधि नहीं है। पच्चीस से पचास साल तक एड़ियाँ रगड़नी पड़ती हैं, तब कहीं जाकर क्रान्तिकारियों के दृष्टिक्षेप में क्रान्ति आ सकती है। संगठन की बुनावट करनी पड़ती है, जनजागरण करना पड़ता है, अनेक पराजय पचानी पड़ती है। ढाई साल की कालावधि इस अनुपात में कुछ भी नहीं है।

लेकिन किसी भी आन्दोलन के शुरुआती दौर में उसकी भावी सफलता अथवा असफलता के बीज आ जाते हैं। इस दृष्टि से इस ढाई साल की कालावधि की ओर अनदेखा करके नहीं चलेगा। शुरुआती दौर में पैन्थर ने जो सफर तय किया है, उसका जायजा लेना इस दृष्टि से महत्त्वपूर्ण है। आन्दोलन के बीज कैसे बीजायित हुए, शुरुआत में आन्दोलन का क्या उद्देश्य था? वह कैसे विस्तारित और प्रगत होता गया? उन उद्देश्यों की

प्राप्ति के लिए आन्दोलन ने कैसे सफलता प्रारंभ की? किसी भी सफलता के लिए जरूरी संगठनात्मक रचना की नींव कैसे रखी जाती है? इसकी जाँच करने की जरूरत होती है।

दलित पैन्थर की विशेषता है कि वह दलितों के लिए किसी अन्य लोगों द्वारा स्थापित संगठन न होकर खुद दलितों द्वारा ही बुना संगठन है। इसमें ही इस संगठन के तत्काल आकर्षण का राज छिपा है। महात्मा गांधी ने हरिजनोंद्धार के नारे लगाए, लेकिन उनसे यह कुछ सम्भव नहीं हो सकता। जब दलितों के भीतर से डॉ. बाबासाहब अम्बेडकर आगे आए तब हजारों सालों से निर्जीव पड़े रहे हिन्दू-अस्पृश्यों में स्वत्व के नए प्राण फूँके गये। यह स्वत्व मिले लेकिन निष्क्रिय रहे विफल दलितों में कुछ समय तक क्यों न हो, लेकिन नया जोश लाने का कार्य दलित पैन्थर ने महज कुछ ही समय में किया।

पैन्थर की एक विशेषता है। दलितोद्धार यह उद्देश्य पैन्थर ने अपने समक्ष नहीं रखा था। एक तो पैन्थर ने इस शब्द की परिभाषा देकर केवल हिन्दू-अछूत ही नहीं तो तमाम आर्थिक एवं सामाजिक शोषितों की उन्नति का कंकण पैन्थरों ने पहना था और दूसरा यानी प्रचलित सामाजिक, आर्थिक एवं राजनीतिक व्यवस्था में परिवर्तित हुए बगैर दलितोद्धार सम्भव नहीं है, इससे अवगत होकर समग्र क्रान्ति का बिगुल उन्होंने बजाया था।

उपरोल्लेखित परिच्छेद में पैन्थर की महत्वाकांक्षा की छलाँग ध्यान में आती है। हिन्दू समाज व्यवस्था ही इतनी विचित्र एवं अन्यायकारी है कि इस सामाजिक व्यवस्था को ध्वस्त किये बगैर दलितों की आर्थिक एवं राजनीतिक उन्नति होना सम्भव नहीं है। अस्पृश्यता को असंवैधानिक करार देकर अब पच्चीस साल बीतने को है लेकिन उसका कोई खास परिणाम नहीं हुआ। सामाजिक दृष्टि से जाति के बंधनों में थोड़ी शिथिलता का आभास होता हो फिर भी राजनीति में जातीयता अधिक कठोर रूप में प्रकट होने लगी है। जातीयता के इस भूत को पूरी तरह से दफनाए बगैर देश की तरक्की संभव नहीं है। प्रचलित संसदीय लोकतन्त्र ने जातीयता को बढ़ावा देने में ही मदद की है, विगत पच्चीस सालों का इतिहास यही बयाँ करता है। इस तरह की राजनीतिक पद्धति से ही आर्थिक विषमता की खाई गहराती गयी है। इस सारी व्यवस्था को बदलने के लिए समग्र क्रान्ति की ही जरूरत है। इस दृष्टि से दलित पैन्थर ने जिस संदिग्ध वैचारिक भूमिका को स्वीकार किया था जो मोटे तौर पर शास्त्रीय दृष्टि से उचित ही था। वैचारिक भूमिका की शास्त्रीय शुद्धता पर किसी आन्दोलन की सफलता अवलंबित होती है, ऐसा मान ले तो उसके लिए पैन्थर को कुछ अंक प्रदान किये ही जाने चाहिए।

लगभग विगत दो हजार सालों से अछूत समाज गूँगा बनकर सभी तरह के अन्याय सहता आया है। इन दो हजार सालों के इतिहास का यह पहला ही ऐसा प्रसंग है कि जब तथाकथित अस्पृश्य जनों ने स्वयं इस हद तक आक्रामक भूमिका अपनाई थी। आमतौर पर सत्तास्थानों को अपने कब्जे में लेने की बात तो छोड़ ही दीजिए लेकिन अस्पृश्यता

का जुआँ नकारने का विचार भी दलित समाज ने इस शताब्दी तक नहीं किया था। वह विचार उन्हें डॉ. बाबासाहब अम्बेडकर ने सिखाया। इसलिए बाबासाहब युगप्रवर्तक हैं।

डॉ. अम्बेडकर ने दलितों में स्वत्व की भावना उत्पन्न करने के साथ-साथ स्वतन्त्रता की आकांक्षा भी उत्पन्न की। इन आकांक्षाओं का जतन करने के साथ दलितों के नए शिक्षित युवकों के अनुपात में इजाफा किया, लेकिन डॉ. बाबासाहब अम्बेडकर के बाद इन नये बेचैन युवकों को उचित नेतृत्व प्राप्त ही नहीं हुआ। शिक्षा में इजाफा होता गया वैसे उनकी अपेक्षाएँ भी बढ़ती गयी, लेकिन सामाजिक पद्धति नहीं बदली थी। अपेक्षाओं की पूर्ति नहीं हो पा रही थी। सामाजिक व्यवस्था में बदलाव लाकर इन आकांक्षाओं को प्रेरणा देने की क्षमता वाला नेतृत्व दलितों में नहीं था। इस कारण अधिकांश दलित युवक विफलता की खाई में धकेले जा रहे थे।

अम्बेडकर के बाद आए दलित नेताओं में कुव्वत की कमी थी। वे अदूरदर्शी थे। दलितों की स्वतन्त्र आवाज उठाने की अपेक्षा सत्तारूढ़ दल के आश्रय में रहकर व्यक्तिगत स्वार्थ सिद्धि में व्यग्र थे। इस कारण दलितों को प्राप्त तथाकथित सहूलियतों का लाभ सत्ता के आश्रय में विचरण करने वाले कुछ सीमित तबको को मिलता गया और अधिकांश नवशिक्षित दलित युवकों की हताशा की भावना को अलग ही धार प्राप्त होती गयी।

एक ओर यह ऐसी आर्थिक एवं राजनीतिक विफलता की धार तीव्र हो गयी तो दूसरी ओर दलितों पर सामाजिक अन्याय के मामले अधिक-से-अधिक बेनकाब होने लगे।

बी.डी.डी. चाल मामले के बाद अनेक राजनीतिक दलों ने दलित पैन्थर को अपने जाल में फँसाने के लिए प्रयत्न किए। उनमें से दक्षिणपंथी कम्युनिस्ट दलित पैंथर्स अपने ही गुट के हैं, यह दिखाने में थोड़े बहुत सफल भी हुए।

आन्दोलन का ऐतिहासिक लेखाजोखा भविष्य में ही लिया जायेगा । दलित पैन्थर ने अब तक निश्चित मात्रा में क्या साध्य किया? विफल, पीसे गये दलित युवाओं के लिए पैन्थर ने एक आवाज दी, उद्रेक की हुँकार भरी, यह बहुत बड़ा कार्य किया। लेकिन पैन्थर ने सिर्फ हुँकार भरी। अगली कृति अब तक होनी बाकी थी। दलित पैन्थर अब तक आन्दोलन ही था। उसका रूपांतर ठोस संगठन में होना बाकी था। दलित पैन्थर की समग्र क्रान्ति की पुकार की प्राप्ति हेतु अनुशासनबद्ध कठोर संगठन की नितांत आवश्यकता थी। संगठन के बगैर पैन्थर सफल नहीं हो सकता था। शिवसेना वास्तविक रूप में संगठन नहीं था। इस कारण उसकी उम्र सीमित सिद्ध हुई। दलित पैन्थर ने संगठन बनाया ही नहीं तो यह आन्दोलन भी उसी राह से गुजरेगा ऐसा लग भी रहा था। पैन्थर द्वारा भरी गयी हुँकार सिर्फ शिकारियों का ध्यान आकर्षित करने तक ही उपयोगी साबित हुई। इस हुँकार ने अनेकों का ध्यान अपनी ओर खींचा। इन शिकारियों ने पैन्थर के कम-से-कम एक गुट को खाकर उसका पूरी तरह से सफाया करके तमाम आन्दोलन को पंगु बना दिया, ऐसा बड़े दुर्भाग्य से कहना पड़ रहा है।

संगठन की बुनावट की दृष्टि से पैन्थर में सही मायने में गतिविधियाँ शुरू ही नहीं हुई थी। पैन्थर को प्राप्त हुआ समर्थन स्वयंप्रेरित था। गाँव-गाँव में पैंथर्स की विशाल सभाएँ संपन्न हुआ करती थी। दलित युवा छात्र बड़ी संख्या में इन सभाओं में अपनी उपस्थिति दर्ज कराते, लेकिन इनको पैन्थर के साथ हमेशा के लिए संगठनात्मक पद्धति से बाँधे रखने के प्रयास नहीं दिख रहे थे। संगठन के बगैर क्रान्ति का सपना देखना यानी सिर्फ गप्पें हाँकना अथवा आत्मघात। क्या दलितों की सिर्फ संताप की आवाज उठाना यही पैन्थर का लक्ष्य है? क्या ऐसा ही तो ठीक होगा? लेकिन कुछ क्रान्तिकारी कार्य करना तो संगठन का होना जरूरी बन जाता है।

पैन्थर ने अपनी भूमिका में दलित की परिभाषा को व्या:पक आयाम दिया, लेकिन तथाकथित बौद्ध एवं हरिजनों के सिवाय अन्य दलितों को अपनी ओर खींचने का प्रयास क्या पैन्थर कर रही थी? इस सवाल का जवाब देना मुश्किल है। वास्तविक रूप में देखा जाए तो प्रगतिशील युवकों के अनेक संगठन दलित पैन्थर की ओर बड़ी अपेक्षा की दृष्टि से देख रहे थे, लेकिन पैन्थर ऐसे संगठनों से दूरी बनाकर ही पेश आती थी। पैन्थर में हरिजनेत्तर एवं बौद्धेत्तर युवकों की संख्या गिने-चुने रूप में भी मिलेगी या नहीं इसके बारे में आशंका ही है।

बी.डी.डी. चाल के दंगे को बड़े पैमाने पर प्रसिद्धि मिलने के कारण पैन्थर को बेहद सहानुभूति प्राप्त हुई यह सही है, लेकिन इस दंगे से एक नुकसान भी हुआ वह यह कि क्या इस आन्दोलन को जातीयता का रंग चढ़ेगा? यह खतरा उत्पन्न हुआ। एक ओर उच्चवर्णीय हिन्दू और दूसरी ओर पैन्थर की अगुवाई में हरिजन बौद्ध ऐसा स्वरूप इस मारपीट को मिला। इस मारपीट के कारण पैन्थर को बहुत कुछ नये अनुयायी प्राप्त हुए यह भले ही सही हो लेकिन दंगे को जातीयता का रंग चढ़ने के कारण स्थानीय उच्चवर्णीय हिन्दू पैन्थर से दूर होते गए। बी.डी.डी. चाल के तथाकथित उच्चवर्णीय हिन्दू और बौद्ध एवं हरिजनों का आर्थिक एवं वर्गीय स्तर एक ही है। दंगा पनपने के लिए यदि उच्चवर्णीय हिंदुओं को जिम्मेदार माना जाए तो भी पैन्थर इस दंगे को मुद्दा नहीं बना सकती।

पैन्थर की स्थिति ऐसी विचित्र थी कि स्वबंधुओं और बहनों की रक्षा की बात करने पर पैन्थर को स्ववर्गीय एवं स्वयं की परिभाषा के मुताबिक दलितों पर ही हाथ उठाना पड़ेगा और इसे फिर जातीयता का रंग चढ़ जाता है और तथाकथित उच्चवर्णीय-हिन्दू स्ववर्गीय हो यदि वे स्वबंधुओं पर हमला बोल रहे हों तो पैन्थर कैसे चैन की साँस ले सकती है? अन्यथा पैन्थर के अस्तित्व का कोई अर्थ बचेगा ही नहीं। हमारी दुष्ट समाज व्यवस्था ने ही ऐसे विचित्र हालात बनाये हैं ।

अपनी सुरक्षा और प्रतिरोध के आन्दोलन चलाते हुए पैन्थर और पैन्थर के कार्यकर्ताओं को ऐसी सामाजिक विरोधाभास की स्थिति का खयाल रखना बेहद जरूरी है। उन्हें इस

विरोधाभास के विरुद्ध भी लड़ना है, यदि वे इसे भूलेंगे तो बहुत बड़ी अराजकता की स्थिति उत्पन्न होगी। इस आन्दोलन को शूद्र जातीय दंगे का रूप प्राप्त हो जायेगा और उसमें पैन्थर आसानी से शिकार बन सकती है अर्थात् इसका एहसास होने के बाद ही प्रतिरोध का आन्दोलन चलाना यह बहुत कठिन व्रत है, इसमें कोई सन्देह नहीं है, लेकिन उसका निर्वाह नहीं किया गया तो पैन्थर का समग्र क्रान्ति का खवाब तो दूर ही रहेगा, यह भले ही अधिक आक्रामक एवं ईमानदार क्यों न हो।

आज दलित पैन्थर की सभाओं में जो व्याख्यान दिए जाते हैं, उन व्याख्यानों से पैन्थर के कार्यकर्ताओं को इस बात का खयाल है या नहीं, इसकी आशंका होने लगती हैं, औरंगाबाद में दलित छात्रों की छात्रवृत्ति को लेकर जो आन्दोलन हुआ, उससे इसका एहसास होकर के दलितेतरों को पैन्थर में खींचने का अच्छा मौका देने वाला था, लेकिन पैन्थर ने यह अवसर गँवा दिया।

जो हमसे लड़ रहे हैं, वे वास्तविक रूप में अपने ही वर्गीय बंधु हैं, लेकिन हम उच्चवर्गीय हैं, ऐसे मिथ्या भ्रम में ही उच्चवर्णीय भ्रमित हुए हैं। उसका यह मिथ्या भ्रम भंग करके उसे अपने साथ लेकर सच्चा आन्दोलन आने वाले समय में ही चलाना है, इसका खयाल रखना जरूरी है। इसलिए जो कोई हरिजन और बौद्धेतर दलित अथवा दलितों के हमदर्द होंगे उन सभी को पैन्थर में शामिल होने के लिए पैन्थर के दरवाजे खुले रखने पड़ेंगे। उन्हें प्रेरणा देने की जरूरत है, लेकिन ऐसा दिखाई नहीं देता। कुछ हद तक इसके विपरीत दिखाई दे रहा है। पैन्थर ही स्वयं ऐंठकर बैठने वाला गुट बनता चला जा रहा था। राजा ढाले जिस गुट का नेतृत्व कर रहे हैं, उसका स्वरूप क्या ऐसा ही है? ऐसी आशंका होने लगती है। दलित समुदाय के केवल एक ही तबके पर निर्भर रहकर और अन्यों से दुश्मनी मोल लेकर समग्र क्रान्ति को साधा नहीं जा सकता।

आज वास्तविकता ऐसी है कि, जहाँ-जहाँ दलित पैन्थर आन्दोलन चला रहा है वहाँ-वहाँ तथाकथित उच्चवर्णीय-हिन्दू और हरिजन बौद्धों के बीच की खाई गहराती चली जा रही हैं, इतना ही नहीं तो एक-दूसरे के प्रति उनमें जहरीली द्वेष की भावना पनप रही है। सवर्ण-हिंदुओं में 'हरिजनों को अधिक सहूलियतें मिलती हैं, तुरंत प्रमोशन और नौकरियाँ मिल जाती हैं इसलिए उनसे द्वेष, तो हरिजनों में 'यही वे हैं, जिन्होंने हम पर अत्याचार किये हैं, हजारों सालों से गुलामी में रखा है' इसलिए सवर्ण-हिंदुओं से उनका द्वेष। बी.डी.डी. चाल के दंगे के मूल में यही जहर था, इसके बारे में कोई आशंका नहीं है। चाहे तत्कालीन कारण कुछ भी हो।

इस वास्तविकता से आँखें मूँदकर क्रान्ति नहीं साधी जा सकती। जिस किसी को इस देश में क्रान्ति करनी है, उसके लिए वर्गीय एकता को जोड़ते वक्त शुरुआत में ही इस बहुत बड़ी रुकावट का सामना करना पड़ेगा। दलित पैन्थर के सामने यह बहुत बड़ी चुनौती थी। सिर्फ हिंदुओं की देवी-देवताओं को गाली‌गलौज करके बात बनने वाली नहीं

थी। उससे यह खाई गहराती चली जायेगी और समग्र क्रान्ति का लक्ष्य दूर से दूर होता जायेगा। देवी-देवताओं के विषय में नग्न कल्पनाओं का दंभ विस्फोट करने की जरूरत है, लेकिन वह इस पद्धति से करना जरूरी है कि जिससे यह खाई नहीं गहराएगी और एक-दूसरे में अविश्वास और संशय का माहौल नहीं बनेगा। पत्थर का जवाब पत्थर से देना चाहिए। पैन्थर के भीतर तथाकथित सवर्ण-हिंदुओं को ही इस मुहिम को अंजाम देना जरूरी है। राजा ढाले जैसे लोग यह काम करने लगेंगे, तो उनका यह काम कितना भी समर्थनीय हो तो उन्हें मार पड़ेगी ही, यह साबित हो चुका है। कोई कुमार सप्तर्षि हिन्दू देवी-देवताओं को गालीगलौज करने लगा तो उसे भी मार पड़ेगी, लेकिन उसके बारे में संशय उत्पन्न नहीं होता। उसकी गालियाँ अधिक प्रभावपूर्ण सिद्ध हो सकती हैं।

हमारे देश का सामाजिक माहौल ऐसा विचित्र है कि यहाँ समग्र क्रान्ति करना एक बड़ा मुश्किल सवाल है। भाषा भेद, प्रदेश भेद, धर्म भेद और जाति भेद ने हमारे समाज के अनगिनत टुकड़े कर डाले हैं, जिन्हें जोड़कर तमाम देशभर में एक साथ वर्गीय क्रान्ति करना यह बहुत बड़ी कठिन समस्या है। इस देश में औद्योगिक कामगारों को इस जहर भरे भेदभाव से ऊपर उठने की थोड़ी बहुत क्षमता है, लेकिन इस कृषि प्रधान देश में औद्योगिक मजदूर सच्ची क्रान्ति कर नहीं सकते। भारत में सच्ची क्रान्ति के पुरोधा ये सच्चे अर्थों में दलित ही हैं। पैन्थर की व्यापक परिभाषा वाला दलित वर्ग, लेकिन इसी क्रान्ति का अग्रदूत आज जातिभेद के कारण फटेहाल है। इस वर्ग को आज पहले बाँधने की जरूरत है। वह बहुत ही बड़ा कठिन काम है। लेकिन समग्र क्रान्ति का कंकण कलाई में बाँधने वाले किसी को तो इस चुनौती को स्वीकारना ही होगा।

परिशिष्ट - 1

दलित पैन्थर : संविधान और कार्यक्रम

पैन्थर की भूमिका स्पष्ट करने की जरूरत

धारा 1 : इस संगठन का नाम दलित पैन्थर रहेगा।

धारा 2 : **बोधचिह्न** : सफेद पृष्ठभूमि पर काले रंग से चित्रित चीता और उसके चौतरफा सफेद रंग में 'दलित पैन्थर' ऐसे गोलाकार लिखे गए वर्ण इस संगठन का बोधचिह्न होगा।

धारा 3 : चौड़ाई का डेढ़ गुना लंबाई वाला, उपरी पट्टा लाल और नीचे का पट्टा काला और अन्य बायीं ओर के कोने में लाल पट्टियों में 'काला चीता' इस संगठन का निशान होगा।

धारा 4 : सदस्यता : जिसे पैन्थर का घोषणा-पत्र और संविधान मंजूर है, जो इस संगठन में कार्य करने के लिए नियत रूप में संगठन को चंदा देने के लिए और संगठन का निर्णय अमल में लाने के लिए तैयार है, ऐसे अट्ठारह वर्ष के अथवा उससे अधिक आयु वाले दलित-श्रमजीवी तबके का कोई भी भारतीय नागरिक इस संगठन का सदस्य बन सकता है।

धारा 5 : इस संगठन की बुनियादी इकाई शाखा होगी। किसी भी मुहल्ले में, गाँव में अथवा शहर में न्यूनतम पच्चीस सदस्यों की शाखा होगी।

धारा 6 : संगठन का सदस्य बनने के लिए दूसरे एक सदस्य की सिफारिश सहित शाखा-प्रमुख की ओर आवेदन प्रस्तुत किया जाये। शाखा की स्वीकृति के पश्चात् उसे सदस्यता बहाल की जायेगी।

धारा 7 : शाखा के सदस्यों द्वारा एकमत से अथवा बहुमत से शाखा प्रमुख का चुनाव किया जायेगा।

धारा 8 : पैन्थर की उच्चतम इकाई 'पैन्थर का वार्षिक अधिवेशन' रहेगी।

धारा 9 : प्रत्येक शाखा द्वारा चुने गये न्यूनतम पाँच प्रतिनिधि, ऐसी तमाम शाखाओं के प्रतिनिधि मिलकर प्रतिनिधियों का वार्षिक अधिवेशन होगा।

धारा 10 : पैन्थर के वार्षिक अधिवेशन में पैन्थर का उच्चतम राजनीतिक मण्डल और संगठन–मण्डल सर्वसम्मति से अथवा बहुमत से चुना जायेगा। दो अधिवेशनों के दरम्यान की अवधि में यह मण्डल पैन्थर के राजनीतिक एवं संगठनात्मक निर्णय लेने वाला सर्वोच्च मण्डल रहेगा। शाखा प्रमुख सर्वोच्च मण्डल के राजनीतिक एवं संगठनात्मक मामलों के लिए उत्तरदायी रहेंगे। उसे सर्वोच्च मण्डल के निर्णयों को अमल में लाना पड़ेगा।

धारा 11 : पैन्थर का संगठन लोकतांत्रिक केन्द्रवर्ती तत्त्वों पर आधारित होगा। लोकतांत्रिक केन्द्रवर्ती तत्त्व यानी पैन्थर की शाखा प्रमुख से लेकर उच्चतम राजनीतिक संगठन मण्डल तक लिए गये राजनीतिक एवं संगठनात्मक निर्णयों का क्रियान्वयन करना और दो अधिवेशनों के दरमियान की कालावधि में सर्वोच्च मण्डल के निर्णय अमल में लाना यह पैन्थर के प्रत्येक सदस्य का कर्तव्य रहेगा। इस अर्थ में यह संगठन केन्द्रीय तत्त्व को स्वीकार करता है।

धारा 12 : प्रत्येक शाखा में एक शाखा प्रमुख, एक उपशाखा प्रमुख और एक खजांची का सर्वसम्मति से अथवा बहुमत से चुनाव किया जाए।

धारा 13 : किसी भी गाँव में अथवा शहर में एक से अधिक शाखाएँ होंगी तो वे सब मिलकर अपनी मीटिंग लेकर सर्वसम्मति से अथवा बहुमत से एक गाँव प्रमुख अथवा शहर प्रमुख, एक उपप्रमुख एवं एक खजांची का चुनाव करेंगे।

धारा 14 : तहसील की शाखाएँ अपने पाँच प्रतिनिधि भेजकर तहसील मीटिंग का आयोजन करेंगे और उसमें सर्वसम्मति से अथवा बहुमत से एक तहसील प्रमुख, एक उपप्रमुख अथवा एक खजांची का चुनाव किया जाए।

धारा 15 : जिले की शाखाओं को अपने पाँच प्रतिनिधियों को भेजकर जिला मीटिंग का आयोजन करना होगा और उसमें सर्वसम्मति से अथवा बहुमत से जिला प्रमुख, एक उपप्रमुख अथवा एक खजांची का चुनाव किया जाए।

धारा 16 : उसी प्रकार प्रत्येक शाखा के पाँच प्रतिनिधि और इस अनुपात में तमाम शाखाओं के सदस्यों को मिलाकर पैन्थर का अधिवेशन होगा और उसमें पैन्थर के उच्चतम मण्डल का चुनाव किया जायेगा। तमाम पदाधिकारी पैन्थर के सदस्यों द्वारा सर्वसम्मति से अथवा बहुमत से चुने जाएंगे। सर्वसम्मति से अथवा बहुमत से उनमें बदलाव करने का अधिकार वार्षिक अधिवेशन को होगा। पदाधिकारियों की आलोचना करने का

अथवा उनमें बदलाव करने का अधिकार पैन्थर के सदस्यों को होगा। उसी प्रकार वार्षिक अधिवेशन में पैन्थर की नीति और संगठन सर्वसम्मति से अथवा बहुमत से तय करने का अधिकार पैन्थर के सदस्यों द्वारा चुने हुए अधिवेशन के प्रतिनिधियों को होगा। उसी के साथ वार्षिक अधिवेशन में बहुमत से लिए गये निर्णय अल्पमत वालों पर बाध्यकारी रहेंगे। इस अर्थ से यह संगठन लोकतन्त्र को मान्य करता है।

धारा 17 : वार्षिक अधिवेशन में चुने गये राज्य उच्चतम मण्डल में प्रत्येक जिले से एक प्रतिनिधि एवं मण्डल का एक अध्यक्ष चुना जायेगा। इन तमाम प्रतिनिधियों में से पैन्थर का एक महासचिव और एक खजांची चुना जायेगा और अन्य उच्चतम मण्डल के सदस्य रहेंगे।

धारा 18 : उच्चतम मण्डल की मीटिंग तीन माह के भीतर कम-से-कम एक बार तो आयोजित करना अनिवार्य है। दो बैठकों के दरमियान उच्चतम मण्डल के पदाधिकारी पैन्थर का कामकाज देखेंगे और राजनीतिक-संगठनात्मक निर्णय लेंगे।

धारा 19 : शाखा की बैठक पंद्रह दिनों में एक बार आयोजित की जायेगी। तहसील की बैठक डेढ़ माह में एक बार और गाँव की बैठक माह में एक बार आयोजित की जाए। जिले की बैठक दो माह में आयोजित की जाए। बीच की अवधि में पदाधिकारी कामकाज देखेंगे और उच्चतम मण्डल के निर्णय अमल में लाएँगे तथा शाखा के कार्य का प्रतिवेदन उच्चतम राजनीतिक मण्डल को प्रेषित करेंगे।

धारा 20 : उच्चतम मण्डल के पदाधिकारियों की बैठक पंद्रह दिनों में एक बार तो अनिवार्य रूप से होगी ही उसमें लिए जाने वाले सदस्य सर्वसम्मति से अथवा बहुमत के आधार वाले होंगे और अल्पमत वालों के लिए बाध्यकारी होंगे। उसी प्रकार उच्चतम मण्डल की बैठक के निर्णय भी सर्वसम्मति के अथवा बहुमत के आधारवाले होगें और अल्पमत वालों पर बंधनकारी होंगे। उच्चतम मण्डल के पदाधिकारियों द्वारा पैन्थर के कामकाज का तिमाही प्रतिवेदन उच्चतम मण्डल को प्रस्तुत किया जाए।

धारा 21 : प्रत्येक शाखा द्वारा चुना गया एक प्रतिनिधि इस अनुपात में तमाम शाखाओं के प्रतिनिधि मिलकर पैन्थर की राष्ट्रीय परिषद दो साल में एक बार आयोजित की जायेगी, और उसमें सर्वसम्मति से अथवा बहुमत से पैन्थर की नीति का एवं राष्ट्रीय मण्डल का चुनाव किया जायेगा। प्रत्येक राज्य का एक प्रतिनिधि इस अनुपात में सदस्यों एवं एक अध्यक्ष मिलकर

राष्ट्रीय मण्डल तैयार होगा। उनके पदाधिकारी राज्य उच्चत्तम मण्डल के अनुसार ही रहेंगे।

धारा 22 : पैन्थर के प्रत्येक सदस्य द्वारा पैन्थर का कामकाज चलाने के लिए चंदा दिया ही जाना चाहिए। यह कार्यनिधि सदस्यों की आय पर अवलंबित होगी। मासिक आय 100 रुपए होगी ऐसे सदस्य को माह में एक रुपया कार्यनिधि देना अनिवार्य है। उसके बाद के प्रत्येक 100 रुपए की आय वाले सदस्य की ओर से प्रत्येक अतिरिक्त 100 रुपयों पर एक रुपया इस अनुपात में कार्यनिधि दी जाए। (100;1, 200:2, 300:3 इस तरह से।)

धारा 23 : यह कार्यनिधि प्रत्येक सदस्य द्वारा अपनी शाखा के खजांची के पास जमा की जाए। कार्यनिधि में से प्रत्येक एक रुपये में से पचास पैसे शाखा के खजांची की ओर से राज्य के उच्चतम मण्डल के खजांची को दिया जाए, पच्चीस पैसे जिला खजांची को दिए जाए, तेरह पैसे तहसील खजांची को दिये जाए और बचे हुए बारह पैसे शाखा के लिए रखे जाए। शाखा, तहसील, जिला, उच्चतम मण्डल के स्तर पर जो चंदा जमा होगा वह बैंक में रखा जाए।

धारा 24 : उच्चतम मण्डल के अध्यक्ष, महासचिव एवं खजांची इन तीनों के संयुक्त नाम से कार्यनिधि बैंक में जमा रखी जाए और जब कामकाज के लिए जरूरत होगी तब बैंक की निकासी पर्ची पर तीनों के हस्ताक्षरों से बैंक निधि का निकास किया जाए। उसी प्रकार जिला, तहसील, गाँव और शाखा स्तर पर वह कार्यप्रमुख, उपप्रमुख एवं खजांची इन तीनों के नाम पर रखा जायेगा और तीनों के हस्ताक्षरों द्वारा ही निकाला जाए।

धारा 25 : निधि की रसीद पुस्तिका पर उच्चतम मण्डल के खजांची के हस्ताक्षर और वसूल करने वाले के हस्ताक्षर होंगे। कार्यनिधि की रसीद पुस्तिकाएँ उच्चतम मण्डल ही छापेगा। उसके अधिनस्थ स्तर के संगठनों को रसीद पुस्तिकाएँ छापना प्रतिबंधित है। निचली इकाई मण्डलों को उच्चतम मण्डल की ही रसीद पुस्तकें उपलब्ध करायी जायेगी। किसी इकाई को खास कार्यों के लिए निधि की आवश्यकता होगी तो निधि उच्चतम मण्डल ही उपलब्ध कराएगा।

धारा 26 : कार्यनिधि के जमा-खर्च का हिसाब शाखाओं की, तहसीलों की, जिले की उच्चतम मीटिंग में, उसी प्रकार वार्षिक अधिवेशन में निम्न तीनों को दिया जाना ही चाहिए -

1. अध्यक्ष, महासचिव, खजांची-उच्चतम मण्डल

2. जिला, तहसील, उसी प्रकार गाँव एवं शाखा-प्रमुख, उपप्रमुख एवं खजांची। प्रत्येक इकाई की ओर जो चंदा होगा उसे प्रत्येक इकाई द्वारा अपने-अपने कार्य के लिए खर्च किया जाए।

सदस्यों की जिम्मेदारियाँ

धारा 27 : **सदस्यों की जिम्मेदारियाँ :** प्रत्येक सदस्य को पैन्थर का सदस्यता-पत्र दिया जायेगा। इन सदस्यता-पत्रों को उच्चतम मण्डल सभी शाखाओं को उपलब्ध कराएगा। इन सदस्यता पत्रों पर सदस्यों के कर्तव्य छपे होंगे। उन्हें इन कर्तव्यों का निर्वाह करना ही होगा। सदस्यता-पत्र पर उच्चतम मण्डल के अध्यक्ष एवं महासचिव इन दोनों के हस्ताक्षर होंगे। सदस्यता-पत्र का मूल्य एक रुपए का भुगतान सदस्य को ही करना होगा और वह उच्चतम मण्डल के खाते में जमा होगा। उच्चतम मण्डल के अलावा अन्य किसी भी इकाई द्वारा सदस्यता-पत्रों का छापना प्रतिबंधित है।

धारा 28 : संगठन की सदस्यता का आवेदन पत्र उच्चतम मण्डल सभी शाखाओं को उपलब्ध कराएगा। जिन्हें संगठन का सदस्य बनना है वे आवेदन-पत्र भरकर पहले किसी एक सदस्य की सिफारिश के साथ शाखा प्रमुख को प्रस्तुत करें। शाखा द्वारा मीटिंग लेकर उसकी सदस्यता बहाल की जाए। सदस्यता राशि एक रुपया ली जायेगी। संगठन की सदस्यता अथवा पदाधिकारी पद से त्याग-पत्र नहीं दिया जा सकता। किसी सदस्य को सदस्यता रद्द करनी हो तो शाखा के बहुसंख्य सदस्यों की अनुमति से ही उसे रद्द किया जा सकता है। सदस्यता रद्द होने के शाखा के निर्णय के विरुद्ध उस सदस्य को अपील करनी हो तो वह उच्चतम मण्डल की ओर अथवा उसके बाद वार्षिक अधिवेशन में अर्जी दाखिल कर अपील कर सकता है।

सर्वोच्च मण्डल के कार्य

धारा 29 : उच्चतम मण्डल के कार्य

1. संगठन के वार्षिक अधिवेशन में संगठन की राजनीतिक नीति का मसौदा और संगठन का संगठनात्मक प्रतिवेदन प्रस्तुत करना।
2. सभी शाखाओं को वार्षिक अधिवेशन के बीच की कालावधि में राजनीतिक एवं संगठनात्मक मार्गदर्शन करना।
3. संगठनात्मक कार्य के लिए प्रचार दौरों पर जाना।

4. संगठन का कार्यक्रम एवं संविधान छापकर प्रसिद्ध करना और उसे शाखाओं को उपलब्ध कराना।
5. सदस्यता के आवेदन-पत्र और सदस्यता के पत्र-शाखाओं को उपलब्ध करा देना।
6. संगठन के प्रचार के लिए समाचार पत्र शुरू करना। उसी प्रकार समय-समय पर पुस्तिकाएँ प्रसिद्ध करना।
7. इन सभी कार्यों के लिए उच्चतम मण्डल अपने मण्डल के सदस्यों में से ही अलग-अलग समितियों का गठन करेगा और उनका मार्गदर्शन करेगा। समय-समय पर उन समितियों में परिवर्तन करने का अधिकार उच्चतम मण्डल के पास रहेगा।
8. संगठन के राजनीतिक, संगठनात्मक उसी प्रकार तमाम प्रश्नों के निवेदन उच्चतम मण्डल के अध्यक्ष एवं महासचिव के नाम पर जारी किए जाएँगे। उसी प्रकार जिले के, तहसील के एवं गाँव के अथवा स्थानीय प्रश्नों से सम्बन्धित निवेदन सम्बन्धित इकाइयों के प्रमुख एवं उपप्रमुखों के हस्ताक्षर से जारी किए जाएँगे।
(**पाद टिप्पणी :** संविधान में परिवर्तन का अधिकार वार्षिक अधिवेशन को रहेगा।)

दलित पैन्थर के कार्यक्रम

1. जाति, धर्म, वर्ण, वर्ग-विरहित, शोषण मुक्त, सुखी, समृद्ध, सुसंस्कृत एवं विज्ञाननिष्ठ समाज निर्मिति के लिए दलित-श्रमिक वर्ग की राज्यसत्ता स्थापित करना।
2. उपरोल्लिखित उद्देश्यों के लिए इस देश में राजनीतिक, आर्थिक, सामाजिक, सांस्कृतिक एवं वैज्ञानिक क्रान्ति करना।
3. इस क्रान्ति के लिए अनुसूचित जाति-जनजाति, बौद्ध श्रमजीवी जनता, कामगार, भूमिहीन, खेतिहर मजदूर, गरीब किसान, घुमंतू जनजातियाँ, आदिवासियों को संगठित करके, उनमें राजनीतिक, वर्गीय एवं सामाजिक जागृति करना। ये क्रांति की बुनियादी इकाइयाँ रहेंगी।
4. इस क्रान्ति के लिए जाति-धर्म-व्यवस्था, वर्ण-व्यवस्था तोड़ने वाले क्रान्तिकारी दल, तमाम वाम ताकतें, व्यक्ति उसी प्रकार आर्थिक, राजनीतिक एवं सामाजिक दबाव तन्त्र का शिकार हुई अन्य सभी सामाजिक इकाइयों, से दोस्ती की जायेगी।

5. जातिभेद, धर्मभेद पर आधारित दल एवं शक्तियाँ, जमींदार, बड़े फलोत्पादक, पूँजीपति, बड़े विदेशी एवं देशी पूँजीपति, साम्राज्यवादी, देशी की पूँजीवादी सरकार ये हमारे प्रमुख दुश्मन हैं। उनके विरुद्ध हमें बगावत करनी है।
6. दुनिया की साम्राज्यवादी व्यवस्था के विरुद्ध, शोषण के विरुद्ध, वर्ण-व्यवस्था के विरुद्ध आन्दोलन करने वाली तमाम दलित एवं श्रमजीवी जनता को हमारा समर्थन रहेगा।
7. हमारा मुक्ति आन्दोलन समग्र क्रान्ति का आकांक्षी है। अंशतः परिवर्तन असम्भव है और वह हमें नहीं चाहिए। तमाम क्रान्तिकारी बदलाव हमें चाहिए। सामाजिक अवमानना से बाहर निकलने के साथ ही हमें आर्थिक-राजनीतिक-सांस्कृतिक केन्द्र स्तर पर प्रभुत्व स्थापित करना पड़ेगा। हमें राज्यसत्ता चाहिए। हमारा लक्ष्य केवल व्यक्ति न होकर व्यवस्था है। हृदय परिवर्तन अथवा शिक्षा के उदारमतवाद से हम पर होने वाले अत्याचार, अन्याय और शोषण रुकने वाले नहीं हैं। हम उपरोल्लेखित क्रान्तिकारी समूहों में चेतना उत्पन्न करेंगे, उन्हें संगठित करेंगे और ये क्रांतिकारी समूहों में चेतना उत्पन्न करेंगे, उन्हें संगठित करेंगे और ये क्रान्तिकारी समूहों के विरुद्ध उपरोल्लेखित हमारे शत्रु समूह इनके संघर्ष से ही क्रान्ति की लहर आएगी, ऐसा हमारा विश्वास है।

हमारे आज के मुख्य सवाल हैं-रोटी, कपड़ा, मकान, पानी, नौकरी, जमीन, शिक्षा, अस्पृश्यता, सामाजिक एवं शारीरिक अन्याय। इन प्रश्नों के समाधान के लिए हम भविष्यकालीन कार्यक्रम एवं तुरंत के कार्यक्रम, ऐसे दो कार्यक्रम प्रस्तुत कर रहे हैं।

भविष्यकालीन कार्यक्रम

1. देशी एवं विदेशी पूँजीपतियों की ओर से होने वाला शोषण समाप्त करने के लिए उनके स्वामित्व के उत्पादन के तमाम साधन सामाजिक स्वामित्व के लिए किए जाए एवं उन पर दलित श्रमजीवियों की सत्ता स्थापित की जाए।
2. देश की भीतरी जमींदारी व्यवस्था का समूल रूप में उन्मूलन करके, परिवार के पोषण के लिए आवश्यक भूमि से अतिरिक्त भूमि गरीब, किसान, तमाम मजदूर, आदिवासी दलितों में बाँट देना।
3. आर्थिक एवं सामाजिक शोषण मुक्त समाज स्थापित करना।

तुरंत के कार्यक्रम

1. शहरों के दलित एवं श्रमजीवी वर्ग के बेरोजगार युवकों को नौकरियाँ मिलनी चाहिए, अथवा बेरोजगारी भत्ता मिलना चाहिए।

2. देहातों के दलित-श्रमजीवी खेतिहर मजदूरों को भूमि, आवास मिलने चाहिए।
3. खेतिहर मजदूर स्त्री-पुरुषों को न्यूनतम सौ रुपये वेतन मिलना चाहिए।
4. संपूर्ण शिक्षा मुफ्त में मिलनी चाहिए।
5. दलित बस्तियों में सार्वजनिक तौर पर कुएँ खोदे जाए। उसी प्रकार सार्वजनिक कुँओं पर पानी भरने का दलितों का अधिकार अमल में लाया जाए।
6. शिक्षा क्षेत्र में, सेवाओं में, शासन व्यवस्था में, उसी प्रकार सामाजिक जीवन एवं व्यवहार में जाति का एवं धर्म का उल्लेख कानूनन प्रतिबंधित किया जाए।
7. धार्मिक एवं जातीय संस्थाओं पर, संप्रदायों पर प्रतिबंध लगाया जाए।
8. तमाम जाति धर्मों की अलग-अलग बस्तियों को एक साथ बसाने का कानून बनाया जाए।
9. धार्मिक, जातीय संस्थाओं को दिए जाने वाले अनुदान बंद करके उसे दलितों के उपयोग में लाया जाए।
10. दलित श्रमजीवियों के लिए शहरों में एवं देहातों में तमाम प्रकार की दवा-दारु की व्यवस्था मुफ्त में होनी चाहिए।
11. प्रत्येक व्यक्ति को पंद्रह किलो अनाज मिलना ही चाहिए।
12. जीवनावश्यक तमाम वस्तुओं के मूल्यों में दो-तिहाई की कमी लायी जाए।

समय-समय पर उपर निर्दिष्ट शत्रुवर्ग से आर्थिक, राजनीतिक एवं सामाजिक लड़ाइयाँ होगी। इन लड़ाइयों में, दलित एवं श्रमजीवी जनता में एकता स्थापित करने के लिए हम सक्रिय रहेंगे।

परिशिष्ट - 2

दलित पैन्थर का घोषणा-पत्र

(दलितों की हुकूमत : श्रमजीवियों की हुकूमत)

पैन्थर की भूमिका प्रस्तुत करने सम्बन्धी आवश्यकता

वर्तमान दौर में पैन्थर सात साल का सफर पूरा कर रहा है। पैन्थर की क्रान्तिकारी ठोस भूमिका के कारण वह अंदरुनी एवं बाहरी विरोधों का मुकाबला करते हुए मजबूती से बढ़ता जा रहा है, क्योंकि वह जिस समाज के सुख-दुःखों से आबद्ध हुआ है, उस समाज की क्रान्तिकारी इकाइयों को उसने पहचाना है। विगत सालभर में पैन्थर के सदस्यों में, कार्यकर्ताओं में, खासकर महाराष्ट्र के कोनों-कोनों से, पैन्थर की भूमिका के सम्बन्ध में कुछ गलतफहमियाँ उत्पन्न करने के प्रयास जानबूझकर हो रहे हैं। पैन्थर का लक्ष्य, पैन्थर की समग्र क्रान्तिकारी लोकतांत्रिक निष्ठा, नीति आदि अनेक मामलों में गलतफहमियाँ फैलाई जा रही हैं। ऐसे हालात में पैन्थर की भूमिका स्पष्ट करना जरूरी हो गया है, क्योंकि अब पैन्थर केवल भावात्मक नहीं रहा बल्कि उसने अब ठोस राजनीतिक रूप धारण कर लिया है। 'अपने समक्ष की राजनीतिक स्थिति का गहराई से अध्ययन कर राजनीतिक व्यवहार का गणित रचते चलो' ऐसा डॉ. बाबासाहब अम्बेडकर अपने अनुयायियों को अक्सर कहा करते थे। उनके इस विचार को, आदर्श को आँखों के सामने रखकर पैन्थर को अपने आचरण में धारण करना जरूरी बन गया है। अन्यथा कछुए की पीठ को पत्थर समझकर उस पर पैर रखने से वह अल्पावधि में डूब जायेगा।

जिस हिन्दू सामंती व्यवस्था ने दलितों को हजारों सालों से हुकूमत, सम्पत्ति, प्रतिष्ठा इन बातों से वंचित रखा था, वही सामंती व्यवस्था आज की कांग्रेस सरकार में बड़े पैमाने पर मौजूद है, इस कारण कांग्रेस सरकार द्वारा सामाजिक परिवर्तन किया जाना असम्भव है। जनमत से घबराकर तैयार किए गए कानून वह अमल में नहीं ला सकेगी, क्योंकि हुकूमत की तमाम सामग्री इस सामंती तन्त्र ने जकड़ ली है। धर्म प्रदत्त सत्ता, सम्पत्ति, ताकत संपादित करने की जिन्हें अनुमति दी थी, हजारों वर्षों के

प्रस्थापित उन्हीं तबकों के हाथों में पहले जैसी ही भूमि है, अब कारखानेदारी है, सम्पत्ति है, सत्ता के संसाधन हैं। भले ही स्वतन्त्रता प्राप्त हुई हो, लोकतन्त्र स्थापित हुआ हो, फिर भी दलितों की समस्याएँ, अस्पृश्यता बरकरार है वह इसी कारण। वह बरकरार ही रहेगी, क्योंकि अस्पृश्यता उन्मूलन के लिए सरकार जब तैयार होगी तब उसके सिर्फ कानून बनाने से बात नहीं बनेगी। तमाम भूमि को फिर से बाँटना पड़ेगा। रूढ़ि, संकेत, धर्मग्रन्थों को ध्वस्त करना पड़ेगा और नए विचार रूढ़ करने पड़ेंगे। ग्रामरचना, समाजरचना, मनोरचना तमाम लोकतांत्रिक उद्दिष्टों को पोषक करेंगी, इस तरह करनी पड़ेगी। जिन ताकतों ने दलितों को जकड़े रखा है और जिन ताकतों द्वारा दलितों ने खुद को बाँध लिया है, उन तमाम बातों को वस्तुनिष्ठ रीति से, समाज विकास का क्रम ध्यान में रखकर, ऐतिहासिक विश्लेषण द्वारा हमें प्रस्तुत करना पड़ेगा।

जिन दलितों को हिन्दू सामंती व्यवस्था ने जकड़ रखा है, वह मुस्लिम दौर में, ब्रिटिश दौर में जितनी बर्बर नहीं थी उससे सौ गुना बर्बर वह अब दलितों के बारे में हो सकती है, क्योंकि उत्पादन की नसें, नौकरशाही, न्याय संस्था, सेना दल, पुलीस दल और इन सभी को पोषक करने वाले पूँजीपति, धर्म के ठेकेदार ये सभी हिन्दू सामंती व्यवस्था के हाथों में हैं और इस कारण ही दलितों की अस्पृश्यता का सवाल केवल मानसिक गुलामी का नहीं रहा, क्योंकि अस्पृश्यता शोषण की, लगातार बदलती हुकूमत के लिए पूरक ऐसी दुनिया भर में बहुत ही बर्बर पद्धति है। आज उसकी जड़ें ढूँढ़ने की जरूरत है। यदि वे हमें मिल जाती हैं तो इस शोषण पर निश्चित रूप से प्रहार किया जा सकेगा। हमारे दिग्विजयी नेता 1. महात्मा ज्योतिबा फुले, 2. डॉ. बाबासाहब अम्बेडकर की मृत्यु के बाद भी दलितों का सवाल जिन्दा ही नहीं बल्कि हमेशा की तरह मजबूत बन गया है और इस कारण हम ऐसी दलित अस्पृश्य जिन्दगी की आज की क्रान्तिकारी रूपरेखा निश्चित नहीं करेंगे तो सामाजिक क्रान्ति का अभिलाषी एक भी व्यक्ति इस देश में जिन्दा नहीं बचेगा। वास्तविक रूप में दलितों का सवाल, उसमें भी अनुसूचित जाति, जनजातियों का सवाल आज व्यापक बन गया है। वह केवल दलितों तक ही, अस्पृश्यों तक ही, हाशिए का अथवा पुस्तकों के बाहर का नहीं रहा है, बल्कि वह जैसे दलित हैं उसी प्रकार अस्पृश्य है, कामगार है, खेतिहर मजदूर है, भूमिहीन है, सर्वहारा है और उसका यही क्रान्तिकारी रूप यदि हमने आत्मीयता से नहीं बढ़ाया तो हमारे अस्तित्व का कोई भविष्य नहीं है। इस क्रमानुसार आज उसे पूरक होने वाली शक्तियों और जनसमूहों को उसमें स्वीकारने की जरूरत है, और इसी कारण अपने दुश्मनों के साथ वह ठीक तरह से लड़ सकता है और यदि ऐसा नहीं हो सका तो हमें गुलामों से भी अधिक गुलामी के हालात में सड़ना पड़ेगा। इस एहसास को प्रत्येक मिनट, घण्टा, दिन, माह, वर्ष में पुष्ट करते रहना चाहिए, तभी हम आदमी कहलाने के लायक होंगे। बाबासाहब ने हमें जानवर से आदमी बनाया है वह इसी कारण। इसलिए

हमें हर बात शान्ति से, गहराई से अध्ययन के द्वारा स्वीकारनी चाहिए, सिर्फ घोषणाओं से, वल्गनाओं से मोहित होकर नहीं। खुद के इर्द-गिर्द की स्थिति की ओर घेरे की चीरफाड़ करने की जरूरत है। हमें गुलाम करने वाली वर्णव्यवस्था (जातिव्यवस्था), वर्गव्यवस्था के जो शिकंजे हैं उन्हें जड़ से उखाड़कर फेंक देना चाहिए। उनका शोषण करने वाली, विकास करने वाली, भूमि को बीजहीन कर देना चाहिए। 'दलित' संज्ञा का टूटता जातीय स्वरूप ध्यान में लिया जाना चाहिए।

सरकार ने दलितों के लिए क्या किया?

सन् 1947 में भारत स्वाधीन हुआ। समय के मुताबिक शासनकर्ता तबकों के मुखौटे बदल गये। राजा के स्थान पर राष्ट्रपति आए। प्रधान की जगह जनप्रतिनिधि आया। वेद, स्मृति, पुराण, उपनिषद्, मनस्मृति, गीता की उपेक्षा करके संविधान का आगमन हुआ। कोरे कागजों पर स्वतन्त्रता, बंधता की फसल खूब उगी। सन् 1947 से 73 का लंबा दौर। इन छब्बीस वर्षों के दौर में राष्ट्रीय आन्दोलन का पूँजी के रूप में प्रयोग करने वाली कांग्रेस सरकार लगातार एकछत्र अमल कर रही है। चार पंचवार्षिक योजनाएँ, पाँच आम चुनावों और तीन युद्ध स्वतन्त्रता के इन पच्चीस सालों में हुए। लेकिन दलितों की समस्याएँ, जनता की समस्याएँ इस सरकार ने यथावत रखीं। सत्ता को येन-केन-प्रकारेन बचाए रखने के अतिरिक्त इस सरकार ने किसी भी उद्देश्य को महत्त्व नहीं दिया। इसके विपरीत लोकराज्य की, समाजवाद की, गरीबी हटाव की, हरित क्रान्ति की डींगे हाँककर इस सरकार ने दलितों के, भूमिहीनों के, खेतिहर मजदूरों के, कामगारों के सिर पैरों तले कुचले हैं। उनकी जिन्दगी से खिलवाड़ करके, सौदेबाजी करके उनके भीतर के ही कुछ गिने-चुने लोगों को लालच देकर उन सभी के वजूद को नेस्तनाबूत करने का प्रयास किया। धार्मिक, जातीय, अलगाववादी विचारधारा का उपयोग करके लोकतन्त्र की एकता को खतरा पैदा किया। जिस लोकतन्त्र में व्यक्ति को सम्मान-प्रतिष्ठा-सत्ता-सम्पत्ति नहीं प्राप्त होती, वहाँ व्यक्ति-विकास, समाज-विकास करना असम्भव होता है, देश की मिट्टी का एक-एक कण खून से भिगोने वाले को भूखे कंगाल रहना पड़ता है, पैरों तले की जमीन से, सिर के छप्पर से महरूम होना पड़ता है, नाक की सीध पर चलेनवाले को झुकना पड़ता है, माँ-बहन की इज्जत की धज्जियाँ उड़ती देखनी पड़ती है, ऐसी स्वतन्त्रता को स्वतन्त्रता नहीं कहा जा सकता। स्वतन्त्रता का आन्दोलन पूँजीपतियों ने, सामंतों ने, जमींदारों ने अपने स्वार्थ के लिए चलाया था। जनता के तथा दलितों के नेतृत्व में वह नहीं चलाया गया। वह जनता के तथा दलितों के नेतृत्व में चलाया जाए ऐसा डॉ. बाबासाहब अम्बेडकर का विचार था। स्वतन्त्रता का आन्दोलन जिस गांधी नामक शख्स के हाथों में था, वह शख्स ढोंगी, चालबाज, प्रतिक्रियावादी, वर्णीय, ठेकेदारों का बचाव करने वाला था। उसने स्वतन्त्रता के आन्दोलन में दरार न पड़े इसलिए नाममात्र दलितों का,

अस्पृश्यता का और जनता का सवाल इस आन्दोलन के साथ जोड़ दिया था, इसलिए ही बाबासाहब ने जनता का सच्चा दुश्मन राष्ट्र का खलनायक ऐसे गांधी की समय-समय पर भर्त्सना की है। बाबासाहब अक्सर कहा करते-'गांधीवाद यानी रूढ़िवाद, गांधीवाद यानी जातिवाद, गांधीवाद यानी मूर्तिपूजावाद, गांधीवाद यानी अशास्त्रीय दृष्टिकोण। ब्रिटिशों ने इन लोगों के हाथों में स्वतन्त्रता थामी वह सिर्फ नाविकों की बगावत, आजाद हिंद सेना का विद्रोह, कृषकों के, श्रमजीवियों के, दलितों के विद्रोह के कारण सत्ता हाथ में बनाए रखना असम्भव हुआ, इसलिए गांधी संप्रदाय के हाथों में स्वतन्त्रता देने के पीछे ब्रिटिशों का स्पष्ट पर्याय था कि इन लोगों के हाथों में साम्राज्यवाद के हित सम्बन्ध सुरक्षित रहे। ऐसी है यह उधार पर मिली स्वतन्त्रता। वास्तविक रूप में देखा जाए तो दुश्मनों से छीनकर ली स्वतन्त्रता को सच्ची स्वतन्त्रता कहा जाता है। किसी के टुकड़ों के रूप में दी गयी भीख सच्ची स्वतन्त्रता नहीं है। घर-घर से मनों-मनों में स्वतन्त्रता की लौ को प्रज्वलित करना पड़ेगा। भारतीय स्वतन्त्रता की कीमत घर-घर से नहीं गिनी गयी, इस कारण दलित, श्रमजीवी, भूमिहीन खेतिहर मजदूर मुक्त नहीं हुआ। तलहटी का कीचड़ हटाया नहीं गया, बल्कि इन बातों की विरासत सँजोने वाली सरकार दलितों को धोखा देती रही है।

अन्य दलों में दलितों के लिए क्या किया?

पाँच चुनाव लड़ने वाले वाम दलों का दीवाला निकला है। एक चुनाव से दूसरे चुनाव की ओर चलना यही उनका सिद्धांत रहा है। सन् 1967 के चुनाव में कांग्रेस विरोधी गठबंधन इन वाम दलों ने स्थापित किया। गठबंधन में इतनी अवसरवादिता थी कि फिरकापरस्तों के साथ (जनसंघ-मुस्लिम लीग के साथ) समझौता कम्युनिस्ट जैसे दलों ने किया। कतिपय राज्यों में तो वाम गठबंधन की सरकारें भी स्थापित हुईं, लेकिन ठोस कार्यक्रमों के अभाव में कांग्रेस विरोधी भूमिका को कुछ अधिक लाभ नहीं हुआ। जनता के सामने विकल्प रखने में, दलितों के सवाल हल करने में, देश के गरीबों की हुकूमत स्थापित करने में ये तमाम दल विफल सिद्ध हुए। परिणामस्वरूप क्रान्तिकारी समाजप्रवण गुट का संसदीय लोकतन्त्र से विश्वास उठ गया। नक्सलवादी जैसा विद्रोह उत्पन्न होकर भारत में चिंगारी फैल गयी। सन् 1972 के आम चुनाव में पहली स्थितियों की पुनरावर्ती हुई। जनता के, दलितों के सिर पर कांग्रेस का भस्मासुर बैठ गया। अकाल पड़ा, करोड़ों लोगों का जीवन बर्बाद हुआ, जानवर-मवेशी मरे, कारखाने बंद पड़े, मजदूर बेरोजगार हुए, महँगाई ने सभी को अपनी गिरफ्त में ले लिया। कांग्रेस का इस देश को लगा ग्रहण अब तक नहीं छूटा, लेकिन हमारे संसदीय वाम दल सीटों की राजनीति खेलकर कांग्रेस की राजमान्यता प्राप्त करने में दिन बिता रहे हैं। क्रांतिकारी बनने के लिए, जनता के प्रश्नों की ओर दखल देने के लिए कोई भी तैयार नहीं है।

इन तमाम वाम, सत्ताहीन दलों ने सामाजिक क्रान्ति की ओर ध्यान नहीं दिया।

वर्ग संघर्ष के साथ ही अस्पृश्यता का सवाल नकार कर आर्थिक घोषणाओं के साथ सांस्कृतिक-सामाजिक प्रभुसत्ता के विरुद्ध आन्दोलन नहीं खड़ा किया। अस्पृश्यता ये दूसरा-तीसरा कुछ न होकर बहुत ही 'जहरीली' शोषण पद्धति है। इस शोषण व्यवस्था को हिन्दू सामंतवादी पद्धति ने उसके विकास क्रम में जन्म दिया है। सेना, जेल, न्याय व्यवस्था, नौकरशाही, शासन व्यवस्था की इन इकाइयों के साथ अस्पृश्यता की चौखट व्यापक होती जा रही है। उदात्त तत्त्वज्ञान के नाम पर, मोक्ष-निर्माण के नाम पर भौतिक सुखों से दलितों को वंचित रखकर उनकी लूट-खसोट ही की गयी है। औद्योगिक क्रान्ति के दौर में मशीनें आईं। दलितों को यंत्रों से जोता गया, लेकिन उच्चवर्णीयों की मनोवृत्ति सामंतवादी दौर की ही रही, क्योंकि मशीनों के मालिकों को सामाजिक चौखट को बिना तोड़े ही नफा प्राप्त होता है। यदि सामाजिक क्रान्ति उत्पन्न होकर दलितों के मन में बगावत की आग पनपी तो ही राजनीतिक क्रान्ति होगी। यदि वह हुई तो उच्चवर्णीयों की, वर्गीयों की हुकूमत चली जायेगी। वाम दलों की नीति सर्वस्पर्शी क्रान्तिकारी दर्शन का प्रसाद करने वाली नहीं है। दलितों के आन्दोलन सच्चे अर्थों में इन दलों द्वारा न चलाने के कारण ही दलित ज्यादा ही गाफिल हुए। उन पर अनन्वित अत्याचार हुए।

रिपब्लिकन दल और दलित पैन्थर के नेता

आज के दलित समाज की अथवा सभी समाजों की समस्याएँ, फिर वे सामाजिक हों अथवा राजनीतिक हों, वे धर्म और जाति की चौखट में हल होने वाली नहीं हैं, वे तथ्य सन् 1952 के आम चुनाव में पराजय के बाद डॉ. बाबासाहब अम्बेडकर के ध्यान में आये। विज्ञाननिष्ठ दृष्टिकोण, वर्गीय एहसास और पूरी तरह से धर्मनिरपेक्ष लड़ाकू मानवतावाद के सहयोग से ही दलितों के आन्दोलनों को धार आएगी। इसके लिए डॉ. बाबासाहब अम्बेडकर को 'शेडयुल्ड कास्ट फेडरेशन' का व्यापक दल में रूपांतर करना था। लेकिन यह उनके जीवित रहते सम्भव नहीं हो सकता। उनके निर्वाण के बाद अनुयायियों ने शिडयूल्ड कास्ट फेडरेशन का 'रिपब्लिकन दल' ऐसा सिर्फ नामपरिवर्तन करके जातीय राजनीति खेली। सीवान के बाहर के तमाम दलितों को और आर्थिक शोषण से निचोड़े गये लोगों को उन्होंने कभी भी एकता के सूत्र में नहीं बाँधा। सबसे महत्त्वपूर्ण बात यानी कि दलितों जैसी क्रान्तिकारी गुट की राजनीति इस दल ने कायदे से चलाई। वोट, माँगें, आरक्षित सीटें, सहुलियतों के चक्र में रिपब्लिकन दल गुँथ गया। इस कारण गाँव-देहातों में बिखरा पड़ा दलित समाज राजनीतिक दृष्टि से जहाँ था वहीं रह गया। गुटबाजी, स्वार्थ और फूट-विभाजन का सिलसिला शुरु हुआ। डॉ. बाबासाहब अम्बेडकर की क्रान्तिकारी वाणी को पकड़कर इस दल के गद्दार नेता 'ये दल डॉ. बाबासाहब अम्बेडकर का है' ऐसा हवाला देकर अपनी ही झोलियाँ भरते रहें और इस कारण दादासाहब गायकवाड के नेतृत्व में

हुए भूमिहीनों का सत्याग्रह छोड़ दे तो इस दल ने कोई भी कार्यक्रम अपने हाथ में नहीं लिया। इस कारण दलितों पर किये जाने वाले अत्याचारों में बेइन्तहा बढोत्तरी हुई। डेढ़-दो वर्षों के कालखण्ड में 1117 दलितों का कत्लेआम हुआ। पानी की बूँद के लिए घरबार उजाड़ दिए गये, इज्जतें लूटी गयी, आगजनी, खूनखराबा हुआ। जिंदगी जीने के सवाल के साथ ही शारीरिक अन्याय तीव्र होते गये। रिपब्लिकन दल ने क्या किया? यशवंतराव चह्वाण जैसा चालाक सत्ताधीश नेता भी बिछाए गये जाल में फँसा। परिणामतः उसकी धार खत्म हुई, एकता खत्म हुई। फिर नपुंसकों की भरमार हुई। ऐसे नपुंसक नेताओं के हाथ में हमारा भविष्य सौंपा गया तो हमारा भी कत्लेआम होगा। इसलिए हमारा और रिपब्लिक दल का कोई खून का रिश्ता नहीं है, इस बात को हम बेहद अफसोस के साथ घोषित करते हैं।

दुनिया के दलितों से हमारा नाता

अमेरिकी साम्राज्यवाद के पागलपन के षड्यन्त्रों के कारण आज तमाम दलितों की तीसरी दुनिया अर्थात् उत्पीड़ित देश और दलित जनता झुलसकर निकली है। अमेरिका में मुट्ठीभर प्रतिक्रियावादी गौरवर्णीय, निग्रो समुदाय पर जुल्म कर रहे हैं। इन जुल्मों को जैसे का तैसा जवाब देने के लिए ब्लैक पैन्थर के आन्दोलन से ब्लैक पावर (श्याम वर्णीयों की हुकूमत का निर्माण हुआ। संघर्ष की चकाचौंध से निग्रो संगठन से चिंगारियाँ फूटने लगी। इस आन्दोलन के उग्र संघर्ष से हमारा नाता है। वियतनाम, कंबोडिया, अफ्रीका जैसे आदर्श हमारी आँखों के सम्मुख हैं।

दलित कौन?

अनुसूचित जाति-जनजाति, बौद्ध, श्रमजीवी जनता, भूमिहीन, खेतिहर मजदूर, गरीब किसान, घुमंतू जनजातियाँ, आदिवासी।

हमारे मित्र कौन?

1. वर्णव्यवस्था ध्वस्त करने वाले क्रान्तिकारी दल। सच्चे अर्थों में समाजवादी समाजरचना मानने वाले वाम दल।
2. आर्थिक, राजनीतिक दबाव तन्त्र का शिकार हुए तमाम सभी सामाजिक तबके।

हमारा दुश्मन कौन?

1. हुकूमत, सम्पत्ति, प्रतिष्ठा।
2. जमींदार, बड़े पूँजीपति, साहुकार साम्राज्यवादियों के दलाल और नौकरशाह तथा उनके समर्थक।

3. धार्मिक, जातीय राजनीति का खेल रचने वाले दल और उनका समर्थन करने वाली हुकूमत।

आज के दलितों की ज्वलंत समस्याएँ

1. रोटी, कपड़ा, मकान, पानी।
2. नौकरी, भूमि, अस्पृश्यता।
3. सामाजिक, शारीरिक अन्याय।

दलितों का मुक्ति आंदोलन समग्र क्रान्ति का आकांक्षी है। अंशतः परिवर्तन असम्भव है, इसे हम नहीं चाहते। तमाम क्रान्तिकारी बदलाव के आकांक्षी हम हैं। यदि हमें सामाजिक अवमानना से बाहर निकलना है तो आर्थिक, राजनीतिक, सांस्कृतिक क्षेत्र के ऊँचे स्थानों पर प्रभुत्व स्थापित करना ही होगा। अब हम अल्प संतुष्ट नहीं रहेंगे। हमें ब्राह्मणों के मुहल्ले में स्थान नहीं चाहिए। हमें तमाम देश की सत्ता चाहिए। हमारा लक्ष्य केवल व्यक्ति न होकर व्यवस्था है। हृदय परिवर्तन से, शिक्षा के उदारमतवाद द्वारा हम पर किए जाने वाले अन्याय, उत्पीड़न रुकने वाले नहीं हैं। हम क्रान्तिकारी गुटों को चेताएँगे, संगठित करेंगे। इन प्रचंड समूहों के संघर्ष द्वारा ही क्रान्ति की लहर आएगी। सिर्फ कानूनी अर्जी-विनतियों, सहुलियतों की माँगें, चुनाव, सत्याग्रह के माध्यम से ही समाज परिवर्तन नहीं होगा। हमारी सामाजिक क्रान्ति की अवधारणाएँ एवं विद्रोह ये कागज की कश्तियाँ सँभाल नहीं पाएँगी। वह भूमि में अंकुरित होगी, मनों में पुष्पित होगी, गाड़ियों की तेज रफ्तार से आएगी।

दलित पैन्थर सिर्फ घोषणा नहीं है, बल्कि वह हमारी समस्याओं की ओर देखने का एक दृष्टिकोण है और उन्हें हल करने की शुरुआत है। पैन्थर अस्पृश्यता, जाति व्यवस्था, आर्थिक शोषण की पद्धति पर करारी चोट करेगी। हमें गुलाम करने के लिए इस सामाजिक व्यवस्था ने अनेक बुरी पद्धतियों को अवलम्ब किया। हमें नीचा, शूद्र करार दिया। आधुनिक गुलामी की भानसिक दासता की बेड़ियाँ तोड़ना हमारा प्रयास रहेगा। आन्दोलन में हम गुलामी को ध्वस्त कर देंगे।

हमारी रणनीति

1. भारत की अस्सी प्रतिशत से अधिक जनता देहातों में निवास करती है। इस कृषक जनता के भीतर भूमिहीन कृषक जनता पैंतीस प्रतिशत है। तेईस प्रतिशत अनुसूचित जातियाँ (जिन दलित गरीब कृषकों के पास भूमि है कहने भर को) है। दलित कृषकों की भूमि समस्या को हल करना पड़ेगा।
2. देहातों की सामन्तवादी पद्धति के अवशेष अब भी बचे हुए हैं। इस पद्धति में दलितों को क्रूर रीति से छला जाता है। जमींदार, धनी कृषक तबकों को सम्मति के साथ सामाजिक प्रतिष्ठा प्राप्त होने के कारण दलितों पर होने

वाले सभी प्रकार के अत्याचार ऊफान पर हैं। रोजमर्रा की जिन्दगी की आम समस्याओं से लेकर आर्थिक समस्याओं तक यह पद्धति दलितों के सिर पर सवार है। उसे ध्वस्त करना जरूरी है।

3. भूमिहीन किसानों में अधिकतम भूमि धारण कानून के तहत उपलब्ध होने वाली भूमि का बँटवारा होना ही चाहिए।
4. खेतिहर मजदूरों की मजदूरी में बढ़ोतरी होनी ही चाहिए।
5. सार्वजनिक कुँओं पर दलितों को पानी भरने का अधिकार मिलना चाहिए।
6. सीवान के बाहर की दलित बस्तियों को गाँव के भीतर लाया ही जाना चाहिए।
7. उत्पादन के तमाम साधनों पर दलितों का स्वामित्व हो।
8. निजी सम्पत्ति द्वारा होने वाला शोषण समाप्त होना ही चाहिए। विदेशी पूँजी नुकसान भरपाई दिए बगैर ही जप्त करनी जरूरी है।
9. सामाजिक, सांस्कृतिक, और आर्थिक शोषण खत्म कर देश में समाजवाद की स्थापना की जानी चाहिए। राष्ट्रीयकरण का स्वाँग रचाने के बजाय सच्चे अर्थों में समाजवाद पर अमल किया जाना चाहिए।
10. तमाम दलितों को रोजगार की गारंटी मिलनी चाहिए।
11. दलित बेरोजगारों को बेरोजगारी वेतन तत्काल दिया जाना चाहिए।
12. तमाम दलितों को सभी प्रकार की शिक्षा, दवा-दारू की सुविधा और आवास मुफ्त में मिलने चाहिए। सस्ते दामों पर अनाज मिलना ही चाहिए।
13. शैक्षिक संस्थाओं में नौकरी देते समय जाति और धर्म को रजिस्टर में दर्ज करने की शर्तों को तुरंत खत्म कर दिया जाए।
14. धार्मिक संस्थाओं में दिया जाने वाला सरकारी अनुदार तत्काल बंद कर दिया जाए तथा मंदिरों की सम्पत्ति को जब्त करके उसका उपयोग दलितों के विकास के लिए किया जाए।
15. धार्मिक तथा जातीय साहित्यों पर प्रतिबन्ध लगाया जाए।
16. जाति के आधार पर की गयी सेना की रचना अनिवार्य रूप से खारिज की जाए।
17. काला बाजार करने वाले साठेबाज साहुकार और जनता का आर्थिक शोषण करने वालों पर अनिवार्य रूप से प्रतिबन्ध लगाया जाए।
18. जीवनोपयोगी चीजों के दाम अनिवार्य रूप से कम किये जाने चाहिए।

हम शहरों-कारखानों से मजदूरों, दलितों, भूमिहीनों, खेतिहर मजदूरों के संगठन स्थापित करेंगे। हम दलितों पर किए जाने वाले अन्याय-अत्याचारों का प्रतिकार करेंगे और जनता को दुःख में धकेलने वाली, शोषण करने वाली जातिव्यवस्था, वर्णव्यवस्था को खत्म करके सही अर्थों में दलितों को मुक्ति देंगे। दलितों पर किए जाने वाले अन्याय-अत्याचारों का जैसे को तैसा के न्याय से जवाब दिया जायेगा। प्रचलित न्यायसंस्था,

शासन संस्थाओं ने हमारे तमाम सवालों को चकनाचूर कर दिया है। दलितों पर किए जानेवाले अन्याय-अत्याचारों का निवारण करने के लिए दलितों की हुकूमत स्थापित होनी चाहिए। वहाँ सच्चे अर्थों में जनता का लोकतन्त्र होगा। दलित पैन्थर के सदस्यों, सहानुभूति जताने वाले लोगों, दलितों के अंतिम ध्येय की प्राप्ति के लिए तैयार रहिए।

मुंबई में 6 और 7 सितंबर को महाराष्ट्र दलित पैन्थर के सर्वोच्च मण्डल की मीटिंग संपन्न हुई। इस मीटिंग में आज की राजनीतिक स्थिति पर और उससे सम्बन्धित नीतियों पर ब्यौरेवार चर्चा की गयी। उच्चतम मण्डल के आदेशानुसार निम्न रवैया अपनाया गया।

देश में प्रजातांत्रिक समाजवाद का कितना भी ढिंढ़ोरा पीटा जाए फिर भी अंततः हुकूमत साम्राज्यवादी व्यवस्था के दलाल, बड़े पूँजीपति, जमींदार, नौकरशाहों के कब्जे में हैं, इसे भूला नहीं जा सकता।

देश के ऐसे प्रमुख पूँजीपति दलों का भांडाफोड़ अब हो चुका है।

खुद को प्रगतिशील कहलाने वाले इन लोगों द्वारा किया गया भ्रष्टाचार, उनके द्वारा की गयी लोकतांत्रिक समाजवाद की उपेक्षा, स्वार्थांधता, गुटबाजी का बहुत ही बुरा चित्र दलित श्रमजीवी जनता के सामने स्पष्ट हो चुका है। राष्ट्रपति ने मध्यावधि चुनाव वर्ष के अंत में (दिसंबर, 1979) लेने की घोषणा की है। पिछले 28 महीनों से केन्द्र में कारोबार देखने वाली जनता पार्टी की सरकार गिरा दी गयी है। 1977 से 79 के बीच की स्थिति पर काबू पाने में **जनता दल** को सफलता भले ही मिली हो लेकिन आगे की स्थिति को मात देने में वह विफल रही।

विगत दो-ढाई साल के अपने कार्यकाल में जनता दल ने अपनी पूँजीवादी, पक्षपाती और भ्रष्ट दीवालियापन की नीति के कारण लोगों का विश्वास खो दिया है।

जनता दल की हुकूमत में श्रमजीवी वर्ग के भीतर लगातार असन्तोष एवं विद्रोह उत्पन्न हुए, लेकिन मालिक के हाथों की कठपुतलियाँ बनकर जनता दल ने उस असन्तोष एवं व्रिदोह को कुचलने की रणनीति को अंजाम दिया (कानून द्वारा, पुलीस द्वारा, गुंडों द्वारा)। इसी दौर में बीमा, बैंक, सरकारी कर्मियों के देशव्यापी आन्दोलन हुए।

तमाम देश में बड़े पैमाने पर दलित और आदिवासी खेतिहर मजदूरों के विद्रोह हुए। उन पर अत्यचार किए गये। पुलीस और आरक्षी पुलीस के देशव्यापी आन्दोलन हुए।

अलीगढ़, जमशेदपुर, नडिया आदि स्थानों पर हिन्दू-मुस्लिम संघर्ष और दंगे सुलगे। राजहंस, पंतनगर, कानपुर आदि स्थानों पर सैकड़ों मजदूरों के सर कलम किए गये। बेलछी, पथांडा में दलितों की बर्बर रीति से हत्याएँ की गयी। महाराष्ट्र में भी जनता दल से साँठगाँठ करने वाली प्रगतिशील दल की सरकार के सत्ता में आते ही मराठवाडा इलाके की दलित बस्तियों को नेस्तनाबूत किया गया। जनता दल के अंतर्गत जनसंघ, रा.स्व.से.संघ की जातिवादी हिंसा फैलाने वाली नीति के कारण, उसी प्रकार जनता दल और शासन व्यवस्था पर अपनी पकड़ मजबूत करने की उनकी नीति के कारण

उस दल में कभी भी न पाटने वाली दरार पड़ गयी है। जनता दल प्रभावहीन हो चुका है। उसके वर्गवादी चरित्र को हम नजरन्दाज नहीं कर सकते। उसी के साथ अखण्ड कहलाने वाले कांग्रेस के भी टुकड़े-टुकड़े हो चुके हैं।

इनमें से एक गुट का नेतृत्व करने वाली इंदिरा गांधी और उनका दल फिर से देश के राजनीतिक मंच पर महत्त्वपूर्ण स्थान हासिल करने की फिराक में है। हाथ से फिसली हुकूमत फिर से प्राप्त करने की कोशिश में इंदिरा गांधी और उनके दल ने जातीयता के विरुद्ध चल रहे आन्दोलन में अवसरवादी भूमिका अपनाई है। बिहार, हरियाणा आदि राज्यों की जनता दल की सरकारों को जीवनदान दिया गया है। सन् 1971 की आर्थिक नीति पर प्रगतिवादी/परंपरावादी ऐसी सीमाओं का निर्धारण करके चुनाव संपन्न हुए। चुनाव में इंदिरा गांधी की जीत हुई। आगे चलकर सन् 1975 में इंदिरा गांधी द्वारा आपात्काल की पार्श्वभूमि पर जो बीस सूत्री कार्यक्रम को आँका था उस कार्यक्रम के लालच में पड़कर हमने इंदिरा और उनके दल का साथ दिया।

वास्तविक इंदिरा और उनके दल के वर्गवादी चरित्र पर ध्यान दें तो वह साम्राज्यवादी दल को, बड़े पूँजीपतियों को, जमींदारों को और नौकरशाही पूँजीपतियों के लिए पूरी तरह से पूरक ही था। इस कारण उनके साथ जो संगठन चलें, उनके भीतर का श्रमजीवी एहसास खत्म हुआ। वह बेअसर साबित हुए। बिखर चुके पैन्थर संगठन को इस स्थिति का तगड़ा झटका लगा, इसे आज भूलकर नहीं चलेगा। जनता दल और इंदिरा कांग्रेस, ये दोनों एक ही सिक्के के दो पहलु हैं, इसे नजरन्दाज नहीं किया जा सकता।

आज के दौर में तमाम देश में सांप्रदायिक ताकतें एक ओर तो दूसरी ओर तानाशाही। एक ओर इन दोनों का विरोध न करने वाली ताकतें हैं तो दूसरी ओर अंतिम ताकत अर्थात् वाम दलों के गठबंधन की सत्ता है। वाम आन्दोलनों के पचास साल के इतिहास के बाद भी ये ताकतें देश की हुकूमत में आए बगैर नहीं रह सकतीं, यह निसंदिग्ध सत्य है।

पिछले दो सालों में राजनीतिक स्थितियाँ बदल चुकी हैं। पूँजीवादी राजनीति की गति अधिक से अधिक विभाजन की ओर तो वाम दलों की राजनीति की स्वाभाविक गति अधिक से अधिक एकता की ओर बढ़ रही हैं। इस दिशा में वामदलों को जल्द से जल्द खुद को विकसित करके, ताकत जोड़कर ठोस विकल्प के रूप में प्रत्यक्ष खड़े रहने की कोशिश करनी चाहिए। जन-आन्दोलन किए जाने चाहिए। क्रान्तिकारी, प्रतिक्रान्तिकारी, प्रगतिशील, उदारमतवादी और दलित श्रमजीवी जनता के भीतरी अंतर्विरोधों को पहचान कर दलित-श्रमिक तबकों में एकता निर्माण करके, दलित विरोधी, श्रमिकवर्ग विरोधी दुश्मनों की एकता के नाम पर चलाए गये हैं। दलित पैन्थर इन नयी स्थितियों को नजरन्दाज न करते हुए डॉ. बाबासाहब अम्बेडकर ने जिस वर्णहीन, वर्गहीन, समाज की अपेक्षा व्यक्त की थी उसका निर्माण करके सच्चे प्रजातांत्रिक समाज रचना से प्रतिबद्ध लोगों का राज्य स्थापित करने के जरूरी प्रयास में लगी है।

परिशिष्ट - 3

दलित पैन्थर बर्खास्त

(पैन्थर : चुनावी भूमिका 1977)

लोग हमसे पूछते हैं : आगामी चुनाव में आप कौन-सी भूमिका अपनाएँगे? आप किसे समर्थन देंगे? किसे वोट देंगे?

हम जवाब देते हैं : हम ही चुनाव लड़ेंगे, इसलिए हमारे समर्थन देने का सवाल नहीं उठता, और फिर वोटों का तो सवाल हरगिज ही नहीं उठता। हमारे वोट हमारे ही उम्मीदवार को मिलेंगे। इसमें कोई शक नहीं है।

लोग कहेंगे : आपका उम्मीदवार कहाँ है? कहाँ है आपका दल? आपका दल तो चुनाव के मैदान में अब तक नहीं उतरा है, फिर आपके यहाँ रुकने का सवाल ही नहीं खड़ा होता।

ऐसे लोगों को सिर्फ इतना ही पता होता है कि एक तो चुनाव लड़ने के लिए दल खड़ा होता है या कोई उम्मीदवार खड़ा होता है। इसलिए वे वोट देते समय दल का विचार करते हैं अथवा उम्मीदवार का। दल को अथवा उम्मीदवार को वोट देना इतना भर उन्हें पता होता है।

हम पूछते हैं : आपके चुनाव क्षेत्र में खड़ा उम्मीदवार आपको रास आता है, लेकिन उसका दल और नीति पसंद नहीं। तब आप क्या फैसला लेते हैं? या कोई दल और उसकी नीति बहुत उमदा होती है तो आपके चुनाव क्षेत्र में खड़े उम्मीदवार को आप नहीं चाहते। फिर आप क्या फैसला लेते हैं? अथवा आपके चुनाव क्षेत्र में दल और उसका उम्मीदवार दोनों भी अनचाहे होते हैं, फिर आप क्या फैसला लेते हैं? अथवा उस इलाके में आपको करीबी महसूस होने वाला दल चुनाव ही नहीं लड़ता, फिर आप क्या फैसला लेते हैं? किसे वोट देते हैं?

आपके पास वोट देने के सिवाय कोई विकल्प नहीं बचता, और यह वोट किसे दें? यह सवाल जब पैदा होगा, ऐसे समय आप हमें वोट दें। हम खड़े हैं।

कुछ लोग कहेंगे : आपका दल चुनाव लड़ते हुए कहीं दिखाई नहीं देता, फिर आप कैसे चुनाव के लिए खड़े हैं? कुछ लोग कहेंगे, आपने उम्मीदवारी फॉर्म दाखिल नहीं किया, फिर आप कैसे खड़े हो गये? क्या ऐसे सवाल उचित हैं? दल अथवा उम्मीदवार के नाम पर चुनाव नहीं लड़े जाते, बल्कि सवालों पर लड़े जाते हैं।

हमारा दल इस चुनावी घमासान में नहीं उतरा, हमारा उम्मीदवार खड़ा नहीं है। जो खड़ा है वह हमारा सवाल है और इस सवाल को लेकर ही हम खड़े हैं और चुनाव लड़ रहे हैं। इस आम चुनाव में हमारा संगठन भी नहीं खड़ा है, अथवा हम भी खड़े नहीं हैं। फिर आप किसे वोट देंगे? इस आम चुनाव में हम अथवा हमारा संगठन खड़ा नहीं है। ऐसे समय में हम चुनाव लड़ रहे हैं वह इस सवाल के बलबुते पर ही। फिर आप किसे वोट देंगे? आपके जीवन मरण के प्रश्न को ही वोट देंगे ना?

कोई उम्मीदवार आपकी जिन्दगी और मौत का सवाल लेकर खड़ा नहीं होगा या फिर कोई दल आपसे जुड़े सवाल की अवहेलना करके खड़ा होगा तो क्या उसे आप वोट देंगे? यदि देने वाले हो तो क्यों? और क्या इससे आपकी समस्या हल हो जायेगी? क्या सवाल का सदा के लिए निपटारा हो जायेगा?

कुछ लोगों का चुनावी घोषणा-पत्र बहुत ही खचाखच भरा हुआ होता है। उसमें आश्वासनों की खैरात की हुई होती है। तो कुछ लोगों के कार्यक्रम बहुआयामी होते हैं और उसकी फेहरिस्त बढ़ने के कारण वह लंबा-चौड़ा बन जाता है, लेकिन उसमें आपके घनिष्ठ सवाल का समावेश करने में वे चूक कर देते हैं, क्योंकि वैसे देखा जाए तो आपकी जिन्दगी और मौत का सवाल किसी को भी बेहद महत्त्वपूर्ण नहीं महसूस होता, इसके विपरीत बेहुदा महसूस होने लगता है और इसलिए ही तो किसी भी घोषणा-पत्र में किसी भी दल द्वारा उसे शामिल नहीं किया जाता। ऐसे समय में आप क्या करेंगे? आपका वोट किस एक उम्मीदवार को, किसी दल की झोली में पड़ेगा या कि आपके जवीन-मरण की दिशा की ओर पड़ेगा?

प्रश्न महत्त्वपूर्ण होगा तो वह अधिक से अधिक धारदार कैसे बनेगा? उसका निपटारा कैसे होगा? इसी का विचार किया जाना चाहिए, और उम्मीदवार तथा दल को गोणत्व दिया जाना चाहिए। इसीलिए हमारा यह सवाल खड़ा है, हम और हमारा संगठन खड़ा है अथवा नहीं यह अधिक महत्त्वपूर्ण नहीं है उसी के साथ इस प्रश्न को लेकर कौन खड़ा है और किस दल की ओर से खड़ा है यह भी महत्त्वपूर्ण नहीं है। इस वक्त हमारे सवाल का समाधान करना, यही महत्त्वपूर्ण है। हमारा सवाल बड़ा बनाने के लिए हमें व्यक्ति निरपेक्ष और दल निरपेक्ष हो जाना चाहिए।

लेकिन हमारे जीवन को व्याप्त करने वाला, हमारे जीवन-मरण का प्रश्न कौन-सा है? तो, भारतीय बौद्धों के लिए नौकरियों में केन्द्र सरकार के दरवाजे बंद होना यह है,

और ये दरवाजे खुले रखना ही हमारा एक सूत्री कार्यक्रम है तथा यह कार्यक्रम लेकर ही हम खड़े हैं और चुनाव लड़ने वाले हैं।

ये सवाल देश के तीन करोड़ बौद्धों का है, और इसे लेकर ही इस देश में सिर्फ एक ही उम्मीदवार खड़ा है। सहज ही, तमाम भारतीय बौद्धों को इस प्रश्न के समर्थन में एकजुट होकर खड़ा होना चाहिए और इसी उम्मीदवार का समर्थन करना चाहिए।

यह उम्मीदवार कौन है? किस दल से खड़ा है? और उसका चुनावी चिह्न कौन-सा है? ये उम्मीदवार हैं, अखिल भारतीय दलितों के नेता डॉ. बाबासाहब अम्बेडकर के सुपुत्र भयासाहब अम्बेडकर, वे हाथी चुनाव चिह्न लेकर रिपब्लिकन दल की ओर से मुंबई के उत्तर-पूर्व चुनाव क्षेत्र से एक ही सवाल को लेकर चुनाव लड़ रहे हैं।

जो हमारे प्रश्न को लेकर लड़ रहा हैं, वही हमारा उम्मीदवार और वही हमारा दल। यहाँ समर्थन का सवाल ही पैदा नहीं होता। 'रिपब्लिकन' इस नाम से अधिकांश निकम्मों की फौज ही खड़ी है, लेकिन यह हमारा दल नहीं है, क्योंकि उनके पास हमारा प्रश्न ही नहीं है, जिन्होंने हमारा प्रश्न अपने घोषणा-पत्र में नहीं रखा है, उन्हीं के कंधे से कंधा मिलाकर यह उम्मीदवार चुनाव क्षेत्र में खड़े हैं, उनके इसके पूर्व के बयान देखे और आज का उनका आचरण देखें, तो हम ठगे गये हैं, यह ध्यान में आएगा।

'डॉ. बाबासाहब अम्बेडकर के विचारों का रथ लेकर हम ही आगे चलेंगे' (प्रबुद्ध भारत : तारीख 07/11/1959) कहने वाले गवई, विचारों के इस रथ को लेकर बेशक कांग्रेस की ओर तेज रफ्तार से जा रहे हैं। 'आरक्षित सीटों की वजह से कांग्रेस की गुलामी मानने वालों का एक नया राजनीतिक तबका निर्मित हुआ है।' (प्रबुद्ध भारत : तारीख 16/01/1960) कहने वाले आर. डी. भंडारे, आज किस के आज्ञाकारी बन गये हैं, ये बताने की कोई जरूरत नहीं है।

'लोकतन्त्र और संविधान की पवित्रता बनाये रखने वाले विपक्ष की जरूरत' (प्रबुद्ध भारत : तारीख 2 जून 1962) का प्रतिपादन करने वाले आर. डी. भंडारे आज विपक्ष के विरुद्ध खड़े हैं। 'बौद्धों को कम्युनिज्म् से दूर रहना चाहिए' (प्रबुद्ध भारत : 25 अप्रैल, 1959) कहने वाले बी.सी. कांबळे, आर.डी. भंडारे विरुद्ध अहिल्या रांगणेकर के साथ-संग हैं।

'दलीय संगठन किसी भी मामले से अधिक महत्त्वपूर्ण है।' (प्रबुद्ध भारत : तारीख 30 जून, 1962), रिपब्लिकन दल का किसी भी दल में विलय होना असम्भव है। रिपब्लिकन दल का उद्देश्य और नीति स्वतन्त्र है।' (प्रबुद्ध भारत : 27 जून, 1964) कहने वाले बी.डी. खोब्रागडे आज उन्हीं उद्देश्यों और नीतियों को ताक पर रखकर जनता दल से जा मिले हैं। 'दल संगठन के लिए मैं पद का भी त्याग करूँगा' कहने वाले खोब्रागडे अब तो दल का ही त्याग करके संसद चुनाव के लिए खड़े हुए हैं।

'रिपब्लिकन' का मराठी अर्थ 'जनता' बताने वाले बी.सी. कांबळे अपनी उम्मीदवारी के पीछे 'रिपब्लिकन' ये अंग्रेजी पूँछ लगाने के अलावा सीधे-सीधे 'जनता' इस मराठी शब्द को क्यों नहीं लगाते? क्योंकि इसके मूल में भी उनका स्वार्थ ही है, लेकिन 'ये सफलता बाबासाहब के दलीय संगठन की है' (प्रबुद्ध भारत : तारीख 23/7/1960) 'सत्कार करने की अपेक्षा बाबासाहब की संस्थाओं को मजबूर कीजिए' (प्रबुद्ध भारत : तारीख 30/7/1960) ऐसा स्वयं के सत्कार समारोह में निस्वार्थ रीति से कहने वाले भैयासाहब अम्बेडकर के सिवाय दूसरा-तीसरा कौन हो सकता है? उनके अलावा उपरोक्त उद्गार यह एक दौर के रिपब्लिकनों के ही हैं, और इन दोनों में जमीन आसमान का फर्क है।

लेकिन क्या हालात के शिकार बने लोग हमारे दुश्मन हैं? क्या बौद्धों के न्याय अधिकारों की प्राप्ति में ये लोग बाधक बन रहे हैं? यदि हाँ, तो फिर आपका-हमारा और अम्बेडकरवाद का इससे बड़ा सच्चा दुश्मन कौन हो सकता है? इस दुश्मन को ढूँढ़ निकालकर उसे चारों खाने चित किए बगैर हमारे पास कोई विकल्प नहीं बचा है।

हमारा सवाल सच्चा और बड़ा दुश्मन कौन है? इसे निर्धारित करते समय हमारा बुनियादी सवाल कौन-सा है? इसका हमें लगातार एहसास रखना जरूरी है। हमारी स्वतन्त्रता ब्रिटिशों के पास डेढ़ सौ साल गिरवी थी और आज वह कांग्रेस के पास पिछले उनतीस सालों से गिरवी पड़ी है। ब्रिटिश गये और कांग्रेस आयी। इस कारण पिछले अनेक सालों से अनिर्णित रहा हमारा सवाल क्यों अनिर्णित ही रहा है? और किसी रुकावटों के कारण अनिर्णित रहा? इसका सीधा जवाब है-कांग्रेस। कांग्रेस हमारे प्रश्नों के बीच सबसे बड़ी बाधा है।

कुछ लोग कहेंगे, कि बाबू जगजीवनराम बौद्धों की सहुलियतों के विरुद्ध थे और उनके कारण ही इस समस्या का समाधान नहीं हो पाया है, लेकिन आज तो बाबू जगजीवनराम कांग्रेस के बाहर हैं न? फिर मुख्य बाधा वे होंगे तो आज तो वह बाधा दूर हुई है, और फिर भी यह सवाल हल नहीं हो पाया। क्यों नहीं हल हो पाया? इसका अर्थ यही है कि सच्चा रोड़ा बाबू जगजीवनराम न होकर कांग्रेस संगठन है। आज तक बाबू जगजीवनराम जो बोलते थे, वह कांग्रेस की अधिकृत नीति ही थी, इसमें कोई संशय नहीं है। यदि बाबू जगजीवनराम इसके आगे भी यही नीति जारी रखेंगे तो उनकी कोई खैर नहीं है, लेकिन दलितों के कल्याण के लिए कार्य करने वाले बाबू अब क्यों बाहर हुए? बौद्धों की तो बात रहने ही दीजिए, लेकिन दलितों का कल्याण करने की क्षमता कांग्रेस में नही है इसलिए ही ना?

सन् 1956 में हमने बौद्ध धर्म को जीवन मूल्य के रूप में स्वीकार किया है और हममें एक अपूर्व क्रान्ति हुई, लेकिन वह क्रान्ति समतावादी मनोवृत्ति वालों को रास नहीं आयी। दलितों के एकमात्र महान नेता डॉ. बाबासाहब अम्बेडकर द्वारा हमें प्रदान किए

गए जीवन मूल्यों की तमाम स्तरों पर प्रताड़ना की जा रही है। हजारों सालों से अस्पृश्य करार दिए गये समाज ने आज बौद्ध धर्म स्वीकार किया इसलिए उसे अस्पृश्यों से भी नीचे माना जा रहा है। आज उन पर केन्द्र सरकार की सेवाओं में भी प्रतिबंध लगाया गया है। जो गाँव की सीवान के बाहर था, उसे केन्द्र सरकार ने भी गाँव के सीवान के बाहर ही रखा है। बौद्धों के बारे में ऐसी अस्पृश्यता का निर्वहन क्यों किया जा रहा है? इसके लिए जिम्मेदार कौन है? आज बौद्ध युवकों को मजबूरी से हिन्दू-महार के रूप में फिर से अपना धर्मांतर करना पड़ रहा है। इस जबरन धर्मांतर के मूल में कौन है? इसका जवाब है, धर्मनिरपेक्ष सरकार। डॉ. बाबासाहब अम्बेडकर से प्रभावित होकर लाखों अस्पृश्य स्वेच्छा से बौद्ध बन गये और आज केन्द्र सरकार के आदेश के चलते जबरदस्ती से शिक्षित बौद्ध युवकों को हिन्दू-चमार, मांग चमार होना पड़ रहा है। क्या सहुलियतें हिंदुत्व की शर्तों पर दी गयी थी? अथवा आर्थिक पिछड़ेपन की शर्तों पर? क्या इसके मूल में जाति तोड़ने का लक्ष्य था अथवा जाति स्थायी करने का षड्यन्त्र? फिर आज जाति को स्थायी बनाने का प्रयास क्यों हो रहा है? क्या बौद्ध आकाश से टपके या विदेश से आए, क्या इसी कारण उनके साथ सौतन जैसा व्यवहार किया जा रहा है?

क्या बौद्ध बनने के कारण वे धनिक बन गये हैं? या उनका आर्थिक स्तर परिवर्तित हुआ? फिर सहुलियतों की नीति क्यों बदल दी गयी? लोकतन्त्र के लिए पोषक ऐसा उनमें कौन-सा धर्मनिरपेक्षवाद है? जिन्होंने हिंदुत्व के विरुद्ध बगावत की उन्हें ही आज सरकार के गुलाम बनाकर हिन्दू-महार बनाया जा रहा है, लेकिन इसमें से एक प्रवाह अनुल्लेखित ही रहा हैं, और वह यानी बौद्धों को हिन्दू और अस्पृश्य बनाने वाला कार्यक्रम।

डॉ. बाबासाहब अम्बेडकर द्वारा प्रदान किए गये यह नए जीवनमूल्य आज रसातल को जाते हुए हम खुली आँखों से देख रहे हैं। दलितों के लिए अमल में लाए जाने वाला कार्यक्रमों में बौद्धों को केन्द्र सरकार में नौकरियाँ देकर उनकी आर्थिक उन्नति साध्य करने का कार्यक्रम क्यों समाविष्ट नहीं है? उनके स्वाभिमान का गला घोंटकर सतही तौर पर इलाज और कार्यक्रम क्या उन्हें दिलासा देंगे? कानून बदला, संविधान बदला, लेकिन किसके लिए? क्या उसे बदलते समय संवैधानिक प्रावधान करके बौद्धों को सहुलियतें देना सम्भव नहीं हो पाता? क्यों सम्भव न हो? स्वयंभू नेतृत्व ने भी अंततः संविधान संशोधन का आधार लेकर स्वयं का स्थान निर्धारित किया। इसमें इस नेतृत्व का स्वयंभूपन तो स्थायी नहीं हो पाता? क्यों सम्भव न हो? स्वयंभू नेतृत्व ने भी अंततः संशोधन का आधार लेकर स्वयं का स्थान निर्धारित किया। इसमें इस नेतृत्व का स्वयंभूपन तो स्थायी नहीं हो पाया, लेकिन उसका ढीला-ढाला रूप जाहिर हुआ। इस स्वयंभू नेतृत्व के पास संविधान संशोधन के सिवाय दूसरा विकल्प कैसे होगा? यह संविधान संशोधन हमारे हित को ध्यान में रखकर हुआ ही नहीं। जो कुछ संशोधन

हुआ वह प्रचलित सरकार के हित की दृष्टि से ही। बाबासाहब ने संविधान तैयार करते समय दलितों की सुविधाओं का ध्यान रखा तो सरकार ने संविधान तैयार करते समय अपनी सुविधा का ध्यान रखा, ऐसा कहने के सिवा दूसरा विकल्प नहीं है।

भले ही संविधान कितना भी अच्छा क्यों न हो यदि उसका क्रियान्वयन करने वाले अच्छे नहीं होंगे तो वह संविधान बेकार सिद्ध हो जायेगा, और संविधान कितना भी बुरा हो लेकिन संविधान का क्रियान्वयन करने वालों की नियत साफ हो तो वह संविधान सफल हो जाता हैं। क्या सरकार ने संविधान का उत्कृष्ट क्रियान्वयन करने वाले की भूमिका को निभाया है? क्या दलितों पर होने वाले अन्याय-अत्याचार रुके हैं? बल्कि इसके विपरीत विपक्षी दलों का गुस्सा संविधान पर उतारकर संविधान को ही बुरा साबित किया गया है। आगामी बहुआयामी कार्यक्रमों का भी यही हाल होने का खतरा है। कार्यक्रम कितना भी अच्छा क्यों न हो लेकिन उसका क्रियान्वयन करने वाले लोग अच्छे नहीं होंगे तो क्या उस बहुआयामी कार्यक्रम को हम बुरा सिद्ध करने वाले हैं? ये महत्त्वपूर्ण सवाल है।

हमारा मुख्य सवाल संविधान संशोधन का नहीं है। क्या संविधान ने हमें सुरक्षा की गारंटी दी है? केन्द्र सरकार में बौद्धों को नौकरियाँ नहीं हैं और उसी में आपात्काल के वक्त हमारी हत्याएँ हो रही हैं। बारात में दलितों के सिर पर बत्ती धरना नकारा इसलिए है कि उस पर एक नंबरदार गोलियाँ दागकर उसका खून कर देता है। आपात्काल में यह क्यों घटित हुआ? क्या इसके जिम्मेदारी संविधान और आपात्काल में संविधान पर अमल करने वाली सरकार की नहीं है? दलितों का हित किसमें है? क्या इसका एहसास दलितों को नहीं है? फिर दलितों के लिए कौन-सा कार्यक्रम बेहतर हो सकता है, क्या यह दलितों की समझ में नहीं आता, ऐसा कहना उचित होगा? लेकिन हमारे संगठन के सामाजिक कार्यकर्ताओं को गुंडे करार देकर जेल में डाल दिया जाता है और जो बाहर आते हैं वे राजबंदी के रूप में। फिर वे सच्चे कौन हैं? सरकार कानून पर अमल करती है या उसे हाथ में लेती है? क्या आज भी हमारे तमाम लोग बाहर हैं? अन्य संगठनों पर दर्ज किए गये मुकदमे बिना शर्त पीछे लिए गये हैं, तो फिर हम पर दर्ज किए मुकदमे क्यों नहीं? दुर्गा भागवत और राजा ढाले में पक्षपात क्यों? आज भी ढाले पर मुकदमे क्यों दर्ज हैं? और वे भी आपात्काल पूर्व के क्या दलितों के लिए यही है आपका कार्यक्रम?

इस वजह से कल हम ब्रिटिशों की गुलामी में थे और आज कांग्रेस की गुलामी में, यदि ऐसा विचार किसी दलित के मन में आये तो इसमें दोष किसका? प्रधानमंत्री द्वारा हम पर दर्ज किए गये मुकदमे हटा देने का निर्णय लिया गया, लेकिन महाराष्ट्र सरकार ने स्वयं के अधिकार क्षेत्र में इसे बिना शर्त मंजूर नहीं किया। 'बौद्धों को सहुलियतें दीजिए' ऐसा कहते हुए हमनें महाराष्ट्र सरकार के दरबार में हजारों बार आवाज लगायी।

इस पर उन्होंने हमें केन्द्र सरकार का रास्ता बताया लेकिन मुकदमों के बारे में केन्द्र सरकार का निर्णय ताक पर रख दिया। एक ही दल की दो स्तरों की भूमिकाएँ परस्पर विरोधी क्यों? केन्द्र सरकार की मजबूती जिसे कहा जाता है क्या यही वह मजबूती है?

आपात्काल को हमारे विरोध की कोई वजह ही नहीं थी। हमें गुलामी की आदत पड़ चुकी है। इसलिए नहीं, अपात्काल कोई हमारे लिये नया नहीं हैं। हमारे जीवन में हजारों सालों से आपात्काल का तांडव चल रहा है। सामाजिक अत्याचार और सामूहिक बहिष्कार हम पर लगातार चले आ रहे हैं, लेकिन इन कारणों के लिए आपात्काल को हमारा विरोध है ऐसा नहीं है, बल्कि 'स्टेट एंड मायनॉरिटीज' में जिन कारणों के लिए डॉ.बाबासाहब अम्बेडकर '1947 से 1957 इन दस सालों के दौरान चुनाव न किया जाए' ऐसा कह रहे थे और विकासशील देश में लोकतन्त्र स्थिर कदमों पर खड़ा रहे इसलिए जो शान्ति जरूरी होती है, वहीं विचार सन् 1975 में अमल में आया ऐसा हमारा विचार था और इसी कारण प्रधानमंत्री के प्रति हमारा आदरभाव था।

लेकिन अब तो चुनाव घोषित हुए हैं। क्या लोकतन्त्र पर्याप्त परिपक्व हुआ है? फिर ये चुनाव इतनी गड़बड़ी में क्यों? क्या लोकतन्त्र का तमाशा दिखाने के लिए? और यदि लोकतन्त्र का ऐसा तमाशा दिखाकर हमारी वोट स्वतन्त्रता, संगठन स्वतन्त्रता खतरे में आएगी तो ऐसे आपात्काल को प्राणांतिक विरोध करने की जरूरत है। चुनाव के बाद यदि देश में सार्वजनिक अशान्ति का माहौल बन जाए और फिर आपात्काल को कड़ा कर दिया जाए तो आज ही उसका तीव्र से तीव्रतर विरोध किया जाना जरूरी है।

कांग्रेस के एक प्रवक्ता कहते हैं कि आज तक चुनावों के जो परिणाम घोषित हुए हैं वे ही इसके बाद घोषित होंगे। आज तक जो इतिहास घटित हुआ वही इसके आगे घटित होगा। उनसे हम पूछते हैं, आज तक स्वतन्त्रता के दौर में दलितों पर जो अत्याचार, अन्याय हुए हैं क्या वे इसके आगे भी होने वाले हैं? क्या आज तक दलितों के बारे में जो इतिहास घटित हुआ है उसी की आवृत्ति होगी? यदि ऐसा होने वाला हो तो आज ही हमें उसके विरुद्ध आन्दोलन करने के जरूरत है और इसके लिए देशभर में कांग्रेस के विरुद्ध मतदान करने की जरूरत है।

हमारी ताकत सीमित है और देशव्यापी कांग्रेस ताकतवर है और कांग्रेस को धक्का दिए बगैर हमारे सवालों की ओर वह आँखें खोलकर नहीं देखेगी। यदि कल कांग्रेस चुनकर आयी तो हमारे सवालों की ओर वह हरगिज भी ध्यान नहीं देगी, लेकिन उसे यदि ठेस पहुँची तो वह पिछले अनुभवों से होशियार हुए बगैर नहीं रहेगी। यह होशियारी सिखाने का नैतिक धर्म सिर्फ आपके हाथों में है। इसलिए आपकी विरोध की शक्ति का प्रदर्शन होना इस समय बेहद जरूरी है।

इसका अर्थ ऐसा नहीं कि हमारा समर्थन जनता दल को है। जनता दल और कांग्रेस इन दोनों में वैसे देखा जाए तो बहुत थोड़ा तात्विक अंतर है। अन्यथा पंद्रह सालों पूर्व

गोलियाँ दागने वाला मुख्यमंत्री आज कारोबारी है। अंतर इतना ही है कि पंद्रह साल पूर्व का दौर इतिहास में दर्ज हुआ और आज की धमकी यह कल का इतिहास होगी। वैसे देखा जाए तो ये दोनों दल रूढ़िवादी हैं। बौद्धों को सहुलियतें न देने वाली सरकार सत्ता पर आसीन है। उसी प्रकार बौद्धों को सहुलियतें न दी जाए, इसके लिए शोर मचाने वाला रूढ़िवादी शख्स जनता दल का महासचिव है। इनमें बहुत कुछ फर्क नहीं किया जा सकता। इतना ही कहा जा सकेगा कि यदि जनता दल सत्तारूढ़ हुआ तो इन प्रतिगामियों से सीधे दो हाथ किए जा सकेंगे और उनकी सत्ता को चरमराया जा सकता है, लेकिन रूढ़िवादी विचारधारा का नकाब ओढ़े रूढ़िवादी कांग्रेस से मुकाबला करना और उसे सत्ता से नीचे खींचना आगे बहुत ही मुश्किल होगा। इसलिए आज ही उसे सत्ता से नीचे खींचा जाना चाहिए और इसके लिए यह बहुत ही सुनहरा अवसर है।

जनता दल कांग्रेस जैसा अनुभवी और पुराना नहीं है। उसे उखाड़ फेंकना किस भी वक्त सम्भव है। ये घटना आगे घटित होने वाली है, लेकिन विगत अनेक सालों से कांग्रेस का इतिहास हमारे समक्ष है, और उसे हम नहीं भूल सकते। इस वजह से ही ऐसा इतिहास आगे घटित होने देना लाभदायक साबित नहीं होगा। जनता दल के बारे में आज ही कुछ कह देना उतना-सा नहीं होगा। उसके साथ कांग्रेस के बारे में स्वानुभव भूलकर नहीं चलेगा। इसलिए कांग्रेस का विरोध इस बात को हम सदैव मन में बाँध लें और उनके विरोध में हमारा वोट पड़ना चाहिए। यह विरोध ठोस और देशव्यापी कैसे होगा, इसका विचार हरेक को अपने स्तर पर करना है।

दोस्तों, यदि बौद्धों की राह की ये बाधाएँ दूर हुईं तो कौन अस्पृश्य है जो अस्पृश्य कह लेने में धन्यता मानेगा? उल्टे यदि यह सवाल हल हो गया तो डॉ. बाबासाहब अम्बेडकर द्वारा दिया नया जीवनमूल्य व्यापक रूप में फैलेगा। वह न फैले इसलिए ही कांग्रेस और रूढ़िवादियों के प्रयास जारी हैं। इसमें से ही अम्बेडकर द्वेष का जहर जन्म ले रहा है, उसका स्वरूप फिर कुछ भी हो। संविधान संशोधन के पीछे उसकी भूमिका नहीं है, ऐसा कहा नहीं जा सकता। उसी प्रकार हरदम चुनाव के दौर में डॉ. बाबासाहब अम्बेडकर का नाम लेना और उनकी विचारधारा को अनजाने में तिलांजलि देना, इसके मूल में नहीं होगा ऐसा नहीं है, लेकिन इसका पर्याप्त विचार न करते हुए जिन्होंने संगठन की अधिकृत भूमिका के बाहर आने के पहले स्वयं ही एक भूमिका बनाकर अलग-अलग दलों को समर्थन देने की घोषणा की, ऐसे लोगों से इसके आगे हमारा किसी भी प्रकार का सम्बन्ध नहीं होगा। दलित पैन्थर का नाम लेकर दलित पैन्थर की 'स्वयंभू' छवि को मलिन करने का यह षड्यंत्र इसके आगे हम नहीं रचने देंगे। दलित पैन्थर का अस्तित्त्व स्वयंभू था और उस अस्तित्व का उद्देश्य था, दलितों के दुःख दुनिया के सीवान पर टाँगना। यहाँ पर कहीं भी समर्थन का सवाल पैदा ही नहीं होता।

दलित पैन्थर बर्खास्त

लेकिन जिन्होंने समर्थन की यह भाषा बोलनी शुरू की है, उनसे हमारा इसके आगे किसी भी प्रकार का सम्बन्ध नहीं है और हमारा अस्तित्व स्वतन्त्र है। यह सिद्ध करने के लिए हम दलित पैन्थर संगठन को बर्खास्त कर रहे हैं और नए 'मास मूवमेंट' की घोषणा कर रहे हैं। दलित पैन्थर के नाम पर जो लोग घुम रहे हैं वे रूढ़िवादियों के साथीदार हैं, अम्बेडकरवाद के दुश्मन हैं और उनके साथ कोई भी अम्बेडकरवादी नहीं है, फिर भी दलित पैन्थर के नाम का दुरुपयोग यही लोग कर रहे हैं। इसके बाद वे ऐसा न करे इसके लिए ही यह उपाय/योजना है।

इस संगठन का तमाम साहित्य जल्द ही छपकर आप तक पहुँचेगा। तब तक चुनाव की उपरोक्त भूमिका लेकर आप खड़े होंगे ही। 'मास मूवमेंट' नाम से ही आगे के कार्यक्रम आप जारी रखेंगे यह अपेक्षा है।

आपके विनीत

राजा ढाले, ज.वि. पवार, गंगाधर गाढे, नाना रहाटे, जयंत भालेराव, दत्ता जाधव, एस.एस. प्रधान, सुरेश सावंत, दयानंद मस्के, विठ्ठलराव साठे, आर.एम. पाटिल, भीमराव नाईक, विनायक बलांडे, रामदास आठवले तथा महाराष्ट्र और महाराष्ट्र के बाहर के प्रमुख कार्यकर्ता।

❑❑